한 권으로 마스터하는

신약성경

한 권으로 마스터하는

신약성경

헤르만 만케 지음 · 차준희 옮김

대한기독교서회

한 권으로 마스터하는 신약성경

2014년 4월 25일 초판 1쇄
2015년 4월 15일 초판 3쇄

지은이 헤르만 만케
옮긴이 차준희
펴낸이 서진한
펴낸곳 대한기독교서회
편집책임 권오인·이혜자·민소영

등록 1967년 8월 26일 제1967-000002호
주소 135-882 서울시 강남구 테헤란로 103길 14 (삼성동)
전화 출판 553-0873~4 영업 553-0870~7
팩스 출판 3453-1639 영업 555-7721
e-mail editor@clsk.org
http://www.clsk.org
facebook.com/clskbooks

직영서점 기독교서회
종로5가 기독교회관 1층, 전화 744-6733 팩스 745-8064

값 19,500원 **책번호** 2047
ISBN 978-89-511-1760-2 03230

Lesen und Verstehen II
– Die biblische Botchaft im Überblick Neues Testament

The Christian Literature Society of Korea, Seoul
Printed in Korea

한평생 책과 성도를 품고
교회의 본질적 사명인 선교사역과
구제사역에 헌신해오신,
존경하는 순복음노원교회
유재필 목사님께 이 책을 드립니다.

| 지은이 서문 |

이 책의 원래 제목은 "읽고 이해하기: 신약성경의 메시지 개관"(*Lesen und Verstehen II: Die Biblische Botschaft im Überblick, Neues Testament*)이다. 이 책은 성경 일독을 계획하는 성경 독자들을 위한 신약 설명서로 구상되었다. 『한 권으로 마스터하는 구약성경』과 함께 구약을 읽은 독자들은 이제 신약을 이해하고 그에 대한 정보를 얻기를 원할 것이다.

더욱이 성경공부 과정의 인도자들은 이 책을 신약 세미나에서 다룰 주제를 이해하기 위한 예비적인 보조 자료로 사용할 수 있다. 마지막으로 이 책은 성경개관(Bibelkunde)으로서 신학을 공부하는 사람들, 장래의 종교교육 담당 교사, 설교자, 교회의 사회사업가(Diakon)가 신약의 분명한 진술에 가까이 다가갈 수 있게 해줄 것이다.

신약이 그 자체로만 파악될 수 없고, 구약의 토대 위에 기초하고 있는 것처럼, 신약과 관련된 책인 『한 권으로 마스터하는 신약성경』

은 이 시리즈의 첫 번째 책인 『한 권으로 마스터하는 구약성경』에 기초하고 있다. 구약 없이는 신약이 이해될 수 없기 때문에, 기독교의 성경은 신약과 구약 모두를 포함한다. 따라서 성경 읽기를 병행하는 작품인 이 시리즈는 당연히 구약 부분으로 시작한다. 단지 인쇄와 관련된 기술적인 이유로 말미암아 이 시리즈가 두 권으로 출간되었을 뿐이다. 두 권으로 출간한 것은 신약에 관한 책을 구약과 관련된 책과 구분시키고 따라서 신약을 구약에서 분리시키려고 하는 것은 아니다. 구약과 신약 두 개의 성경은 서로 공속관계에 있고 여기에서는 두 권의 연속된 책으로 다루어진다. 2권은 1권의 내용을 전제로 하고 있다.

이 책의 목적에 대한 상세한 서술과 이 작품에 관한 유용한 사용 지침은 1권의 지은이 서문과 제1장에 있다.

헤르만 만케

| 옮긴이 서문 |

“자기 나이만큼 성경을 읽지 않은 사람은 부끄러운 줄 알라.”는 말을 접한 적이 있다. 기독교인으로서 1년에 신구약성경 말씀을 한 번쯤 읽는 것이 당연한 일이라면, 적어도 자신의 나이만큼은 성경을 읽어야 한다는 말인 것 같다. 언뜻 듣기에는 어불성설 같지만, 한 번 더 생각해보면 기독교인으로서 도전이 되는 말이기도 하다. 어쩌면 나이만큼 성경을 읽지 못한 사람은 하나님 앞에 섰을 때 인생숙제(나이만큼 성경 읽기)를 다 끝내지 못한 일로 책망을 받을지도 모를 일이다.

하지만 구약과 신약을 전체적으로 한 번 읽는 통독(通讀)은 그리 쉬운 작업이 아니다. 게다가 성경은 많이만 읽는다고 다가 아니고, 제대로 읽는 것이 무엇보다 중요하다. 통독도 필요하지만 정독(精讀)이 수반되어야 한다는 뜻이다. 때문에 누구나 성경 다독(多讀)의 필요성을 알고는 있지만, 정작 쉽사리 실행에 옮기지 못하는 것이 현실이다. 성경전서(聖經全書)를 아직 한 번도 읽어보지 못한 무독자(無讀者)에게는 통독을 고무시키고, 통독자에게는 정독의 길로 안내하며, 정독자에게는 말씀의 깊은 뜻을 깨닫게 해주는 성경 안내서가 절실하던 차에, 오아시스 같은 책을 발견하게 되었다. 그것이 바로 이 책이다.

이 책은 독일의 평신도를 위하여 출판된 책으로 원제는 '읽고 이해하기'(Lesen und Verstehen)이다. 1993년 독일에서 학위를 마칠 즈음에 이 책을 발견하고 "바로 이것이다!"라는 탄성과 함께, 이 책이 조국의 교인들 손에 읽힐 날을 생각하며 설렘으로 밤잠을 설치던 기억이 새롭다. 그랬던 이 책이 드디어 우리나라의 독자들의 손에 들릴 기회를 얻게 되었다. 나에게는 일생의 소원이 하나 있다. "모든 이에게 성경 풀어주기." 이 책이 이 일을 이루기 위한 첫 걸음이 되었으면 한다.

이 책은 순복음노원교회의 유재필 목사님께 헌정하고 싶다. 유재필 목사님은 1988년부터 순복음노원교회를 섬기면서 이 교회를 서울 강북지역의 대표적이고 모범적인 교회로 일구어오셨다. 손에서 책을 떼지 않는 독서광으로서 한평생을 공부하며 살아오셨고, 순복음의 뜨거운 성령운동을 만방에 확산시키는 일에 헌신하신 분이다. 또한 교회의 본질적 사명인 선교사역(해외선교, 태권도선교, 군선교, 교경선교, 경찰선교 등)과 구제사역(소외계층, 장애인, 외국인 근로자 등)에 최우선적 가치를 두고 정열적이고 끈기 있게 실천해온 목회자이시다. 최근에는 아·이·야신앙(아브라함의 믿음, 이삭의 순종, 야곱의 기도를 통한 요셉의 형통에 이름)운동을 펼치면서 성도들을 인생의 푸른 초장으로 인도하는 일에 마지막 힘을 기울이고 계신다. 특히 후배 신학자들을 격려하고 존중해주시는 그 후덕함에 고개를 숙이곤 한다. 유 목사님께서 한국교회의 존경받는 어른으로 여전히 그리고 영원히 기억되기를 간절히 기도한다.

이 책의 초역을 담당해준 순복음강남교회에서 사역하는 윤영준 박사와 독일어 원서와 초역원고를 일일이 대조하면서 수정해준 연세대학교대학원 박사후보생인 구애경 전도사 그리고 투박한 번역 투의 원고를 우리말로 매끄럽게 다듬어준 한세대학교 신학대학원 졸업생인 강수정 전도사에게 감사를 표한다. 또한 변함없이 관심과 격려를 아끼지 않으시는 대한기독교서회의 서진한 사장님과 출판2팀의 권오인 부장님 그리고 이혜자 과장님께도 감사를 드린다.

2014년 2월 6일

한세대학교 신학관 연구실에서

한국구약학연구소장

차준희

차례

01

두 성경 사이에서[1)]

1. 그리스(헬레니즘) 통치 시기

역사적 사건

기원전 333년에 알렉산더 대왕은 잇수스(Issus)에서 페르시아 왕 다리우스 3세를 격파하고 난 후, 페르시아의 후계자로 등장했다. 유대인에게 처음에는 이것이 새로운 지배 집단에 의한 통치를 의미했다. 그러나 얼마 후에 이것은 새로운 권력과 더불어 새로

주1 이 도표에 나오는 역사적이고 (부분적으로는) 종교사적인 세부사항은 주로 A. Gunneweg, *Geschichte Israels bis Bar Kochba*, Theol. Wiss. Bd. 2, Stuttgart 1972, 141-180에 기초한 것이다.

운 사상과 철학 그리고 종교적인 사상 자료가 이스라엘로 유입되는 것을 의미했고, 따라서 신앙인은 그것과 맞서 투쟁해야 했다. 기원전 323년에 알렉산더 대왕은 불과 33살의 나이로 사망했다. 제국의 권력을 얻기 위하여 네 명의 후계자의 전쟁(Diadochenkämpfe)이 시작되었고, 그 결과 대제국은 세 개의 독립 국가로 분할되었다.

— 안티고노스(Antigonos)가 다스리는 마케도니아(안티고노스 왕국)

— 프톨레마이오스(Ptolemaeos)가 통치하는 이집트(프톨레미 왕국)

— 셀류코스(Seleukos)가 지배하는 소아시아(셀류코스 왕국)

기원전 220년에 이스라엘은 프톨레미 왕국에 속해 있었고, 약 100년 동안 평화를 누렸다. 당시 사람들은 안정된 삶을 누렸다. 이스라엘은 독자적인 정치 행정구역이었고, 종교적인 독립도 유지할 수 있었다. 대제사장은 종교적인 문제에 관하여 지도력을 행사했다. 산헤드린(지도급의 율법학자, 최고위층 제사장과 존경받는 장로로 구성된 의회)은 대제사장을 후원했다.

이 시기에 유대교는 상당수가 디아스포라(즉 이스라엘 밖으로 흩어진 상태)로 확산되었고, 이들은 소아시아, 스파르타 그리고 이집트까지 이르렀다. 특별히 이집트의 알렉산드리아는 디아스포라의 정신적 중심지로 자리 잡았다. 이곳에서 히브리어로 된 구약성경이 그리스어로 번역되었다(Septuaginta, 70인역).

알렉산더 대왕의 제국(기원전 333-323년)

이 시대의 정신적 상황

페르시아는 대제국의 개별 행정지구가 최소한 특정 사항만을 준수해도 그들에게 자치권을 허락할 정도로 존중했고, 심지어 때로는 그 지역만의 고유한 종교와 신앙적 신념을 장려하기도 했다. 이로 말미암아 헬레니즘의 영향 가운데 혼합종교적인 현상이 발생했고, 서양의 신들과 동양의 신들이 서로 비슷해지거나 서로 동일하게 간주되기도 했다. 그리스어와 그리스적 사상, 그리스 교육과 그리스의 생활양식을 추구했고, 이는 온 세상의 사람들을 하나로 묶는 역할을 했다. 번영과 출세를 원하는 사람은 헬레니즘에 자신을 개방할 수밖에 없었고, 그리스어에도 능숙해야 했다. 그리스어를 사용하는 것은 유대 사회에서도 일반적인 일이었다. 유대인의 세계에서 그리스어는 전반적으로 공용어가 되었다. 이 때문에 구약성경을 그리스어(70인역)로 번역할 필요가 생겼다. 이로써 그리스어만을 사용하는 이들도 역시 성경의 사상을―그리스어로―접할 수 있게 되었다. 예를 들어 헬레니즘의 스토아 철학은 유대교에 강한 영향을 받았다.

토빗서, 유딧서, 욥기(이야기체로 나오는 테두리 부분이 아니라 연설 부분), 전도서와 예수 시락서와 같은 신구약성경 중간기의 문서도 헬레니즘 사상에 영향(가령 지혜에 대한 추구)을 받았다. 유대교의 신앙·사상과 이질적인 헬레니즘을 아무리 부정할지라도 상당한(단지 외적인?) 공통점이 존재했다. "이교도가 김나지움(Gymnasium)에서 호머(Homer)를 공부하면서 배운 파이데이아(Paideia, 그리스의 교육학)를 통해서 보다 높은 수준의 문화와 보다 높은 사회적 계층으로 올라갈 수 있었던 것처럼, 유대인은 토라(율법)를 공부함으로써 그렇게 될 수 있었다. 그리스 철학자가 철학에 전적으로 몰입한 것처럼 유대교의 율법학자는 조상의 문헌을 공부하는 일에 몰두했다. 그리스 철학자를 추종하는 제자 무리가 있던 것과 같이, 배움을 열망하는 소년은 율법학자를 추종했다. 내적인 의미에서 회당이 성전을 능가한 것과 마찬가지로 제사장을 능가하는 율법학자 계층이 등장했는데, 이는 단지 디아스포라에서만 나타난 현상은 아니었다"(A. Gunneweg, *Geschichte Israels bis Bar Kochba*, Theol. Wiss. Bd. 2, Stuttgart 1972, 287).

예수와 신약성경 시대의 상황

다음에 나오는 프리드리히(G. Friedrich)의 상세한 설명은 헬레니즘이 유대인의 생활에 미쳤던 영향을 구체적으로 인상 깊게 전달해준다(*Theol. Wörterbuch zum NT Bd.* X/1, Stuttgart 1978, 45쪽 이하에서 부분 발췌).

…예수 시대에 팔레스타인은 주변 세계와 완벽하게 단절된 섬 같은 곳은 결코 아니었다. 발굴품과 발굴된 화폐가 명확하게 보여주듯이, 알렉산더 대왕 이전 시대에도 이미 그리스와 팔레스타인은 교역관계를 형성하고 있었다. 알렉산더 대왕의 제국이 성립된 이후, 고유한 문화와 언어를 소유하는 민족의 구별은 점점 더 사라지게 되었다. 유대교 역시 이를 벗어날 수 없었다. 제논 파피루스(Zenonpapyri)는 기원전 250년경에 유대교의 귀족 계층이 이미 그리스어를 알고 있었다는 사실을 보여준다. 유대교의 헬라화는 안티오쿠스 에피파네스 4세(Antiochus Epiphanes IV) 치하(기원전 170년경)에서 한층 더 강화되었다. 이때 예루살렘은 일종의 그리스의 폴리스(도시)였다. 예루살렘의 주민은 안디옥 주민이라는 칭호와 시민권을 얻었고, 예루살렘에는 체육관이 건립되었다(마카베오상 1:14). 유다의 청소년은 체육관에서 그리스식 의복을 입고, 다음에는 벌거벗은 채로 스포츠 활동을 했다. 제사장은 체육관의 놀이를 관람하기 위해 성전 예배를 버렸다(마카베오하 4:9-14). 토라(율법)는 스포츠를 금기하지 않았기 때문에, 체육관에서 이루어지는 운동은 전통 종교의 위반으로 간주하지 않았다. 체육관과 함께 예루살렘에

그리스 학교가 설립된 것은 명백하다. 마카베오 가문도 이러한 현상을 중단할 수는 없었다. 기원전 2세기에 예루살렘 사람들은 진지하게 스파르타 사람들을 유대인의 친척으로 생각했다. 대제사장인 야손(Jason)이 추방되자, 그는 스파르타로 가서, "종족관계를 통해 그곳에서 보호받기를 희망했다"(마카베오하 5:9). 대제사장 요나단은 "우리를 너희와 결합시키는 형제애와 우정의 언약을 갱신하기 위해"(마카베오상 12:10) 스파르타에 있는 '형제들'을 찾아갔다(마카베오상 12:6). 마카베오서의 저자는 스파르타 왕이 보낸 편지에 대해 보고한다. 스파르타 왕은 스파르타인과 유대인이 관련된 문서에서 "그들이 형제이고 아브라함의 가계에서 유래했다."는 기록을 발견했다고 유대인에게 통보한다(마카베오상 12:21). 이처럼 유대인과 그리스인의 관계는 매우 밀접했다.

헤롯(Herodes) 치하에서 헬레니즘은 보다 폭넓게 유대인 계층 속으로 침투되었다. 예루살렘의 왕(헤롯－옮긴이 주)은 정치적인 이유로 유대인을 위해 여러 면에서 전심전력을 다했음에도 불구하고, 마음속으로는 자신이 유대인보다 그리스인에 더욱 가깝다고 생각했다. 그는 헬레니즘적인 고문관을 거느리고 있었으며, 그리스 작가인 다메섹의 니콜라우스(Nikolaus)는 그의 오른손 역할을 했다. 헤롯은 자신의 아들들을 해외에서 양육했다. 헤롯은 헬레니즘 문화를 장려했다. 그는 여러 곳에 극장을 건립했다. 그는 예루살렘에 극장 하나와 원형 극장 하나를 건립했다. 이 극장에서는 운동 경기와 음악 연주, 마차 경기와 짐승의 격투 같은 네 종류의 놀이가 모두 실행되었다. 이와 관련된 운동선수와 숙련자를 나라 밖에서 불러들였고, 이 놀이는 로마 황제의 영예를 위해 4년마다 개최되었다. 극장에서는 유대인의 작품이 아닌 그리스인의 작품이 상연되었다. 이 놀이가 시행될 때마다 많은 외국 방문객이 예루살렘을 찾아왔다. 유대인은 극장을 부정했지만, 그렇다고 이방인만 극장을 찾았던 것은 아니다. 극장은 오직 예루살렘에만 있는 것이 아니라 여리고에도 있었다. 디베랴(Tiberias)에도 경기장(Stadion)이 있었고, 가이사랴(Cäsarea)는 올림픽을 대체하여 5년마다 격투 경기를 개최했다. 외국인의 팔레스타인 방문은 주민에게 지속적으로 영향을 미쳤다.

예루살렘은 팔레스타인에 사는 유대인의 수도일 뿐 아니라 디아스포라 유대인의 수도이기도 했다. 큰 절기마다 성전을 방문한 사람들 중에는 타국에 살면서 모국어를 완전히 잊어버리거나 거의 잊어버린 유대인이 상당히 많았다. 이들 이외에도 할례를 통해 유대교로 전향한 그리스인과 헬레니즘화한 비그리스인도 제물을 드리기 위해서 성전을 찾았다. 유일신론(유일한 하나님에 대한 신앙)에 매력을 느낀 또 다른 비유대인도 기도를 드리려고 성전을 방문했다. 많은 디아스포라 유대인은 생의 마지막 순간에 팔레스타인으로 되돌아와서 성지에 매장되기 위해 예루살렘에 거처를 마련했다. 그리스어를 사용하는 유대인이 많아지면서 이제 아람어를 배우는 것은 시대적으로 불필요하게 여겼다. 예루살렘에서조차도 많은 사람들이 그리스적인 것을 포기하지 않았기 때문에 그들을 위한 특별한 회당을 세우고 거기서는 그리스어로 예배를 드렸다.

그리스적인 것에 대한 지식은 예루살렘에만 국한되지 않았다. 교육을 받은 사람과 대도시 거주자뿐만 아니라 작은 도시와 마을의 주민도 그리스어를 이해하고 말할 수 있음을 고려해야 한다. 십중팔구 팔레스타인의 적잖은 사람들이 두 개의 언어를 사용하면서 성장했을 것이다. 팔레스타인에서 그리스 교육을 받아야 할 사람들은 충분한 기회가 있었다.

갈릴리에도 그리스 문화와 언어를 가진 이방인의 도시가 존재했다. 그 당시 사람들은 그리스 도시와 무역을 했기 때문에 그들이 일반적인 공용어(그리스어—옮긴이 주)를 사용했을 가능성을 배제할 수 없다. 하스모니안 왕가는 그들의 동전에 그리스어와 함께 히브리어 문구를 새겨 넣은 반면, 헤롯 가문과 로마가 발행한 동전은 줄곧 그리스어 명문만을 새기고 있었다. 세금으로 사용되는 동전에 대한 이야기에서 예수는 동전의 문구에 관하여 질문을 던지시는데, 이때 예수는 질문을 받은 사람들이 그리스어 문자를 읽을 수 있다는 사실을 전제로 말씀하셨다(마 12:16).

유대인 가정이 매우 이른 시기부터 이미 그리스어 이름을 가지고 있었다는 점은 크게 주목할 만하다. 이러한 현상은 대제사장인 야손(Jason)과 메넬라오스(Menelaos), 하스모니안 왕족(유다의 왕족, 아래 참조)에 속하는 아리스토불로스(Aristobulos)와 안티고노스(Antigonos), 헤롯 가문에 속하는 헤롯(Herodes)과 아르켈라오스(Archelaos), 빌립(Philippos), 안티파스(Antipas), 아그립바(Agrippa) 등 그리스에 동조하는 상류층만이 아니라 하층민에게도 나타난 현상이다. 예수의 두 제자, 안드레(Andreas)와 빌립(Philippus)도 그리스어 이름을 가지고 있었다(막 3:18).

헬레니즘적 유대교의 영향을 받은 랍비주의(Rabbinismus, 랍비[Rabbi]: 율법학자)는 육체와 영혼을 구별했고, 이를 통해 고대 히브리인은 미처 알지 못한 새로운 구별이 생겼다. 당시에는 랍비도 육체는 세상적인 것이고 영혼은 하늘에서 유래했기 때문에 다시 하늘로 돌아간다고 가르치기도 했다.

그러나 헬레니즘만이 유대교에 영향을 미친 것이 아니라 유다의 사상 역시 헬레니즘에 영향을 미쳤다. 스토아 학파의 창시자인 제논(Zenon)은 유대인이다. 그는 22살에 아테네로 갔다. 그는 자신의 유대적 가르침을 그리스적으로 포장해서 제공했다. 아테네 사람들은 그의 사상을 이방적 요소로 간주했다.

그리스적인 요소가 유대교에 미친 영향도(그리고 그 역의 경우도) 있었지만, 유대교는 전승된 율법을 고수함으로 유대교만의 독자성을 보존했다. 유대교는 헬레니즘과 융화되지 않았다.

위의 실제적인 서술을 통해 우리가 알 수 있는 것은 이 시기가 유대인의 신앙이 뿌리째 흔들리면서 새로운 반응이 발생하게 된 실제적으로 매우 역동적인 과정이라는 점이다.

2. 셀류코스 왕조의 통치

안티오쿠스 에피파네스 4세는 유대교의 박멸을 시도한다

기원전 200년 유대인의 지배층은 셀류코스 왕조였다. 로마는 기원전 202년에 카르타고를 정복하고, 그때부터 동쪽으로 영향력을 확장하기 시작했다. 로마가 없었다면 더 이상 그 어떤 일도 발생하지 않았을 것이다. 프톨레미 왕국(이집트)은 로마와 동맹을 맺고 셀류코스 왕국을 공격했다. 셀류코스 왕조는 막대한 규모의 배상금을 지불해야만 했다. 이로써 셀류코스 왕조는 예루살렘의 성전 보물에 손을 대었고, 이것은 모든 경건한 유대인을 분노로 몰아넣었다. 이뿐 아니라 셀류코스 왕조는 대제사장직의 임명에도 개입하여 사독 가문의 혈통과 전혀 상관이 없는 사람들을 대제사장으로 위임했다(반면 율법은 사독 가문의 혈통을 요구한다). 이것은 신성을 더럽히는 행위(=신성모독)로 간주됐다.

헬레니즘의 지배(기원전 3세기 중엽)

안티오쿠스 4세 에피파네스(=계시된 신)는 와해되어 가는 셀류코스 왕국을 헬레니즘의 도움으로 결속시키려 했고, 이를 위해 모든 그리스적인 것을 적극적으로 장려하거나 또는 폭력적으로 관철시켰다(기원전 175-164년). 기원전 175년 예루살렘에 체육관이 건립되었다. 그리고 얼마 되지 않아 비사독계 출신인 메넬라오스(Menelaos)가 대제사장으로 임명되었는데, 그는—이미 그의 이름이 보여주듯이—헬레니즘에 대하여 매우 개방적인 태도를 취했다. 자신을 신으로 이해한 이방인 안티오쿠스 4세는 성전 보물을 갈취했을 뿐 아니라 성전 안으로 들어가기까지 했는데, 이것은 유례없는 신성모독 행위였다! 이방인은 기껏해야 성전 앞마당에나 겨우 들어올 수 있었으며 또한 벽을 통해서 유대인과 분리되어야 했다. 안티오쿠스는 완고한 유대인의 신앙을 파괴하려 했다. 그는 예루살렘을 점령하고 성벽을 파괴했으며 최악의 신성모독으로 예루살렘 성전을 제우스 올림피오스(Zeus Olympios)에게 봉헌했다. 그는 이방신에게 제물을 드릴 목적으로 제단의 상부구조를 신축했다(마카베오하 6:1-7). 이러한 행동은 다니엘 11:31, 12:11과 마카베오상 1:54에서 "멸망하게 하는 가증한 것"으로 언급되었다. 예루살렘의 많은 주민이 저항했다는 이유로 죽임을 당했다. 많은 사람들이 노예가 되었다. 대규모로 종교적 탄압이 시작되었다. 이것은 후대에 로마가 유대인과 기독교인을 박해할 때, 세부적인 사항에 이르기까지 선행적인 모델이 되었다. 할례를 행하는 것, 율법에 따라 희생제물을 드리는 것, 안식일 계명을 준수하는 것은 사형으로 처벌되었다. 유대교 신앙은 말살되어야 했다. 셀류코스 왕국을 내적으로 견고케 하며 사람들을 결속시키기 위해서 유대인의 신앙적 공간은 그리스의 신앙과 정신으로 대체되어야 했다. 이러한 전대미문의 사건은 셀류코스 왕국의 지배에 대한 반란으로 이어졌다. 요컨대 유대인의 신앙과 하나님의 백성으로서의 정체성이 손상되고 침해를 입게 되자 무력적 반란이 발생하게 된 것이다.

마카베오 전쟁

제사장 가문에 속한 맛다디아(Matthatias)와 그의 다섯 아들이 반란을 지휘했다. 그들은 광야에서 게릴라전을 펼쳤고, 셀류코스 왕조의 지배자와 결탁한 동조자를 괴롭혔으며, 이교도의 제의 장소를 파괴했고, 또다시 아이들에게 할례를 시행했다. 맛다디아 사후 유다 마카베우스(Judas Makkabäus=망치와 같은 사람) 시대에 그 운동은 절정을 이루었다. 이 사건에 대해 보고하는 두 개의 마카베오서(마카베오상과 마카베오하－옮긴이 주)의 이름은 마카베우스를 따라 명명된 것이다. 유다 마카베우스는 상당한 추종자를 거느렸고, 군사적 우위에 있는 적을 현저하게 기적적으로 격파했다. 마카베우스의 승리는 그의 추종자와 백성이 이교도의 점령군과 싸우는 전쟁에 하나님이 스스로 개입하시면서 그 전쟁을 주도하신다는 강한 확신을 갖게 했다. 기원전 164년에 유다는 예루살렘을 성공적으로 탈환하여 "멸망하게 하는 가증한 것"을 제거하고 성전을 정화하여 성전봉헌 축제(하누카 절기)를 지키게 했다. 그 이후 사람들은 예루살렘 땅의 무력한 주민에게 관심을 기울이게 되었다. 이스라엘이 가나안 땅을 차지하고 있던 기간에 가나안의 지배로부터 벗어난 것처럼 이 당시에도 유대인은 셀류코스 왕국의 지배를 완전히 극복하고 새로운 유대인 나라를 건설하려 했다. 그러나 기원전 160년에 유다 마카베우스는 안티오쿠스 4세의 후계자인 데메트리우스(Demetrius)의 엄청난 역습으로 사망하게 되었다. 유대인은 "어찌 그 영웅, 이스라엘의 구원자가 쓰러졌는가"(마카베오상 9:21)라며 크게 조가(弔歌)를 부르면서 유다 마카베우스의 죽음을 애통해했다.

하스모니안 왕국 유대인에게 자유로운 종교 활동이 허용되었고, 그와 함께 이전의 마카베우스 가문의 추종자 중 많은 이들이 물러나게 되었다. 그들은 다시 신앙생활을 할 수 있었고 그것으로 만족했다. 그러나 다른 이들은 유다의 형제 요나단(Jonathan)의 지도 하에 광야로 피신해서 그곳에서 다시 게릴라전을 벌였다.

요나단은 셀류코스 왕국의 왕권을 쟁탈하려는 데메트리우스와 알렉산더 발라스(Alexander Balas)의 대결을 유대인에게 유리하도록 교묘하게 이용했다. 데메트리우스는 요나단에게 예루살렘 옆의 믹마스(Michmas)에 거주하도록 허락했다(옛적에 사울은 이곳에서 블레셋을 격퇴했다. 삼상 13:16-14:46). 이곳에서 요나단은 그 옛날의 이스라엘 사사처럼 활동했다. "그리고 요나단이 믹마스에 자리를 잡았다. 여기에서 그는 백성에게 재판하고 이스라엘에서 악인들을 제거했다"(마카베오상 9:73). 아마도 요나단은 사사 시대와 사상적 연관성을 만들려고 노력했을 것이고 또한 그의 동시대인도 그를 그렇게 이해했을 것이다. 사사 시대 이후로 사울과 다윗 치하에서 이루어진 일들이 너무나 짧은 시간에 다시 수립되었다. 왕을 정점으로 하는 상대적으로 독립적인 새로운 유대인 나라가 등장했다. 다윗 시대가 다시 도래한 것처럼 보였다. 새로운 메시아에 대한 예언자의 약속이 실현된 것처럼 보였다. 하나님이 우리와 함께 계신다! 하스모니안 왕가의 상승과 그 시대의 사건은 큰 희망과 결부되어 있었다.

요나단은 서로 경쟁관계에 있는 왕 즉 데메트리우스와 알렉산더 발라스로부터 그 왕국의 세계적인 주권과 대제사장직의 영적인 주권을 얻어냈다. 그러나 이로써 또다시 일종의 신성모독이 발생했다. 왜냐하면 율법에서 대제사장은 사독 계열 출신이어야 했기 때문이다. 이러한 이유로 에세네파(쿰란의 사람들)는 스스로 분리되어 광야에 제사장적·수도원적 공동체를 세우고 자신을 참된 이스라엘로 이해했다. 요나단과 그의 후계자의 치하에서 새로운 유다 왕국의 독립과 영토는 확장되었다. 알렉산더 얀나이(Alexander Jannai, 기원전 76년에 사망함)의 치하에서 나라는 다윗 왕국에 비견될 만큼 외적으로 확장되었다. 종말 시대, 메시아 시대에 대한 희망 그리고 옛 예언자의 약속의 성취에 대한 희망은 강력한 힘을 얻게 되었다.

3. 서로 다른 종교적 집단이 형성되다

사두개인

사두개인(이러한 명칭은 제사장 사독과 관련이 있다)은 예루살렘의 귀족 계급의 제사장이었다. 그들은 특징적인 확신을 가지고 있다. 이스라엘의 구원은 (먼) 미래에 있는 것이 아니라 이미 현재 속에 그리고 제의 속에 현존한다는 것이다. 사두개인은 진보적인 바리새인과는 달리 율법의 문자적인 해석을 고수했고, 오직 구약성경의 문헌(특별히 토라 즉 율법)과 구약성경의 교훈만을 유효한 것으로 여겼다(사두개인의 신념에 따르면, 구약성경의 문헌과 견줄 만큼 권위 있는 구전 전승은 존재할 수 없었다). 그러나 이러한 특징도 헬레니즘적인 정신세계에 그들이 동화되어 가는 것을 차단하지는 못했다. 이로 말미암아 사두개인은 헬레니즘을 거부한 폭넓은 계층의 주민과 소원해졌다.

하시딤(=경건한 자)

하시딤은 안티오쿠스 4세가 헬레니즘적 종교정책을 억압적으로 자행하고, 유대 종교를 금지하던 시대에 형성된 종교 집단이다. 이들은 헬레니즘과 그와 관련된 모든 것을 엄격하게 거부했다. 이들은 셀류코스 왕조가 종교 박해를 감행할 때 근절된 무리이다. 그러나 새로운 집단이 하시딤에서 출현하였다.

묵시주의자

이들은 그 뿌리를 하시딤에 두고 있다. 안티오쿠스 4세 에피파네스 치하에서 벌어진 사건과 조상에게서 물려받은 종교행위가 사형으로 금지되었기 때문에 하나님의 백성 중에서 신앙을 거부하는 일이 발생했고, 이 모든 상황은 묵시주의자에게 다음과 같은 확신을 갖게 했다. 세상의 역사적 상황에서는 구원이 발생하지 않으며 오직 세계사의 종말 즉 죽은 자들이 부활한 이후에만 구원이 발생한다. 묵시주의자는 이 땅의 세계사를 시대별로 구분했다. 그들에게 세계 역사는 점증적으로 확대되어 가는 재앙의 역사였다. 그들은 자신이 살고 있는 현재 시대를 종말의 시기로 인식했다. 하나님은 곧 '새로운 시대'(neuer Äon)를 여실 것이다. 현재에 대한 이러한 평가로 묵시주의자는 격려와 위로를 주었다. 신앙으로 말미암아 겪는 고난과 박해는 이해하고 적응할 수 있다. 사실 현재는 문제투성이며 유해할 수 밖에 없지만, '마지막 때'로서 재앙의 때이다. 그러나 하나님은 새로운 구원의 역사를 일으키실 것이며, '악한 세계'를 곧 멸망시킬 준비를 하실 것이다. 다니엘서는 묵시문학에 속한다. 이는 묵시문학적 사고를 전제하면서, 마카베우스 가문의 해방 전쟁을 단지 '작은 도움'(단 11:34)으로만 이해한다. 묵시주의자는 하나님이 여시는 전혀 새로운 미래만을 진정한 구원으로 기대한다. 바리새적인 사고를 가진 랍비는 묵시문학적 사고를 이상하고 낯선 것으로 취급했기 때문에(100년경 얌니아 회의) 바룩의 묵시록(신약성경이 저작되던 시기에 작성), 제4에스라서, 아브라함의 묵시록, 모세의 묵시록, 엘리야의 묵시록(그리고 다른 많은 책)과 같은 묵시적 문학서는 유대교 성경으로 수용하지 않았다. 묵시주의자는 자신의 작품을 종종 '과거의 위인' 중 한 사람의 이름을 차용하여 사용했다. '묵시'(Apokalyptik)라는 명칭은 신약성경과 관련이 있으며, 신약성경의 마지막 책은 '묵시록'(Apokalypse=계시)이라는 이름으로 불린다.

에세네 사람(쿰란 사람)

에세네 사람도 하시딤에서 유래했다. 아마도 이들은 쿰란 공동체와 동일한 사람들일 것이다. 쿰란 공동체의 문서는 1947년에 사해 근처에 있는 동굴에서 발견되었다. 에세네 사람은 사상적으로 제사장적인 경향을 강하게 드러내며 율법에 충실한 면도 보여주면서 또한 많은 면에서 묵시적인 특징도 보인다.

이 집단이 하나님의 백성 중 다른 사람들에게서 분리된 이유는 하스모니안 가문(즉 비사독계 가문 출신)의 요나단이 대제사장으로 임명된 사건 때문이다(기원전 152년). 에세네 사람에게서 이 사건은 성전을 다시 한 번 더럽히는 신성모독을 의미했다. 이들은 자신을 진실하게 순종하는 하나님의 백성으로 이해하며, 거짓과 어둠의 지배에 대한 전쟁에서 '빛의 아들'로 살았다.

이들도 광야에 거주했다. 이전에 예언자 호세아는 이스라엘의 광야 시대를 하나님 백성의 본질적인 절정기로 해석했다. 이 때문에 이스라엘의 구원은 광야로 돌아가는 것을 의미했다(호 2:14). 에세네 사람은 예언의 기대를 높이 평가했고, 메시아에 대한 교훈을 발전시켰다. 그러나 메시아적 교훈은 이들 무리에게만 국한된 것은 아니었다. 종말에 임할 구원의 시대에 "그 예언자와 아론과 이스라엘의 메시아"가 도래할 것이다. 종말에 출현하게 될 이 세 명의 구원의 인물에 대한 기대는 구약성경에서 유래한 것이다. 신명기 18:15에서 하나님은 모세에게 다음과 같이 말씀하신다. "네 하나님 여호와께서 너희 가운데 네 형제 중에서 너를 위하여 나와 같은 선지자 하나를 일으키시리니 너희는 그의 말을 들을지니라." 스가랴 4:14에서 두 감람나무는 왕적인 메시아와 제사장적 메시아로 해석된다. "이르되 이는 기름 부음 받은 자 둘이니 온 세상의 주 앞에 서 있는 자니라 하더라."

따라서 '그리스도'(=메시아=기름 부음 받은 자)라는 단어가 등장함에도 불구하고 구체적인 이름(예수 그리스도)이 나타나지 않는 본문은 어떠한 것이 있으며 또한 그 본문 이면에 왕적·세상적·정치적 메시아나 대제사장적 메시아의 표상 중에 어떤 것들이 결부되어 있는가의 문제는 신약성경에서 항상 질문해야 할 사항이다. 세 부분으로 된 시험 이야기(마 4장, 눅 4장)에는 (마태복음에 나오는 시험의 순서를 따르면) 아마도 모세와 같은 예언자(첫 번째 시험), 제사장적 메시아(두 번째 시험), 왕적 메시아(세 번째 시험)의 표상이 배후에 깔려 있는 것처럼 보인다.

'정의의 교사'가 쿰란 공동체를 인도했다. 그들은 재산을 공유하면서 수도원 생활을 했다. 공동체의 구성원은 매일 목욕 의식을 시행함으로써 순결한 생활을 살기 위해 노력했다.

바리새인

이 무리의 사람도 하시딤에서 유래했다. 에세네 사람처럼 바리새인도 구별사상을 중요하게 여겼지만, 그들은 에세네 사람과 같이 공간적으로 자신을 구별하지는 않았으며, 계속해서 동시대인과 함께 생활했다(물론 구별된 사람으로서). 바리새인은 히브리어 '페루쉼'(peruschim)에서 유래했는데, 이것은 '구별된 자'라는 뜻이다. 수도적 성향의 바리새파는 약 기원전 140-130년 사이에 존재했다. 그들은 모든 계층의 주민으로 구성되었는데, 이는 제사장적 혈통을 가지고 있지 않았기 때문이다. 이들은 전적으로 율법에 집중했고, 율법의 지시를 현실에 철저하게 적용했으며, 완벽하게 율법을 준수했다. 그 당시의 유대교에는 이미 오래 전부터 율법학자의 지위가 존재했으나 모든 율법학자가 바리새인의 규율에 따라 생활하지는 않았다. 그러나 바리새인은 지속적인 율법 연구를 통해서 일종의 율법학자 집단을 형성하게 되었다.

바리새인이 핵심적으로 노력한 것은 율법의 규정과 계명을 준수하며 생활하는 것이었다. 율법을 완벽하게 존중하고 그에 따라 행동하는 사람만이 하나님 앞에 설 수 있으며, 오직 그런 사람만이 진정한 하나님의 백성으로 간주될 수 있었다. 따라서 바리새인은 자신을 더럽히고, 거룩한 하나님의 백성에 속하는 것에 문제가 될 만한 모든 것으로부터 자신을 구별했다. 그들은 이방인을 기피했을 뿐 아니라 그들이 멸시한 '평범한 사람'과의 교제도 기피했다. 그 이유는 평범한 사람은 이방인과 마찬가지로 율법을 무조건적으로는 준행하지 않았기 때문이다. 그들은 때때로 동시대인에게 매정하게 대했음에도 불구하고(참조. 눅 18:9-14), 바리새인은 종교적인 진지한 노력으로 말미암아 존경을 받았다. 그들의 신념은 점점 더 백성들 가운데 확산되어 갔다.

다른 것들과 함께 예수가 대항한 바리새인의 특징적인 교훈 중 하나는 다음과 같다. 구약성경의 문서적인 율법과 더불어 이와 동등한 구두로 전승되는 교훈이 존재한다는 점이다. 구전 전승의 교훈은 모세 시대로부터 유래했다. 구전 전승의 교훈이 구약성경 진술에 과도한 영향을 미칠 위험이 존재했다(참조. 이 밖에도 교회 전승을 성경과 나란히 보는 가톨릭교회의 가르침).

바리새인은 진보적이고 현대화된 사람들이며 또한 새로운 사상에도 개방적이었다. 그들은 죽은 자들의 부활을 가르쳤고, 영혼이 죽음 이후에 하나님께 심판을 받게 된다는 견해를 수용했다. 사두개인은 구약성경과는 이질적인 바리새인의 사상을 부인했기 때문에, 바리새인은 그 점에서 사두개인의 공격을 받았다(참조. 막 12:18, 시 115:17-18, "죽은 자들은 여호와를 찬양하지 못하나니 적막한 데로 내려가는 자들은 아무도 찬양하지 못하리로다 우리—살아 있는 자들—는 이제부터 영원까지 여호와를 송축하리로다 할렐루야").

바리새인은 이곳 지상에서 하나님 나라가 수립될 것이라는 큰 희망을 가지고 있었다. 랍비 문헌에서는 예언자, 메시아적인 대제사장, 메시아적 왕에 대한 희망을 보여주는 많은 인증 구절이 발견된다. 바리새인에게 나타나는 지극히 특징적인 또 다른 사실이 있다. 전체 이스라엘이 단 하루만 율법을 완전히 준수해도 하나님이 자신의 나라를 개시하신다는 것이다. 이러한 사상 역시 바리새인으로 하여금 율법해석과 율법준수에 집착하도록 박차를 가했다. 동시에 이 사상은 자신처럼 율법을 준행하기 위해 노력하지 않는 사람들에 대한 강한 거부감을 나타냈다. 왜냐하면 율법을 준수하지 않는 사람들은 하나님 나라의 시작을 방해하는 것이기 때문이다.

천사론의 번성과 또한 사탄론의 사상적 확장 역시 바리새인의 특징이다. 그들은 묵시주의자가 아님에도 불구하고 이러한 면에서 묵시주의자와 공통적인 모습을 보여준다. 예를 들어 아마도 그들은 율법을 정확하게 준수하기만 한다면 현재에도 이미 구원이 실현될 수 있다고 생각했다. 그들은 또한 모든 사람이—그들이 원할 때만이—율법을 성취할 수 있다고 믿었다. 이러한 사상에 정통한 바리새인인 바울은 후에 죄가 율법의 성취를 가로막았다고 가르쳤다. 그러나 인간은 자신의 마음대로 율법을 성취하거나 성취할 수 없는 존재가 아니다.

율법에 대한 다양한 부연 설명을 통해서 바리새인은 율법의 성취를 가능케 하려고 노력했다. 안식일 준수에 대한 계명을 그 예로 들면, 이 계명은 특히 일하지 않는 것을 의미한다. 가령 사람이 안식일에 다른 곳으로 이동할 경우, 어느 때는 일이 되며 어느 때는 일이 되지 않는가에 대한 대답은 1,000걸음까지는 일이 안 되지만 그 이후부터는 이미 일이 시작되는 것임을 제시해준다. 바리새인은 모든 것의 십일조를 한 번씩 더 드렸는데, 이는 그들이 산 물건의 십일조를 이전에 드렸는지 확신할 수 없었기 때문이다. 이처럼 그들은 무의식적으로도 율법을 범해서는 안 되었다. 이로써 그들은 율법의 개개의 규정에 집착하게 되었고, 더 이상 율법의 핵심적인 관심사를 인식하지 못하게 되었다. 율법의 규정은 인간과 하나님, 인간과 인간 간의 교제를 유익하게 만드는 것이어야 했다. 예수는 다음 내용을 핵심적 사상으로 간주하셨다. 하나님과 이웃을 (자기 자신처럼) 똑같이 사랑하라. 이를 통해 사람은 율법과 계명을 지키는 것이다(막 12:28-34).

바리새인은 백성들에게 정신적으로 중심적인 자리를 차지했다. 그들은 회당 생활에 영향을 미침으로써 근본적으로 회당 생활을 성전 예배로부터 독립시켰다. 기원후 70년에 성전이 다시 최종적으로 (로마인에 의해) 파괴되었을 때, 이러한 상실을 극복할 수 있도록 도와준 것은 바로 강력한 바리새적 성향의 랍비였다.

4. 로마의 통치

폼페이우스에서 유대 전쟁까지

권력의 공백 상태에서 유대 왕국은 하스모니안 가문의 지도 하에서 다시 한 번 발전할 수 있었다. 로마가 막강해지자 이러한 권력의 공백은 유대 민족에게 불리한 상황으로 대두되었다.

로마제국

기원전 63년 예루살렘에 등장한 폼페이우스(Pompejus)는 이방인의 몸으로 성전 구역뿐만 아니라 심지어 지성소까지 들어갔다. 지성소는 제의적인 정화와 희생제물을 봉헌한 이후, 오직 대제사장만이 그것도 대속죄일에만 들어갈 수 있는 곳이다(레 16장). 폼페이우스는 이러한 신성모독적인 행동을 해서는 안 되었다! 성전 구역에서 행한 그의 행동은 유대인에게 안티오쿠스 4세 치하에서 벌어진 사건을 상기시켰다. 유대 왕국은 멸망했고, 유대의 영토 중 상당 부분이 잘려나갔다. 유대인은 단지 내적으로만 저항심을 품은 채 이러한 조처를 수용해야만 했다. 그러나 유대인이 끊임없이 로마에 봉기하게 된 이유는 이미 로마인과 유대인의 신성모독적인 첫 대면 때문이었다. 기원전 54년에 크라수스(Crassus)가 (또다시) 유대인의 재물을 노략하려고 심지어 성전 보물에까지 손을 댔을 때, 유대인과 로마 점령자 사이에서 곧바로 유혈 충돌이 발생했다. 케사르(Cäsar)는 정복당한 속주들을 무분별하게 약탈하는 정책을 중단시키려고 시도했다. 그러나 그가 암살당한 이후(기원전 44년) 그동안에 시리아와 유대 지역의 통치자가 된 카시우스(Cassius)는 상황을 점점 더 악화시켰다. 돈을 내지 않은 사람은 노예가 되었다. 로마인(이방인)에 대한 증오는 증대되었다. 사람들은 예언자의 예언에 매달렸고, 이방인인 로마인을 그 땅에서 몰아내고 (이스라엘의) 하나님 나라를 세울 메시아의 도래를 열렬히 희망했다.

이러한 의미에서—신약성경이 우리에게 보고하고 있듯이—유대인은 세례 요한에게 그가 백성들이 고대하던 하나님이 보내신 구원자인지를 물었다. "백성들이 바라고 기다리므로 모든 사람들이 요한을 혹 그리스도(=메시아=기름 부음 받은 자)신가 심중에 생각하니 요한이 모든 사람에게 대답하여 이르되"(눅 3:15-16). "유대인들이 예루살렘에서 제사장들과 레위인들을 요한에게 보내어 네가 누구냐 물을 때에 요한의 증언이 이러하니라…나는 그리스도가 아니라 한대 또 묻되 그러면 누구냐 네가 엘리야냐(말라기 4:5에 따라 사람들은 마지막 때에 엘리야가 올 것을 기대했다). 이르되 나는 아니라 또 묻되 네가 그 선지자냐 대답하되 아니라"(요 1:19-21, 그 예언자에 대해서는 신 18:15를 참조하라). 세례 요한 자신은 예수에게 다음과 같이 질문한다. "오실 그이가 당신이오니이까 우리가 다른 이를 기다리오리이까"(마 11:3). 이러한 질문을 통해 많은 유대인은 주목을 끄는 동시대인에 대하여 희망의 눈길로 그를 바라보았다. 이 사람이 우리를 돕고 구원할 하나님이 보내신 메시아인가?

반(半) 유대인인 헤롯 대왕(Herodes der Große, 약 기원전 40-0년)은 로마의 도움을 얻어 권좌에 올랐고, 그는 오랜 통치기간 동안 계속해서 로마의 지원을 받았다. 그는 로마로부터 왕의 지위를 얻었고, 오직 자신의 왕권을 잃지 않기 위해 로마의 모든 착취를 허용했다. 그는 헬레니즘 문화를 장려했고, 원형극장과 체육관, 도시(가이사랴)를 건축했으며 또한 그는 내면적으로도 헬레니즘 신봉자였다. 그는 예루살렘 성전을 개축했지만 동시에 사마리아에 아우구스투스 황제를 위해 신전을 건립했다. 헤롯은 매우 영리해서 바리새인과 싸우지 않았고, 오히려 종교적인 문제에 대해서는 바리새인의 입장을 수용했다. 이처럼 바리새인의 영향 하에 있는 백성은 상대적인 안정을 누렸다. 헤롯은 백성에게 환영받지 못하였고 로마의 앞잡이로 간주되었는데, 그는 실제로 로마의 앞잡이였다.

그가 죽은 이후에 영토는 아들들에게 분할되었는데, 한 아들(헤롯 안티파스, Herodes Antipas)은 기원후 39년까지 통치했다. 기원후 39년에 설립된 로마의 속주 유대의 행정은 총독(Prokurator, 루터: 총독[Landpfleger])이 담당하게 되었다. 그는 지중해 연안에 위치한 가이사라에서 자신의 속주를 통치했다. 예를 들어 축제와 같이 필수적인 상황에서만 그는 예루살렘에 머물렀다. 많은 사람들이 모이게 되면 그들 중 어떤 이들은 반역을 꾀할 수 있기 때문이었다.

종교·정치적으로 다신론자(=많은 신들을 믿는 사람들)인 로마인은 유대인의 종교적 감성을 존중하는 일이 쉽지 않았음에도 불구하고 그렇게 하려고 노력했다. 그러나 그 무렵 황제로 등극한 아우구스투스(Augustus=높은 자, 신에 대한 서술어 중 하나)가 시행한 세금징수(인구조사[Census])는 로마에 대한 증오에 또다시 불을 질렀다. 더욱이 사람들은 세금으로 이방의 점령세력을 후원했고 그리고 오직 한 사람 즉 그들의 황제를 신격화하는 이방인에게도 자금을 제공했다. 이것은 한 분이시고 참된 하나님을 믿었던 유대인에게는 가증스러운 일이었다. 그에 상응하는 증오가 세금관리자(세리)에게 돌아갔다. 그들은 점령자를 위해 조세를 징수하는 사람들로 사실상 점령자의 도우미였다.

유대 전쟁(기원후 63-73년)

아우구스투스가 인구조사를 강행했을 때, 바리새인 사둑(Sadduk)은 봉기를 호소했다. 셀롯인(Zeloten=열심당원) 집단이 형성되었는데, 이들의 우두머리는 갈릴리 사람 유다였다. 그들은 율법과 하나님의 뜻을 엄격하게 준수하는 것에 전력을 기울였다. 그래서 그들은 "나는 네 하나님 여호와니라 너는 나 외에는 다른 신들(=주[主]들)을 네게 두지 말라"는 제1계명을 완전히 문자적

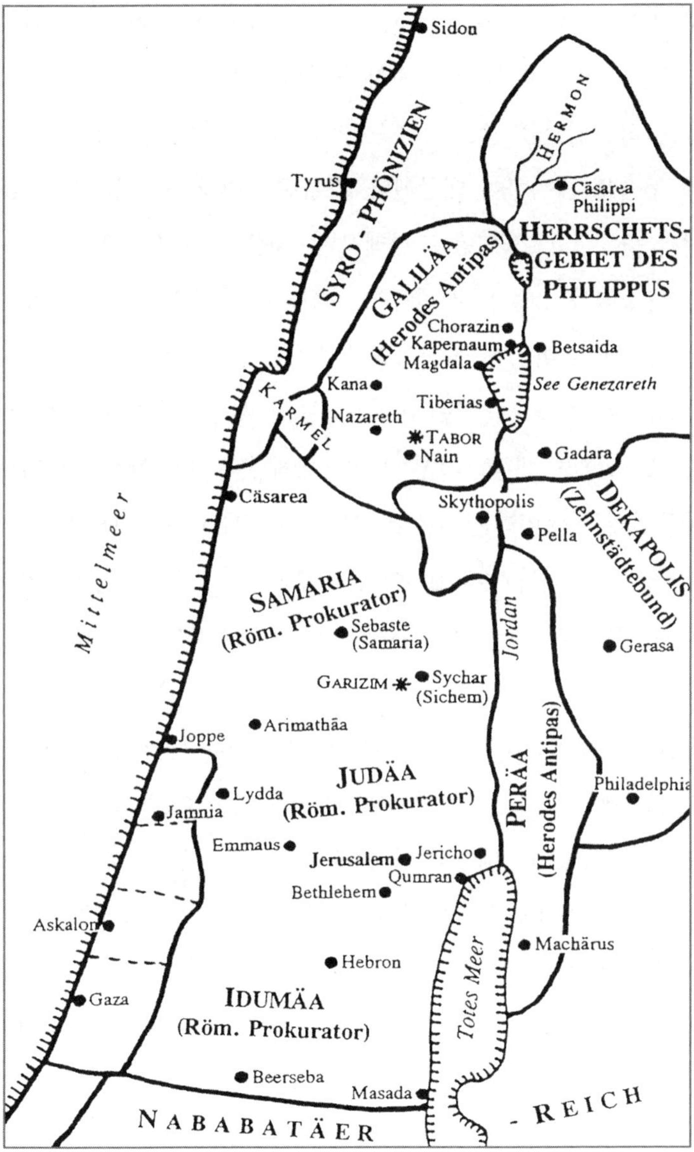

Sidon
HERMON
Tyrus
SYRO - PHÖNIZIEN
Cäsarea Philippi
HERRSCHFTS-GEBIET DES PHILIPPUS
GALILÄA
(Herodes Antipas)
Chorazin
Kapernaum
Betsaida
Magdala
See Genezareth
Kana
KARMEL
Tiberias
Nazareth
TABOR
Nain
Gadara
Cäsarea
Skythopolis
DEKAPOLIS
(Zehnstädtebund)
Pella
Mittelmeer
SAMARIA
(Röm. Prokurator)
Sebaste
(Samaria)
Jordan
Gerasa
GARIZIM
Sychar
(Sichem)
Arimathäa
Joppe
JUDÄA
(Röm. Prokurator)
PERÄA
(Herodes Antipas)
Philadelphia
Lydda
Jamnia
Emmaus
Jerusalem
Jericho
Qumran
Bethlehem
Askalon
Machärus
Hebron
Totes Meer
Gaza
IDUMÄA
(Röm. Prokurator)
Beerseba
Masada
NABABATÄER - REICH

예수 시대의 팔레스타인

으로 받아들였다. 따라서 그들은 로마인뿐만 아니라 다른 어떤 주(主)도 섬기려고 하지 않고, 오직 하나님만 섬기려고 했다. 이 때문에 그들은 하나님만을 주로 섬기는 것을 방해하는 자들에게는 경우에 따라 무력을 동원하여 대항했다. 그들은 이방의 주 즉 이교도를 그 땅에서 몰아내고 그 땅을 정결케 하는 것을 하나님의 요구이자 뜻으로 받아들였다. 그들은 사람들이 통행하기 어려운 지역(사막)에 살았고 매복하여 로마인을 공격하였다. (그들 중) 한 특별한 무리는 시카리(Sikarier=단도를 사용하는 암살자)였는데, 이들은 로마인에게 협력하거나 로마인에게 대항하지 않는 이들에게 은밀하게 칼을 들이댔다.

셀롯인의 우두머리는 자신을 메시아(마지막 때에 하나님이 보내신 구원의 인물)로 이해하거나 메시아라고 주장했다. 이러한 정치적인 메시아·왕은 많았다. 로마인은 메시아나 그 추종자를 붙잡았으며 그들을 간단하게 제거했다(십자가형). 예수도 유대인에 의해 로마인에게 정치적인 메시아라는 부당한 혐의를 받았고, 이 때문에 십자가형을 받았다('나사렛 예수, 유대인의 왕'이라는 문구가 그의 '죄명으로 그의 머리 위에 붙어 있었다). 그러나 예수의 적대자는 그를 제거할 수 없었다. 왜냐하면 형법적인 의미에서 로마인이 예수를 죽일 만한 근거를 전혀 제시하지 못했기 때문이다.

셀롯인은 정치적으로 근시안적이고 종교적으로 열광주의자였다. 결국 로마인의 실제적인 능력을 감지하지 못한 채, 그들의 마지막 대표자는 정상이 평평하게 요새화된 마사다 산에서 끔찍한 최후를 맞이했다. 그들은 마사다가 정복되기 직전 로마인에게 붙잡히지 않기 위해 집단 자살을 감행했다.

비양심적인 총독 게시우스 플로루스(Gessius Florus, 기원후 64-66년)의 착취가 유대인의 인내심의 한계를 넘어서게 되자 유대 백성은 반란을 일으켰다. '메시아' 므나헴은 자신의 추종자를 데리고 예루살렘에 입성함으로써 반란의 첫 번째 지도자가 되었다. 셀롯인 간의 경쟁으로 말미암아 예루살렘은 공포에 사로잡혔다. 이미 이전부터이건 또는 그때부터이건 간에 예루살렘의 그리스도인은 그 도시를 떠나 요단 계곡에 위치한 펠라(Pella)에 정착했다.

네로(Nero)가 기원후 68년에 자살한 이후에, 베스파시안(Vespasian)이 로마에서 황제가 되었다. 그는 자신의 아들 티투스(Titus)를 예루살렘에 파견했다. 티투스는 그 도시를 포위공격하고, 성 안으로 진입한 이후에 체포된 사람들을 처형했다. 성전은 불에 휩싸였고 완전히 불타버렸다. 두 명의 메시아적 유대인 지도자인 기샬라의 요한(Johannes von Gischala)과 기오라의 아들 시몬(Simon bar Giora)은 일곱 가지를 가진 등대(메노라)와 함께 로마로 압송되었고, 개선행렬의 구경거리가 되었다. 일곱 가지를 가진 등대로 묘사되는 로마의 티투스의 개선문은 오늘날까지도 기원후 70년 로마의 승리를 기억하게 해준다. 예루살렘의 성곽과 요새, 예를 들어 쿰란의 수도원 시설도 파괴되었다. 로마인이 성전을 파괴했기 때문에, 이후부터는 성전세가 사라지게 되었다. 이로 말미암아 살아남은 유대인이 이때부터 고정된 액수의 세금을 로마의 주피터 카피톨리누스(Jupiter Capitolinus)에게 바치게 되었다는 주장은 전설적인 추측에 불과하다! 전체적으로 볼 때, 유대 전쟁의 종결은 성전과 대제사장직 그리고 유대의 제사장직의 폐지를 의미했다. 또한 '최고 의회'의 존재도 폐지되었다.

기원후 100년경에 얌니아(Jamnia)에서 새로운 장로 의회가 개최되었는데, 이후로 이 의회가 유대교를 이끌었다. 유대교의 최고 지도 기관인 얌니아 회의는 유대교의 '거룩한 문서'(구약성경)로 규정될 수 있는 권위적인 문서를 확정했다. 예를 들어 이때 수많은 묵시문학서가 제거되었다.

바르 코흐바 반란(기원후 132-135년)

바르 코흐바 반란(Bar-Kochba-Aufstand)은 이곳 지상에 하나님 나라를 세우려는 메시아적 희망의 마지막 불꽃을 의미했다. 이 반란은 예루살렘에 주피터 신전을 세움으로써 새로운 도시를 건축하려는 로마 황제의 계획 때문에 일어났을 것이다. 이러한 계획은 가장 거룩한 영역에 대한 침해가 또다시 일어났음을 의미한다. 시몬 바르 코흐바(Simon Bar Kochba)와 대제사장 엘르아살(Eleasar, 왕적 메시아 한 명과 제사장적 메시아 한 명)은 초창기 성공적인 반란을 지도했다. 그들은 주권 획득의 상징으로 고유한 주화를 발행했다. 또한 그들은 게릴라식의 전법을 사용했는데, 이것은 로마인을 상당히 괴롭게 했다. 로마인은 의용군을 체계적으로 대응했다. 그들은 의용군의 은신처를 찾아내서 불을 지르거나 굶어죽게 만들었다. 유대 지역은 견디기 힘든 고통을 받았다. 많은 유대인이 죽거나 노예로 팔려갔다. 유대인에게 거룩한 도시인 예루살렘은 '카르도 막시무스'(Cardo Maximus, 중심 거리)와 이교도의 신전을 보유한 로마의 도시로 변했다. 예루살렘은 새로운 이름을 얻게 되어, '콜리니아 아일리아 카피톨리나'(Colinia Aelia Capitolina)로 불렸다. 주피터 카피톨리누스(Jupiter Capitolinus)에게 봉헌된 신전은 종교적인 중심지가 되었다. 유대인은 예루살렘 거주가 금지되었다. 기원후 4세기에 이르러서야 비로소 유대인은 다시 그 도시로 들어가서 헤롯 성전의 남아 있는 성벽(통곡의 벽)에서 하나님께 탄식의 노래를 불렀다.

5. 신약성경의 이해를 위한 결과

신약성경은 허공에서 생겨난 것이 아니라 특정한 역사적 · 정신사적 상황 속에서 발생했다. 예수는 아우구스투스 황제의 조세령(인구조사)으로 말미암아 유대 민족의 반로마적 감정이 또다시 요동치던 시기에 성장했다. 그 시대에 셀롯인 종교 집단이 형성되었다. 그들은 군사적인 수단을 동원하여 지금 이 땅 위에 하나님 나라를 세우려 했다.

백성들 사이에는 특정한 희망과 갈망이 확산되었다. 묵시적 기대(우리는 종말 시대에 살고 있으며 곧 하나님의 새로운 세계가 온다)와 메시아적 하나님 나라에 대한 기대였다(우리는 메시아를 기다린다. 그는 이방인을 이 땅으로부터 쫓아내고, 하나님 나라를 지상에 세우는 사람이다. 이러한 기대에 따르면 어떤 이는 예언자적 메시아를 보다 강하게 고려했고, 다른 이는 제사장적 메시아를 고대했으며, 매우 많은 사람들은 강력하게 왕적 · 국가적 메시아를 상고했다).

예수는 대략 기원후 28-30년경에 등장하여 가령 하나님 나라에 대해 말씀하셨을 때, 그 당시 유대인이 가지고 있던 구원적 기대의 핵심 개념을 받아들이셨다. 이 때문에 사람들 역시 예수를 만날 때도 그와 상응하는 기대를 가지고 있었다. 예수의 말씀은 동시대 유대인이 그 단어와 결부시켰던 표상에 대해 강렬한 논쟁을 일으켰다. 예수는 부분적으로는 동시대인의 사고를 받아들였고, 부분적으로는 새로운 생각을 추가하였으며, 부분적으로는 유대인의 사고를 부인하였다. 이것은 그 땅 주민의 하나님 이해와 예수의 하나님 이해의 내용에서도 마찬가지다.

예수를 올바르게 이해하고 평가하기 위해서 우리는 그 당시 사람들의 생각을 정확하게 알아야만 한다. 그때야 비로소 예수의 선포에 대한 독특성이 명백하게 부각된다. 사실상 한편으로 구약성경은 널리 만연된 생각을 진술하고 있다. 그러나 구약성경 이후에 저술된 많은 유대교 문헌과 그리스 문헌은 동시대인의 생각을 담고 있다. 그러한 문헌은 가령 사람들이 예수 시대에 구약성경을 어떻게 이해했는지를 보여주는 증거가 된다.

한 실례: 사탄에 관한 견해는 시간이 흐름에 따라 더욱더 발전하였다. 구약성경에서 사탄은 고발자, 하늘의 검사, 대적자를 의미한다(대상 21:1, 욥 1:6-12, 시 109:6, 슥 3:1). 랍비에게서 사탄은 타락한 천사이다. 그는 하나님의 명령에 따라 인간을 죽음으로 이끈다(죽음의 천사). 묵시

주의적 사고에서 사탄은 마귀(그리스어, 디아볼로스[diábolos]) 또한 벨리알(Belial)로도 언급되며 즉 악의 총체를 의미한다. 그는 '이 세계의 왕'으로서 이 세계를 다스린다. 신격화된 로마의 황제가 사탄과 연류된 것으로 간주되기도 했다. 사탄은 한 나라의 주인으로 마귀는 그를 위해 일한다. 예수 시대에는 예를 들어 창세기 3장의 뱀과 사탄이 서로 동일시되었다. 그러나 사탄이 할 수 있는 것으로 인정된 모든 능력에도 불구하고 사탄은 하나님의 능력에 따라 제약을 받는 실체로 남아 있었다. 이와 마찬가지로 신약성경에서도 사탄은 하나님도 아니고 하나님을 대적하는 신도 아니었으며, 따라서 사람들은 마귀에게 영광을 돌리지 않았다. 사탄은 단지 하나님이 정해놓으신 한계 속에서만 활동할 뿐이다. 예를 들어 사탄은 예수를 유혹하고(마 4장), 예수의 육체적 생명을 노리기도 했지만(눅 22:3, "열둘 중 하나인 가룟인이라 부르는 유다에게 사탄이 들어가니"), 그는 예수께 일격을 받고 패배한다. 인간의 전형인 아담은 유혹에 굴복하지만 예수는 마귀의 유혹에도 하나님과 멀어지지 않았다. 광야에서도 그리고 그의 삶 가운데서도 또한 십자가 위에 달려 있을 때에도 그랬다("나의 하나님, 나의 하나님, 어찌하여 당신께서 나를 버리셨나이까?"—마 27:46, "아버지 내 영혼을 아버지 손에 부탁하나이다"—눅 23:46). 구약성경을 넘어서까지 발전된 사탄론(=사탄에 대한 가르침)의 사상 없이는, 이러한 실례가 보여주듯이 신약성경의 특정한 중요 진술을 결코 이해할 수 없을 것이다.

예수의 십자가와 부활 이후, 그분의 제자와 그후 최초의 그리스도인들은 예수 안에서 하나님 나라가 시작되었음을 선포하기 위해 길을 떠났다. 예수는 바로 하나님이 세계를 구원하기 위해 보내신 분이다. 사실 제자들은 모두 유대인 출신이었고 또한 그들은 동시대인의 견해와 희망 사이에서 성장한 인물이다. 그들은 그들의 메시지를 무엇보다도 동시대의 유대인에게 선포했다. 그들 역시 예수와 마찬가지로 허공 상태에서 등장한 것이 아니었기 때문에, 그들은 익히 잘 알려진 기대와 표상과 관련해서 자신의 생각을 명확하면서도 이해하기 쉽게 표현해야만 했다. 예수는 구원자요, 세계에 구원을 가져온 분이며, 하나님 나라를 세운 분이며, 유대인과 또한 이방인이 기다려 왔고, 기다리는 바로 그분이다. 이것을 진술하기 위해 제자들은 메시아 · 그리스도 칭호를 사용하거나, 가령 예수가 하나님과 무조건적으로 가까운 사이임을 분명하게 드러내기 위해 '하나님의 아들'이라는 용어를 사용했다. 물론 이때 그들은 이미 예수가 그랬던 것처럼 잘 알려진 표상을 재해석했다. 이는 예수가 그러한 표상과 일치하지 않거나 또는 일치하는 부분이 있기 때문이었다. 예를 들어 예수의 나라는 사실 '이 세계의 나라'가 아니었다.

위에서 묘사한 시대적 사건 없이는 신약성경을 이해할 수 없다. 예를 들어 복음서를 해석함에 있어서, 가령 마태와 누가가 그들의 복음서를 기록할 당시(기원후 80-90년) 이미 유대 전쟁(기원후 66년에 발발)은 종식되었고, 예루살렘은 파괴된 상태였다는 사실을 아는 것은 중요하다. 여러 황제가 철저하게 명령한 황제 제의(로마 황제의 형상에 희생제물을 드리도록 강요했다)는 특정한 시대의 그리스도인에게는 진실

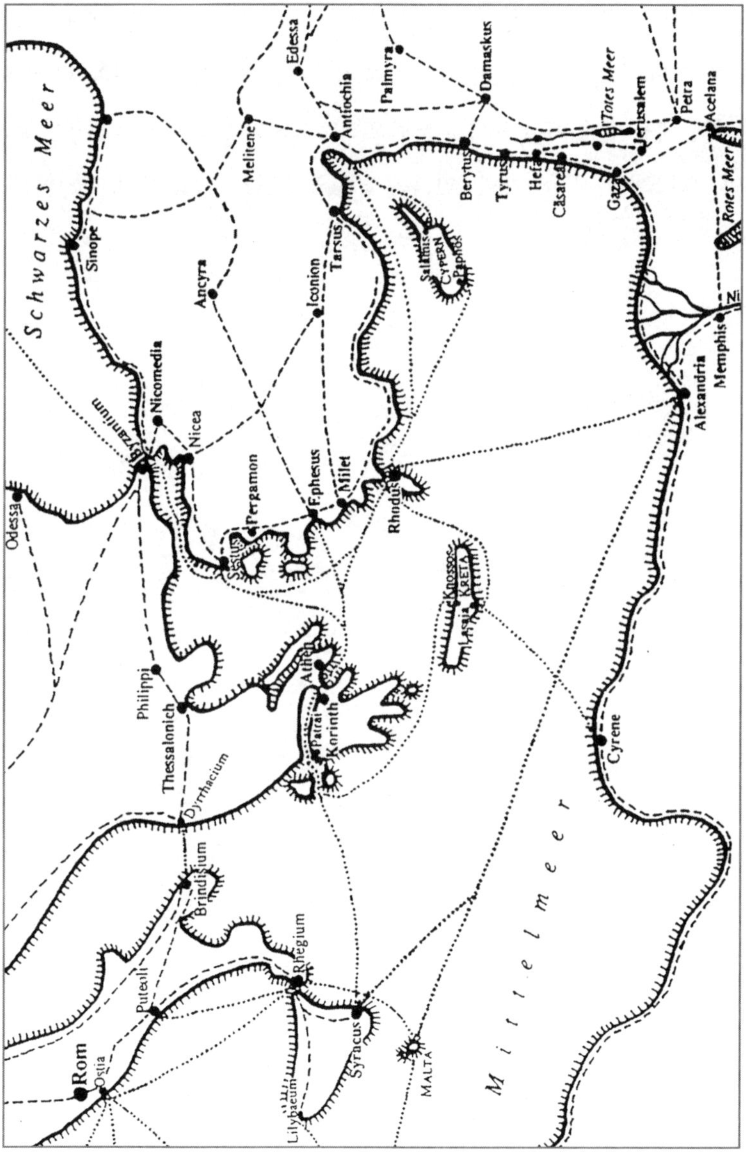

로마제국 시대의 항로와 무역로

로 신앙과 생명을 위협하는 것이 되기도 했다(서신서, 요한계시록). 언제나 세계 제국 로마의 통일성은 복음의 사자들이 선교사역을 하는 데 있어서 매우 유용했다(로마의 도로 연결망인 로마의 평화와 그 당시의 세계어인 그리스어가 제국의 개별적인 부분을 결합시키는 역할을 했기 때문이다).

안내

복음서를 읽기 전에 제2장의 "복음서의 형성과 특징"에 나오는 지식을 얻기 바란다.

02

복음서의 형성과 특징

1. 복음서는 결코 예수의 전기문이 아니다

복음서는 결코 예수의 전기문이 아니다. 마태복음과 누가복음이 탄생 이야기로 시작되고 있는 것은 사실이지만, 그 다음부터는 마가복음이나 요한복음과 마찬가지로 세례 요한(예수의 '선행자')의 사역과 대략 30세 정도에 세례를 받음(눅 3:23)으로 시작된 예수의 최초의 공적 등장이 언급된다(마 3장, 막 1장, 눅 3장, 요 1장). 만약 복음서가 전기문이었다면, 우리는 예수의 외모나 체형, 성격적 특징 그리고 내적인 성숙과정과 성장과정의 중요한 사건과 같은 기록을 발견하게 될 것이다. 그러나 이 모든 것(그리고 전기문에서 필수적으로 등장하는 그 밖의 요소)이 복음서에는 나타나지 않는다.

2. 복음서는 선교적 문서이다

복음서는 예수를 하나님 나라를 가져오는 분이요 세계에 보냄을 받은 하나님의 아들이라고 묘사한다(막 1:15, "때가 찼고 하나님 나라가 가까이 왔으니 회개하고 복음을 믿으라", 평행본문 마 4:17, "하나님이 세상을 이처럼 사랑하사 독생자를 주셨으니 이는 그를 믿는 자마다 멸망하지 않고 영생을 얻게 하려 하심이라", 요 3:16).

이 두 성경 인용에서 분명하게 드러나는 것처럼, 복음서에서 중요한 것은 청중과 독자에게 믿음을 일깨우는 것이다. "회개하고 복음을 믿으라", "이는 그를 믿는 자마다 멸망하지 않고…." 복음서는 설교 곧 선교적인 문서이다.

3. 복음서의 기록

복음서가 저술되기 이전

매우 오랜 구두 전승과정이 선재했다

복음서의 저술 시기는 예수에 대한 이야기와 예수의 말씀에 대한 구두 전승과정 이후에 이루어졌다. 예수에 대한 개별적인 이야기(예를 들어 안식일에 제자들이 이삭을 잘라 먹는 이야기는 "안식일이 사람을 위하여 있는 것이요 사람이 안식일을 위하여 있는 것이 아니니"라는 예수 말씀으로 종결된다. 막 2:23-28, 마 12:1-

8, 눅 6:1-5). 예수의 개별적인 말씀과 개별적인 말씀의 모음집은 각각 흩어져 있었다(산상설교, 마태가 기록한 예수의 개별적인 말씀의 통합 작품). 원시 기독교의 선교사는 예수의 개별적인 이야기나 개별적인 말씀을 가지고 떠났고, 하나님의 명령을 받아 기쁨의 메시지를 선포했다.

신약성경의 도표[2)]

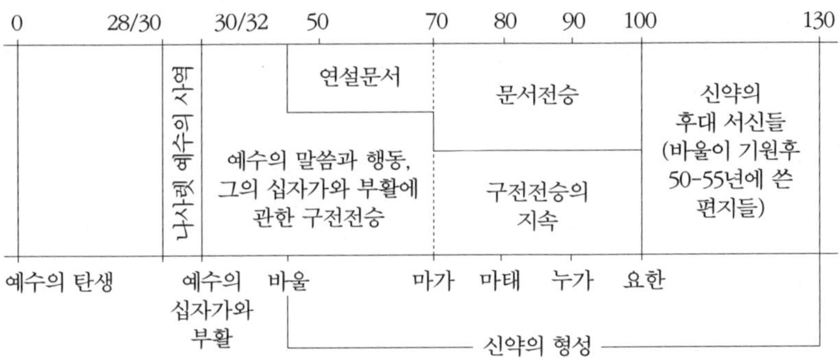

주2 이 문단의 도표들은 다음의 책에서 차용한 것이다.
Hermann Mahnke, *Christlicher Glaube. Ein Grundkurs*, Brendow-Verlag, Moers, 1990.

고대하던 예수 그리스도의 재림이 지연되면서 복음서가 저술되었다

초기의 그리스도인은 부활하신 그리스도가 곧 다시 오셔서 하나님 나라를 명백하게 계시하실 것이라는 희망을 매우 강렬하게 품고 살았다(두 번째 강림=두 번째 오심, 재림). 예를 들어 바울은 이러한 '임박한 기대'를 다음과 같이 명확하게 표현한다. "주께서… 친히 하늘로부터 강림하시리니 그리스도 안에서 죽은 자들이 먼저 일어나고 그 후에 우리 살아 남은 자들도…주를 영접하게 하시리니 그리하여 우리가 항상 주와 함께 있으리라"(살전 4:16-17).

우리가 '주기도문'(예수의 기도)에서처럼 "당신의 나라가 임하시며"라고 기도한다면, 우리는 최초의 그리스도인과 동일한 희망으로 기도하는 것이다. 만약 우리가 주기도문의 간구를 진지하게 받아들인다면, 우리 역시 이미 하나님 나라가 너무나도 갑자기—그러나 아마도 수백 년이 지난 후에야 비로소—명확하게 계시됨을 기다려야 한다.

그리스도의 재림이 초기 그리스도인이 기대한 것과는 달리 즉시 성취되지 않자 그들은 주님의 말씀과 이야기, 원시 기독교의 노래와 신앙고백 그리고 가르침을 수집함으로써 그것을 보존해야 할 필요성을 느꼈다.

저작 시기

복음서의 저작은 수집과정과 보존과정의 종결(40-70년)을 의미한다.

대략적인 연대는 다음과 같다.

마가복음: 기원후 70년
마태복음: 기원후 80년
누가복음: 기원후 90년
요한복음: 기원후 100년
= 30년

말씀이 육신이 되셨다

무슬림들이 그들의 코란에 대해서 믿는 것과 같이, 하나님이 신약성경을 포함한 성경을 하늘로부터 뚝 떨어뜨린 것은 아니다. 오히려 하나님은 인간과 인간적 방식으로 관계를 맺으셨다. "말씀이 육신이 되어 우리 가운데 거하시매"(요 1:14). 하나님은 우리와 교제관계를 유지하시기 위해 인간의 몸 즉 그의 아들 나사렛 예수로 인간인 우리에게 매우 가깝게 다가오셨다. 예수가 부활하셔서 하나님의 오른편으로 승천하신 이후, 하나님은 예수 말씀과 사역을 계승할 인간 증인을 사용하셨다. 제자, 사도, 초기의 그리스도인, 예수에 대한 이야기와 예수 말씀을 수집한 사람, 복음서 기자 등. 하나님은 우리가 그분께 순종할 때 우리를 사용하신다.

하나님의 영이 복음서의 저자와 함께 하셨다

하나님이 오늘날 사람들을 자신의 증인으로 삼으신 것과 같이 또한 신약성경에서 증언된 그리스도를 이해할 수 있도록 우리에게 성령을 보내신 것과 같이, 하나님은 그의 말씀을 전해야 할 복음서 저자와 그 외 신약성경 저자에게도 성령으로 함께 계셨다. 따라서 복음서 저자가 각각 서로 다른 내용으로 전수받은 이런저런 이야기를 자신의 독자에게 전달할 때 마가의 의도는 무엇인지, 누가의 의도는 무엇인지 그리고 마태의 의도는 무엇인지를 신약성경에서 질문해야 한다(참조. 예를 들어 서로 다른 버전으로 전승된 동일한 사건, 마 8:16-17, 막 1:32-34, 눅 4:40-41). 그들을 통해 우리에게 주어진 하나님 말씀은 무엇인가? 하나님은 복음서 기자의 증언을 통해서 우리에게 말씀을 주셨다. 그 증언은 "오직 성령의 감동하심을 받은 사람들이 하나님께 받아 말한 것"(벧후 1:21)이었다.

4. 공관(共觀)적인 도식(마태-마가-누가)

많은 학자들에 따라 전 세계적으로 인정받고 있는 신약성서학의 연구 결과는 '공관적인 도식'(synoptische Schema, 공관[Synopse]=총관[總觀])이다. 마가복음이 가장 오래된 복음서이다. 마태와 누가가 그들의 복음서를 저작할 때 마가복음은 이미 존재하고 있었다. 마가복음 이외에 마태와 누가는 공통적으로 예수의 연설 수집물(연설 자료 [Redequelle]=Q)을 사용했다. 이 밖에도 그들 각각에게만 전승된 예수에 관한 보고와 예수 말씀이 그때 그때마다 사용되었다(SMt=마태의 특수 자료, SLk=누가의 특수 자료). 예를 들어 누가는 선한 사마리아인의 이야기와 바리새인이나 세리의 이야기를 전해주는 유일한 복음서 기자이며, 마태는 동방에서 온 세 명의 현자들의 이야기를 전하는 유일한 복음서 기자이다.

누가는 복음서의 첫머리에 그 자신이 말씀을 찾아 수집하고 편찬한 최초의 인물이 아님을 밝힌다.

> 우리 중에 이루어진 사실에 대하여 처음부터 목격자와 말씀의 일꾼된 자들이 전하여 준 그대로 내력을 저술하려고 붓을 든 사람이 많은지라 그 모든 일을 근원부터 자세히 미루어 살핀 나도 데오빌로 각하에게 차례대로 써 보내는 것이 좋은 줄 알았노니 이는 각하가 알고 있는 바를 더 확실하게 하려 함이로라(눅 1:1-4)

공관적인 도식

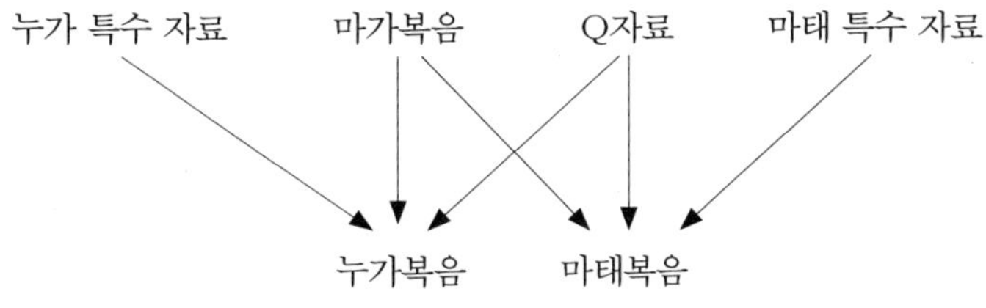

5. 요한복음

매우 경건하고 깊이가 있는 복음서인 요한복음은 특수한 역할을 하고 있다. 아마도 요한은 하나의 공관복음서를 알고 있었을 것이다. 적어도 그는 공관복음서와 부분적으로 일치하는 이야기와 예수 말씀을 대본으로 사용했다고 가정할 수 있다. 부분적으로 요한은 공관복음서 기자가 언급하지 않거나 또는 알지 못하는 다른 자료를 가지고 있었다. 만약 우리가 공관복음서 다음으로 나오는 요한복음을 자세히 읽는다면, 요한복음이 전혀 다른 성격을 지니고 있음을 알게 될 것이다. 아마도 당신은 이전에 이러한 사실을 이미 스스로 발견했을 것이다.

몇 가지 차이점[3)]

공관복음서 기자	요한
짧은 단편적 이야기 간략하고 쉬운 내용으로 된 예수 말씀 (산상설교는 이러한 말씀의 모음집)	**분량이 많은 이야기** 길게 돌려 말하는 연설
인물 바리새인 - 사두개인 - 세리 - 병자 - 사마리아인 - 이방인	인물 유대인(예수를 이해하지 못하고 거부하는 사람들)

주 3 공관복음서 기자와 요한에 대한 이러한 진술은 다음의 책에서 기인한 것이다. W. Foerster, *Grundriß des NT*, Furche-Stundenbücher, Bd. 60, Hamburg, 1966, 11쪽.

내용 중심주제: 하나님의 통치, 하늘나라	내용 (동일한 사실을 전개하면서) 대조적인 쌍에 관한 연설: 빛과 어두움 생명과 죽음 진리와 거짓 '나는–이다' 말씀
형식 구두 전승의 모음집	형식 자료가 저자와 밀접하게 관련되어 있고, 그에게 영향을 받음.
목적 공관복음서 기자는 우리에게 예수의 활동이 다양하다는 인상을 전달함. 짧은 본문 단락이 모두 그리스도를 증언함.	목적 요한은 예수의 유일무이한 삶을 해석함.
결과 마태, 마가, 누가는 본질적으로 자신 이전에 존재한 예수에 관한 이야기와 말씀을 통해 자신의 증언을 진술했음. 그들은 구성, 통합, 삭제나 약간의 첨가와 변형을 통해 그들이 아는 모든 것을 동원해서 그리스도를 선포했음. 하나님은 그들을 통해 말씀하심.	결과 요한도 이전에 있던 이야기를 받아들여서 자신의 증언을 진술하지만, 그러한 이야기를 자신이–그리고 또한 그의 청중–가장 잘 이해하기 쉽도록 개인적으로 매우 강하게 변형시키고 상세히 설명하고 묵상하고 해석함. 하나님은 그를 통해서 이처럼 말씀하심.

6. 복음서는 부활 경험으로 각인된 문서이다

가장 다루기 어려운 요점: 복음서에서 보고된 모든 기록은 거기에 기록된 것과 같이 실제적으로 발생한 사건인가? 만약 그렇지 않다면 즉 기록된 사건이 실제로 일어나지 않았다면 그 보고는 진실하지 않은 것인가?

우리는 복음서에 대해서 기록된 것과 같이 실제적으로 발생한 사건에 대해서만 '진실'한 것으로 여기는 편견으로부터 벗어날 필요가 있다. "오직 발생된 사건만이 진실하다."는 생각은 진리의 개념을 역사적 사건으로만 제한하게 된다. 복음서는 결코 예수에 대한 전기가 아니고, 오히려 그리스도에 대한 증언이며 설교이다. 제자들이 일기로 썼다거나 예수 말씀을 속기로 기록하였는지 여부를 살핀다면, 개별적인 이야기나 개별적인 말씀은 사실적인 보도가 아니다. 복음서는 예수의 제자들이 예수가 지상 사역을 하는 동안 예수를 전혀 올바르게 이해하지 못했다는 증언을 여러 차례 기록하고 있다. 마가복음 9:32, "그러나 제자들은 이 말씀을 깨닫지 못하고 묻기도 두려워하더라"(참조. 눅 18:34). "제자들은 처음에 이 일을 깨닫지 못하였다가 예수께서 영광을 얻으신(=부활하시고 하나님께로 승천하신) 후에야 이것이 예수께 대하여 기록된 것임과 사람들이 예수께 이같이 한 것임이 생각났더라"(요 12:16). 예수가 십자가에서 처형당하신 이후 제자들은 당황했고 더 이상 아무것도 이해할 수 없었으며 절망적이었기 때문에 뒤로 물러나 있었다. 그러나 부활은 그 상황을 근본적으로 바꾸어놓았다. 부활하신 그리스도는 제자들에게 나타나셔서 자신에 대해 언급한 구약성경의 문헌을 설명하시면서 승천하신 분, 살아 계신 분으로 자신을 계시하셨다. 그때 비로소 제자들은 예수를 이해할 수 있게 되었고, 부활하신 분에 대한 믿음을 갖게 되었다(예를 들어 눅 24장 엠마오로 가는 제자들의 경험). 요한복음은 다음과 같이 이야기한다. "내(그리스도)가 아직도 너희에게 이를 것이 많으나 지금은 (나의 지상에서의 생애 동안에는) 너희가 감당하지 못하리라 그러나 진리의 성령(=성령)이 오시면 그가 너희를 모든 진리 가운데로 인도하시리니 그가 스스로 말하지 않고 오직 들은 것을 말하며 장래 일을 너희에게 알리시리라"(요 16:12-13). 제자들은 성령을 통해서 예수를 이해하고, 부활하신 주님에게 성숙한 신앙으로 인도받게 된 이후에 비로소 설교를 시작했다(행 2장: 성령강림 사건, 요한은—동일한 문제를 다루지만—동일한 사건을 다르게 언급한다. "아버지께서 나를 보내신 것 같이 나도 너희를 보내노라 이 말씀을 하시고 그들을 향하사 숨을 내쉬며 이르시되 '성령을 받으라'", 요 20:21-22, 예수의 부활 이후에 있었던 일).

이 모든 것이 의미하는 것은 다음과 같다. 부활의 경험(제자들 앞에서 부활하신 그리스도가 현현하신 사건 그리고 예수는 하나님의 아들이며 메시아이다, 예수는 하나님이다, 하나님은 예수 안에서 우리 인간들 가운데 계시며 오늘날에도 그의 영을 통해서 우리 가운데 계신다고 믿게 된 제자들의 인식과 신앙)이 없었다면, 우리는 복음서가 보고하는 이야기와 사건 그리고 예수 말씀에 대해 그 어떤 것도 생각할 수 없을 것이다. 제자들, 원시 그리스도인, 후대의 그리스도인과 우리는 결코 어떤 훌륭한 인물 즉 짧은 기간 동안 이 땅에서 활동한 너무나도 근사하고 감탄할 만한 사람 또한 그가 선택한 열두 명의 제자로부터 영광을 받았던 인물을 선포하려는 것이 아니다. 오히려 제자들과 그들 이후의 모든 증인은 짧은 기간 동안 이 땅에서 사역하신 예수가 그리스도이시며 하나님의 아들이라는 것 그리고 하나님께 온전히 순종함으로써 인간을 위해서 자신의 생명을 내주셨고 또한 하나님이 그분을 부활시키심으로써 예수는—세상의 끝날까지(마 28:20)—우리 가운데 살아 계신다는 메시지를 선포하려는 것이다. 제자들과 초기 그리스도인 그리고 우리 역시 살아 계신 주님 즉 그분이 우리를 위해 행하신 것과 오늘날 우리에게 말씀하시는 것을 선포하는 것이다.

제자들 즉 사도들(과 초기 그리스도인)은 예수에 대해 과거에 경험한 것과 현재 경험하는 것들을 기억하면서, 다시 한 번 자세히 연구하고 새롭게 숙고함으로써 선포의 명령을 실행하였다. 그들은 부활을 통해서 많은 것들을 보다 쉽게 이해하게 되었고, 전체적으로 볼 때 그것으로부터 비로소 많은 것들을 이해할 수 있게 되었다. 그들은 많은 것들을 부활을 통해 새롭게 해석한다. 따라서 복음서의 개별적인 이야기는 모두 부활의 경험으로 각인되었고, 그것들은 더 이상 이전에 벌어진 사건에 대해서만 관심을 두는 전적으로 역사적인 보고만은 아닌 것이다. 그것들은 이미 해석 즉 필수불가결한 해석을 포함하고 있으며, 부활 이후에야 제자들을 통해 완전히 이해된 예수가 이미 하나님의 아들임을 선포한다. 과거의 것과 결부된 이야기는 그때 일어난 것보다도 훨씬 더 많은 것들을 이야기하는데, 그것은 부활 이후에 보다 더 많은 것들이 분명해졌기 때문이다. 예수의 의미를 실례적이고 교훈적으로 밝혀주려는 이야기도 있다(예를 들어 마태와 누가에 나타나는 시험 이야기는 마가와는 차이점이 있다. 마가는 시험에 대해서는 단지 짧게 언급할 뿐이고 예수의 파송 그리고 의미와 사역은 간결한 형태로 예술가처럼 세밀하게 전개한다. 따라서 마가복음의 시작 부분은 이후에 전개되는 내용이 어떻게 이해되어야만 하는지를 명확하게 밝힌다). 개별적인 경우에 있어서 (때때로) 상징적인 것과 실제로 발생한 일 그리고 교훈적인 것과 비유적인 것이 어떤 것인지를 결정하기가 매우 어려울 때가 있다. 그러나 모든 이야기는 진술적인 성향을 가지고 있다(복음서 기자가 무엇을 의도하는가? 하나님은 이러한 사건과 함께 예수를 통해 우리에게 무엇을 말씀하려고 하시는 것인가?). 때문에 우리는 모든 이야기를 대할 때 본래 '일어난 일'이 무엇인지를 질문할 필요가 없다. 이러한 문제에 집착하지 않도록 주의해야 한다. 부활하신 분은 현재 기록된 형태의 이야기를 통해 우리에게 말씀하신다. 예를 들어 한 복음서의 보도대로 예수가 길가에 있는 두 명의 병자를 고치셨는지, 아니면 다른 복음서의 보도대로 네 명의 병자를 고치셨는지의 여부는 너무나도 사소한 것이다. 중요한 것은—그리고 그 두 개의 이야기는 이것을 상징적으로 분명하게 제시한다.—살아 계신 (그리고 또한 지상의) 그리스도는 이 세상에 '구원'이 오기를 원하신다는 것이다. 그에 대한 상징으로 그분은 병자를 '치료'하셨다.

'역사적인 것'은 나사렛 예수가 사람들 가운데 한 사람으로 사셨다는 점에서 중요하다. 그러나 역사적인 것은 복음서를 이해하는 데 고려해야 하는 유일하고도 가장 중요한 관점은 결코 아니다. 동시에 복음서는 부활하신 그리스도와 오늘 우리 가운데 역사하고 계신 그리스도에 대한 증언인 것이다. 복음서의 메시지를 통해 그분은 오늘 우리 곁에서 말씀하고 계신다.

7. 공관복음서의 특수 자료에 대한 개관[4)]

마가의 특수 자료

마태와 함께 누가는 다음 자료를 생략하고 있다.

막 3:20-21, 4:26-29, 7:31-37, 8:22-26, 14:51-52

따라서 이 본문은 마가의 특수 자료로 불린다.

마태의 특수 자료

이전 역사

1장	예수의 족보, 동정녀 탄생에 관한 이야기
2장	동방에서 온 마술사, 헤롯으로 인한 아이 예수의 위험, 이집트로의 도피와 나사렛 귀환

비유

13:24-30, 36-43	곡식 중에 포함된 쭉정이 비유와 이에 대한 알레고리적인 해석
13:44-50	밭의 보물, 진주, 그물의 비유

주 4) Helmut Merkel, *Bibelkunde des Neuen Testaments. Ein Arbeitsbuch*, Gütersloh, 1982^2, 36-37쪽과 58-59쪽에서 인용함.

13:52	집주인의 비유
18:23-35	악한 종의 비유
20:1-16	포도원 일꾼의 비유
21:28-32	두 아들의 비유
25:1-13	열 처녀의 비유
25:31-46	세계 심판의 비유

이야기

9:27	두 소경의 치유
9:32-34	벙어리 귀신 들린 사람의 치유
14:28-32	물에 빠지는 베드로
17:24-27	성전세
21:14-16	성전에서의 치유
27:3-10	유다의 최후
27:62-66	예수의 무덤을 지키는 사람
28:11-15	대제사장의 거짓말
28:16-20	예수가 갈릴리 한 산에서 열한 명의 제자에게 나타나심

예수 말씀

11:28-30	수고하고 무거운 짐 진 자들을 부르심
16:17-19	베드로의 행복 선언과 천국 열쇠의 위임

18:15-18	공동체의 훈육
18:19-20	두세 사람이 모인 곳에
18:21-22	범죄에 대해서
19:10-12	천국을 위해 고자가 된 자들
23:8-11	공동체에서 명예로운 칭호를 포기함
23:15-22	서기관과 바리새인에 대한 두가지 화 외침
5:5, 7-10	다섯 가지 복 선언
5:17, 19-20	율법과 예언자의 완성자인 예수
5:21-24	살인에 대해
5:27-32	간음과 이혼에 대해
5:33-37	맹세에 대해
6:1-4	구제에 대해
6:5-6	기도에 대해
6:16-18	금식에 대해
7:6	거룩한 것을 개들에게 주지 말라

구약성경 인용

마태만이 11번 구약성경구절을 인용했는데, 이 구절은 거의 동일한 도입공식으로 시작된다("이는 주께서 선지자를 통하여 말씀하신 바… 함을 이루려 하심이라", 참조. 마 1:23, 2:5-6, 2:15, 2:23, 4:14-16, 8:17, 12:17-21, 13:35, 21:4-5, 27:10).

구약성경과 예수에 관한 이야기는 예언-성취의 관계로 간주된다.

사람들은 이러한 특별한 성경 인용 구절을 '숙고적 인용' 또는 '성취의 인용'이라 부른다. 이러한 인용은 마태가 구약성경에서 취한 다른 인용보다도 더욱더 히브리어 본문과 유사하다.

누가의 특수 자료

누가 자료는 30% 이상이 특수 자료이다. 이에 속하는 것들은 다음과 같다.

이야기 전승

1-2장	이전 역사
4:16-30	나사렛 설교
5:1-11	베드로의 물고기 잡이
7:11-17	나인성의 젊은이
7:36-50	예수와 죄를 지은 여인
8:1-3	예수를 따르는 여인들
9:52-56	사마리아 마을에서 받아들이기를 거부함
10:38-42	마리아와 마르다
13:10-17	안식일에 꼬부라진 여인 치유
14:1-6	수종병자 치유
17:11-19	열 명의 나병환자 치유
19:1-10	삭개오

22:15-20	최후의 만찬
23:6-12	헤롯 앞에서 예수를 심문
23:13-16	빌라도가 예수를 무죄로 선언
23:27-31	예루살렘 여인들이 예수로 말미암아 슬피 울다
24:13-35	예수가 엠마오로 가는 길에서 두 제자에게 나타나시다
24:36-43	예수가 제자들 앞에 나타나시다
24:44-53	예수의 마지막 말씀, 승천

누가의 특수 자료의 비유

10:29-37	선한 마음을 가진 사마리아인 비유
11:5-8	간절한 간구 비유
12:16-21	부유한 어리석은 자 비유
13:6-9	열매 맺지 못하는 무화과나무 비유
14:28-32	망대 건설과 전쟁 수행 비유
15:8-10	잃어버린 은전 비유
15:11-32	잃어버린 아들 비유
16:1-13	불의한 청지기 비유
16:19-31	부유한 남자와 가난한 나사로 비유
17:7-10	종의 삯에 대한 비유
18:1-8	재판관과 과부 비유
18:9-14	바리새인과 세리 비유

누가의 특수 자료에서 가장 중요한 말씀(예수 말씀)

3:10-14	세례 요한의 직업을 가진 사람들에 관한 설교
6:24-26	네 번의 화 외침
9:61-62	추종에 대한 말씀(손에 쟁기를 잡고…)
10:18-20	사탄이 하늘로부터 번개같이 떨어지는 것을 내가 보았노라
12:13-15	탐욕에 대해서
12:32	적은 무리여 무서워 말라
12:35-38	깨어 있을 것에 대한 권고(허리에 띠를 띠고 등불을 켜고 서 있으라)
12:49-50	"내가 불을 땅에 던지러 왔노니"
13:1-5	적절한 시기의 회개
13:31-33	헤롯에 대한 경고
17:20-21	"하나님 나라는 너희 안에 있느니라"
19:41-44	예수가 예루살렘 때문에 우심
21:34-36	깨어 있을 것에 대한 권고
22:31-32	"시몬아, 시몬아, 보라 사탄이 너희를 밀 까부르듯 하려고 요구하였으나"
22:35-38	두 자루의 검

마태복음 1-13장

복음서 기자 마태는 대략 기원후 80년경에 자신의 복음서를 기록했는데, 아마도 시리아 지역에서 기록했을 것으로 추정된다. 그곳에는 유대인 그리스도인(=유대 출신의 그리스도인)과 이방인 그리스도인(개종한 이교도 출신의 그리스도인)이 함께 살았다. 우리는 유대계 그리스도인인 마태를 통해 '천국의 제자 된 서기관'(마 13:52)을 만나게 된다. 따라서 마태는 예수가 구약성경에서 이미 약속된 메시아임을 증명하는 일에 특별한 관심을 가지고 있다. 이러한 목적을 위해 마태는 구약성경에 대한 수많은 성경 참조 지시와 특히 이른바 '성취 인용구'를 사용한다. 마태복음 8:16-17은 이러한 많은 성취 인용구를 대표할 수 있다. "저물매 사람들이 귀신 들린 자를 많이 데리고 예수께 오거늘 예수께서 말씀으로 귀신들을 쫓아 내시고 병든 자들을 다 고치시니 이는 선지자 이사야를 통하여 하신 말씀(사 53:4)에 '우리의 연약한 것을 친히 담당하시고 병을 짊어지셨도다' 함을 이루려 하심이더라." 마태는 "예수가 구약성경에 보도된 그 메시아"라는 메시지를 통해서 유대인으로 하여금 그리스도에 대한 신앙을 갖게 하려고 했다. 이 밖에도 그의 복음서는 자신의 공동체였던 유대인 그리스도인과 이방인 기독교인이 비록 서로 다르지만, 예수 그리스도(=메시아)에 대한 신앙을 통해서 하나가 될 수 있도록 도움을 주고 있다. 마태의 관점은 우주적이다. 부활하신 분은 그의 제자들(=교회)에게 "너희는 가서 모든 민족을 제자로 삼으라"(마 28:19)고 명령하신다.

1-2장	이전 역사(족보, 탄생, 동방에서 온 현인들, 이집트로의 도피)
3:1-4:11	예수의 공적 등장(세례), 그의 시험
4:12-13:58	갈릴리에서의 예수 사역 이 부분에서는 상당히 긴 세 번(전체적으로 다섯 번)의 예수의 연설이 두드러진다. 예수의 연설이 현재 마태복음에 나타난 것과 같은 형식으로 진술되었다고 생각해서는 안 된다. 어떤 청중이 이러한 풍부한 사상을 담아낼 수 있었겠는가! 오히려 우리가 다루고 있는 것은 예수가 자신의 공적인 활동 기간 동안 선포하신 본래적인 예수의 개별적인 말씀과 비유 그리고 가르침(연설 자료)을 종합한 것이다.

5-7장	산상설교
10장	제자 파송 연설
13장	비유 연설
14:120:34	갈릴리 즉 인근 지역을 지나 예루살렘까지 이르는 도상에서.
	이 부분에서 특히 18장의 공동체 연설에서는 네 개의 방대한 연설이 발견된다.
21-25장	예루살렘에서 예수의 마지막 사역
	이 부분에서는 다섯 개의 방대한 연설 복합물이 나타난다.
23장	바리새과 서기관(그리고 예루살렘)에 대한 화 외침
24-25장	마지막 때에 대한 연설
26-28장	예수의 수난, 십자가에 못 박히심, 부활

하나님이 인간이 되시다

1. 신앙고백은 그리스도와의 만남에 대한 당연한 응답이다

마가복음 8:27-30에서 예수는 제자들에게 다음과 같이 질문하신다. "사람들이 나를 누구라고 하느냐?" 제자들은 대답하기를 어떤 이들은 예수를 (참조. 막 6:27-29, 부활한) 세례 요한이라 하고 또 어떤 이들은 마지막 때에 하나님이 사람들 가운데로 보내실 예언자 엘리야(말 4:5)라고 말하며 또한 어떤 이들은 예수를 (그 옛날의?) 예언자로 본다고 말했다. 예수에 대한 사람들 생각의 공통점은 그들이 예수를 지극히 존경할 만한 사람으로 여겼다는 것이다. 하지만 그 증언은 모두 인간 예수의 특성을 간파하지 못했다. 이 때문에 예수는 제자들에게 "너희는 나를 누구라 하느냐?"고 질문하셨다. 이에 대해—제자들의 대변자인—베드로는 신앙고백으로 응답한다. "당신은 그리스도이십니다." 사람이 예수 그리스도를 만날 때 일어나는 당연한 반응은 논리적인 설명과 현명한 정의가 아닌 단순한 신앙고백이다. 이러한 모습은 제자 도마에게서도 발견된다. 그는 예수의 부활에 관한 메시지를 선포할 수 없었으며 이를 의심하고 있었다(요 20:24-25). 부활하신 그리스도가 이후에 의심 많은 제자를 만나셨을 때에(요 20:26-27), 그는 "나의 주님이시요 나의 하나님이시니이다"(요 20:28)라는 신앙고백으로 응답했다.

우리는 믿음 밖에서가 아니라 오직 믿음 안에서만 인간 예수의 고유한 존귀성을 인식하게 된다. 그리고 신앙고백으로 우리의 믿음을 드러낸다(참조. 롬 10:19).

신약성경 그 자체가 그렇듯이, 이 (그리고 다음) 단락 역시 인간 예수의 고유한 존귀성을 설명하고 정의하기보다는 오히려 신앙을 고백하고 증언하려고 한다.

2. 예수에 대한 견해

외적 자료

어쩌면 나사렛 도시의 거주민 명단에서 이곳 출신의 예수와 그의 가족들에 대한 카드 기록을 발견할 수도 있을 것이다.

이름	예수, 요셉의 아들(눅 3:23, 4:22, 요 6:42)
출생지	베들레헴(마 2:1, 눅 2:4-5)
출생 시기	가이사 아구스도 통치 기간 중 구레뇨가 수리아 총독이었을 때(눅 2:1-2)
아버지	요셉(마 1:1-16, 요 1:45)
어머니	마리아(마 1:18, 눅 1-2장)
형제	야고보, 요셉, 유다, 시몬이라는 이름의 네 명의 형제와 적어도 두 명의 여동생(막 6:3)
국적	유대, 다윗 가계의 후손(롬 1:3, 눅 2:4, 딤후 2:8)
고향	나사렛(마 2:23, 21:11, 막 1:9, 24, 눅 4:16, 요 1:46)
직업	목수(마 13:55, 막 6:3)

물론 이러한 '객관적인' 보도는 (우리에게) 나사렛 예수의 의미에 대해 아직 아무것도 말하지 않는다.

위대한 지혜 교사 예수

많은 사람들은 예수를 고대의 위대한 지혜 교사로 보았다. 실제로 예수는 유대교의 랍비(신학 교사)처럼 그의 제자 무리를 자기 주위로 모으시고 교훈을 주셨다. 그의 비유는 인상적일 만큼 명료했다(참조. 제7장). 예수의 비유는 일상생활에서 얻어진 실물적인 교육 자료를 사용함으로써, 이를테면 하나님과 인간의 관계를 설명하셨다(예: 잃어버린 양의 비유, 눅 15:1-7). 가령 산상설교는 생활에 관한 중요한 주제를 폭넓게 다루고 있는 예수 말씀을 보존한다. 예수를 위대한 지혜 교사로 보는 사람은 언제나 산상설교에 관심을 둘 것이다.

경건한 유대인 예수

많은 사람들은 예수를 경건한 유대인으로 보았다. 예수는 사람들에게 타협하지 말고 살도록 촉구했으며, 이는 (예언자처럼) 하나님께 부여받은 역할을 수행하기 위함이었다. 사실 예수는 자신의 동시대인에게 제1계명을 준수하라고 촉구하셨다. "한 사람이 두 주인을 섬기지 못할 것이니 혹 이를 미워하고 저를 사랑하거나 혹 이를 중히 여기고 저를 경히 여김이라 너희가 하나님과 재물을 겸하여 섬기지 못하느니라"(마 6:24, 참조. 마 7:13-14). 예수는 가장 중요한 계명에 대한 한 율법학자의 질문에 대해 다음과 같이 응답하신다. "네 마음을 다하고 목숨을 다하고 뜻을 다하고 힘을 다하여 주 너의 하나님을 사랑하라 하신 것이요(신 6:4-5) 둘째는 이것이니 네 이웃을 네 자신과 같이 사랑하라 하신 것이라(레 19:18) 이보다 더 큰 계명이 없느니라"(막 12:30-31).

사회적 약자와 멸시당하는 자의 친구 예수

예수가 사회적 약자, 사회에서 멸시당하는 사람들, 더욱이 명백한 죄인을 돌아보시는 모습은 많은 사람들에게 매혹적이었다. 사실 예수는 명백한 간음의 현장에서 끌려온 간음한 여인을 보호하셨다(요 8:3-11). 그분은 창녀(눅 7:36-50), 유대인에게 멸시받던 세리(점령 세력인 로마의 협력자, 예를 들어 마 9:9-13, 눅

19:1-10)와도 교제를 나누곤 하셨다.

혁명가 예수

많은 사람들이 예수의 급진성과 혁명적 정신에 대하여 놀라움을 금치 못했다. 예수는 전통주의, 자기의(自己義), 영적인 무지함에 대항하셨다. 사실 예수는 경건한 전통이 하나님의 뜻에 위배될 때는 그것을 파괴하셨다(예를 들어 막 7:1-23: 정결과 부정, 고르반 관습). 바리새인은 많은 사람들로부터 인정을 받았음에도 불구하고, 예수가 보시기에는 속이 빈 그들의 경건을 날카로운 말로 책망하셨다(예를 들어 마 23:1-36 위선적인 바리새인에 대해서, 눅 18:9-14 바리새인과 세리의 비유).

광인(狂人) 예수

과거나 현재나 나사렛 예수를 급진적으로 거부하는 사람들이 있다. 그들은 예수가 하나님을 모독하는 자라고 생각했으며(막 2:7, 14:64), 이성을 상실했거나(막 3:21) 또는 악한 영에게 사로잡힌 자(요 8:48)라고 믿었다. 심지어 사람들은 예수가 마귀와 언약을 맺었다고 생각하기도 했다(막 3:22).

개인적 성향에 따라 인간 예수에 대한 이해가 다르게 나타난다

예수의 사역과 말씀 가운데 어떤 것에 핵심을 두느냐에 따라 예수에 대한 견해는 매우 상이하게 나타났다. 긍정적인 측면으로 예수는 지혜 교사,

경건한 유대인, 사회적인 약자와 멸시받는 자의 친구 또는 급진주의자나 혁명가로 평가되었다. 물론 예수를 광인으로 여기는 사람은 그와 그의 메시지를 철저하게 외면했다.

그러나 예수에 대한 이 모든 견해는 공통적으로 예수를 약 2,000년 전에 살았던 (특별한) 한 사람으로만 간주한다는 점이다.

3. 신약성경의 증언: 하나님은 그리스도 안에 계신다

그러나 신약성경은 예수에 대해 전혀 다르게 이야기하고 있다. 신약성경은 예수에 대한 진실한 의미를 진술하고자 다음과 같이 고백한다. 나사렛 예수 안에서 인간이 되신 하나님이 우리를 만나신다.

> 곧 하나님이 그리스도 안에 계시사 세상을 자기와 화목하게 하시며 그들의 죄를 그들에게 돌리지 아니하시고 화목하게 하는 말씀을 우리에게 부탁하셨느니라(고후 5:19)

> 말씀이 육신(=인간)이 되어 우리 가운데 거하시매 우리가 그의 영광을 보니 아버지의 독생자의 영광이요 은혜와 진리가 충만하더라(요 1:14)

> 그(그리스도) 안에는 신성의 모든 충만이 육체로 거하시고(골 2:9)

이것은 신약성경의 가장 놀라운 메시지로서 마르틴 루터(Martin Luther)의 세 번째 조항에 대한 설명과 같이 오직 인간은 신앙을 통해서만 이를 인식할 수 있다. "나는 주 예수 그리스도를 내 자신의 이성이나 힘을 통해서는 내 구주로 믿을 수 없으며 또한 그에게 갈 수 없음을 믿습니다. 그러나 성령께서 복음을 통하여 나를 부르셨고 그의 선물을 통해 깨닫게 하셨으며, 거룩하게 하심으로 참 신앙 중에 나를 지키셨습니다"(소교리문답). 이러한 신앙은 하나님이 우리 인간에게 주신 선물이다. "너희는 그 은혜에 의하여 믿음으로 말미암아 구원을 받았으니 이것은 너희에게서 난 것이 아니요 하나님의 선물이라"(엡 2:8 또한 눅 17:5, 요 5:24, 롬 10:17, 12:3).

4. 하나님은 인간으로서 우리 인간에게 가까이 오신다

우리는 하나님이 왜 인간의 모습으로 사람에게 오셨는지를 이해할 수 있다. 하나님은 우리 인간과 가까이 계시기 원하신다. 그러나 우리는 신적인 영광 속에 계신 하나님을 견뎌낼 수 없기 때문에(출 33:20, 왕상 19:9-23, 사 6:5), 하나님이 인간으로 우리에게 가까이 오셨다. 하나님은 당신과의 교제를 통해서 우리를 구원하시려고 우리를 '인간으로' 만나셨다. 하나님은 인간으로서 우리에게 말씀하시기 때문에 우리는 또한 그분을 이해할 수 있다. 그러나 만약 하나님이 우리에게 — 당신의 사람들에게 — 오신다면, 하나님은 전능하신 하나님으로서 우리 앞에 마주 서는 것이 아니라 오히려 무력한 분으로(무능한 자로) 즉 인간 나사렛 예수로서 우리와 마주 서는 것이다. 그분을 통해서 하나님은 우리와 교제하려고 부르시지만 결코 우리에게 그것을 강요하지는 않으신다. 성탄절 노래는 하나님의 인간 되심의 의미를 노래한다.

지극히 높은 보좌에 계신 하나님을 찬양하라.
너희 그리스도인아 모두 함께
그는 오늘 자신의 하늘나라를 열어
우리에게 그의 아들을 선물로 주셨도다.

그는 그의 아버지의 품으로부터 오시고
어린 아이로 작아지심으로
그곳에서 불쌍하게 벌거벗으셨으며
벗겨진 채로 작은 구유에 계셨노라.

그는 자신의 모든 힘을 알리고
낮고 작게 되시고
스스로 종의 형체를 가지셨네.
모든 것의 창조주께서.

그는 기적을 통해 우리와 같은 모양으로 나타나셨네.
그는 육신과 피를 취하셨네.

그는 아버지 나라에서 우리에게 분명한 하나님을 주셨네.

그는 종이 되시고 나는 주가 되었네.

이 어찌 된 변화인가!

이 얼마나 친절한 분이신가!

온화한 어린 예수!

오늘 그는 다시 아름다운 낙원의 문을 열었도다.

그룹(Cherub)이 더 이상 그 문을 지키고 서 있지 않네.

하나님께 찬양, 명예와 영광을!

5. 하나님이 인간이 되신 기적은 이성적으로는 설명이 불가능하다

우리는 하나님이 왜 인간으로서 사람들에게 오시는지를 이해할 수 있다. 하지만 우리는 하나님이 인간이 되신 기적을 설명할 수는 없으며, 단지 증언만 할 수 있을 뿐이다. 성경도 이와 같이 밝히고 있다.

> 때가 차매 하나님이 그 아들을 보내사 여자에게서 나게 하시고 율법 아래에 나게 하신 것은 율법 아래에 있는 자들을 속량하시고 우리로 (하나님의) 아들의 명분을 얻게 하려 하심이라(갈 4:4-5)

예수의 기적적인 탄생에 관한 이야기(마 1:18-25, 눅 1-2장)는 이야기 방식을 통해서 하나님 그 자신이 사람들에게 베들레헴 출신의 어린 아기 예수로 오셨음을 진술한다. 이 이야기는 인간 예수의 비밀을 설명하려 하기보다는 오히려 예수를 "지극히 높으신 이의 아들"(눅 1:32), "하나님의 아들"(눅 1:35)로 증언하려고 한다. 전체적으로 볼 때, 신약성경에서 예수를 하나님의 아들로 고백하는 신앙고백은 예수의 참된 의미를 적절하게 표현하기 위해 선호한 표현이다. "나와 아버지는 하나이니라"(요 10:30). 부자관계는 가장 밀접한 소속성을 표현한다. "예수는 하나님의 아들이다."라는 신앙고백은 예수가 완전히 하나님께 속해 있으며, 하나님 편에서 예수는 하나님과 언약관계에 있으며, 예수와 하나님이 하나임을 의미한다(참조. 이러한 맥락으로는 살전 5:5, "너희는 다 빛의 아들이요 낮의 아들이라"=빛 내지는 낮에 속한 자들처럼 행동하라. 요 8:44, "너희는 너희 아비 마귀에게서 났으니"라는 말은 너희들이 전적으로 마귀의 편에 속해 있고 하나님으로부터 완전히 떨어져 있음을 의미한다).

6. 참 하나님이며 참 인간이라는 역설

인간 예수의 참된 의미를 적절하게 표현하기 위해 사람들은 교회사의 전통에서 다음과 같은 역설을 진술했다. 예수는 참(=실제적인) 하나님이고 동시에 참(=실제적인) 인간이다. 이러한 이중적인 진술은 예수에 대한 신약성경의 고백을 적절하게 확증한다. 즉 예수는 하나님과 우리 인간 사이의 중개자이다. 하나님은 예수를 통해서 우리 인간과 마주 대하시며, 예수는 하나님 앞에서 우리 인간의 대변자가 되신다. "하나님은 한 분이시요 또 하나님과 사람 사이에 중보자도 한 분이시니 곧 사람이신 그리스도 예수라 그가 모든 사람을 위하여 자기를 대속물로 주셨으니 기약이 이르러 주신 증거니라"(딤전 2:5-6, 참조. 히 8:6, 9:15). 마르틴 루터는 이러한 역설을 두 번째 조항에 대한 설명에서 다룬다. "아버지로부터 태어나신 영원한 참 하나님이시며, 동시에 동정녀 마리아로부터 태어나신 참 인간이신 예수 그리스도가 나의 주님이심을 나는 믿습니다."

인간 예수 그리스도의 참된 의미를 적절하게 그리고 제한 없이 제시하기 위해서 우리는 "예수가 참 하나님이시며 동시에 참 인간이시다."라는 신앙고백을 포기할 수 없다. 예수를 단지 특별한 인간으로만 보는 자들은 예수가 무제한적으로 하나님께 속해 있다는 성경의 증언에 부합되지 않는다. 예수를 단지 (인간의 형태로 나타난) 신적인 존재로만 보는 사람은 말씀이 '육신' 즉 실제적인 인간이 되었다는 사실을 진지하게 받아들이지 않는 것이다.

7. 성경의 문헌이 증언하는 예수의 신성

예언자의 증언

앞의 문단에서 예수의 인간 됨을 중점적으로 다루었기 때문에 이제 마지막 부분에서는 예수의 신성에 대한 신앙고백과 관련된 또한 그러한 신앙고백을 이끌어 낸 몇몇의 성경구절과 내용을 상세하게 살펴보려고 한다.

이미 예언자는 이 세상의 구원을 이루려 하시는 하나님의 행동을 약속한 바 있다. 이 약속은 지상세계로 하나님이 인간의 모습으로 오실 것을 진술하고 있다. 이사야는 하나님의 구원을 이룰 새로 태어날 아이에 대해 다음과 같이 이야기한다. "이는 한 아기가 우리에게 났고 한 아들을 우리에게 주신 바 되었는데 그의 어깨에는 정사를 메었고 그의 이름은 기묘한 모사라("기묘자라 모사라"라는 개역개정의 번역은 수정되어야 함 — 옮긴이 주), 전능하신 하나님이라, 영존하시는 아버지라, 평강의 왕이라"(사 9:6). 이 모든 것은 하나님에 대한 진술이며 또한 이는 새로 태어날 인간 어린 아이가 갖게 될 진술이다. 이와 유사하게 예언자 미가 역시 "그의 근본은 상고에, 영원에 있는"(미 5:2) 구원을 가져올 미래의 통치자가 베들레헴 도시에서 다윗의 가계로부터 출생하게 될 것을 이야기했다. 이처럼 우리는 오직 하나님 그분에 대해서만 진술할 수 있다.

예수와 하나님의 유일무이한 관계

예수가 인간이 되신 하나님이라는 증언은 예언에만 근거를 두고 있는 것이 아니라 특별히 제자들이 지상에서의 예수의 생애와 부활을 통해 경험하게 된 예수와 하나님의 특별한 관계에도 근거를 두고 있다. '하늘 아버지'라는 하나님에 대한 명칭은 유대교에서 잘 알려져 있지만 그것은 존경에 가득 찬, 거리감이 있는 호칭이었다. 반면 예수는 하나님을 '아빠'(=Papa, Papi, 막 14:36)라고 불렀는데, 이는 가족적인 친숙함을 표현하는 말이다. 이 단어는 예수와 하나님의 절친하고 내적인 교제와 결속을 특징적으로 표현한다.

예수는 특별한 방식으로 자신을 하나님의 '아들'로 이해했다. 처음 세 복음서(공관복음)에서 예수는 하나님을 항상 '자신의' 아버지라고 말씀하시는 반면, 제자들에게는 '너희 아버지'라고 말씀하신다. 그러나 예수는 '우리 아버지'라는 표현으로 자신과 제자들을 함께 묶은 적은 한 번도 없다('주기도문'의 '우리 아버지'는 하나님과 제자들의 교제와 관련된다. "그러므로 너희는 이렇게 기도하라 하늘에 계신 우리 아버지여 이름이 거룩히 여김을 받으시오며", 마 6:9). 이러한 예수의 특별한 아들 관계와 부활 경험(하나님은 십자가에서 죽기까지 순종한 자신의 아들을 인정하시고, 그를 죽은 자들로부터 살리시고, 그를 자신의 오른편으로 올리셨다. 예를 들어 마 28:18-20)은 예수가 매우 특별한 방식으로 하나님께 속하며, 예수는 하나님의 아들이고 더욱이 하나님 자신이 예수로 나타나신 것임을 제자들에게 명백하게 보여주었다.

예수는 하나님을 대신해서 행동하신다

가령 예수는 그가 죄인을 용서하는 권한이 자신에게 있음을 주장하기 위해서 하나님처럼 하나님을 대신해서 행동하신다(막 2:5, 율법학자는 이것을 느꼈다. "이 사람이 어찌 이렇게 말하는가 신성 모독이로다 오직 하나님 한 분 외에는 누가 능히 죄를 사하겠느냐", 막 2:7). 예를 들어 예수가 구약성경의 하나님 말씀을 강화시킬 때(마 5:21-32)나 심지어 그것을 폐기할 때(마 5:33-48)조차 예수는 하나님처럼 행동하신다. "그러나 나는 너희에게 이르노니!"

예수는 모든 사람보다 그리고 그 시대의 모든 신학 교사들(바리새인, 사두개인, 율법학자)보다 하나님을 더욱더 잘 알고 있음을 주장하면서 등장하셨다. 이러한 주장은 격렬한 반응을 불러일으켰다. 많은 사람들은 그가 신성을 모독한다고 성토했다(막 2:6-7, 마 26:63-65). 많은 사람들은 그가 미쳤다고 말했다(막 3:21, 요 10:20). 많은 사람들은 예수가 마귀에게 사로잡혀 있다고 생각했다(막 3:22, 마 12:24, 요 10:20). 예수의 십자가 처형의 가장 근본적인 원인은 참 하나님을 선포하는 예수의 주장이 거부되었기 때문이다.

부활 경험

부활 이후에 제자들과 사도들은 예수를 '하나님의 아들'이자 '하나님'으로 완벽하게 이해하게 되었다. 그들은 예수를 '주님'(그리스어, '키리오스'[Kyrios], 그 밖에도 하나님을 부를 때도 이 명칭이 사용되었다)으로 부른다. 그들은 예수를 직접적으로 '하나님'이라고 불렀다(요 20:26-28, 딛 2:11-13, 벧후 1:1). 그들은 하나님께 기도하듯이 그분에게 기도했다(예를 들어 행 7:59-60에서 스데반). 그들은 예수를 하나님과 매우 동일한 존재로 인식하고 보았기 때문에, 그들은 창조주, 영원부터 계신 분이라는 하나님에 대한 진술을 예수에게도 사용했다(요 1:1-3, 14, 골 1:15-16, 히 1:1-3, 참조. 빌 2:5-11).

하나님으로 상승한 그리스도는 예수가 그 제자들에게 물었던 질문(막 8:29)을 우리에게도 던진다. "너희는 나를 누구라 하느냐?"

마태복음 14-28장

마태복음 14-28장을 읽기 전에, 다시 한 번 78-80쪽에 있는 마태복음에 대한 지시와 개관을 보도록 하라.

우리와 같은 인간

앞의 3장에서 말하려고 한 것은 다음과 같다. "사람들은 인간 예수의 진정한 의의를 올바르게 표현하기 위하여 교회사의 과정 속에서 다음과 같은 역설을 진술했다. 예수는 참(=실제) 하나님이시고 동시에 참(=실제) 인간이시다."

신약성경으로부터 도출된 이러한 이중적인 진술은 인간의 이해로는 파악될 수 없는 것이다. 그러나 어느 누가 자기가 믿는 하나님과 하나님의 행위 또는 이 세계의 모든 현실을 인간의 생각으로 파악할 수 있다고 믿을 수 있겠는가? 만약 내가 인간의 이성으로 존재 가능한 것과 존재 불가능한 것, 존재하는 것과 존재하지 않는 것의 기준을 분별한다면, 나는 전능하고 이해할 수 없는 하나님을 믿는 것이 아니라 인간 이성의 전능성을 믿는 것이다. 신앙인은 바울처럼 겸손하게 다음과 같은 신앙고백을 하게 될 것이다. "깊도다 하나님의 지혜와 지식의 풍성함이여, 그의 판단은 헤아리지 못할 것이며 그의 길은 찾지 못할 것이로다"(롬 11:33, 참조. 고전 1:18-31). 우리는 다음의 내용을 통해 예수가 '참 인간'이라는 진술의 의미가 무엇인지를 이해하고자 한다.

1. 시간과 공간에 속해 있는 인간 예수

모든 인간처럼 예수는 한 여인으로부터 태어나셨다(갈 4:4). 그는 실제 인간이셨고, 단지 인간적인 외형만을 가지고 있는 신적인 존재는 결코 아니었다(요 1:14, "말씀이 육신[=인간]이 되어", 빌 2:7-8, 그는 "사람들과 같이 되셨고 사람의 모양으로 나타나셨다", 히 2:17, "그가 범사에 형제들과 같이 되심이 마땅하도다").

복음서가 예수의 모습을 묘사하는 일에 별다른 관심을 가지고 있지 않음에도 불구하고 우리는 어느 정도 예수의 모습을 구성할 수 있다. 예수가 공개적으로 등장하실 때, 그 나이는 대략 30세 정도였다(눅 3:23). 갈릴리 출신의 다른 유대인처럼 예수는 어두운 갈색 눈과 검은 머리 그리고 얼굴에 수염이 있었다. 평소에 그는 발까지 내려오는 속옷(요 19:23)을 입으셨고, 그 위에 허리띠를 두르셨다. 속옷 위에는 (보온을 위해) 덧옷으로 숄을 걸치셨다. 머리는 어깨를 덮었고, 햇볕(또는 추위)에서 보호하기 위해 머리를 보자기로 가리셨다. 사람들은 돌이 많은 땅에서 샌들을 신음으로 발을 보호했다. 예수는 자연적인 인간의 조건 속에서 사셨다. 그분은 음식을 먹고 마심으로 자신의 몸을 유지하셨다(참조. 예를 들어 마 11:19, 눅 7:36). 그분에게도 휴식과 수면 시간이 필요했다(막 1:35a, 4:38). 그분은 기도를 통해 자신의 삶과 활동을 위한 힘을 얻으셨다(막 1:35, 눅 6:12, 마 14:23, 26:36-46). 예수에게 자연스러운 감정적 동요 역시 낯설지 않았다. 그는 멸망에 처한 도시 예루살렘 때문에 눈물을 흘리셨다(눅 19:41). 성전에서 이루어지는 소란함을 보시고, 그분은 거룩한 분노에 휩싸여서 돈을 바꾸는 자들과 동물을 파는 자들을 성전에서 쫓아내셨다(막 11:15-18). 예수는 자신의 병든 친구 나사로 때문에 애통해하셨고, 그가 이 세상에서 죽게 되자 몹시 비통해하셨다(요 11:34-38). 그분은 죽음 앞의 공포를 겟세마네 동산에서 기도하심으로 극복하셨다(막 14:32-41).

2. 우리와 같은 인간 그러나 죄는 없다

모든 인간처럼 예수도 시험에 노출되어 계셨다(예를 들어 마 4:1-11, 막 1:12-13, 눅 4:1-13). 그러나 그분은—신약성경이 증언하는 것처럼—유혹 앞에서도 의연하셨다. 예수는 "모든 일에 우리와 똑같이 시험을 받으신 이로되 죄는 없으시니라"(히 4:15). 그분의 삶은 "죄를 알지도 못했기"(고후 5:21) 때문에, 그분은 우리 인간을 위하여 "오직 흠 없고 점 없는 어린 양"(벧전 1:19, 요 8:46)으로 자기 자신을 죽음에 내

놓을 수 있으셨다.

신약성경은 예수가 어떻게 죄 없이 살 수 있었는지를 설명하기보다는 오히려 예수가 죄를 짓지 않고 사셨다는 것 또한 십자가에서 죽을 때까지 하늘에 계신 하나님 아버지께 온전히 순종하시고, 그분과 완벽하게 조화되는 삶을 사셨음을 우리에게 증언한다. "사람의 모양으로 나타나사 자기를 낮추시고 죽기까지 복종하셨으니 곧 십자가에 죽으심이라"(빌 2:8). 하나님께 대한 예수의 무조건적 순종과 그의 무죄하심은 우리 인간적 이성으로는 파악되지 않는 예수의 인간적인 한 측면을 다시금 보여준다.

예수는 하늘에 계신 아버지 하나님과 완벽하게 결합된 삶을 사셨다. 예수의 삶과 활동에서 동반되는 그분의 기도에 대한 많은 복음서의 관련 구절은 이를 명백하게 보여주고 있다(막 1:35, 6:46, 7:34, 눅 3:21, 6:12, 9:28, 22:44a, 23:34, 46). 그분은 감사와 신뢰를 통해 하나님께 의존하는 삶을 사셨다(막 6:41, 8:6, 마 6:25-34, 7:11). 하나님의 뜻은 예수가 삶을 영위하는 데 있어서 결정적인 역할을 했다(마 6:10, 막 14:36, 요 4:34, 5:30 등).

3. 두 번째 아담인 예수

예수의 죄 없으심 그리고 하나님의 뜻에 대한 순종과 완벽한 헌신에 대한 신약성경의 진술은 에덴동산의 전형적인 인간인 '아담'을 다시 한 번 회고하게 만든다. 아담과 그리스도의 비교는 측량할 길 없는 그리스도의 의미를 우리 인간에게 명백하게 제시한다.

하나님께 불순종한 아담

아담은—하나님께 책임감이 있는 상대적 존재로서(창 1:27)—에덴동산에서 단 하나의 제한사항 외에는 엄청난 자유를 누리는 상태로 살았다. "여호와 하나님이 그 사람에게 명하여 이르시되 동산 각종 나무의 열매는 네가 임의로 먹되 선악을 알게 하는 나무의 열매는 먹지 말라 네가 먹는 날에는 반드시 죽으리라 하시니라"(창 2:16-17). 아담은 하나님께 대한 순종에 관하여 유혹을 받았다. 아담은 하나님을 불신함으로써 하나님과 같이 되고자 하였고("너희 눈이 밝아져 하나님과 같이 되어", 창 3:5), 하나님의 계명을 위반함으로(창 3:6), 하나님과의 직접적인 만남과 교제를 상실하게 되었다(창 3:23). 바울이 '죄의 삯'(=보수, 롬 6:23)으로 보는 죽음이 이제 인간의 생명을 종결시킨다(창 2:17, 3:24).

하나님께 온전히 순종하신 그리스도

인간 예수 그리스도(눅 3:23-38 참조)는 아담처럼 하나님께 책임감이 있는 상대적 존재로 창조되었다(창 1:27, 참조. 골 1:15). 그분은 광야에서 하나님을 불신하고 불순종하도록 유혹을 받았지만 그 유혹에 저항하셨다(눅 4:1-13, 마 4:1-11, 막 1:12-13). 유혹하는 자에게 제시한 세 가지 대답—신명기에서 인용한 세 가지 성경구절—은 예수가 하나님께 온전히 순종하시는 이스라엘인임을 증명한다. 그분은 곧 다름 아닌 하나님께 헌신하고 하나님을 섬기는 사람이셨다(마 4:4=신 8:3, 이에 대해서는 출 16:12-31, 마 4:7=신 6:16을 참조하라. 이에 대해서는 출 17:1-7, 마 4:10=신 6:13을 참조하라. 이에 대해서는 신 6:10-15을 참조하라). 따라서 예수는 하나님처럼 되려는 죄를 저지르지 않고 오히려 하나님께 온전하게 순종하시는 사람으로 입증된다. 한때 한 사람이 마치 하나님이 인간으로 나타나신 것과 같은 삶을 살았다! 이러한 의미에서 그리스도는 '진정한 인간'이고, '하나님이 기뻐하시는'(마 3:17, 17:5) 바로 그 '하나님의 형상'(고후 4:4)이시다.

우리 대신 돌아가신 그리스도

그리스도를 십자가에서 돌아가시게 한 그 죽음은 그분의 죄의 '삯'이 아니었다(롬 6:23). 오히려 죄가 없으신 그리스도는 우리 인간을 대신해서 자신의 생명을 죽음에 내놓으셨다. 즉 예수가 우리 죄를 짊어지심으로써 죄는 더 이상 우리와 하나님을 갈라놓지 못하게 되었다. 따라서 요한은 예수에 대해 "보라 세상 죄를 지고 가는 하나님의 어린 양이로다"(요 1:29)라고 말한다. 우리는 최후의 만찬에서 우리를 위한 그리스도의 대속적인 죽음을 항상 생각하게 된다. "또 떡을 가져 감사 기도 하시고 떼어 그들에게 주시며 이르시되 이것은 너희를 위하여 주는 내 몸이라 너희가 이를 행하여 나를 기념하라 하시고 저녁 먹은 후에 잔도 그와 같이 (그가 취하여) 하여 이르시되 이 잔은 내 피로 세우는 새 언약이니 곧 너희를 위하여 붓는 것이라"(눅 22:19-20, 동일한 맥락에서 고후 5:21, 롬 3:23-25, 엡 5:2, 히 10:12-18도 참조하라).

우리에게 영원한 생명을 주신 그리스도

아담이 하나님과 같이 되려고 노력하고 그로 말미암아 죽음에 이르게 되었다면, 그리스도는 자신과 우리 모두를 영생에 이르게 하셨다. 하나님은 고통스러운 죽음에 이르기까지 신실함을 유지하셨던 그리스도를 죽은 자들 가운데서 살리시고, 그에게 하나님의 신적인 권능을 주신다. "이러므로 하나님이 그를 지극히 높여 모든 이름 위에 뛰어난 이름을 주사⋯모든 입으로 예수 그리스도를 주라 시인하여 하나님 아버지께 영광을 돌리게 하셨느니라"(빌 2:9-11, 마 28:16-20). 바울은 로마서에서 아담과 그리스도를 서로 비교한다(롬 5:12-21). 그의 비교 내용은 다음과 같다. "그런즉 한(=아담) 범죄(=불순종)로 많은 사람이 정죄에 이른 것 같이 한(=예수) 의로운 행위(=순종)로 말미암아 많은 사람이 의롭다 하심(=하나님께 받아들여짐)을 받아 생명에 이르렀느니라"(롬 5:18). 그리고 고린도전서에서 바울은 그리스도의 의미를 다음과 같이 표현한다. "사망이 한 사람으로 말미암았으니 죽은 자의 부활도 한 사람으로 말미암는도다 아담 안에서 모든 사람이 죽은 것 같이 그리스도 안에서 모든 사람이 삶을 얻으리라"(고전 15:21-22).

4. 인간 예수의 기적

그리스도를 본받아야 할 위대한 롤 모델로 존경하는 사람들은 늘 존재한다. 우리는 예수에 대한 이러한 견해를 주의해야 한다. 예수는 두말할 나위 없이 우리가 선한 의지나 모든 힘을 다하여 본받을 수 있는 단순한 모범이 아니다. 오히려 예수는 유일무이한 인물이다. 그분은 우리가 행할 수 없는 일을 행하셨다. 그는 아무 죄가 없으셨고 하나님께 온전히 순종하는 삶을 사셨다. 예수를 무비판적인 모범의 대상으로 격하시키는 사람은 자기 자신의 능력을 과대평가하는 자이고, 실패할 수밖에 없는 율법을 세우는 자들이며 또한 자신의 죄에 둔감하거나 예수의 완전한 유일무이성을 지각하지 못하는 자들이다.

만약 신약성경이 우리에게 예수 그리스도의 복음을 선포하고 있다면, 이는 우리에게 기적적인 한 사건을 제시하는 것이다. 하나님은 개인적으로 나사렛의 인간 예수로서 사람들에게 나타나셨다. 그리고 이 사람 나사렛 예수는 하나님이 처음부터 인간에게 계획하셨던 바로 그런 사람으로서의 삶을 사셨다. 하나님과 예수 사이에서는 그 어떠한 장벽(=죄)도 존재하지 않았다. 설명할 수 없는 기적적인 사건과 비교할 때, 예수의 사역에서 발생한 기적은 두 번째로 중요한 요소이다. 또한 동시대의 많은 사람들이 예수의 기적에 관심을 가졌다.

5. 부록: 신약성경의 기적 문제에 대해

예수는 어떻게 기적을 행하실 수 있었는가?

우리가 사람들(예를 들어 세례교육을 받는 청소년)에게 어떻게 예수는 기적을 행하실 수 있었는가라는 질문을 한다면, 이에 대한 흔한 대답은 다음과 같다. 그분은 하나님의 아들이셨기 때문에 기적을 행하실 수 있었다. 즉 하나님의 아들로서 그분은 특별한 능력을 가지고 계셨다. 이렇게 생각하는 사람들은 이 기적이 일방적으로 예수의 한 측면 즉 '참 하나님'과 관련되어 있다고 보는 것이다. 그렇다면 '참 인간' 예수는 기적과 아무런 관련이 없는가? 몽유병을 앓는 아이를 치유하는 이야기의 맥락에서, 제자들이 그 환자를 고치지 못했다는 사실이 확인된다(마 17:16). 예수가 그 환자를 치료하신 이후에, 자신이 그 환자를 치유할 수 없었던 이유를 묻는 제자들에게 예수는 다음과 같이 말씀하신다. "너희 믿음이 작은 까닭이니라 진실로 너희에게 이르노니 만일 너희에게 믿음이 겨자씨 한 알 만큼만 있어도 이 산을 명하여 여기서 저기로 옮겨지라 하면 옮겨질 것이요 또 너희가 못할 것이 없으리라"(마 17:20). 진정한 인간 즉 하나님이 의도하신 바대로 살았던 인간 예수는 하나님에 대한 믿음을 통해 우리가 행하는 것보다 훨씬 더 충만하게 인간적 실재를 제시하시지 않았던가? 그러므로 기적을 일방적으로 예수라는 인물의 한 측면으로만—즉 예수의 신성으로만—귀속시키는 것은 조심해야 한다.

성경에서 예수의 기적은 결코 예수를 하나님의 아들로 입증하기 위한 것으로 이해되지는 않는다! 이와 반대로 예수의 적대자는 예수가 마귀와 계약을 맺음으로써 기적을 행한다고 추론했다(마 12:24). 기적은 항상 이중적인 의미를 가지고 있다. 즉 대부분의 기적 이야기에서 중심 역할을 하는 것은 믿음이다. "네 믿은 대로 될지어다"(예를 들어 마 8:13). 오직 예수를 믿는 자만이 그분의 기적을 통해서 하나님 스스로가 사역하심을 보게 된다. 이것이 기적의 의미이다. 그것은 '표적'으로서(예를 들어 마 13:58, 막 16:20, 요 2:11, 4:48, 12:37), 예수를 통해 사역하시는 하나님을 보여준다. 예수 말씀이 하나님으로부터 나온 것임을 믿는 사람은 그의 말씀이 입증하는 표적 속에서 하나님 그분의 역사를 인식하게 된다(눅 17:15-16). 우리는 예수 말씀과 표적과 기적을 분리시킬 수 없다. 그분의 기적을 거부하는 사람들은 그분의 말씀 역시 거부한다(예를 들어 바리새인, 마 15:12와 12:24).

성경에서 기적은 무엇인가?

성경에서 기적은 결코 단순한 자연법칙의 파괴를 의미하지 않는다(더욱이 예수 당시의 사람들은 '자연법칙'이라는 논제와 개념에 대해서 아직 무지하다). '자연법칙'은 자연과학에서도 조심스럽게 사용되는 모호한 개념이다. 자연법칙이란 일회적인 사건이 아니라 반복되는 과정을 고려한다. 자연과학은 세계 내적인 그리고 현세적인 영역으로만 제한된다. 하나님에 관한 문제를 평가하는 것은 자연과학의 영역에 속하지 않는다. 자연과학은 하나님을 이해하기 위한 그 어떠한 실험도구도 아니기 때문이다. 그러나 삶의 현실은 사람들의 현실적인 경험으로부터 도출해 낼 수 있는 법칙보다 더 포괄적인 것이다. 기독교 신앙은 예측할 수 없는 세계 사건이나 개인의 운명에 개입하시는 전능하신 하나님에 대한 신앙이며, 자연과학은 그분의 행동을 인식할 수도 기술할 수도 없다.

기적이란 전대미문의 사건으로서, 이를 통해 인간은 하나님의 사역하심을 경험하게 된다. 이것은 자연법칙의 파괴로 발생할 수 있다. 마치 예수의 죽음이 모든 현세적 생명과 결부되어 있는 허무에서 해방을 의미하는 것과도 같다. 이뿐 아니라 기적은 자연법칙 안에서 행하시는 하나님의 행동일 수도 있다. 아슬아슬한 사건 이후 사람들은 "내가 아직도 살아 있다니 이건 기적이야!"라고 말한다. 신앙인은 한 특정한 사건에서 하나님의 보호의 손길을 인식한다. 그러므로 신앙인에게는 그의 삶 전체가 '기적'이 될 수 있다. 왜냐하면 신앙인은 자신에게 하나님의 선하심, 돌보심 그리고 사랑을 보여주는 흔적(표적)을 언제나 발견하기 때문이다.

예수 사역에 나타난 기적

특징: 예수의 기적은 그 어떤 가시적 기적과 형벌의 기적이 아니다(예를 들어 왕하 2:23-24의 엘리사의 경우와는 다르다). 일반적으로 말씀을 통한 치유(그 당시의 다른 기적 행위자처럼 이목을 끄는 행위가 없다)와 긍휼에 의한 치유는 생명에 대한 하나님의

뜻을 보여주는 표적이다. 예수의 기적은 항상 신앙적 요구와 결부되어 있다(전체적인 것에 대해서는, 예를 들어 마 8:5-13을 참조하라). 예수는 오직 자발적으로만 치유를 베푸셨으며, 신앙의 명목을 유지하기 위해 표적을 요구하는 행위에 대해서는 응답하지 않으셨다(예를 들어 눅 11:29). 그분은 단지 '요나의 표적'만을 제시하셨는데, 이것은 니느웨 사람들이 말씀을 통해 회개하였음을 의미한다. 그러나 "요나보다 더 큰 이가 여기 있다!"(표적 요구는 하나님에 대한 시험이다. 마 4:5-6)

예수의 기적 중 많은 것들이 치유의 기적이다. 다리 저는 자, 맹인 또한 귀신 들린 자(=자신의 '자아'가 아닌—즉 자신의 건강한 생명의 의지가 아닌—다른 것으로부터 지배받는 자)들이 치유를 받는다(예를 들어 마 15:29-31, 막 1:34).

예수는 어떻게 기적을 행하셨는가? 많은 경우에 그분은 기적 행하기에 앞서 기도하셨다(예를 들어 막 7:34). 우리는 이 질문에 대한 대답을 열어놓아야만 한다. 아마도 예수는 오늘날 의과대학의 연구 시대에서 파악하지 못하는 힘과 능력을 가지고 계셨을 것이다. 예수는 전 인류의 구원을 원하시는 하나님의 뜻에 대한 표적으로 기적을 행하셨다.

자연 기적: 역사적인 사건과 부활의 경험이 기적의 배후에 놓여 있다. 풍랑을 잠잠케 하신 것(막 4:35-41)과 물에 빠진 베드로의 이야기(마 14:22-33)는 아마도 부활의 이야기로 보인다. 그러나 그 이야기는 그분의 제자들과 함께하셨던 과거의 예수의 삶으로 간주된다. 이러한 이야기는 부활하셔서 살아 계신 주님께서 우리를 돕고 구원하시는

기적을 통해서, 자신의 교회와 그리고 오늘날 우리를 만나고 계심을 의미한다. 우리는 '인생의 폭풍' 속에서 그분이 가까이 계심을 확신해야 하며, 우리가 그분 안에 숨겨져 있음을 알아야 한다.

마가복음 1:1-8:26

마가복음은 기원후 70년(로마에 의한 예루살렘과 성전의 파괴) 이전 이방인 기독교 지역 어딘가에서 형성되었고, 이방인 기독교인을 위해 기록되었을 것이다. 따라서 이름이 거론되지 않는 저자(마가)는 유대인의 관습을 설명하고(예를 들어 막 7:3-4), 이야기 자료에 보존되어 있는 아람어 단어를 번역해야만 했다(예를 들어 막 5:41). 마가복음 자체로부터 더 이상 마가복음에 관한 정보를 얻기는 어렵다.

마가가 수집한 자료의 배열을 통해 이 복음서 기자가 자신의 청중과 독자에게 전달하고자 한 주요 관심사가 명확하게 드러난다.

a) 마가복음 3:6은 예수의 활동이 처음부터 십자가로 상징됨을 명백하게 제시한다. 이것은 예수의 십자가 처형이 그분의 활동과 설교 그리고 행동의 결과임을 의미한다. 따라서 십자가 처형은 예수의 생애에 있어서 전혀 예측하지 못한 돌발적인 종결이 아니라, 예수의 생애의 결과이자 목적이었다(예를 들어 막 10:45).

b) 마가복음에서 항상 명시되고 있는 것이 있다. 그것은 예수가 사람들에게 하신 선행을 공개적으로 알리지 말라고 언급하시는 것이다(예를 들어 막 1:44, 5:43, 7:36). 마가복음 3:12는 마귀와 관

련해서 다음과 같이 언급한다. "예수가 자기를 나타내지 말라고 많이 경고하시니라." "주는 그리스도(=메시아)시니이다"(막 8:29)라는 베드로의 신앙고백 이후에 제자들도 다음과 같은 권고를 받는다. "이에 자기의 일을 아무에게도 말하지 말라 경고하시고"(막 8:30). 마가복음의 '메시아 비밀'은 우리에게 중요한 것을 진술하고 명시한다. 예수는 하나님이 보내신 메시아요 하나님의 아들이지만, 그분이 세상에서 활동하시는 동안 이러한 사실은 은폐되고 모호하게 남아 있다. 그러나 부활 이후에 그 사실이 비로소 공개된다. 십자가 밑에 있던 이방인 백부장은 예수의 전 생애에 해당되는 사실을 명백하게 고백한다. "이 사람은 진실로 하나님의 아들이었도다"(막 15:39). 변화산 사건(막 9:2-9)은 인간 예수에 대한 비밀의 휘장을 순간적으로 걷어내고 (그 당시에 감춰 있던) 예수의 지위와 고귀함을 인식하게 한다. 예수는 그분의 (세 명의) 제자들에게 빛나는 하나님과 같은 모습으로 나타나신다. 하나님 스스로가 예수를 보증하신다. "이는 내 사랑하는 아들이니 너희는 그의 말을 들으라." 변화산 이야기에서 '메시아 비밀'에 대한 열쇠가 되는 구절이 발견된다. "그들이 산에서 내려올 때에 예수께서 경고하시되 인자가 죽은 자 가운데서 살아날 때까지는 본 것을 아무에게도 이르지 말라 하시니"(막 9:9).

1-9장	갈릴리에서의 예수의 활동
10장	예루살렘으로 가는 도상(道上)의 예수
11-13장	예루살렘에서의 예수의 활동
14-16장	수난, 십자가 처형, 부활

사랑은 율법의 완성이다

구약성경의 예언자처럼(예를 들어 렘 5:12-14, 호 4:4-10, 미 3:1-12) 예수도 특히 하나님의 뜻을 준행하지 않는 당시대의 종교적 지도자와 맞서게 된다. 이때 예수는 독선과 영적 무지, 또는 심각한 오류에 빠져 있는 종교적 지도자에게 일격을 가하기 위하여 명백한 말씀과 행동 등을 사용하셨다.

1. 예수와 제사장의 논쟁

이미 예언자 호세아는 (공허한) 희생제의에 대하여 비판의 목소리를 높였다. "나는 인애를 원하고 제사를 원하지 아니하며 번제보다 하나님을 아는 것을 원하노라"(호 6:6). 마태복음에서 두 번 인용(마 9:13, 12:7)된 이 성경구절은 희생제의보다 이웃 사랑과 하나님 사랑을 더 우선적인 것으로 간주한다. 마태복음 5:23-24도 이러한 의미로 이해될 수 있다.

> 그러므로 예물을 제단에 드리려다가 거기서 네 형제에게 원망들을 만한 일이 있는 것이 생각나거든 예물을 제단 앞에 두고 먼저 가서 형제와 화목하고 그 후에 와서 예물을 드리라

이 성경구절은 하나님 사랑과 이웃 사랑이 희생제사보다 더 중요함을 설명하며, 이러한 사랑을 희생제사에 대해 상대적인 권위를 부여하는 반면(또한 막 1:44, 마 17:24-27도 참조하라), 예수의 행동은 소위 '성전 청결' 사건에서 희생제사 그 자체를 문제로 삼으신다. 네 복음서 모두는 예수가 돈을 바꾸는 자들의 상과 동물을 파는 자들의 의자를 둘러엎으시고, 그들을 성전으로부터 내몰았다고 보도한다. 동물 없는 희생제사는 더 이상 이루어질 수 없다. 복음서는 예수가 돈 바꾸는 사람들과 동물 파는 사람들 모두를 대항하는 것처럼 보이지만,—어떻게 한 개인이 그 모든 것들과 대항할 수 있겠는가?—성전에서 물건을 사고파는 떠들썩한 소란에 반대하는 그분의 (아마도 실례적인) 행동은 상징행위로 이해되어야 할 것이다. 이로써 예수는 예언자 스가랴가 기록한 바대로 구원의 시대가 도래했음을 나타내려고 하셨다. "그 날에는 만군의 여호와의 전에 물건 파는 사람(개역개

정판에는 '가나안 사람'으로 되어 있음—옮긴이 주)이 다시 있지 아니하리라"(슥 14:21). 예수는 이사야 56:7을 인용함으로써 구원이 하나님의 백성뿐만 아니라 모든 민족에게 해당되는 것임을 분명하게 제시하신다. "내 집은 만민이 기도하는 집이라 칭함을 받으리라"(막 11:17). 예수는 예레미야 7:11을 암시하면서, 제사장이 성전에서 약탈을 일삼고 그것들을 성전에 수집해 놓음으로써 그들이 성전을 '강도의 소굴'(막 11:17)로 만들었다고 책망하신다. 예수는 또한 제사장이 이익을 얻고자 하나님께 희생제사를 드린다고 비난하셨다. 제사장은 구약성경의 희생제물 규정을 정확하게 따르면서, 하나님과 백성의 경건을 빌미로 제사장의 직무를 상업적으로 이용했다. 제사장은 예수의 행동과 비난에 대하여 그다지 오랜 시간을 끌 필요도 없이 곧바로 반응했다(사형 결정, 막 14:1-2).

2. 예수와 율법학자의 논쟁

율법학자 계층

복음서에서 율법학자와 바리새인은 동시에 자주 언급되지만, 우리는 이 두 무리를 구별해야 한다. 율법학자 계층은 포로기 이후에 형성되었으며, 이들은 율법 중심의 공동체에게 율법을 가르치는 일을 목적으로 했다. 저명한 교사(랍비)로부터 오랜 기간 동안 배운 사람은 율법학자(랍비)가 될 수 있었다. 성공적으로 공부를 마친 사람들만이 비로소 신학교사의 권리나 재판사건에서 재판관의 권리를 얻을 수 있었다(참조. 눅 12:13-15).

율법의 정신에서 율법의 조문으로

구약성경을 다루는 동안 우리는 하나님이 이스라엘 백성에게 율법과 계명을 주신 이유가 이스라엘 민족이 하나님과의 관계에서 그리고 이스라엘 사람들 간의 상호관계에서 풍성한 삶을 누리게 하려는 것이었음을 이미 읽은 바 있다. 포로기 이후에 이스라엘 공동체가 율법 공동체로 발전하게 되었을 때 무엇보다도 사람들은 율법을 결코 부담스럽게 여기지 않았으며, 오히려 자신의 백성에게 주신 하나님의 축복의 선물로 받아들였다(시 1:2-3, 시 119:44-48, 잠 3:1). 그러나 이후 발전과정에서 '율법의 정신'은 상실되었다. 이러한 상황에서 '율법의 문자' 즉 율법적인 규정을 나타내는 본문 자체에 고착되는 경향이 발생했다(참조. 롬 7:6, 고후 3:6-8). 따라서 예수 시대에는 사람들을 괴롭게 만드는 율법이 만연했다. 제의적(예를 들어 정결) 계명과 윤리적 계명은 서로 구별되지 않았다. 사람들은 거룩한 문서로부터 613가지의 개별적인 계명을 산출해냈다(248개의 계명과 365개의 금령). 구약성경은 조항으로 가득 찬 율법책으로 간주되었다. 개별적인 조항(개별적인 계명)은 수많은 실천 규정을 통해 '견고하게' 되었다. 이러한 '장로 규정'(막 7:5) 즉 '전통'은 구약성경의 율법과 동등한 권리를 가지게 되었다. 구두로 전승된 실천 규정이 모세 시대부터—율법은 그때도 존재했다.—유래한 비밀 교훈으로 간주된 사실은 장로의 전통이 어떻게 평가되었는지를 알게 한다.

'전통'의 도움 하에 모든 율법을 일상생활에 적용시키는 것이 율법학자의 책무였다. 명백히 이를 통해 율법학자는 동시대인에게 엄청나게 무거운 짐을 지게 했다. 그 누가 일상의 삶에서 그 많은 계명과 그에 따른 세부적인 실천 규정을 각각의 요구와 필요에 따라 적용할 수 있겠는가?(참조. 마 23:4) 계명 실천의 강박증은 상당히 심했다. 예를 들어 이스라엘이 이 모든 계명을 준수하는 유일무이한 날이 오게 될 경우, 하나님이 메시아를 보내실 것이라는 확신이 지배적이었다. 진실로 그 누가 자신의 잘못된 행동으로 메시아의 도래를 훼방하려 하겠는가? 그 밖에도 이러한 확신은 하나님의 행동이 인간의 태도(계명 실행)에 좌우되며 또한 사람들이 그 모든 계명을 지킬 수 있다는 관념을 우리에게 명백하게 보여준다. 예수는 이러한 율법의 압박으로부터 사람들을 해방시키려 하셨고, 따라서 그분은 사람들에게 자신을 따르라고 촉구하셨다.

> 수고하고 무거운 짐 진 자들아 다 내게로 오라 내가 너희를 쉬게 하리라 나는 마음이 온유하고 겸손하니 나의 멍에를 메고 내게 배우라 그리하면 너희 마음이 쉼을 얻으리니 이는 내 멍에는 쉽고 내 짐은 가벼움이라 하시니라(마 11:28-30)

예수가 우리를 율법주의에서 해방시키셨다

계명은 인간을 위해서 있는 것이지, 인간이 계명을 위해서 있는 것이 아니다.

예수는 선물로 주어진 계명과 율법의 배후로부터 '정신' 즉 하나님의 뜻을 지적하심으로써 모든 상세한 행동이나 금기(조건법[Kasuistik])를 통해 계명을 실천해야 한 사람들을 그 고통스러운 강요로부터 해방시키셨다. '안식일의 주인'(막 2:28)의 자유는 예를 들어 다음과 같이 표현된다. "안식일이 사람을 위하여 있는 것이요 사람이 안식일을 위하여 있는 것이 아니니"(막 2:27). 이러한 실례는 계명이 사람을 위한 것이지, 사람이 계명을 위해 있는 것이 아님을 보여준다. 이 때문에 예수는 안식일에 병을 고치는 것(막 3:1-6)이나 밀 이삭을 잘라내는 것(막 2:23-24)과 같이 일하는 행위에 대해 전혀 문제를 제기하지 않으셨다.

| 사랑의 이중 계명 | 율법 중에서도 가장 중요한 계명이 무엇인지를 묻는 율법학자의 질문은 충분히 가능하다(마 22:35-36). 왜냐하면 그들은 율법을 여전히 세부적인 개별 규정으로 가득한 613개의 개별 계명의 수집물로 이해했기 때문이다. 예수는 이에 대해 '사랑의 이중 계명'으로 대답하신다. "예수께서 이르시되 네 마음을 다하고 목숨을 다하고 뜻을 다하여 주 너의 하나님을 사랑하라…(그리고)… 네 이웃을 네 자신 같이 사랑하라"(마 22:37-39). "이 두 계명이 온 율

법과 선지자의 강령이니라"(마 22:40). 하나님 사랑과 (자신을 사랑하는 것과 같은) 이웃 사랑이라는 두 계명은 하나님의 뜻에 대하여 모세의 율법과 예언자의 교훈이 말하는 그 모든 것을 함축하고 있다. 이것을 이해하고 그리고 하나님을 사랑하고 이웃을 사랑하는 사람은 하나님 나라의 시민이다(막 12:34). 예수에게서 그 율법은 "마음에 새겨진"(렘 31:33) 것이기 때문에, 하나님 사랑과 이웃 사랑에 대한 매우 정확하고 지나칠 정도로 구체적인 실천 규정(조건법)이 없다 할지라도 그것은 충분히 수행될 수 있는 것이었다. 예수는 율법에서 표현된 하나님의 뜻으로부터 그 '정신'을 실천하셨다. 하나님은 "그가 또한 우리를 새 언약의 일꾼 되기에 만족하게 하셨으니 율법 조문으로 하지 아니하고 오직 영으로 함이니 율법 조문은 죽이는 것이요(조건법의 짐) 영은 살리는 것이니라"(=하나님 사랑과 이웃 사랑을 가능하게 한다. 고후 3:6). 사랑은 하나님의 선물이며(예를 들어 눅 15:20, 21-24, 요일 3:1, 4:10), 우리는 이러한 사랑의 태도를 통해서 신앙적으로 성숙할 수 있다. 그러나 사랑은 선행에 기초한 포괄적인 의무 목록이 아니다.

율법학자 신학자들이 주장한 율법적 경건은 계명의 목록에 머물러 있기 때문에 '율법의 정신'을 파악할 수 없었다. 이 때문에 예수는 예언자 이사야를 인용하시면서(사 29:13) "입술로는 나를 공경하되 마음은 내게서 멀도다"(마 15:8)라며 율법학자를 비판하셨던 것이다. 예수는 율법학자가 율법적·조건법적인 성경해석을 통해 사람들에게 "감당하기 어려운 짐"을 지우면서도, 정작 자신은 "손가락 하나도 그 짐에 대려고 하지 않음"을 강력하게 비판하셨다(눅 11:46; 또한 눅 11:47-52, 마 23:2-4도 참조하라). 그들의 말과 그들의 행실은 너무나 달랐다.

장로 규정에 대한 예수의 투쟁

구체적인 율법의 실행을 고려한 율법학자는 소위 '조상들의 전승'(=전통, 막 7:5, 13 등을 참조하라)의 도움을 받아 해석하면서, 계명의 실질적인 실행을 함부로 다루었고, 또 같은 방법으로 계명에 나타난 하나님의 뜻을 이행하지 않았다. 마가복음 7:6-11에서 율법학자(와 바리새인)는 자신의 행동이 하나님을 진실되게 섬기는 것으로 이해하고 있지만, 그들은 실제로 그러한 행동을 통해서 하나님께 불순종하고 있다고 예수는 비판하신다. "사람의 계명으로 교훈을 삼아 가르치니 나를 헛되이 경배하는도다 하였느니라 너희가 하나님의 계명은 버리고 사람의 전통을 지키느니라"(막 7:7-8).

이에 대한 실례로 예수는 제5계명을 파괴한 '고르반 관습'에 대해 언급하신다. "모세는 네 부모를 공경하라 하고 또 아버지나 어머니를 모욕하는 자는 죽임을 당하리라 하였거늘 너희는 이르되 사람이 아버지에게나 어머니에게나 말하기를 내가 드려 유익하게 할 것이 고르반 곧 하나님께 드림이 되었다고 하기만 하면 그만이라 하고 자기 아버지나 어머니에게 다시 아무 것도 하여 드리기를 허락하지 아니하여 너희가 전한 전통으로 하나님 말씀을 폐하며 또 이 같은 일을 많이 행하느니라"(막 7:10-13). 자신의 소유와 물품을 성전에 바치면 연로한 부모를 더 이상 후원하지 않아도 되기 때문에, 사람들은 고르반 맹세를 통해 부모에 대한 의무사항(제5계명, 일종의 '세대 간의 계약')으로부터 벗어날 수 있었다. 하나님을 섬기는 일(성전 제의의 유지를 위해 자신의 소유를 바치는 것)이 가장 가까운 이웃을 섬기는 일(제5계명)에 걸림돌이 되었다. 그러나 예수에 따르면 이러한 행동은 하나님의 뜻을 위반하는 행위이다. 왜냐하면 하나님은 결코 하나님 사랑과 이웃 사랑을 분리하지 않으셨기 때문이다(사랑의 이중 계명, 막 12:28-34 또한 눅 10:25-37도 참조하라).

예수는 또한 강력하게 율법학자를 비판하신다. 왜냐하면 율법학자는 그들이 실천적인 행동으로 제시한 것과 정반대로 행동하고 있기 때문이다. 율법학자는 하나님의 뜻과 계명에 따른 삶을 가능한 것으로 만들려 했지만, 조건법적인 율법 이해와 자신이 준수하는 '전통'으로 말미암아 오히려 그 계명을 무효한 것으로 만들었다(막 7:9-13). 이 때문에 예수와 율법학자 사이의 논쟁은 예수가 그들을 '외식하는 자'라고 비판하심으로써 절정에 이르게 되었다(예를 들어 눅 13:15, 마 23:13). (이후에) 폭력을 동원하여 예수를 침묵시키려 한 자들 중에 율법학자도 포함된다는 것은 결코 놀랄 만한 일이 아니다(예를 들어 막 2:6-7, 14:1-2).

3. 예수와 바리새인의 논쟁

바리새인의 평신도 운동

율법학자와 바리새인은 율법을 중심으로 무리를 형성하면서 율법을 구체적으로 적용하기 위해 노력하는 공통점을 가지고 있기 때문에, 복음서에서는 흔히 율법학자와 바리새인을 함께 언급하고 있다. 그러나 이 두 그룹의 차이점에 대해서도 고려해야 한다. 즉 바리새인이 평신도 운동가인 반면 율법학자는 직업적인 신학자이다. 바리새인은 대개 상인이나 수공업자이고, '일반적인' 하나님의 백성들 가운데서 '구별된 자'(페리샤야[perischaja])로 살았다. 바리새인이 생활하면서 지켜야 하는 특별한 의무사항은 다음과 같다. 계명(개별적인 규정의 의미에서)의 준수, 백성들이 빈번하게 실행하지 않은 십일조의 정확한 준수, 마지막으로 정결규정의 세심한 실천. 반면 율법학자는 개별적인 경우에서만 바리새적인 의무조항을 수용했다.

종교적인 공로사상

특별히 공로사상도 바리새인의 종교적인 의무감을 촉진시키는 역할을 했다. 그들은 (개별적인) 계명을 준수하면 하나님으로부터 긍정적인 평가를 받게 되지만, 반면 계명을 어기면 부정적인 평가를 받게 된다고 확신했다. 특별 금식과 구제헌금(=선행, 예를 들어 마 5:16, 6:12)과 같은 특별한 노력을 통해 그들은 자신의 잘못(계명을 위반한 것)을 회복하려 했다. 이러한 종교적 관념을 따르게 되면, 하나님은 상인이나 재판관으로 격하될 수밖에 없다. 왜냐하면 그분의 결정 기준이 사람의 행위에 따라 좌우되기 때문이다. 이는 마치 자신이 계명을 준행한 것만큼 똑같이 되돌려받을 수 있음을 의미한다. 그 밖에도 율법학자와 바리새인의 사상적 배후에는 사람은 하나님을 만족시켜 드리기 위하여 하나님의 계명과 율법을 성취할 수 있다는 근본적인 확신이 깔려 있었다. 필요하다면 경우에 따라 실천적 규정을 추가해야만 했다.

예수의 급진적인 계명 이해

예수는 이러한 근본적인 확신뿐만 아니라 공로사상도 반대하셨다. 예수는 다음과 같이 주장하셨다. 계명에 대한 많은 실천 규정은 하나님의 뜻을 진지하게 수용하기보다는 오히려 하나님의 뜻을 제한하는 것이다. 반면 하나님의 뜻은 무제한적이다. 예수는 바리새인이—우리 모두와 같이—인간의 죄성과 연약성을 깨달을 수 있도록 급진적으로 계명을 해석하신다. "또 '간음하지 말라' 하였다는 것을 너희가 들었으나 나는 너희에게 이르노니 음욕을 품고 여자를 보는 자마다 마음에 이미 간음하였느니라"(마 5:27-28).

바리새인과 세리의 비유

바리새인과 세리의 비유(눅 18:9-14)는 공로

사상을 반대한다. 바리새인의 기도(눅 18:11-12)는 근본적으로 다음과 같다. "하나님이여! 저는 저에게 요구된 것보다 훨씬 더 많은 일을 행했습니다. 당신은 분명 저에게 만족하실 것입니다." 바리새인은 자신감으로 가득 차 있었다. 그러나 예수가 보시기에는, 그들이 교만을 버리지 않을 경우 희망조차 보이지 않는 파멸에 빠지게 될 것이 분명했다. 명백한 죄인(여기에서는 세리)과 비교하면서 자신을 격상시킨 그들은 하나님 앞에서 실제적인 지위를 착각하고 있었다. 이와 달리 세리는 성전에서 자신을 죄인이라고 확신했다. 그러나 그가 죄인이라는 사실이 그가 성전에 들어가려는 것을 막지는 않았다. 왜냐하면 그는 하나님의 은혜를 신뢰했기 때문이다. "하나님이여 은혜를 베푸소서(개역개정판에서는 "불쌍히 여기소서"로 되어 있다—옮긴이 주)! 나는 죄인이로소이다." 그러나 바리새인은 하나님의 선하심이 아니라 자신의 선함을 확신했다. 그러나 예수는 하나님이 바리새인이 아닌 세리를 받아주셨다고 말씀하신다(눅 18:14a). 먼저 성전에 서 있던 바리새인은 스스로의 경건함으로 말미암아 하나님에게서 완전히 멀어지게 되었다. 바리새인의 이러한 실례는 경건이 하나님과 멀어지게 할 수 있는 특별한 한 형태가 될 수도 있음을 우리에게 경고하고 주의를 촉구한다.

정결계명과 십일조 의무

예수는 제의적인 정결에 대한 바리새인의 노력(막 7:3-4)에 대하여, 바깥에서 사람 속으로 들어가는 것이 사람을 더럽히는 것이 아니라 사람에게서 나오는 마음의 악한 생각이 하나님의 계명을 어기게 한다고 주장하셨다(막 7:17-23, 눅 11:39). 바리새인은 '회칠한 무덤'이며, 그 무덤 안에는 "죽은 사람의 뼈와 모든 더러운 것이 가득하도다"라는 예수의 비판은 의식적인 정결을 고수하는 바리새인에게 특히 강한 충격을 주었음에 틀림없다(마 23:25-28). 예수는 바리새인의 특징적인 모습인 십일조 의무의 극도로 정확한 실천 역시 잘못된 경건한 책임이라고 간주하셨다. 그분은 바리새인이 '박하와 회향과 근채'의 십일조를 드렸지만 '율법의 더 중요한 요소' 즉 '정의와 긍휼과 믿음'을 저버렸다고 말씀하신다(마 23:23). 여기에서는 간략하게 묘사되고 있는 바리새인의 경건에 대한 예수의 논쟁은 복음서에서는 많은 부분을 차지하고 있다. 율법학자에게 그랬던 것처럼, 예수는 바리새인에게도 그들의 부정직한 경건에 대하여 그들을 위선자라고 비난하셨다(예를 들어 마 23:13, 15, 23). 이로 말미암아 예수는 바리새인의 철천지 원수가 되셨다(예를 들어 막 3:6).

4. 예수는 구별사상을 파괴하신다

바리새인은 그들의 존재(바리새인=구별된 자들)를 통해 구별사상을 뚜렷하게 만들었다. 예수 시대의 유대교에서 구별사상은 너무 익숙하게 되어서, 구별사상이 내포하고 있는 믿음을 돕는 수단으로서의 의미는 망각되어버렸다. 이방인에게서 구별(예를 들어 로마인이나 사마리아인에게서 구별), 또는 백성 가운데서 죄인에게서 구별(예를 들어 창녀와 세리에게서 구별)은 철저하게 수행되었으며, 이는 냉혹함(예를 들어 로마에 대항한 게릴라전이나 사마리아인에 대한 멸시, 요 4:9)과 무자비한 태도(예를 들어 눅 18:11)와 쌍을 이루었다. 예수는 자신의 행동과 말씀을 통해 이방인이 하나님 나라에서 제외되지 않고 포함됨을 명시하셨다(예를 들어 막 11:17). 자만심으로 가득 찬 이스라엘은 자신을 아브라함의 후손 즉 약속의 운반자로 생각했다. "아브라함이 우리 조상이라"(눅 3:8-9, 요 8:39). 예수는 이러한 자기 확신을 반대하셨다.

> 또 너희에게 이르노니 동 서로부터 많은 사람이 이르러 아브라함과 이삭과 야곱과 함께 천국에 앉으려니와 그 나라의 본 자손들은 바깥 어두운 데 쫓겨나 거기서 울며 이를 갈게 되리라(마 8:11-12, 참조. 마 21:28-32, 33-46)

예수는 상징적으로 구별사상을 파괴하신다. 선한 사마리아인의 비유(눅 10:25-37)를 통해서, 예수는 유대인이 보기에는 비신앙적인 사마리아인(참조. 왕하 17:24-41)이 진정으로 하나님을 섬기는 자(눅 10:27)이며, 반면 제사장이나 레위인과 같은 유대 출신의 '하나님을 섬기는 자'는 도움이 필요한 이웃을 거부했기 때문에 사실상 하나님을 섬기는 자가 아니라는 점을 명시하셨다. 열 명의 치유받은 나병환자 중에서 단 한 사람만이 감사한 마음으로 예수께 돌아왔는데, "그는 사마리아인"(눅 17:16)이었다. "이 이방인"은 "돌아와서" "하나님께 영광을 돌렸다"(눅 17:18). 예수는 로마 백부장을 돕는 일을 거절하지 않으셨다. 예수는 다음과 같이 말씀하신다. "이스라엘 중 아무에게서도 이만한 믿음을 보지 못하였노라"(마 8:10). 가나안 여인의 딸 치유에 관한 이야기(마 15:21-28)는 처음에는 유대교의 구별사상을 확증하는 것처럼 보이지만(23절, 24절, 26절), 그 다음 목적을 나타내는 마지막 부분에서는 이와 같은 확언이 나타난다. "네 믿음이 크도다"(마 15:28). 마태복음 28:18-20과 같은 부활 이후의 본문은 예수의 지상 활동에서 상징적으로 분명히 제시된 점을 진술한다. 복음은 '모든 민족'에게 해당된다. 그러므로 그리스도 안에서 아브라함의 약속이 성취된다. "땅의 모든 족속이 너로 말미암아 복을 얻을 것이라"(창 12:3). 이 때문에 마태는 예수의 족보를 아브라함부터 시작하고 있다(마 1:1-17).

유대교에서 성장한 제자들이 예수의 태도를 이해하기까지 그리고 구별개념을 하나님이 원하시는 '지속적인 조치'로 수용하기까지는 상당한 시간이 소요되었다(행 10:1-48).

5. 요약

예수는 하나님의 백성이 하나님과 더욱 가깝게 되도록 또한 하나님의 뜻을 실질적으로 준행할 수 있도록 촉구하려 하셨다. 이로 말미암아 예수는 당시대의 종교적 지도자(제사장, 율법학자, 바리새인)와 갈등관계에 놓이셨다. 이기적인 경건, 조건적인 율법해석, 공로사상, 냉혹한 구별의 실천은 이스라엘 백성이 하나님과 교제의 축복을 누리는 데 방해가 되었으며 또한 그 백성이 다른 민족의 축복이 되는 것도 불가능하게 만들었다. 당시대의 종교적 지도자에게서, 예수는 하나님을 모독함으로써 구약성경의 거룩한 질서와 조상들의 종교적인 경험(전통)을 폐하려는 자로 보였을 것이다(막 2:7, 14:64). 이 때문에 그들은 로마인에게서 예수의 사형판결을 받아냈다. 물론 예수는 하나님 백성의 근본적인 토대를 문제 삼으려는 것이 아니셨다. 오히려 예수는 그 토대가 다시 새로운 효력을 발휘하게 하려고 하셨다. "내가 율법이나 선지자를 폐하러 온 줄로 생각하지 말라 폐하러 온 것이 아니요 완전하게 하려 함이라"(마 5:17, '완전하게 하다'는 '온전한 의미를 성취하다'라는 뜻). 율법, 십계명, 하나님의 뜻은 하나님 사랑과 이웃 사랑을 통해서 성취된다(마 22:34-40). 이러한 이유 때문에 사도 바울은 "그러므로 사랑은 율법의 완성이니라"(롬 13:9-10)고 기록했다. 하나님은 우리에게 성령을 통하여 하나님 사랑과 이웃 사랑을 가능케 하심으로(롬 5:5, 요일 4:10), 그분은 우리로 하여금 우리 사명을 준행하게 하셨고, 다른 사람들에게 축복이 되게 만드셨다.

성경 읽기 계획

마가복음 8:27-16:20

이 본문을 읽기 전에, 다시 한 번 110-111쪽에 있는 마가복음에 대한 안내 부분을 살펴보라.

예수는 하나님 나라의 도래를 계시하신다

1. 하나님은 예수 그리스도를 통해 우리 인간에게 자신을 계시하신다

창조적인 지성을 부여받았음에도 불구하고 인간은 자신의 이성적 도움만으로 진리, 영광, 사랑, 긍휼의 하나님을 스스로 인식하거나(고전 1:18-31) 인정할 만한(롬 1:18-25) 능력이 없다. 인간이 온전한 믿음을 갖고 하나님과 접촉하려면, 그것은 곧 하나님 스스로가 인간에게 다리를 놓으실 경우 즉 하나님이 인간에게 자신을 계시하실 때에만 가능하다. 따라서 하나님은 스스로 아브라함(창 12:1-5)과 이스라엘 백성(신 7:7-8)을 자신과 교제하도록 부르셨다.

신약성경은 하나님이 온 세계(예를 들어 마 28:19-20) 사람들을 부르시기 위해 그리스도를 통해 모든 인간에게 자신을 계시하셨음을 다양한 방식으로 증언하고 있다. "옛적에 선지자들을 통하여 여러 부분과 여러 모양으로 우리 조상들에게 말씀하신 하나님이 이 모든 날 마지막에는 아들을 통하여 우리에게 말씀하셨으니"(히 1:1-2a). 하나님은 우리에게 자신의 영을 선물로 주심으로써, 우리로 하여금 그리스도를 통해 나타난 하나님의 계시를 받아들일 수 있게 하셨다(요 14:16-17, 20-21, 16:13-14, 고전 2:12-16, 마르틴 루터의 사도신경의 세 번째 조항에 대한 설명을 참조하라).

성경은 하나님이 자신을 예수 말씀과 행적을 통해 우리 인간에게 계시하셨다고 증언하고 있다(요 14:10). 하나님은 예수를 통해 우리에게 말씀하셨다(눅 10:22-24, 요 7:16, 12:49).

2. 예수는 창조주 하나님을 우리의 하늘 아버지로 계시하신다

하나님은 예수를 통해서 하나님 자신과 사람들 사이의 인격적인 교제관계를 회복하셨으며, 이는 주님의 기도를 통해서 생생하게 경험할 수 있다. 예수(주)가 그의 제자들에게 가르쳐 주신 '주기도문'은 단지 그들에게 기도만을 가르치신 것이 아니다. 이 기도의 내용은 오히려—하나님께 드리는 기도라는 방법을 통해서—예수 선포의 핵심적 진술을 간략하게 집약적으로 재현해내고 있다.

하늘에 계신 우리 아버지여
이름이 거룩히 여김을 받으시오며
나라가 임하시오며
뜻이 하늘에서 이루어진 것 같이
땅에서도 이루어지이다
오늘 우리에게 일용할 양식을 주시옵고
우리가 우리에게 죄 지은 자를 사하여 준 것 같이
우리 죄를 사하여 주시옵고
우리를 시험에 들게 하지 마시옵고
다만 악에서 구하시옵소서
나라와 권세와 영광이
아버지께 영원히 있사옵나이다 아멘(마 6:9-13)

전반적으로 예수가 그 어떤 새로운 '신학'(=하나님에 대한 가르침)도 발전시키지 않으신 것처럼, 창조주 하나님에 대한 가르침 역시 새롭게 전개하지 않으셨다. 오히려 예수는 구약성경의 토대 위에서 자신의 하늘 아버지인 하나님의 피조물로 사셨고, 그의 제자들과 추종자 역시 창조주 아버지의 아들로 삼으셨다. 하나님은 우리 인간과 먼 곳에 떨어져 계시기보다는 오히려 우리와 가까운 곳에 계신다. 하나님은 일상에서 필요한 것에 이르기까지 우리를 돌보신다. "오늘 우리에게 일용할 양식을 주시옵고"(마 6:11). 이것을 신뢰하는 우리는 불필요한 염려에 빠질 필요가 없다(마 6:25-34, 눅 11:9-13). 우리는 그리스도의 형제와 자매로서 하늘 아버지와 교제하는 가운데 이 땅에서 삶을 살아야 한다("하늘에 계신 우리 아버지여", 마 6:9). 예수는 우리에게 하나님을 우리의 하늘 아버지로 가르치신다. 하나님은 우리 인간을 자녀로 사랑하시고, 우리를 결코 잊지 않으시며(잃어버린 양의 비유, 마 18:12-14) 또한 우리 운명에 관심을 가지고 우리를 돌보시는 분이시다(마 10:29-31).

3. 예수는 하나님의 통치(하나님 나라)를 계시하신다

'하나님 나라'는 예수 선포의 핵심개념이다('천국' 역시 실제적으로 같은 개념이며,—제3계명을 존중하는—당시의 일반적인 방식에 따라 '하나님'이라는 이름을 단지 '하늘'로 바꾸어 사용했을 뿐이다). '하나님 나라'는 주님의 통치 영역이다. 하나님 나라에서 하나님은 왕이 되시며, 하나님의 뜻과 법과 계명이 사람들의 마음을 통치한다. "이름이 거룩히 여김을 받으시오며 나라가 임하시오며 뜻이 하늘에서 이루어진 것 같이 땅에서도 이루어지이다"(마 6:9-10).

하나님 나라에서 사중(四重)평화가 성취된다 만약 우리가 아무 거리낌 없이 다시 한 번 하나님과 교제를 이루며 살게 된다면 또한 하나님이 우리를 받아들이셨음을 깨닫고 위축됨 없이 우리 자신을 바라볼 수 있다면 또한 다른 사람들도 역시 하나님에게서 나와 동일하게 사랑을 받는 창조주 아버지의 자녀로 인정하게 된다면 그리고 마지막으로 우리가 우리 주변 세계와 조화를 이루며 살 수 있게 된다면, 하나님 나라는 완벽하게 실현될 것이다(사중평화).

하나님 나라는 예수의 활동 안에서 시작된다

예수의 메시지는 하나님의 통치가 예수의 활동과 함께 시작된다는 진술로 규정된다(막 1:15, 마 12:28). 물론 하나님 나라의 시작은 사람들이 자연적인 감각기관으로 인식할 수 있을 정도로 명확하지는 않다(마 13:13-14). 그것은 단지 신앙인에게만 인식될 수 있다(마 13:15-17). 땅에 뿌린 씨앗처럼 하나님 나라는 숨겨진 채로 싹을 틔운다(막 4:26-29, 30-32). 그러나 하나님 나라의 완성은 미래에 성취된다(막 4:29, 32, "나라가 임하시오며", 마 6:10). 하나님의 통치가 처음에는 비밀스럽게 시작된다는 사실이 예수 시대 사람들에게는 매우 낯설게 여겨질 수밖에 없었다. 왜냐하면 그들은 메시아가 군사적인 수단을 통해서 이룩하실 '이 세상의' 하나님 나라를 기대했기 때문이다(참조. 요 18:36).

바리새인이 예수께 하나님 나라가 도래할 시점에 대해 질문할 때, 예수는 다음과 같이 대답하신다. "하나님 나라는 볼 수 있게 임하는 것이 아니요 또 여기 있다 저기 있다고도 못하리니 하나님 나라는 너희 안에 있느니라"(눅 17:20-21). 하나님 나라는 예수 말씀과 활동을 통해서 인간의 세계 속으로 침노했다.

우리는 믿음을 통해서 하나님 나라의 시민이 된다 예수 그리스도를 영접하는 사람은 하나님 나라의 시민이 된다. 어린 아이와 같은 신앙(믿음)을 통해서 우리는 하나님 나라를 "받게 되었다"(막 10:15, 마 18:1-3). 인간 예수에 대한 우리 태도에 따라서, 하나님의 통치에 대한 우리 참여 여부가 결정된다(요 14:6, "…나로 말미암지 않고는 아버지께로 올 자가 없느니라"). 예수는 흔히 하나님 나라를 큰 잔치의 식사로 비유하셨다. "무릇 하나님 나라에서 떡을 먹는 자는 복되도다"(눅 14:15). 예를 들어 누가복음 14:15-24에서, 손님을 초대하는 식사(하나님 나라)에 종으로부터 초대를 받은 자들은 결코 호응하지 않았다. 따라서 종은 주인(하나님)의 명령에 따라 "가난한 자들과 몸이 불편한 자들과 맹인들과 저는 자들"(눅 14:21)을 초대했다. 그들은 하나님과 그분의 구원이 필요함을 깨달았기 때문에 그의 부름을 따랐다.

하나님 나라에서 인간에 대한 하나님의 목적이 실현된다 큰 잔치 식사의 비유(눅 14:15-24)는 인간을 향한 하나님의 뜻과 목적에 대한 예수의 선포를 명백하게 제시한다. 예를 들어 그것은 하나의 핵심문장으로 요약될 수 있을 것이다. 과거, 현재, 미래에서 하나님의 의도는 시야에서 사라져간 인류와 다시 한 번 교제를 나누기 위해 인간을 부르심으로, 인류가 (죽은 후에도!) 하나님과 연합하게 하는 것이었으며, 그것은 지금도 마찬가지이다(참조. 창 11:1-9 이후의 12:1-3, 요 6:40, 눅 12:32).

그리스도는 인간을 하나님과의 교제로 다시 초대하기 위해 이 세상에 오셨다(요 3:16, 17:1-26). 십자가의 대속적인 죽음을 통해 예수는 죄를 이기셨고, 인간과 하나님을 화해시키셨다. 이를 통해 우리와 하나님 사이에 있었던 도랑 위에 다리가 놓였다(마 26:26-28, 고후 5:17-21).

4. 예수는 하나님의 본질과 동시에 인간의 본질을 계시하신다

하나님은 우리를 긍휼히 여기시는 아버지이시다

예수는 우리 인간을 하나님께 가까이 인도하기를 원하셨기 때문에, 그분은 하나님에 대해 추상적인 방식으로 말씀하지 않으셨다(예를 들어 하나님은 전능하시고 긍휼하시며 무소부재하시고 오래 참으시며 전지하시다 등). 오히려 예수는 자신의 생활방식과 말씀을 통해 하나님이 자신의 자리에서 어떻게 행동하시고, 어떻게 말씀하시는지를 우리에게 분명히 보여주셨다. "나와 아버지는 하나이니라"(요 10:30).

"예수께서 한 나병환자를 불쌍히 여기시고"(막 1:41) 그를 고쳐주셨다. 예수가 자신의 백성 가운데 큰 무리를 마주 대하셨을 때, "예수께서 나오사 큰 무리를 보시고 그 목자 없는 양 같음으로 말미암아 불쌍히 여기셨다"(막 6:34). 예수는 그들의 자연적인 필요에 관심을 가지셨고, 그들에게 음식을 주어 먹게 하셨다(막 6:35-44). 죄 용서의 말씀(막 2:5)

을 통해서 또는 하나님의 계명을 위반한 세리 삭개오의 집을 방문(눅 19:7-8)하심으로써, 예수는 사람들을 하나님과 교제하도록 부르셨다. 또한 때로는 예수와 제사장, 서기관, 바리새인 간의 무척 격렬한 논쟁은 그들의 완고함에서 사람들을 자유롭게 하셨고, 긍휼을 베푸시는 아버지 하나님을 발견하도록 만드셨다.

예수는 우리 실존과 멀리 떨어진 상태에서, 자신의 신성(神性)을 과시하며 우리에게 '보다 높은 존재'로 자신을 드러내지 않으셨다. 오히려 예수는 우리를 돌보고, 우리를 위로하고, 우리를 치료하며 또한 우리가 구원의 충만한 삶으로 돌아오도록 회개를 촉구하는 가까이 계신 하나님을 우리에게 생생하게 묘사하셨다. 예수는 이 모든 것을 추상적인 개념과 공식으로 말씀하기보다는, 예를 들어 긍휼히 여기는 마음을 가지신 아버지와 그의 잃어버린 아들의 비유(눅 15:11-32)와 같이 단순하면서도 심오한 이야기(비유, 제7장을 참조하라)를 통해 말씀하셨다.

우리는 하나님과 교제를 통해서만 인간답게 살 수 있다

특히 예수의 비유는 인간의 존재와 사명이 하나님과 교제를 유지하는 것임을 분명히 보여준다. 그 비유는 하나님 없이 사는 인생은 돼지의 삶의 수준보다 못한 것임을 매우 노골적으로 묘사한다(눅 15:16). 하나님에게 (다시) 돌아온 사람은 아들의 풍성한 권리를 얻는다(눅 15:22). 아버지와 교제 가운데 그의 삶은 다시 영위될 수 있다(눅 15:24). 하늘 아버지와 결합이 하나님의 뜻임을 전적으로 경험한 그 아들은 한 인간의 삶이 하늘 아버지와 어떻게 그토록 밀접하게 결속될 수 있는지를 우리에게 가르쳐 주었다. 예수 그리스도가 하나님의 본질을 우리에게 계시하셨다면, 그와 동시에 그분은 우리에게 인간의 본질도 계시하셨다.

하나님과 인간의 관계는 우리가 세상의 행복과 구원의 약속에 대해 비판하게 한다

잃어버린 아들(눅 15:13)처럼 우리 인간은 물질적인 것들과 일 그리고 성공을 통해 이 땅에서 행복을 누릴 수 있다고 생각하지만, 예수는 우리에게 전혀 다른 길을 보여주신다. 그는 우리 행복과 구원은 우리 삶 가운데 하나님이 어디에 자리잡고 계신가에 달려 있다고 말씀하신다(제1계명).

…네 마음을 다하고…주 너의 하나님을 사랑하라(막 12:28-34)

너희는 먼저 그의 나라와 그의 의를 구하라 그리하면 이 모든 것을 너희에게 더하시리라(마 6:33)

하나님 말씀을 듣고 지키는 것을 통해 행복하게(복되게) 된다!(눅 11:28)

당신의 하나님이 일생 동안 당신의 재능과 기질을 책임지고 계시다는 것을 잊지 말라!(마 25:14-30)

단지 생명과 행복을 가장하는 이 세상이 제시하는 것들을 조심하라!(마 16:26, 6:19-21, 눅 8:14, 12:15-21, 요 6:27)

예수는 자신의 삶을 통하여 그분 자신의 가르침을 보증하셨다(예를 들어 마 4:1-11, 막 14:36, 요 4:34, 5:30).

5. 하나님 나라가 아직은 완성되지 않았기 때문에, 하나님과 우리 관계는 위험에 노출되어 있다

우리는 아직 확실하게 하나님 나라에 살고 있는 것이 아니기 때문에, 인간과 하나님의 관계는 위협에 직면해 있다. 이 때문에 예수는 우리와 하나님의 관계를 파괴할 수 있는 악한 세력에 대해 경고하셨다(마 13:18-22). 또한 예수는 기도의 능력(마 26:41)과 성령의 영향(요 6:63, 눅 11:9-10, 13)을 지시하셨다. 따라서 우리는 신앙을 위협하는 외부적인 영향 그리고 내부적인 의심과 유혹에 저항할 수 있다. 예수는 인간을 중요하게 여기셨다. 예수는 한 인간의 삶에 대한 책임이 바로 그 자신에게 있음을 인정하셨다. 우상을 섬길 것인지 아니면 살아 계신 하나님을 섬길 것인지에 대하여 인간은 그 스스로 결정해야만 한다(마 6:24). 예수는 율법에 충실한 부자 청년(막 10:17-21a)에게 우선 자신의 모든 소유와 재산을 가난한 사람들에게 나눠주고, 예수를 따르도록 결단을 촉구하셨다. "그 사람은 재물이 많은 고로"(막 10:22) 슬픈 기색을 띠고 근심하며 예수를 떠나갔다. 이에 대해 제자들은 놀란다. "그런즉 누가 구원을 얻을 수 있는가"(막 10:26). 구원사건은 하나님 나라를 막으려고 하는 모든 세력보다 더 강력하다는 말씀 즉 제자들과 또한 우리에게도 희망을 제시하시는 예수 말씀으로 끝난다. "예수께서 그들(제자들)을 보시며 이르시되 사람으로는 할 수 없으되 하나님으로는 그렇지 아니하니 하나님으로서는 다 하실 수 있느니라"(막 10:27). 주기도문의 여섯 번째 기도 역시 이러한 소망을 간직하고 있다. "우리를 시험에 들게 하지 마시옵고 다만 악에서 구하시옵소서"(마 6:13).

6. 하나님의 뜻은 우리 삶을 세상의 조건 아래 놓인 하나님 나라의 시민으로 규정한다

세상의 조건 아래에서 살고 있는 하나님 나라의 시민이 된 우리는 하나님 나라의 기준에 따라 우리 삶을 영위해야 한다. 따라서 우리 삶, 우리 행동, 우리의 구체적인 결단에 대한 하나님의 뜻이 무엇인지를 묻는 지속적인 대화가 우리에게 절대적으로 요구된다(롬 12:2, 마 6:10b). 따라서 다음 요점은 우리에게 방향을 제시하는 역할을 할 것이다.

진실성

하나님과 우리 자신에게 정직하고 진실함은 필수적으로 요구된다(참조. 요 8:32). 하나님을 섬기는 척하지만 사실은 개인적인 공허함에 사로잡혀 있고, 자신의 위신만을 세우는 경건에 대해 그리스도께서는 경고하신다. 구제(마 6:1-4), 기도(마 6:5-8), 금식(마 6:16-18)의 실례를 들어 예수는 무엇이 진실한 경건인지를 분명하게 설명하셨다.

사랑을 전달하는 것

하나님의 사랑이 우리 삶에 영향을 미쳐야 한다. 우리가 하나님의 사랑을 경험하게 될 때(롬 5:5), 우리는 우리가 책임지지 않아도 될 사람들까지도 존중하고 사랑할 수 있게 된다(눅 14:12-14, 마 5:47). 그러나 예수는 이웃 사랑만을 말씀하신 것이 아니라 '원수 사랑'에 대해서도 말씀하셨다. 우리를 향한 하나님의 사랑과 마찬가지로 사랑에는 경계가 없기 때문이다. 이 때문에 우리 사랑은 적이나 원수 앞에서도 멈추어서는 안 된다. 원수 사랑에 대한 훈련은 내가 거부하는 사람이나 나를 괴롭히는 사람을 위해 기도하는 것이다(마 5:43-48, 눅 10:25-37).

용서의 태도

우리 삶은 용서의 태도로 규정되어야 한다. 그리스도와의 만남을 통해 자기 자신의 연약성을 깨닫고, 객관적으로 자기를 이해하며, '구원받은 죄인'으로서 그리스도와의 교제관계 가운데 살아가는 사람은 용서의 태도를 갖는다. 스스로가 용서를 받고 그리스도와 함께 삶의 가치를 인정받게 된 것처럼, 그는 또한 자신의 이웃에 대해서도—무제한적으로—이해와 용서의 태도를 취해야 한다(눅 17:3-4). 예수는 긍휼한 마음을 가진 왕과 긍휼한 마음을 갖지 못한 종의 비유(마 18:21-35)를 통해 주기도문의 기도를 구체적으로 설명하셨다. "우리가 우리에게 죄 지은 자를 사하여 준 것 같이 우리 죄를 사하여 주시옵고"(마 6:12).

하나님과 이웃을 섬기는 삶

우리 삶은 하나님과 이웃을 섬기는 삶이 되어야만 한다(롬 12:1). 하나님과 이웃 섬김의 요구를 조건화하거나 자신의 권리에만 집착하거나 급급해한다면, 우리 스스로를 하나님과 이웃을 섬기는 자로 이해하기 어려울 뿐만 아니라 그러한 섬김의 행동 자체도 어렵게 될 것이다. 그러나 우리는 하나님이 우리에게 성령을 통해 인간의 능력 이상의 결단과 행동을 실행할 수 있는 능력을 주셨음을 기억해야 한다(눅 24:49, 행 1:8).

예수는 자신의 뜻을 온전히 하나님의 뜻에 맞추고 스스로 죽음의 운명을 수용하셨다(막 14:36). 많은 그리스도인이 이 땅에서 그리스도를 고백함으로써 고난을 감내해야 했다(마 16:24-25). 하나님은 그들에게 그들의 신앙고백을 계속해서 유지할 수 있는 능력을 주셨다(눅 22:31-32, 눅 22:54-62와 행 4:1-11, 특히 8절을 비교). 하나님의 능력을 통해 스데반은 스스로 순교자의 죽음을 받아들였다(행 6:10, 7:55, 57-60).

예수가 우리 인간을 섬기기 위해 스스로 낮아지신 것처럼(예를 들어 제자들의 발을 씻기심, 요 13:1-20, 막 10:45), 자신의 제자들에게도 서로를 다스리려고 하지 말고, 서로 섬길 것을 요구하셨다(막 10:42-44, 벧전 5:3, 4:10). 우리가 예수의 이러한 요구를 중요하게 받아들인다면 교회의 삶은 얼마나 달라지겠는가!

"모든 사람들이 구원을 받고 진리를 깨달을 수 있도록"(딤전 2:4)—목회자나 교회에서 중요한 직책을 맡고 있는 사람뿐만 아니라—모든 그리스도인이 복음 전도의 부름을 받았다(마 28:18-20). 왜냐하면 그리스도인은 모두 다른 사람들에게 축복이 되도록 복을 받은 존재이기 때문이다. 이를 통해 다른 사람들도 하나님과 교제를 통해 축복을 받을 수 있게 된다. 만약 보다 많은 그리스도인이 자신을 (우리 가운데서) 선교사로 그리고 축복을 나르는 자로 이해한다면, 우리 교회 생활은 얼마나 달라지겠는가!

7. 하나님은 우리가 하나님 나라의 시민으로 살아가는 것을 가능하게 하신다

만약 우리가 하나님 나라의 시민으로 살면서 세상적인 삶에서 감당하게 될 결과에 주목한다면, 아마도 그것은 우리로서는 극복할 수 없는 요구 목록으로 보이게 될 것이다. 만약 우리가 그렇게 느낀다면 우리는 아직까지도 하나님이 성령의 능력으로 우리 안에서 역사하고 계시고, 실제로 하나님과 교제나 그분의 영과 말씀이 없이는 불가능할 수밖에 없는 행동을 하나님이 가능하게 하신다는 것을 충분하게 고려하지 못한 것이다(막 13:11, 요 14:26, 마 7:24-29). 악의 세력은 하나님 나라의 역동성에 대항하지 못한다(마 12:28-29). 하나님 나라의 힘은 신앙인에게서, 예를 들어 죽음을 넘어서는 희망과 같은 효력을 발휘한다(요 3:15-16, 5:24). 죽음은 우리가 이 세상의 삶에서 경험할 수 있는 하나님과 우리의 교제관계를 파괴하지 못한다(요 11:25-26). 하나님 나라의 주인이신 하나님은 악과 죽음보다 더욱 강한 분이시다. 여전히 하나님 나라는 감추어진 채로 성장하는 나라이다. 하나님 나라의 힘은 용기를 얻게 되는 개인적인 경험 가운데서 오직 신앙인에게만 인식된다. 예를 들어 사람들은 다른 사람들 앞에서 자신의 신앙을 고백하는 두려움을 해소할 수 있다. 그러나 신앙인에게조차 하나님 나라는 눈에 보이지 않는다(고후 5:7). 신앙인은 감추어진 하나님 나라로 말미암아 시련을 겪게 되는데, 특히 그들이 실패했을 때나 유혹과 의심에 노출되었을 때는 더욱 그렇다. 따라서 우리 그리스도인은 구원으로 가득 차 있는 또한 우리에게 계시된 하나님 나라의 미래에 대한 희망 속에서 살아가게 된다. "나라가 임하시옵소서"(마 6:10).

그 나라는 당신의 것이옵니다.
그 나라를 드러내소서!
비록 지금은 숨겨져 있으나,

주님, 그 권세가 당신의 것이옵니다!

우리는 당신의 영광을 소망합니다.

당신은 영원히 주님이십니다(마 6:13b).

누가복음 1:1-9:50

복음 전도자 누가는 이방의 기독교인으로서 세련된 그리스어를 사용하여 이방인 기독교인을 위한 복음서를 기록했다. 역사적·교회사적 지시사항은 누가가 기원후 90년경에 복음서를 저술한 것으로 추정하게 한다. 따라서 누가는—마태처럼, 그러나 그에게 의존하지 않고—마가복음과 연설 자료를 대본으로 사용했다. 그 밖에 누가는 광범위한 '특수 자료'를 가지고 있었는데, 이것은 마가복음이나 마태복음에 나타나지 않는 자료이다. 누가의 특수 자료는 대략 누가의 자료 중 절반 정도의 분량을 차지한다.

누가는 누가복음뿐만 아니라(눅 1:1-4), 두 번째 작품인 '사도행전'도 저술했다(행 1:1-2). 최초의 기독교인은 부활 후 하나님으로 승격되신 그리스도께서 곧이어 재림하실 것을 여전히 신뢰했기 때문에, 누가는 교회가 이 세상에서 교회로서의 역사를 가지게 될 것으로 인식했다. 이 때문에 누가는 자신의 두 번째 작품에서 오순절부터 시작된 교회의 시대를 다룬다.

복음 전도자 누가의 특징적인 면모는, 그가 예수를 특히 가난한 자들과 하찮은 사람들을 돌보시고 그들의 필요를 채우시는 죄인의 구원자로 강조한다는 점이다(예를 들어 눅 6:20-21 축복 선언, 눅

15장 잃어버린 것들에 대한 비유, 눅 19:1-10, 7:36-50 세리와 죄인을 옹호하심, 눅 7:11-17 한 과부의 유일한 아들의 부활). '구원자'(눅 2:11)는 함께 십자가에 달린 범죄자를 받아주시고(눅 23:39-43), 자신의 사형을 집행한 사람들을 위해 중보기도를 하신다. "아버지 저들을 사하여 주옵소서 자기들이 하는 것을 알지 못함이니이다"(눅 23:34).

누가 역시 예수가 구약성경에서 약속된 메시아임을 분명하게 제시한다(예를 들어 눅 24:24-27). 그의 파송은 '온 백성'(눅 2:10) 즉 유대인뿐만 아니라 이방인 모두와 관련되어 있다(눅 2:32).

누가복음을 개괄하자면, 사실상 누가는 마가복음을 따르면서 연설 자료와 많은 분량의 특수 자료를 삽입했다. 첫 부분에서 그는 마가복음을 넘어서는 이전 역사를 제시하는데, 이것들은 여러 면에서 구약성경과 관련된다. 그 예로 누가는 구약성경의 시편 전승을 수용했다(마리아의 찬가, 눅 1:46-55, 사가랴의 찬가, 눅 1:68-79). 이와 더불어 누가는 구약성경과 신약성경 사이의 밀접한 상호관계성을 제시했다.

1-2장	이전 역사, 세례 요한과 예수의 선포 및 출생
3:1-4:13	세례 요한의 등장, 세례, 족보, 예수의 시험

4:14-9:50	갈릴리에서의 예수의 활동 누가복음 6:20-8:3까지 누가는 마가 이상의 자료를 제시한다. 이러한 소위 '작은 삽입구'에서 '평지설교'(눅 6:20-49)가 나오는데, 이것은 마태복음의 산상설교와 상응하지만 산상설교보다는 분량이 매우 짧다.
9:51-19:27	예루살렘으로 가는 도상에 있는 예수('누가의 여행보고') 누가복음에 있는 방대한 단락에서 누가는 9:51-18:14까지 예외 없이 예수 말씀과 행위만을 전달하는데, 여기에서 누가는 마가 이상의 예수 말씀과 행위를 제공하고 있다(소위 '커다란 삽입구').
19:28-21:38	예루살렘에서의 예수의 활동
22-24장	예수의 수난, 십자가 처형, 부활, 승천

그리고 그가 그들에게 비유로 가르치셨다[5)]

1. 일상의 사건

예수 선포의 특징은 그의 설교가 비유로 되어 있다는 점이다. 예수의 비유는 "본질적으로 하나님에 대한 설교"임에도 불구하고, 비유 가운데 하나님의 이름 자체가 언급되지는 않는다. 비유는 하나님에 대한 가르침을 전개하기보다는 일상적으로 발생되는 사건을 이야기함으로써, 어떻게 하나님이 행동하시는지 그리고 그분이 우리 인간에게

주 5) 마가복음 4:2a. 이 단락의 상세한 설명은 다음의 책에서 주로 의존하였다. C. Westermann, *Umstrittene Bibel*, Stuttgart, 127-135.

기대하시는 것이 무엇인지를 보여준다. 비유는 일상적 경험 속에서 이해된다. 이 때문에 비유는 모든 이들에게 열려 있다. 씨 뿌리는 자는 씨를 뿌린다. 한 여자가 은전 하나를 잃어버리고 그것을 찾는다. 어떤 주부는 누룩을 넣는다. 또 어떤 남자는 성대한 저녁식사를 준비하여 사람들을 초청한다.

2. 비유의 핵심이 중요하다

예수의 비유를 이해하기 위해서는 비유의 핵심을 찾아내는 것이 필수적으로 요구된다. 예를 들어 밭의 보화의 비유(마 13:44)에서 하나님 나라는 밭에 있는 보화가 아니다. 비유의 핵심은 비유를 통해 서술되는 사건 전체이다.

"천국은 마치 밭에 감추어진 보화와 같으니 사람이 이를 발견한 후 숨겨 두고 기뻐하며 돌아가서 자기의 소유를 다 팔아 그 밭－그와 함께 보화－을 사느니라." 이 전체적인 사건을 통해 예수는 한 사람이 어떻게 하나님 나라의 시민이 되는지를 서술하신다. 전반적으로 그 사람이 보화를 얻기 위해 한 일은 아무 것도 없다. 그는 단지 '우연히' 하나님과 교제를 경험하게 되었다. 이것은 그에게 큰 기쁨을 주었다. 하나님은 그에게 너무나도 중요했기 때문에, 그는 하나님과 계속적으로 교제하기 위하여 모든 것을 투자했다. 예수는 밭에 감추어진 보화의 비유와 함께 나란히 값진 진주 비유(마 13:45-46)를 제시하신다. 값진 진주 비유 역시 또다시 한 사람이 하나님 나라에 들어가게 된다는 것을 내용으로 하고 있다. 하지만 이 비유에서는 '찾는 사람'(=좋은 진주를 찾는 장사)이 나타난다. 이 사람 역시 하나님과 교제를 나누게 된다(=비교할 수 없을 만큼 값진 진주를 발견한다). 하나님과 교제는 그에게 너무나 중요하기 때문에, 그는 그것을 잃지 않기 위해 모든 것을 투자한다(=그는 이 하나의 진주를 사려고 자신이 가진 모든 것을 판다).

우연한 발견이나 또는 오랜 기간 동안의 노력 끝에 찾게 되는 성공적인 발견으로 인한 기쁨과 또한 그것을 위해 모든 것을 투자한다는 이 두 개의 비유를 통해 사람이 어떻게 하나님 나라의 시민이 될 수 있는지를 진술한다.

3. 비유는 특정한 상황을 통해 명백해진다

나단이 다윗에게 비유로 이야기하다

다윗 왕은 밧세바와 간음하고 그녀의 남편 우리아를 제거했다(삼하 11장). 그 이후에 구약성경은 다윗 왕에 대한 나단 예언자의 설교를 보도한다. 나단은 얼핏 보기에는 다윗의 범죄와는 무관하고 재판관의 직무를 가진 왕과 관련된 사건 하나를 다윗 왕에게 보고한다. 한 부자는 큰 양 떼를 소유하고 있었으나 자신의 손님을 접대하기 위해 가난한 남자가 가진 유일한 양을 빼앗았다(삼하 12:1-4). 다윗은 그 남자에 대해 분노하면서 가혹한 처벌을 요구했다(삼하 12:5-6). 곧 나단은 밧세바와 우리아에 대한 다윗의 행동과 이 비유를 직접적으로 결부시키면서 "당신이 그 사람이라"(삼하 12:7a)고 말한다. 다윗은 곧 깨닫고 자신의 죄를 시인한다(삼하 12:13). 이 비유는 비유가 가지고 있는 고유한 상황을 통해 해석된다.

예수의 비유는 종종 상황적 진술 없이 전승된다 그러나 예수의 비유는 사정이 다르다. 오늘날까지도 많은 비유를 해석해내는 일은 어려운 일이다. 이는 예수가 비유로 말씀하셨던 특정 상황에 대한 지식이 우리에게는 없기 때문이다. 이미 복음서 기자 역시 마찬가지로 예수의 비유를 자신의 복음서로 수용할 때 이러한 딜레마에 빠졌다. 특정한 비유는 구체적인 상황에서 분리되어 있어서 해석이 필요하다. 하지만 모든 비유가 그렇지는 않다.

상황 진술이 결여된 비유 상황 진술과 해석적 지시가 결여된 전승으로 겨자씨와 누룩 비유(마 13:31-33), 밭에 감추인 보화와 값진 진주 비유(마 13:44-46), 그물 비유(마 13:47-50), 스스로 자라는 씨앗 비유(막 4:26-29) 등을 예로 들 수 있다. 이 모든 것은 하나님 나라에 대한 비유로, 그 비유의 의미는 그 자체로 명백하다. 예수가 이 비유를 말씀하실 때의 상황은 진술되지 않는다.

예를 들어 스스로 자라는 씨앗 비유에서 우리는 다음 상황을 추측해 볼 수 있다. 예수는 하나님 나라의 도래를 선포하심으로써, 민족의 종교 지도자로부터 공격을 받으셨다. 종교적 지도자는 특히 눈에 띄는 표징을 통해서 모든 사람들이 하나님 통치의 도래를 명백하게 인식할 수 있을 것이라고 확신했기 때문이다. 이와 유사한 상황이 누가복음 17:20-21에서 발견된다. 예수의 활동에서 전반적으로 또한 근본적으로 발견되는 하나님의 사역에 대하여 예수의 적대자는 논쟁을 벌였을 것이다. 누가복음 11:19-20이나 마가복음 2:5-11의 이면에도 어떠한 배경이 존재한다. 이 비유를 통해서 땅에 뿌린 씨앗처럼 하나님 나라가 스스로 성장한다고 하는 예수의 확언이 당시 예수의 대적자와 우리에게까지 제시되고 있다(막 4:27-28). 이러한 예수의 확언은 예수의 대적자뿐만 아니라 현재의 우리에게도 충격을 유발할 수도 또는 비판적인 숙고를 요구할 수도 있다.

복음서 기자는 비유를 특정한 상황에 결부시키기도 했다 추측컨대 배경에 대한 설명 없이 전승된 많은 비유는 복음서에 위치한 자리를 통해서—모든 사항에 적합한—배경을 얻게 되었고, 이로써 비유의 의미는 명백하게 제시되었다. 마태는 긴 분량의 '종말에 관한 예수의 설교'(마 24-25장)에서 밤도둑의 비유(마 24:42-44), 선한 종과 악한 종의 비유(마 24:45-51), 열 처녀 비유(마 25:1-13), 맡겨진 돈의 비유(또는 '백 파운드의 비유', '달란트의 비유', 마 25:14-30)를 언급했다. 비유의 배열에 있어서 누가는 이 이야기를 부분적으로 다른 자리에서 언급하고 있다. 또한 마태는 부분적으로 오직 마태복음에서만 제시되는 비유를 '종말 설교'에 배치함으로써, 그는 비유의 해석적 의미를 명백하게 제시했다. 이 비유는 인자의 도래와 함께 예상치도 못한 '종말'의 도래를 설명하기도 하고, 또는 최후의 심판에서 자신의 삶에 대한 책임대로 받게 될 보응을 오해의 여지없이 지시하기도 한다(밤중 도둑, 맡겨진 돈).

누가는 자신의 복음서에서 그리스도를 '죄인의 구원자로 선포했다. (이와 동일하게) 세리장 삭개오의 집에 머무시는 예수의 이야기(눅 19:1-10)와 바리새인과 세리의 비유(눅 18:9-14)는 누가의 특수 전통에 속한다. 그 유명한 잃어버린 세 가지에 관한 비유(눅 15장) 중에서 두 가지 비유는 오직 누가복음에서만 발견된다. 이 비유는 예수가 세리나 죄인과 교제하시는 것을 바리새인이 불쾌하게 여겼다는 언급으로 시작된다. 이에 대해 예수는 잃어버린 양의 비유를 통해 대답하신다(눅 15:4-7, 참조. 마 18:12-14). 그리고 곧바로—이와 내용적으로 상응하는—잃어버린 은전 비유(눅 15:8-10)와 잃어버린 아들 비유(눅 15:11-32, 이 명칭은 단지 이 비유의 일부에만 적합하며, 실제적으로 이것은 긍휼한 마음을 가진 아버지와 그의 잃어버린 아들에 관한 비유로 보인다)를 제공한다.

누가복음에서 15:1-2(예수가 세리와 죄인과 교제하시는 것에 대한 바리새인과 율법학자의 불만)는 잃어버린 양의 비유와 두 가지 이어지는 잃어버린 것들에 관한 비유 앞에 위치해 있다. 이러한 배치를 통해서 이 전승 또는 누가 자신은 다음과 같은 사실을 확고히 한다. 즉 이러한 비유는 전체적으로 예수가 죄인과 잃어버린 자들의 구원자라는 본질을 진술하고 있다. 예수는 하나님의 만남을 상실한 인간이 다시 하나님과 교제를 누리게 하려고 오셨다(잃어버린 양, 잃어버린 은전). '잃어버린 아들' 비유를 통해서 예수는 우리를 기다리시고, 긍휼히 여기시고, 용서하시는 아버지(=하나님)의 품(=교제관계) 속으로 우리 인간이 되돌아갈 수 있는 용기를 제공하셨다.

이 비유는 일상의 표상을 사용하고 있지만, 일상생활의 경험을 훨씬 넘어서고 있다. 왜냐하면 하나님 나라는 인간적 경험의 지평을 초월하기 때문이다. 잃어버린 양의 비유와 잃어버린 은전의 비유는 한 명의 죄인을 '되찾음'(눅 15:7, 10)으로 인한 '하늘'의 기쁨을 보여주고 있다. 기쁨을 축하하는 방법은 평범한 인간적 태도를 초월한다. 100마리의 양 떼 중에서 되찾은 단 한 마리의 양과 단 한 개의 은전 때문에, 이웃과 친구들이 축제에 초대를 받게 된다(눅 15:6, 9). 잃어버린 아들의 비유에서, 비록 그것은 전적으로 인간적 영역에서 진행되고 있음에도 불구하고 그 비유 속의 아버지는 전형적으로 인간인 아버지가 행동하는 것과는 전혀 다른 태도를 취한다. 그는 아들에게 상당한 자유를 허락한다(눅 15:12). 아버지는 자신과 전혀 관계하려고 하지 않는 아들이 돌아오기를 학수고대한다(눅 15:20). 아버지는 아무 조건 없이 실패한 아들을 가족 공동체 속으로 온전히 받아들인다(눅

15:22). 세상의 어떤 아버지가 이와 같이 무제한적으로 사랑을 베풀 수 있을까?

해석된 비유

배경에 대한 정보 없이 전승된 몇몇 비유에 대해서 상세한 해석이 삽입되기도 한다. 각각의 비유에 대한 진행은 그것들이 원래 의미한 것과는 다른 방향으로 해석된다. 이러한 처리 방식을 통해 비유는 '알레고리'(Allegorie='다른 연설', 사람들은 이렇게 이야기하지만 그 의미는 이런 것이다)가 된다. 네 가지 밭의 비유(막 4:3-8)는 "들을 귀 있는 자는 들으라"(막 4:9)는 문장으로 끝이 난다. 예수가 비유를 말씀하실 때, 예수는 사람들이 그 의미를 이해할 수 있다고 전제하셨다. 예수의 지상 사역보다 약 40년 이후에 복음서를 기술한 마가는 본래적인 비유 다음에 또 하나의 '해석'을 추가했다(막 4:13-20). 우리는 그 해석을 통해 최초의 공동체나 또는 마가 자신이 예수의 비유를 어떻게 이해했는지 알게 된다. 그 '씨앗'은 하나님 '말씀' 또는 예수의 '말씀'이다(막 4:14). 그 다음부터는 비유의 진술을 정확히 따라가면서, 개별적인 진행과정이 단계적으로 해석된다(막 4:15-20). 십자가에서 처형되시고 부활하신 그리스도의 복음이 거부되거나 또는 수용되는 경험이 비유의 해석을 통해서 언급된다. 비유에 담긴 이러한 경험은 최초의 그리스도인뿐만 아니라 오늘날 우리에게도 동일하게 해당되는 경험이다.

예수 비유로부터 복음서로 들어오기까지 비유의 발전단계 이 마지막 실례를 통해 우리는 전승된 예수 비유로부터 두 개의 발전단계를 고려해야 할 것이다. 첫 번째 단계는 예수 자신이 말씀하신 본래적인 이야기이다. 사실 복음서는 예수의 생애에 대한 전기도 아니고, 예수 말씀에 대한 속기록도 아니다. 그럼에도 불구하고 우리는 비유를 통해서 부활 이전 즉 지상에서의 예수 말씀을 접할 수 있거나 적어도 상당히 근접할 수 있다고 말할 수 있다. 그러나 예수의 본래적인 비유는 예수가 그 비유를 말씀하실 당시의 특정한 상황을 통해 변경될 수 없는 의미를 얻게 되었다. 또한 예수 비유가 전승되는 과정에서 그와 관련된 상황이 전해지지 않았다는 사실은 두 번째 발전단계에 결정적인 영향을 미쳤다. 따라서 원시 공동체와 복음서 기자는 해석의 의무를 부여받았다. 이런저런 비유는 그것을 정확하게 이해하기 위해서 또는 그 뜻을 명확하게 제시하기 위해서 어떠한 상황과 부합될 것인가? 특별히 부활 이후의 교회에게 비유는 어떠한 의미를 지니는가?

4. 예수 비유의 비밀: 단순성

사실 이러한 전승 상태가 때때로 비유의 해석을 어렵게 만듦에도 불구하고 전체적으로 볼 때 다음과 같이 말할 수 있다.

“비유의 비밀은 단순성에 있다. 사람들은 한 무리의 비유를 대조 비유라고 불렀다. 그 예로 겨자씨와 누룩의 이중 비유를 들 수 있다. 그러나 하나님 나라에 대한 비유는 모두 대조 비유라고 불러도 된다. 그 비유는 암시적으로 하나님 나라의 도래를 가리킨다. 그러나 그 비유를 실제로 이야기하는 장소는 일상적인 사건이 벌어지는 현장이다. 따라서 이 비유는 자체적으로 서로 대조적인 특징을 보여준다. 우리에게 놀랍고도 이해하기 어려운 사실이 있다. 스스로 자라나는 씨앗의 비유나 겨자씨와 누룩 비유 같은 것들은 추가적인 해석이나 신학적인 표현 없이도 단독으로 완벽하게 이야기할 수 있다는 점이다. 또한 이 비유는 우리 일반적인 현실에서도 너무 작아 눈에 잘 띄지 않는 조각을 단순히 제시함으로써 표현할 수 있다는 점 역시 놀랍다.…이러한 천국의 비유는 하나님 말씀이 육신이 되었음을 명백하게 표현한다. 하나님이 여기 우리 현실 속으로 내려오셨다. 따라서 그분의 통치의 시작은 완벽하게 비신학적인 방법으로 즉 모든 예배나 제의와는 동떨어진 채 완전히 인간적인 방식으로 이야기할 수 있었다”(C. Westermann, *Umstrittene Bibel*, Stuttgart, 133).

5. 예수 비유의 예언적 차원: 심판과 구원의 통고

예언자가 자기 백성들에게 심판과 구원을 선포한 것처럼(『한 권으로 마스터하는 구약성경』의 제20장과 제22장을 참조하라), 예수 역시 비유를 통해서 하나님 나라의 도래가 사람들에게 심판 또는 구원이 됨을 선포하셨다.

열매 맺지 못하는 무화과나무 비유(눅 13:6-9), 예복이 없는 손님 비유(마 22:11-13), 무자비한 종 비유(마 18:23-25), 또는 어리석은 처녀 비유(마 25:1-13)와 같은 이러한 비유의 목적은 하나님의 백성, 특히 바리새인, 율법학자, 제사장과 같은 종교 지도자(예를 들어 마 21:45)를 자극함으로써 유익한 결과를 가져오려는 것이었다. 악한 포도원 농부(막 11:27, 12:1-11, 12), 충성된 종과 악한 종(마 24:45-51), 맡겨진 돈(마 25:14-30)에서 나타나는 심판 선포는 특별히 이들 무리에게 해당되는 것이었다.

구원을 제시하는 비유 역시 처음에는 예수의 대적자를 겨냥했다. 이 모든 비유는 예수와 당대 종교 지도자의 논쟁에서 유래한다(예를 들어 눅 15:1-3). 그들은 '세리와 죄인'을 옹호하는 예수에게 반감을 가진 자들이다(마 9:11). 포도원 일꾼에 대한 비유의 마지막 부분에서 제시되는 질문은 그 '의인들'(예를 들면 바리새인 등. 역자 주)을 회개시키려는 의도를 보여준다. "내가 선하므로 네가 악하게 보느냐"(마 20:15). 잃어버린 것에 대한 세 가지 비유에서(눅 15장) 예수는 인간의 사랑을 훨씬 능가하시면서 죄인까지도 받아들이는 하나님의 자비로운 사랑을 선포하신다. 예수는 또한 이러한 비유를 우리에게 이야기해 주심으로써 하나님 사랑을 우리에게 전해 주셨다.

6. 비유: 하나님의 통치에 대한 적절한 연설방식

하나님 나라는 한 사람 즉 나사렛 예수의 사역을 통해 우리 가운데 임하게 되었다. 하나님 나라는 우리 인간들이 희망하고, 고대하고, 기대하며, 꿈꾼 것과는 완전히 다른 모습으로 도래한다. 이러한 사실 때문에 예수는 단지 비교 방식으로 즉 비유를 통해서만 하나님 나라에 대해 말씀하셨다. 예수는 오직 이러한 방법만을 적절한 것으로 여기셨다. 비유의 형성과 그 이야기의 구체적인 상황이 한동안 어떠했건 간에, 하나님 나라가 우리 인간 세계 속으로 침투한다는 사실은 예수의 모든 비유의 이면에 존재하는 또 다른 배경이었다.

7. 처음의 세 복음서에 나오는 예수 비유의 총괄

비 유	마 태	마 가	누 가
집 건축	마 7:24-27		눅 6:47-49
노는 아이들	마 11:16-19		눅 7:31-35
두 채무자			눅 7:41-43
네 가지 밭	마 13:3-8	막 4:3-8	눅 8:5-8
곡식 가운데 있는 가라지	마 13:24-30		
선한 사마리아인			눅 10:30-37
간청하는 친구			눅 11:5-8
부유한 농부			눅 12:16-21
깨어 있는 문지기		막 13:33-37	눅 12:35-38

열매 맺지 못하는 무화과나무			눅 13:6-9
씨 뿌리는 자		막 4:26-29	
겨자씨	마 13:31-32	막 4:30-32	눅 13:18-19
누룩	마 13:33		눅 13:20-21
밭의 보화	마 13:44		
값진 진주	마 13:45-46		
그물	마 13:47-48		
닫힌 문			눅 13:24-30
망대 건축과 전쟁			눅 14:28-32
잃어버린 양	마 18:12-14		눅 15:4-7
잃어버린 은전			눅 15:8-10
잃어버린 아들			눅 15:11-32
무자비한 종	마 18:23-35		
부정직한 청지기			눅 16:1-8
부자와 가난한 나사로			눅 16:19-31
종의 삯			눅 17:7-10
포도원 일꾼	마 20:1-16		
동일하지 않은 아들	마 21:28-32		
악한 포도원 농부	마 21:33-44	막 12:1-11	눅 20:9-18
불의한 재판관			눅 18:1-8
바리새인과 세리			눅 18:9-14
큰 만찬	마 22:1-10		눅 14:16-24
예복 없는 손님	마 22:11-13		
무화과나무	마 24:32-33	막 13:28-29	눅 21:29-31
밤도둑	마 24:43-44		눅 12:39-40
충성된 종과 악한 종	마 24:45-51		눅 12:42-48
열 처녀	마 25:1-13		
맡긴 돈	마 25:14-30		눅 19:12-27

누가복음 9:51-24:53

이 본문을 읽기 전에 147-149쪽 누가복음에 대한 안내 부분을 다시 한 번 훑어보라.

죄인의 구원자이며 의사이신 예수

1. 죄란 무엇인가?

복음서에서 '죄인'과 '의인'은 항상 구별된다. 분명한 점은 예수가 특별히 '죄인'을 주목하셨다는 사실이다(막 2:17, 눅 19:10). 예수의 구원 활동을 이해하기 위해서 우리는 다시 한 번 '죄'의 의미를 상기해야 할 것이다(보다 정확한 것에 대해서는 『한 권으로 마스터하는 구약성경』 제5장을 참조하라).

죄는 인간이 하나님으로부터 등을 돌리는 행동이다

언어적 관습에 따르면, 죄는 무엇보다도 도덕적으로 잘못된 행동이라고 간주된다. 어떤 사람이 금지된 일 즉 도둑질·살인·거짓말을 행하게 될 경우, 그는 죄를 범하게 된 것이다. 우리가 알코올에 중독된 사람을 '오래된 죄인'이라고 부르거나, 교통질서를 위반한 사람을 '교통 범죄자'라고 부른다면, 우리는 죄라는 단어를 너무 하찮게 사용하는 것이다. 성경에서 죄는 우선 우리 인간과 하나님의 관계가 깨진 상태를 의미한다. 즉 죄는 인간과 하나님 사이에서 발생하는 인격적인 사건이다. 죄는 하나님으로부터의 '분리'를 뜻하는 것으로 인간이 하나님에게서 떠나가는 것 즉 하나님을 등지고 돌아서는 것 즉 하나님으로부터의 분열을 의미한다. 죄의 뿌리는 인간이 하나님 아래에 있음을 만족하지 않는 것이다. 타락에 관한 상징적인 이야기(창 3:1-24)가 이것을 분명하게 제시한다. 인간은 하나님과 같이 되려고 한다(5절). 인간은 자신을 능가하는 하나님의 하나님 되심과 영광을 인정하지 않으려고 했다. 그는 이에 대항하여 불순종으로 반역하고(6절) 자기 영광을 선택했다.

죄의 결과

이러한 태도를 통해 인간은 하나님으로부터 멀어지게 되었다(8절). 하나님과 직접적인 교제관계(=에덴동산, 23절)에서 배제된 결과로 말미암아, 관계의 소원함이 발생하게 되었음을 확인할 수 있다. 하나님으로부터의 분리는 인간의 삶 전반에 영향력을 미친다. 인간은 자기 자신과 소원해지고(7절), 자신의 동료 인간과도 소원해지며(7절, 12절, 창 4:1-16) 또한 자신의 환경과도 소원하게 된다(창 3:13, 17-18). 인간의 삶은 이후로 죄(죄는 객관적이다. 하나님은 죄에 대한 책임을 물으신다.)와 죄책감(8절, 죄책감은 주관적인 것이다. 인간은 자신이 선하고 의무적이라고 여기는 것을 어겼을 때 죄책감을 느낀다.)의 짐을 지게 된다. '범죄한' 인간의 삶은 하나님을 떠나게 됨으로써 하나님의 뜻에 따라 영원히 지속될 수 없게 된다. 죄지은 인간의 삶은 죽음으로 끝이 난다(22b-24절).

죄악을 통해서 즉 하나님으로부터 인간이 돌아서게 됨으로써, 죄악이 연이어 발생하게 된다. (직접적인) 하나님과 교제가 상실됨으로써, 방향성을 잃고, 선을 실천할 수 있는 능력마저 결여된 인간은 윤리적으로 잘못된 행동을 일삼게 된다.

하나님은 자신과 인간의 분열을 극복하심으로써 세계의 불행을 근본적으로 극복하셨다

구약성경에서 우리가 매번 분명하게 보게 되는 것은, 하나님이 세계를 멸망시키기보다는 구원하려 하신다는 것이다. 좋은 의사는 질병의 증상만을 다루는 것이 아니라 질병의 원인에 대해 질문하는 것처럼, '그분 자녀들의 의사'(참조. 출 15:26d) 되신 하나님은 증상을 고치기보다는, 인간의 질병에 대한 원인을 치료하신다. 그분은 세계를 개선시키려고 하시는 것이 아니라 훼손된 세계를 치유하고 갱신하려 하셨다(고후 5:17, 계 21:5a). 그러므로 하나님은 일종의 '에덴동산'을 세우기 위해 표면적인 세계 개선 프로그램이나 사회 개선 프로그램을 요구하지 않으셨다. 하나님은 많은 정치적·생태적인 프로그램을 지지하지도 않으셨다. 왜냐하면 그러한 프로그램은 악의 확산을 막을 뿐이지 악을 극복할 수는 없기 때문이다. 하나님은 사람들과 민족들의 공동생활이 상호유익이 되도록 자신의 계명을 성실하게 준행하라고 요구하신 적이 없다. 오히려 하나님은 보다 근본적인 조처를 취하신다.

하나님은 악의 뿌리를 움켜쥐고, 우리가 다시 하나님과 교제하도록(되돌아오도록) 부르셨다. 그 이유는 이 세계의 모든 불행의 기초인 핵심적인 죄악에서 우리를 회복하기 위해서이다. 이 세상의 '죄'와 '악'이라는 죄의 결과를 극복하기 위해서는 하나님과 인간의 분리가 극복되어야만 했다. 이 때문에 하나님은 인간을 자신에게 돌아오도록 부르셨다. 인간은 믿음을 통해 하나님이 내미신 손을 붙잡을 수 있다. 인간은 믿음을 통해 하나님께 다시 나아갈 수 있다. 하나님을 신뢰함으로써 신앙인은 하나님 앞에서 소위 자신의 장점을 주장하기보다는, 의사이신 하나님과 교제를 통해 치유의 필요성을 겸손하게 인정하게 된다. 그는 하나님께 용서와 삶의 도움을 기대한다. 인간이 하나님과 교제관계로 되돌아올 때, 비로소 인간은 하나님, 자신의 동료, 자기 자신, 주변 환경과 괴리관계를 극복할 수 있게 된다. 하나님을 떠난 자가 역(逆)으로 하나님, 자기 자신, 이웃, 주변 환경으로 다시 되돌아와서 관계를 맺게 된다면, 그 이후에—실제로 그 이후에야 비로소—모든 정치적인 프로그램과 생태학적인 프로그램, 또는 성실한 계명의 준행이 신앙적으로 삶을 돕고 삶을 구체화할 수 있게 될 것이다. 그러나 항상 주의해야 할 사실이 있다. 우리 인간과 다시 교제를 요구하시는 하나님의 사랑의 초대는 이 세계의 죄악과 불행을 극복하기 위한 하나님의 뜻이다. 프로그램과 활동은 불행의 확산을 막을 수는 있으나 죄악을 극복할 수는 없다.

하나님은 모든 개개인을 온전한 인격적인 교제를 위해 부르셨기 때문에, 하나님께로 나아가는 길은 제각각으로 다양하다. 어떤 사람은 가정의 종교적인 교육을 통해, 또 어떤 사람은 삶의 위기를 통해 하나님과 교제하는 방법을 깨닫는다. 많은 경우 사람들은 사회적인 문제(이웃사랑), 또는 피조세계와 세계평화의 유지에 참여하면서 하나님께 가까이 나아가게 된다. 이처럼 하나님이 우리를 만나시는 방법은 개인마다 서로 다를 수 있음에도 불구하고, 인간이 하나님을 찾을 때는 언제나 특정한 기본조건이 존재한다. 그 원인이 무엇이든 간에, 그의 삶 속에서 하나님과 하나님의 사역에 인간이 자기의 마음 문을 여는 상황이 발생한다. 이러한 상황에서 사람은 복음을 들어야 한다. 왜냐하면 믿음은 들은 메시지를 통해서 생겨나기 때문이다(롬 10:17). 마지막으로 인간은 자신의 개인적인 신앙을 통해 하나님과 지속적인 교제를 고수해야 하고, 그 다음에는 믿음을 통해 자신이 하나님에게 속함을 확신해야만 한다. 하나님이 한 인간을 만나는 방법이 어떠하든 간에, 언제나 유효한 사실은 인간이 자유의지를 통해 하나님께로 나아간다는 것이다. 하나님은 어떤 사람에게도 자신과의 교제를 강요하지 않는 분이시다.

2. 하나님은 예수를 통해 죄인을 부르신다

하나님은 자신의 목적을 성취하시기 위해 우리 인간과 함께 인간의 길을 걸으셨다. 이스라엘 백성이 온 세계에 하나님 신앙을 증거함으로써 모든 인간을 하나님과 교제의 축복으로 인도해야 할 사명을 제대로 감당하지 못했기 때문에(창 12:1-3), 하나님은 우리와 그분 사이의 메울 수 없는 틈을 극복하셔야만 했다. 하나님은 스스로 그의 아들 예수 그리스도를 통해 당신의 자녀들 가운데로 오셨다. 하나님은 그리스도를 통해 우리를 하나님 나라의 시민으로 만드시고, 우리에게 하나님과의 교제를 선물로 주셨다. 예수는 다양한 방법 즉 자신의 사역, 치유, 말씀을 통해 사람들을 하나님의 복된 교제로 인도하셨다.

죄인과 함께 한 예수의 식탁교제

예수는 특별한 방식으로 '세리와 죄인'을 사랑하셨다. 그 당시의 언어관습에 따르면, 죄인은 율법을 알지 못하거나 율법을 지키지 못하는 사람들이었다. 따라서 이방인(마 5:46과 눅 6:32 비교)이나 율법을 정확하게 지키지 않는 일반 백성(요 7:47-49)은 죄인으로 간주되었다. 동족을 속이고, 협박으로 돈을 뜯어내고(눅 19:8), 이방인인 로마인을 위해 세금을 징수한 세리는 더욱 특별한 죄인으로 여겼다. 이 때문에 '세리와 죄인'은 함께 언급되곤 했다. 예수는 세리를 대면하실 때, 그가 '죄인'을 받아들인다는 사실을 예시적으로 명확하게 밝히신다. 동시에 예수는 그러한 행동을 통해 '의인'에게 자신의 입장을 표명하려고 하셨다.

마가복음 2:14-17은 예수가 한 세리에게 자신을 따르라고 부르신 것뿐만 아니라(14절), 예수가 '세리와 죄인'과 함께 식탁교제를 나누심에 대해 보도한다(15절). 그 당시의 식탁교제는 모든 교제관계 중에서 가장 친밀한 형태의 교제관계를 의미했다. 바리새인은 시편 1:1이 권고하는 것과는 완전히 다르게 행동하시는 예수의 태도를 문제 삼았다. 이와 관련해서 예수는 그들에게 다음과 같이 대답하신다. "건강한 자에게는 의사가 쓸 데 없고 병든 자에게라야 쓸 데 있느니라"(17a절). 예수는 죄인과 같아지기 위하여 식탁교제를 나눈 것이 아니라, 죄인의 의사로서 그들과 식탁교제를 나누신 것이다. 이 땅에서의 하나님의 대리자이신 예수가 그들에게 교제를 선물로 주신 것(식탁교제)은 동시에 하늘 아버지인 하나님의 구원의 교제에 그들이 참여하게 됨을 의미한다. 이로써 예수는 그들의 죄 즉 하나님으로부터의 괴리를 극복하셨던 것이다. 17b절에서 예수가 죄인을 하나님의 통치로 부르시는 행동은 다음과 같이 이해될 수 있다. "나는 의인을 부르러 온 것이 아니요 죄인을 부르러 왔노라."

하나님의 교제관계로의 부름은 그에 상응하는 결과를 가져온다. 세리인 레위는 제자가 되어 예수를 따른다(막 2:14). 예수께 받아들여짐으로써 세리장 삭개오는 이웃의 가난한 자들을 향해 자신의 눈을 돌리게 된다. "주여 보시옵소서 내 소유의 절반을 가난한 자들에게 주겠사오며 만일 누구의 것을 속여 빼앗은 일이 있으면 네 갑절이나 갚겠나이다"(눅 19:8). 이 사람은 의사 예수와 만남 즉 하나님과 교제를 통하여(눅 19:5-7) "구원을 받았다." 이 때문에 예수는 다음과 같이 말씀하셨다. "오늘 구원이 이 집에 이르렀다"(눅 19:9). 용서라는 단어는 이 이야기에서 등장하지 않지만 내용상 이것은 용서의 이야기이다.

병자를 위한 구원

중풍병자의 치유 이야기(막 2:1-12)에서 '용서'라는 단어가 언급되는데, 이 단어는 단지 부수적인 것이 아니라 매우 도발적으로 사용되고 있다. 집에 모여 있던 사람들은 호기심에 가득 차서 예수가 어떻게 중풍병자를 치료하실지 기대하고 있던 반면, 예수는 먼저 그에게 죄의 용서를 약속하신다. "작은 자야 네 죄 사함을 받았느니라"(5절). 그 이후에야 비로소 예수는 병자를 치유하셨다(11절). 용서와 구원에 대한 말씀의 결합은 우리에게 다음과 같은 사실을 명백하게 제시한다. 죄 용서는 전인(全人)적인 구원을 목표로 한다. 그는 용서의 말씀을 통해 하나님과 교제관계로 수용되고, 이로써 치유('구원')를 체험하게 된다. 이를 통해 불행의 근원 즉 하나님으로부터의 분리가 제거되었다. 그 다음에 일어난 치유사건은 상징적으로 이 사람이 예수를 통해(10절) "구원받게 되었음"을 확증한다(눅 19:9). 이 치유사건에서 용서의 말씀은 직접적으로 또한 도발적으로 진술되지만, 결코 다른 치유 이야기에서는 그렇지 않다. 그러나 마가가 자신의 복음서의 맨 처음 부분에서 보고하는 이 치유 이야기는 나머지 이야기를 조명한다. 예수는 별다른 용서의 말씀 없이, '병자'에게 인간을 향한 하나님의 용서를 전달하고 그들을 '치료하셨다.'

자비로운 아버지와의 교제에 대한 신뢰의 부름

마지막으로 예수는 말씀을 통해, 예를 들어 비유를 이야기하심으로써 인간을 하나님과의 교제로 초대하셨다.

바리새인과 세리의 비유(눅 18:9-14)는 세리가 하나님께 받아들여졌음을 전하고 있다(14a절). 그는 성전에서 하나님과 교제하기를 원했고, 그것은 결코 헛되지 않았다(10절). 잃어버린 것에 대한 세 가지 비유(눅 15장)는 왜 예수가 세리와 죄인에게 향하셨는지를 이해할 수 있게 해준다(눅 15:1-3). 잃어버린 양과 잃어버린 은전의 이중 비유(눅 15:4-7, 8-10)는 예수가 하나님의 명령에 따라 잃어버린 자 즉 하나님으로부터 분리된 채 살아가는 죄인을 하나님께로 다시 데리고 오시려 함을 명확하게 드러낸다. 왜냐하면 이 비유에서 강조되는 것처럼, 회개한 한 명의 죄인에 대한 기쁨은 곧 하나님 자신의 기쁨이기 때문이다(눅 15:7, 10에서는 다른 말로 묘사된다).

마지막으로 '잃어버린 아들'의 비유(눅 15:11-24)에서는 예수의 사역을 통한 하나님의 목적이 매우 인상적인 방식으로 요약된다. 우선 자신의 아버지에게 즉 하나님께 의지하지 않고 살아가려는 한 남자에 대한 이야기가 전개된다. 하나님은 그의 자유의 욕구를 전혀 막지 않으신다(12절). 창조주가 그에게 준 선물을 가지고(12c절), 그는 하나님을 등지고 하나님으로부터 멀리 떠나갔다(13a절). 위기의 상황은 그의 처지를 더욱 심각하게 만들었다(14절). 그는 살아남기 위해 노력하지만(15절), 수치스러운 조건 속에서 단지 생존에 급급할 뿐이었다(16절). 이때 그는 아버지 즉 하나님으로부터 분리된 채 자신만을 영화롭게 하는 삶이 자기 자신에게 자유와 자아실현을 가져다주지 못하고, 오히려 힘을 소진시키고 비인격적인 의존상태에 빠지게 됨을 깨닫게 된다(16절). 그는 스스로를 영화롭게 하려고 한 것에서 깨달음을 얻고, 회개하고 뉘우치는 마음으로 아버지 즉 하나님께로 되돌아오는데, 그는 비록 낮은 지위일지라도 적어도 생명을 유지할 수 있을 정도의 지위를 얻게 되리라는 희망을 안고 돌아온다(17절, 19절). 자신의 행동을 스스로 평가한 결과, 그에게는 더 이상 내세울 만한 업적이 없었다. 그후에 그는 압도당할 만한 경험을 하게 된다. 즉 그가 아버지께로 돌아올 때 "아직도 거리가 먼데" 있었음에도 불구하고, 아버지가 그를 향해 달려나온 것이다. 아버지는 넘치는 사랑으로 자신과 다시 교제할 수 있도록 아들을 받아주었을 뿐만 아니라(20절), 더욱이 온전한 가족 구성원으로 승인했다(22절). 하나님께 등을 돌리고 떠나 하나님으로부터 멀리 떨어져 지냈던 죄인은 자신이 생각한 응분의 대가대로, 그의 행동에 대한 처벌을 받지 않았다. 오히려 하나님은 죄인을 용서하시고, 하나님으로부터 분리됨을 온전하게 회복하셨다(21-22절). 여기에서도 '용서'라는 단어는 나타나지 않지만 아버지의 행동은 곧 용서의 행동이다. 그는 잃어버렸다가 다시 돌아온 죄인에게 다시 교제의 관계를 허락하셨다. 하나님의 목적은 실현되었다. 하나님 없이 사는 인간 즉 죄인은 자유의지에 따라 하나님께 다시 돌아왔다. 기쁨이 충만한 채로 그는 하나님께 받아들여진다(23절). 하나님으로부터 분리된 죄인의 삶은 죽음으로 끝난다. 따라서 하나님과 교제관계의 복귀는 새로운 생명을 의미한다(24절). 물론 이 생명은 시간적인 성격과는 다른 특징을 가지고 있다. 그것은 영원하다. 육신적인 죽음은 그것을 소멸시킬 수 없다(요 5:24).

용서는 하나님과 교제관계로 받아들여짐을 의미한다

예수가 식탁교제를 통해 세리와 죄인에게 관심을 쏟으시고, 병자를 고치시고, 하나님의 자비하심을 선포하실 때, 비록 '용서'라는 말이 그때 그때마다 사용된 것은 아니지만 그럼에도 불구하고 하나님의 용서 행위가 경험되었다. 우선적인 의미의 용서는 하나님이 인간으로부터 죄의 짐을 벗겨주시는 것이다(이러한 관점에서 예수는 마 18:23-35의 비유를 이야기하신다). 보다 심층적인 용서의 의미는 하나님으로부터 멀어진 인간이 하늘 아버지와 교제관계를 갱신하시는 것으로, 이것은 하나님이 주도하신다. 예수 자신은 이 일에 있어서 하나님과 인간을 서로 만나게 하시는 다리이다. 그러나 다음 사실도 분명하게 제시된다. 어느 누구도 하나님 나라에 들어오도록 강요받지 않고, 오히려 초대받았을 뿐이다(막 2:17b, 눅 14:16-17, 21b-23, 마 22:3, 10). 하나님의 부름을 따르지 않는 사람은 자기 자신을 구원으로부터 제외시키는 것이다(마 22:7, 참조. 마 8:12, 13:42, 50, 21:41). 회개하고 하나님께로 돌이키는 것은 예수와의 만남을 통해 하나님 없는 자신이 '병들어 있다'는 것 즉 하나님 없이 자기를 영화롭게 하는 삶이 자신에게 그 어떤 자아실현이나 자유조차 가져다주지 못한다는 것, 따라서 그것은 자신에게 하나님과 교제관계의 구원이 필요하다는 것을 깨닫게 되었을 때 이루어진다(눅 14:21b, 15:17, 18:13). 자신의 질병에 대한 인식(=죄 인식)이 없다면, 어떤 사람도 의사를 찾지 않을 것이다(=예수와 하나님과의 교제관계에 자신을 맡기지 않는다). 자비로운 아버지에 대한 어린 아이와 같은 신뢰를 통해서 인간과 하나님의 관계는 갱신된다(막 10:15).

3. 예수는 죄인을 허용하심으로 '의인'의 적대감을 사게 된다

죄인에 대한 예수의 용서와 관심이 '의인'의 적대감을 사게 되었다. 율법에 충실한 바리새인과 율법학자는 예수에게 불쾌감을 느꼈다. 그들은 세리나 죄인과는 달리 하나님을 기쁘시게 하는 삶을 살기 위해 노력한 자들이다. 예수는 죄인에게—아무런 보상도 없이—오직 은혜로 하나님의 용서를 약속하시고, 그들을 하나님과 교제관계로 받아들여주심으로써(참조. 롬 3:24), 바리새인과 율법학자의 존재 기반이 되는 영적인 업적을 제거하셨다.

의인은 하나님으로부터 멀어진 사람임이 입증되었다

자비한 아버지와 잃어버린 아들에 관한 비유에서, 두 번째로 등장하는 큰아들(눅 15:25-32)은 잃어버렸던 둘째 아들의 귀환을 기뻐하는 아버지의 태도에 반항한다(25-28a절). 아버지는 그에게 아우를 받아들이고 함께 축하할 것을 간청한다(28b). 그러나 큰아들은 거부반응을 보인다. 그는 아버지에게 자신의 성과를 제시한다(29a절). 그것은 아우의 잘못된 행동에 대한 어두운 배경에 비추어볼 때 더욱더 밝게 빛나는 것이다(30절). 그는 아버지가 불의하다고 비판한다. 죄인은 그의 행동에도 불구하고 여전히 상을 받는 반면, 순종한 아들은 결과적으로 지금까지 아무 것도 얻지 못했다(29b-30절). 아버지는 잃어버렸던 작은아들보다 큰아들에게 더 큰 특권이 있음을 설명한다. 아버지와의 지속적인 교제관계(31절). 이 비유는 반항하는 아들에게 잃어버렸던 동생의 귀환을 함께 기뻐하고, 즐겁게 축하하라는 거듭된 요청으로 끝난다(32절). 그가 이런 요청을 받아들였는지의 여부는 미정으로 남아 있다.

비유 가운데 이 부분은 예수가 죄인을 수용하심으로써 율법에 충실한 자들로부터 반대를 불러일으켰던 예수의 경험을 압축적인 형태로 확인시켜준다. 그러나 '죄인'이 의인에게 멸시를 받았던 것과 마찬가지로, '의인'이 패배하는 날이 온다. 두 번째로 등장한 큰아들은, 다른 곳으로 떠나가 버렸던 아우보다 실제적으로 (하늘) 아버지와 보다 가깝게 지냈다고 볼 수 없다. 그는 자신을 아버지의 자식으로 이해한 것이 아니라 일용직 노동자처럼 자신의 성과를 보상받기 원하는 '종'으로 이해했다.

사실상 죄인의 용납을 반대한 율법에 충실한 자들도 실제로는—그들이 생각하는 것처럼—충실하게 준행해야 할 율법의 핵심적 요구사항을 전혀 이행하지 못했음이 제시된다. 그는 하나님을 사랑하지도 않았고, 아버지도 사랑하지 않았으며 또한 이웃 즉 자신의 형제조차 사랑하지 않았다(참조. 마 22:34-40).

바리새인과 세리의 비유(눅 18:9-14)도 이와 유사한 것을 진술하고 있다. 바리새인은 자기 자신의 업적을 자랑하는데 그의 확신에 따르면, 자신의 업적은 죄악으로 가득 찬 세리의 어두운 삶의 배경에 비추어볼 때 밝게 빛나는 것이었다(11-12절). 그는 자신의 업적을 통해 자신이 하나님 앞에 설 수 있다고 생각했다. 그러나 단지 개별 계명을 실행했다고 해서, 결코 율법의 핵심적 요구(마 22:34-40)을 실행했다고 할 수는 없다. 그는 하나님을 사랑하지 않았으며, 이 때문에 그는 자신의 공로를 신뢰했다. 그리고 그는 매우 무자비한 방식으로 자신의 이웃보다도 자기 자신을 높였다. "하나님이여 나는…이 세리와도 같지 아니함을 감사하나이다."

예수가 하나님과 교제관계로 죄인을 불러들이게 되자, '의인'은 예수의 행위에 대해 불만을 제기했다. 예수의 행동은 하나님께로 나아가는 것이 오직 은혜에 의한 것이지 결코 공로에 의한 것이 아님을 그들에게 보여주신다. 이를 통해 율법을 실천함으로써 공로를 세우려는 의인의 열성적인 노력은 기반을 상실하게 된다. 더욱이 그들은 율법의 계명을 지키려는 노력으로 말미암아, 실제로는 율법의 핵심적 요구인 하나님 사랑과 이웃 사랑을 실천하지 못했다는 사실에 대해서 온전히 깨닫지도 못했다.

의인은 죄 인식이 부족하다

예수는 위에서 언급된 비유를 통하여 '의인'에게 말씀하셨다. 예수는 의인으로 하여금 죄인이 하나님과 교제관계로 복귀하는 것에 분노하기보다는 오히려 기뻐할 것을 요구하셨다(눅 15:32). 잔치에 참여하라는 촉구는, 예수가 세리와 죄인과 함께 하는 식탁교제에—즉 교제관계에—의인 역시 합류하라는 요청인 것이다. 왜냐하면 예수가 보실 때, 의인 역시 그들이 거부하는 세리나 죄인보다 더 나을 것이 없었기 때문이다. 죄에 대한 인식이 없는 의인과 자비하신 하늘 아버지 사이의 교제관계는 불가능한 것이다. 하나님께 나아가는 것은 '불행'(=이방 땅) 가운데 고통받고 있는, 하나님으로부터 멀리 떨어진 사람들보다 오히려 자기 의(義)를 믿는 경건한 사람에게 더 어려운 길이었다. 그들을 하나님에게서 분리시키는 것은 바로 그들의 경건이었다.

율법에 충실한 부자 청년의 이야기(막 10:17-27)에서 예수는 이와 같이 말씀하신다. "재물이 있는 자는 하나님 나라에 들어가기가 심히 어렵도다"(23절). 여기에서 부(富)는 이중적인 의미가 있다. 분명히 부는 물질적인 소유를 의미하는 것이지만(22절), 그것을 넘어서 소위 '영적인' 부를 의미하기도 한다. 젊은 부자는 계명을 온전히 준행했다는 확신을 가지고 있다(19-20절). 그는 예수를 따르라는 부름(21절)과 더불어, 하나님 나라를 약속받은 "심령이 가난한 자들"(마 5:3)과 교제하라는 부름을 저버린다. 그럼에도 불구하고 이 이야기는 죄인 그리고 의인에게 희망을 주는 지시로 끝을 맺는다. 즉 "하나님으로서는 다 하실 수 있기 때문에"(27절)라는 구절은 하나님이 모든 사람들을 구원하실 수 있다는 사실을 제시한다.

오해를 막기 위해 다음의 내용이 언급되어야 할 것이다. 예수는 경건한 자에게 죄를 짓도록 즉 하나님 없이 살도록 요구한 것이 아니다. 그는 큰 것으로부터 작은 것에 이르기까지 하나님의 계명을 준행하도록 계속해서 노력하고 또 노력해야만 했다(마 23:23). 그러나 그가 계명을 지키려고 노력하는 가운데서도 그 자신이 죄인이라는 사실 그리고 계명을 지키려고 노력함에도 불구하고 그 역시 하나님 앞에서 세리보다 더 나을 게 없다는 사실에 대해 인정할 것을 예수는 요구하신 것이다. 만약 하나님이 의인을 받아주신다면, 죄인의 경우와 동일하게 소위 그가 더 나은 존재이기 때문이 아니라 그저 은혜로 받아주시는 것이다(눅 18:13-14). 만약 예수는 자신이 의인을 부르러 온 것이 아니라 죄인을 부르러 온 것이라고 강조해서 말씀하셨다면(막 2:17), 이 원칙은 의인을 구원으로부터 배제하는 것이 아니라 의인에게도 동일하게 해당되는 말씀이다. 물론 그들 스스로가 하나님의 은혜를 신뢰하고 인정할 때만 또한 자신이 거부하는 '세리와 죄인'에 비해 그들이 그다지 하나님과 가깝게 있지 않음을 스스로 인정할 때만, 의인도 구원을 받을 수 있다.

4. 부록: 하나님의 죄 사함의 은혜에 대한 사도 바울과 마르틴 루터의 경험

바리새인인 바울이 하나님의 은혜를 수용했다 사도 바울은 그리스도를 만남으로 자기 의(義)의 길에서 벗어나게 된, 율법에 충실한 경건한 사람의 실례이다.

회심 이전의 바울은 흠 없고 율법에 충실한 바리새인으로 살았으며 '죄로부터의 구원자'이신 그리스도와 그의 공동체를 불쾌하게 여겼고, 이 때문에 기독교인을 박해했다(빌 3:5-6, 갈 1:13-14). 그러나 회심 이후의 바울은 어떤 사람도 하나님의 계명을 준행하고 하나님 앞에 설 수 있을 만큼 완벽하게 하나님의 계명을 이행할 수 없음에 대해 시인했다(갈 3:10, 롬 2:13, 23, 빌 3:7-8). 자신의 경험에 근거해서 바울은 율법을 지키려는 노력이 바로 인간의 죄성을 깨닫는 데 도움이 된다고 기술했다. "율법으로는 죄를 깨달음이니라"(롬 3:20b 또한 롬 7:22, 7:15-18을 참조하라). 오직 그리스도 한 분만이 하나님께 완전히 순종하고, 율법을 실제로 그리고 순전히 '흠 없이' 성취하셨다(빌 2:6-9, 롬 13:10). 이를 통해 그리스도는 모든 인간이 갖고 있는 하나님에 대한 책임을 완수하셨다.

바울의 칭의론

| 예수에 대한 불쾌감은 십자가의 분노로 압축된다 | 바울의 유명한 '칭의론'에서 그는 예수의 지상 사역 가운데 이미 실현된, 하나님의 은혜로운 죄 사함의 행위에 대해 다루었다. 바리새인, 율법학자, 대제사장의 예수에 대한 불쾌감(참조. 제5장), 특히 죄인을 향한 예수의 관심에 대한 불쾌감은 결국 그분의 입을 막고자 십자가에 처형하는 결과로 이어졌다(예를 들어 막 2:7, 16, 3:6, 14:1, 61-64, 마 21:45-46). 그러나 그들이 예수의 생명을 빼앗은 것은 그분이 하나님과 온전히 합일된 삶을 살다 죽으셨다는 사실만을 다시 한 번 부각시켰을 뿐이다(예

를 들어 막 14:36). 하나님은 예수의 부활을 통해 그리스도께서 자신의 사명을 온전히 수행했음에 대해 확증하셨다. 그의 삶 그리고 그의 죽음은 죄인의 구원을 의미했다. 따라서 바울은 이에 대해 다음과 같이 말한다. "하나님이 죄를 알지도 못하신 이를 우리를 대신하여 죄로 삼으신 것은 우리로 하여금 그 안에서 하나님의 의가 되게 하려 하심이라"(고후 5:21).

예수는 분명한 죄인과 하나님으로부터 그나마 근접한 곳에 있는 의인에게 하나님의 용서의 은혜를 약속하셨고, 그와 더불어 그들을 하나님과 교제하는 새로운 삶으로 초대하셨다. 하나님을 멀리 떠나 있는 삶에서 돌이킬 때, 그들은 신실한 믿음을 통해 자비하신 하늘 아버지의 품으로 되돌아올 수 있다. 바울은 이러한 유사한 내용을 자신만의 방식으로 말한다. 그는 로마서 1:18-32에서는 이방인('헬라인')을 그리고 로마서 2장에서는 의인('유대인')을 동일하게 죄인으로 정의한다(롬 3:9). 그리스도에 대한 믿음으로 이 두 무리의 인간은 하나님과 교제할 수 있게 되었다. 이를 통해 인류가 고통받고 있는 죄 즉 하나님으로부터의 분리가 극복된다. "곧 예수 그리스도를 믿음으로 말미암아 모든 믿는 자에게 미치는 하나님의 의니 차별이 없느니라 모든 사람이 죄를 범하였으매 하나님의 영광에 이르지 못하더니 (모든 사람이) 그리스도 예수 안에 있는 속량으로 말미암아 하나님의 은혜로 (자신의) 값없이 의롭다 하심을 얻은 자 되었느니라"(롬 3:22-24, 참조. 롬 3:25, 마 20:8, 막 14:22-24).

| 그리스도는 모든 사람들과 하나님을 화해시키셨다 | 예수가 하나님과 교제관계로 사람들을 부르셨던 것은 교회의 복음 선포에서도 동일하게 적용된다. 하나님과 교제관계는 강요되는 것이 아니라 초대받는 것이다. 하나님은 구애(求愛)하시면서, 더 노골적으로 말하면 간청하심으로 우리 가운데 나타나신다. 바울은 그것을 이렇게 말한다. "그러므로 우리가 그리스도를 대신하여 사신이 되어 하나님이 우리를 통하여 너희를 권면하시는 것 같이 그리스도를 대신하여 간청하노니 너희는 하나님과 화목하라"(고후 5:20).

이러한 간청은 모든 인간에게 해당된다. 즉 하나님의 교제의 간청은 현재 원시적인 종교나 보다 발전된 고등종교에 호감을 가지고 있는 자들이든지, 또는 학식 있는 무신론자나 소비에 의존하는 물질주의자든지, 하나님으로부터 먼 이방인에게도 해당된다. 이 간청은 오늘날도 유대인, 다른 율법 종교, 모든 자기 구원적 종교에게도 주어진다. 또한 인류의 번영과 재앙에 관심을 가지고 있는 사람들과 자신을 '괜찮은 사람'이며, '(완전)무결한 사람'으로 생각하는 모든 사람들을 위한 것이기도 하다. 이러한 간청은 마지막으로 하나님과 낯선 상태에 놓인 교회 구성원 또한 자신을 기독교인으로 생각하지만 신앙적 성숙을 경건한 일로 승화시키려고 애쓰거나, 하나님의 마음에 들려고 노력하는 자들에게도 주어지는 것이다(예를 들어 계 3:17-19, 갈 3:1-5). "너희는 하나님과 화목하라!"는 간청은 모든 종류의 기독교인을 위한 것이다.

그리스도는 모든 사람을 위해 사셨으며, 모든 사람을 사랑하셨고, 모든 사람을 위해 죽으셨다. 그리고 하나님은 모든 사람을 위해서 예수를 부활시키셨다(롬 14:9, 고후 5:15). 하나님은 부활하신 이후에도 하나님의 아들로서 사역을 지속하게 하심으로써, 모든 사람이 예수를 따르게 하셨고, 그로 말미암아 모든 사람을 하나님과 교제관계로 초대하려 하셨다(마 28:18-20). 그리스도와 만남을 통해 죄인은 자비로우신 하나님과의 교제가 자신의 삶에 필수적임을 깨닫게 되었다. 만약 죄인이 하나님과 교제의 제안을 믿음으로 받아들이게 될 경우, 그는 하나님과 화해한 자로서 살 수 있게 된다. 그것도 영원히(예를 들어 고전 15:20-22).

| 그 무엇도 우리를 하나님의 사랑으로부터 분리시킬 수 없다 | 우리 신앙생활이 유혹과 시험, 기독교적인 율법주의와 사랑 없는 태도로 말미암아 위협을 받게 될지라도, 우리는 전능하신 하나님이 사랑과 교제를 통해서 일생 동안 우리를 위협하는 모든 것에서 보호해 주실 것이라는 사실을 확신해야만 한다. 바울은 이러한 희망을 다음과 같이 진술한다. "내가 확신하노니 사망이나 생명이나…현재 일이나 장래 일이나…다른 어떤 피조물이라도 우리를 우리 주 그리스도 예수 안에 있는 하나님의 사랑에서 끊을 수 없으리라"(롬 8:38-39).

| 마르틴 루터의 증언 | 교회의 역사가 진행되는 과정에서 복음 즉 죄인을 향한 하나님의 자비하신 사랑의 메시지는 기독교적·율법적

인 선포 속에 가려지게 되었다. 경건한 공로사상 즉 '의로운 행동'으로 말미암아, 그리스도의 십자가는 한쪽으로 밀려나게 되었다. 마르틴 루터는 복음 즉 그리스도의 구원 행위로 인한 죄인의 칭의(稱義)를 새롭게 발견했다. 루터는 은혜를 통해 하나님이 죄인에게로 향하신다는 복음을 성경에서 발견하게 되었고, 이로써 종교개혁 운동을 일으켰다. 소교리문답(Katechismus)에서 그는 '구속에 대해서'라는 표제 하에 사도신경의 두 번째 조항을 다룬다. 그가 새롭게 얻은 성경적인 인식을 기초로, 루터는—두 번째 조항의 진술을 따라가면서—그리스도의 구속사역을 다음과 같이 요약한다.

> 아버지로부터 영원하게 태어나신 참 하나님이시며 또한 동정녀 마리아로부터 태어나신 참 인간이신 예수 그리스도께서 나의 주님이심을 나는 믿습니다. 버려지고 정죄된 사람인 나를 모든 죄와 마귀의 권세로부터 값을 지불하심으로, 그분의 것으로 삼으시고, 나를 구속하셨습니다. 금이나 은이 아니라, 그의 거룩하고 귀한 보혈과 죄 없이 당한 고난과 죽음으로 대가를 지불하셨습니다. 그가 죽음에서 부활하신 후, 영원히 살면서 다스리심같이, 나는 그분의 것으로서, 그분의 나라에서, 그분 아래에 살면서, 영원한 정의와 순결과 축복 속에서 그분을 섬길 것입니다. 이것은 참으로 확실한 진리입니다.

고린도전서 15:3-11

바울의 이 구절은 신약성경에서 가장 오래된 부활에 대한 증언이다. 바울은 고린도전서 15:3a에서 분명하게 밝히고 있듯이, 기원후 40년 이전에 생겨난 것으로 추측되는 대본을 3-7절에서 인용한다. 따라서 이 문서는 부활 사건으로부터 10년도 되지 않는 시기에 발생한 것이다. 복음서에 나오는 예수의 부활에 대한 증언은 다음과 같다. 마 27:57-28:20, 막 15:42-16:20, 눅 23:50-24:53, 요 19:38-21:23.

예수의 십자가와 부활

신약성경에서 '부활'이라는 용어는 무엇보다도 인간 예수와 관련하여 사용된다. 부활은 죽은 예수에 대한 하나님의 행동을 의미하기 때문이다. 하나님에 의해서 '다시 살아난 자'만이 비로소 '부활'할 수 있다.

1. 예수 십자가의 내적인 이유

예수는 2-3년의 공적 활동기간 동안 하나님 나라의 도래를 선포하셨고, 말씀과 행위를 통해 그것을 실현하셨다. 하나님은 잃어버린 사람(죄인, 잃어버린 사람, 길을 잃어버린 사람)을 사랑하셨기 때문에, 예수는 정죄하지 않고 용서하고 찾으며 교제하기를 원하시는 사랑과 자비의 하나님을 선포하셨다. 예수는 세리나 창녀와 같은 명백한 죄인, 또는 유대인이 보기에는 하나님을 잃어버린 자인 사마리아인이나 로마인(이방인)을 허용하셨고 사랑하는 태도를 보여주셨다. 이를 통해 예수는 백성의 종교 지도자에게 부적격자로 평가되었다. 그들에 따르면 하나님은 선한 사람들과 경건한 사람들과 의인의 하나님으로서, 계명을 중요하게 여기고 그것을 준행하는 자들의 하나님이시기 때문이다. 그들은 예수가 죄인에게 하나님의 사랑과 가까이 있음을 약속하심으로써, 하나님의 거룩성을 훼손시킨다고 느꼈다. 올바른 하나님 이해에 관한 종교 지도자(바리새인 · 율법학자 · 제사장)와 예수의 논쟁에서 예수는 외양상으로는 패배한 것처럼 보였을 것이다. 그분은 적대자에 의해 십자가에서 처형을 당하게 되었고 침묵할 수밖에 없었다(제5장과 제8장).

2. 예수의 무능과 능력의 상징인 십자가

예수의 처형을 목격한 동시대 사람들에게 하나님에 대한 예수의 주장과 선포를 믿게 할 만한 그 어떤 특별한 일도 일어나지 않았다. 예수의 능력을 상징할 만한 사건이나 특별한 하나님의 개입도 일어나지 않았다(마 27:42). 동시대인이 보기에 예수는 죄인으로 처형됨으로써 명백히 불의한 자로 보였다. 예수는 구경꾼의 비웃음과 조롱 속에서 자신의 처지에 대해서 전적으로 무력(無力)한 채, 견디기 힘든 하나님의 외면을 경험할 수밖에 없는 상황에서 하나님의 개입하심을 포기(참조. 마 26:53)해야 하는 고통을 겪어야만 했다. "나의 하나님, 나의 하나님, 어찌하여 나를 버리셨나이까"(마 27:46). 예수는 이 말씀과 함께 고통스러운 최후에 이르기까지 사랑의 하나님, 하나님의 파송 그리고 그분의 사랑을 전하고자 애쓰며 숨을 거두셨다. 예수는 자신의 하나님께 충성을 다했다. 이는 예수의 마지막 말씀이 시편 22편 첫 구절의 기도였다는 것을 통해서도 알 수 있다. 예수는 하나님에게서 멀리 떨어져 있는 상황에서도 하나님에 대한 믿음을 확고히 붙들면서, "나의 하나님"이라고 고백하셨다. 예수는 자신의 파송의 임무에 끝까지 충성을 다하셨다. 예수는 우리를 뒤쫓으면서 우리를 초대하시지만, 결코 강요하지 않으시는 사랑의 하나님께 우리를 가까이 인도하셨다. 왜냐하면 사랑은 오직 상대의 자유로운 사랑으로만 응답될 수 있기 때문이다. 따라서 사랑은 무력함, 포기, 자유의 희생과도 같은 것이다. 예수는 마지막까지도 자신이 강력하게 선포한 사랑의 하나님을 입증하려고 하지 않으셨다. 그분은 어떠한 기적도 행치 않으셨고 십자가에 끝까지 매달려 계셨으며 자신이 전적으로 하나님께 속한 자임을 하나님의 권능으로 입증해 달라고 기도하지도 않으셨다. 그는 사람들 앞에서 모든 외적인 변호를 포기하셨다(참조. 마 27:39-44). 또한 우리에게도 예수를 '믿도록' 강요하지 않으셨다. 왜냐하면 강요에 의한 '믿음'은 자유의지에 따라 예수 말씀을 신뢰하는 것이 아니라 명백한 하나님의 기적을 통해서 사람들로 하여금 강제적으로 고백하게 만드는 것이기 때문이다(덧붙여서 말하면, 그러한 이유 때문에 가장 위대한 기적도 언제나 불명료한 성격을 가지고 있다). 예수는 변함없이 하나님과 파송의 임무에 충성을 다하셨고, 자신에 대한 변호를 포기하셨음에도 불구하고 우리에게 여전히 자신의 능력 즉 그분의 사랑의 능력을 보여주신다. 예수는 자신의 사형을 집행하는 자들을 위해서도 기도하셨다. "아버지 저들을 사하여 주옵소서 자기들이 하는 것을 알지 못함이니이다"(눅 23:34).

3. 예수의 십자가 죽음은 하나님의 뜻이다

외견상 죄인인 예수의 죽음은 그의 불의함을 입증하는 것 같았다. 겉으로 볼 때 하나님은 침묵하셨다. 그러나 신약성경은 예수의 고난과 죽음이 하나님이 멀리 떨어진 상태에서가 아니라 은밀하신 하나님의 현존 속에서 행해졌고, 그분의 뜻대로 이루어진 것임을 증언한다. 신약성경은 하나님이 아주 잠시 동안만 '침묵하셨다'고 증언한다.

> 내 아버지여 만일 할 만하시거든 이 잔을 내게서 지나가게 하옵소서(마 26:39, 42, 44, 막 14:36, 39, 41, 눅 22:42)

> 그리스도가 이런 고난을 받고 자기의 영광에 들어가야 할 것이 아니냐 하시고 이에 모세와 모든 선지자의 글로 시작하여 모든 성경에 쓴 바 자기에 관한 것을 자세히 설명하시니라(눅 24:26-27)

내가 받은 것을 먼저 너희에게 전하였노니 이는 성경대로 그리스도께서 우리 죄를 위하여 죽으시고 장사 지낸 바 되었다가 성경대로 사흘 만에 다시 살아나사(고전 15:3-4). 바울은 여기에서 예수의 죽음과 부활에 대한 가장 오래된 신앙고백을 인용하는데, 이 신앙고백은 기원후 40년 이전에 생겨난 것이다. 예수의 십자가에 못 박히심과 부활은 대략 기원후 30년경에 이루어졌다.

4. 예수는 마지막 순간까지 하나님께 순종하셨다

예수는 인간의 고난, 하나님과의 분열에 대한 인간적인 경험, 악에 대한 인간의 경험 그리고 인간적인 유혹과 죽음에 대해 인간이 느낄 수 있는 공포의 최극단에 이르기까지, 그의 경험은 처음부터 끝까지 모두 인간적인 것이었다. 하나님은 인간이 겪을 수 있는 좋지 않은 모든 경험을 예수로 하여금 직접 겪게 하셨다. 그리고 예수는 모든 인간적 경험에 대하여 하나님께 충성을 다하셨다. 그분은 이러한 경험 속에서도 하나님에게서 멀어지지 않으셨다. 그분은 수난 사건이나 십자가 사건에서도 하나님의 뜻을 옳다고 인정하셨다. 어떤 것도 그분을 하나님에게서 분리시킬 수 없었다.

우리에게 있는 대제사장은 우리 연약함을 동정하지 못하실 이가 아니요 모든 일에 우리와 똑같이 시험을 받으신 이로되 죄는 없으시니라(히 4:15)

아담(우리 인간의 전형)은 유혹을 받음으로써 하나님에게서 분리된 반면, 예수는 하나님께 온전히 순종하셨고 이로써 우리의 구원자가 되셨다. 그는 우리를 대표하여 하나님께 순종하셨다. 그러나 우리는 순종적 측면에서 항상 하나님께 죄 지은 상태로 머물러 있다. 예수의 고난과 죽음은 하나님의 뜻에 따라 이루어진 것이다. 예수의 고난과 죽음을 통해서 이루어진 것에 대해 바울은 다음과 같이 기술한다.

> 사람의 모양으로 나타나사 자기를 낮추시고 죽기까지 복종하셨으니 곧 십자가에 죽으심이라 이러므로 하나님이 그를 지극히 높여 모든 이름 위에 뛰어난 이름을 주사… 모든 입으로 예수 그리스도를 주라 시인하여 하나님 아버지께 영광을 돌리게 하셨느니라(빌 2:8-11)

5. 하나님은 부활을 통해 예수의 의로움을 인정하셨다

따라서 하나님은 예수의 죽음에 대해 침묵하신 것이 아니라 예수의 순종과 죽음을 수용하셨던 것이다. 하나님도 끝까지 신뢰를 지킨 예수에게 신실함을 지키시고, 죽음을 넘어서서 예수와 계속적으로 교제하셨다. 하나님은 예수를 죽은 자들 가운데서 살리시고, 이와 함께 그를 인정하셨다. 하나님은 십자가에서 실패한 것처럼 보인 예수를 부활시키셨다. 예수의 부활을 통해 하나님은 우리에게 다음 사실을 말씀하려고 하셨다. "너희 인간들이 버리고 십자가에 못 박았던 이 사람 예수가 나에 대해 말한 것들과 내 이름으로 행한 모든 것들은 정당하다." 하나님은 자신의 아들을 죽은 자들 가운데서 부활시키심으로써 그의 의로움을 인정하셨다. 그러나 예수의 의로움에 대한 인정은 결코 공공연한 기적을 통해서 표현되지 않았다. 하나님은 마술이나 정복전략을 통해 사역하지 않으신다. 하나님이 죽은 자들 가운데서 예수를 부활시키셨다는 메시지는 신앙 밖에서가 아니라 신앙 안에서만 체험될 수 있는 의미이다.

6. 예수 부활에 관한 신앙은 하나님에 대한 신앙에서 기인한다

이미 분명하게 제시된 사실은 예수의 죽음과 부활이 결정적으로 하나님의 뜻과 행동에 온전히 연관되어 있다는 것이다. 따라서 부활에 대한 질문은 하나님에 대한 질문이다. 예수의 십자가와 부활의 메시지에 대한 우리 반응은 어떻게 우리가 하나님을 이해하는가에 달려 있다.

하나님은 예수의 부활을 통해 우리 인간의 한계 즉 죽음의 한계에 대한 희망의 상징을 제시하셨다. 따라서 우리가 그것을 더 빠르게 수용하면 할수록, 하나님의 실재가 인간의 현실을 포괄하고 있음에 대해 더욱 잘 알게 될 것이다. 하나님이 이 세상에서 행동하고 계신가 아니면 그렇지 않으신가? 그분은 자연법칙에 매여 있으신가 아니면 그렇지 않으신가? 그분은 전체에 해를 끼치지 않는 채로 자연법칙을 무효화시킬 수 있는가 아니면 그렇지 않으신가? "땅에서 죽음보다 더 분명한 것은 아무 것도 없다."라는 가혹한 속담이 명확하게 지시하는 것처럼 허무함과 죽음의 법칙은 우리가 매일같이 경험하는 것이며 또한 이 땅의 모든 생명이 굴복할 수밖에 없는 것이다. 그러나 예수의 부활은 명백히 이러한 법칙이 무효화되었음을 알려주는 메시지이다.

이 세상의 주인이시며 죽음의 한계마저도 초월하시는 하나님의 권능에 대한 신앙을 성경에서는 다양한 방법으로 고백한다(시 73:23-28). 하나님은 무로부터 창조하실 수 있는 창조주이시다(창 1-2장). "하나님이 능히 이 돌들로도 아브라함의 자손이 되게 하시리라"(눅 3:8). 나이가 매우 많은 아브라함은 자식을 주실 것이라는 하나님의 약속을 믿었다. 즉 그는 "하나님은 죽은 자를 살리시며 없는 것을 있는 것으로 부르시는 이"(롬 4:17)라는 사실을 믿었기 때문이다. 아브라함처럼 우리도 하나님에 대한 믿음에 이를 수 있고, 아브라함처럼 "(우리도) 바랄 수 없는 중에 바라고 믿는다"(롬 4:18). 창조주의 능력과 죽음까지도 이기시는 하나님의 능력을 신뢰하는 사람들에게서, 예수의 부활은 곧 하나님의 영원으로 인도하는 너무나도 밝은 희망의 표지인 것이다.

7. 제자의 눈에 비친 예수의 최후

우리는 지금까지 하나님이 주도하신, 십자가와 부활이라는 예수의 운명에 대해 우리에게 전승된 신약성경의 증언을 고찰했다(그것은 부분적으로는 성(聖) 금요일과 부활 사건보다 수십 년 이후에 문서로 기록된 것이다). 따라서 우리는 이 사건에 대하여 신약성경에서 믿음에 의한 길고도 심오한 숙고와 고심의 결과를 보게 된다. 우리에게 십자가 그리고 부활의 메시지는 더 이상 서로 분리될 수 있는 것도 서로 떨어질 수 있는 것도 아니다. 그러나 예수의 제자들은 그와 다른 상황을 경험했다. 그들이 예수에게 걸었던 모든 희망은 예수가 정죄되고 십자가에서 처형되심으로 산산이 부서졌다. 예수가 체포된 이후 그의 제자들은 고통, 두려움, 슬픔 때문에 몸을 숨겼다(막 16:10, 눅 24:17, 요 20:19). 너무나도 실망한 나머지 엠마오로 가는 제자들은 다음과 같이 이야기했다. "우리는 이 사람이 이스라엘을 속량할 자라고 바랐노라"(눅 24:21).

8. 부활하신 예수를 만남으로 제자들은 절망에서 벗어난다

현재 복음서 기자와 바울(고전 15:3-8)은 제자들이 부활하신 분을 만난 이후 절망에서 벗어나게 되었음을 매우 다양한 방식으로 보도한다.

이는 성경대로 그리스도께서 우리 죄를 위하여 죽으시고 장사 지낸 바 되셨다가 성경대로 사흘 만에 다시 살아나사 게바(=베드로)에게 보이시고 후에 열두 제자에게와 그 후에 오백여 형제에게 일시에 보이셨나니 그 중에 지금까지 대다수는 살아 있고(즉 사람들은 그들을 통해 부활의 메시지를 확인할 수 있다) 어떤 사람은 잠들었으며 그 후에 야고보에게 보이셨으며 그 후에 모든 사도에게와 맨 나중에 만삭되지 못하여 난 자 같은 내게도 보이셨느니라 나는 사도 중에 가장 작은 자라 나는 하나님의 교회를 박해하였으므로 사도라 칭함 받기를 감당하지 못할 자니라 그러나 내가 나 된 것은 하나님의 은혜로 된 것이니 내게 주신 그의 은혜가 헛되지 아니하여 내가 모든 사도보다 더 많이 수고하였으나 내가 한 것이 아니요 오직 나와 함께 하신 하나님의 은혜로라(고전 15:3-10)

부활에 관한 복음서 기자와 바울의 서로 다른 보도를 조화시키려는 노력은 중요하지도 올바르지도 않다. 오히려 그 기사의 중심은 그것들이 부활하신 분의 실재를 (증명하는 것이 아니라) 증언한다는 데 있다. 이렇게 서로 다른 보도를 통해서 우리는 부활하신 분을 만나게 되고, 그분은 새로운 생명의 실재를 통해 우리를 압도하셨다.

예를 들어 엠마오로 가는 제자들의 이야기(눅 24:13-35)는, 그것이 매우 후대에 형성된 것처럼 보일지라도 제자들과 부활하신 분의 만남에서 중요한 역할을 한 모든 본질적인 요점을 포함하고 있다.

— 처음의 상황: 희망이 없는 절망 상태의 제자들(눅 24:17-24).

— (구약)성경의 도움으로 제자들은 십자가에서의 예수의 종말을 이해하고 정리할 수 있게 되었다(눅 24:25-27).

— 부활하신 분은 제자들과 식탁교제(성찬식)를 나누셨다(눅 24:28-30).

— 예수는 제자들에게 새로운 예수의 존재를 볼 수 있도록 눈을 열어 주심으로 자신을 그들에게 계시하셨다(눅 24:16, 31-32).

— 부활하신 분을 인식한 이후 제자들은 '믿을 수 없는' 메시지를 전파할 필요를 느꼈다(눅 24:33-35).

제자들의 의심

모든 보고에서 나타나는 공통점은 제자들의 의심이다. 예수의 부활 메시지에 대한 첫 번째 반응은 믿음이 아니라 놀라움, 불신, 의심이었다.

빈 무덤을 발견한 여인들은 "두려움에 떨었다"(막 16:8). 하나님의 사자가 부활하신 예수에 대한 증거로 불명료한 빈 무덤을 그들에게 제시하면서(눅 24:5-6) — 예수의 적대자는 빈 무덤을 보고 시체가 도난당했다고 추론했다(마 27:64, 28:13) — 제자들에게 메시지를 전했다. "사도들은 그들의 말이 허탄한 듯이 들려 믿지 아니하나"(눅 24:11, 마 28:17, 요 20:24-29, '믿지 않는' 도마, 막 16:11, 13, 14).

부활하신 분은 제자들의 의심을 극복하고 그들에게 믿음을 심어주셨다

모든 보고에서 나타나는 또 다른 공통점은 부활하신 분께서 제자들의 마음속에 믿음을 창조하셨다는 것이다.

빈 무덤을 발견한 여인들은 그 직후에 부활하신 주님을 만난다(마 28:9). 부활하신 분은 의심하던 제자들과 함께 말씀하시면서, 그들이 자신의 새로운 존재를 확신하게 만드셨다(마 28:17-18). 그리스도는 예수의 부활을 전하는 여인들의 말을 의심한 열한 명의 제자에게 나타나셔서, 그들에게 자신의 새로운 실재를 증명하셨다(막 16:10-13, 14). 부활하신 분은 성경과 성찬식을 통해 엠마오로 가는 제자들에게 자신을 계시하셨다(눅 24:13-35). 누가복음 24:36 이하에서 부활하신 예수는 자신을 유령으로 생각하는 제자들에게 매우 극적으로 두려움과 의심이 사라지게 하셨다. 요한복음에서 부활하신 예수는 처음에는 열 명의 제자들에게 자신을 계시하셨고, 이로 말미암아 그들은 '기뻐하게' 되었다(요 20:19-20). 이후에 그분은 다른 제자들의 증언을 전혀 믿지 않던 도마에게도 나타나셨다. 예수는 그에게 "믿음 없는 자가 되지 말고 믿는 자가 되라"(요 20:24 이하, 27)고 촉구하셨다. 도마는 곧이어 다음과 같은 신앙을 고백한다. "나의 주님이시요 나의 하나님이시니이다"(요 20:28 또한 요 21:1 이하를 참조하라).

이해를 돕는 수단인 구약성경 모든 보고에서 나타나는 공통점은 십자가와 부활을 정신적으로 극복하는 일에, 성경(구약성경)이 결정적인 역할을 했다는 점이다(마 12:38-41, 특히 40절, 참조. 마 16:4, 21, 눅 24:25-27, 눅 24:44-47, 요 20:9, 고전 15:3-5).

예수의 부활은 한 시신의 소생이 아니라 새로운 창조의 시작을 의미한다 모든 보고의 공통점은 예수의 부활이 한 시신의 소생(요한복음 11장에서 나사로의 부활이 이와 같은 의미를 지닌다)을 의미하기보다는 부활의 실재가 새로운 존재, 새로운 창조, 하나님의 존재와 영원의 참여와 관계된다는 것이다. 그것은 이 땅에서 그 어떤 것과도 비교될 수 없으며 유비될 수도 없다.

예수는 결코 유령이 아니시다(눅 24:37). 그분은 제자들에게 생전의 예수와 동일한 분으로 인식되었다. 즉 예수는 십자가에 못 박힌 상처(요 20:25-27)와 더불어 제자들에게 말씀하시고, 함께 음식을 드심(눅 24:30-35, 막 16:14, 요 21:12)으로 인식되었다. 또다시 예수는 자신의 새로운 존재를 이 세상의 모든 한계로부터 벗어나게 하실 수 있으며, 예를 들어 닫힌 문을 통과해서 들어가실 수도(요 20:19, 26), 사람들이 자신을 인식할 수 없도록 만드실 수도 있다(눅 24:16, 요 21:4). 예수는 하나님처럼 우리 인간들과 가까이 계시며, 우리가 하나님께 기도하는 것처럼 그분에게 기도하실 수도 있다(마 28:18, 20, 막 16:19, 눅 24:52, 행 1:8-14, 특별히 14절, 요 20:28).

부활하신 분의 현현(顯現)과 더불어 제자들이 온 세상으로 파송된다(선교 명령)

모든 보고가 공통으로 지시하는 것은, 제자들 앞에 부활하신 예수가 나타나신 사건은 그들이 세상 속으로 파송되는 것과 관련된다는 것이다. 그들은 스승의 일을 계속하고, 하나님의 사랑을 선포하고(마 28:19), 치유하고(=생명의 표시를 세우는 것, 막 16:17-18), 용서하고(요 20:23), 삼위일체 하나님과 교제할 수 있도록 모든 사람들을 불러들여야 했다(마 28:19). 그들은 이 모든 일을 예수 말씀으로(마 28:20) 그리고 하나님이 세상과 화해의 도구로 사용하신 십자가와 부활에 의한 예수의 운명을 선포함으로써 행해야 했다(고후 5:19-21). 이때 그들은 혼자가 아니었다. 부활하신 분은 은밀하게 그들 곁에 계시며, 이것은 세상의 끝까지 지속되는 것이다(마 28:20). 그분은 자신의 영을 통해 그들과 함께 계시고, 그분의 영을 통해 그들 속에서 역사하셨다(행 1:8).

9. 부활에 대한 기사는 우리에게 신앙과 희망을 일깨우기 위한 것이다

마지막으로 모든 보고에서 나타나는 공통점은 그것들이 죽음을 이기는 하나님의 능력 그리고 그리스도의 은밀한 현존과 부활을 통해서 하나님이 입증하신 그리스도의 메시지를 우리가 믿게 하려는 목적을 가지고 있다는 것이다. 성경(우리에게는 구약성경 그리고 신약성경)을 사용함으로써, 특별히 부활에 대한 증인(눅 24:45)을 사용함으로써 부활하신 분은 우리에게도 자신의 생명을 증명하신다. 또한 그분은 우리 의심에 대항하여—우리는 제자들과 똑같은 사람들이다.—성령을 통해 우리 안에서 믿음을 불러일으키신다(소교리문답에 나오는 사도신경의 세 번째 조항에 대한 루터의 설명을 참조하라). 또한 우리는 기도 또는 성찬식에서도 그리스도의 은밀한 현존을 체험할 수 있다. 우리는 죽음을 이기시는 하나님의 능력에 대한 믿음으로 소망의 힘을 체험하게 되며, 예를 들어 죽음을 극복하는 등의 경험도 할 수 있다(고전 15:20). 또한 우리는 그 어떤 것도 우리를 하나님의 사랑으로부터 떼어놓을 수 없다는 희망으로 충만할 수 있다(롬 8:31-39). 만약 우리가 영적으로 우리 가운데 역사하고 계신 부활하신 그리스도의 은밀한 현존을 우리 삶 속에서 경험하게 된다면, 우리는 '그리스도를 대신하는 메신저'(고후 5:20)로서 예수의 십자가와 부활에 대한 믿음과 소망을 주는 복음을 전파하도록 부름받게 될 것이다.

요한복음 1-21장

이어지는 제10장에서 요한복음에 대하여 보다 자세하게 다룰 예정이므로, 여기에서는 읽기에 도움을 주는 대략 기원후 90-100년경에 기록된 복음서의 구성에 대해서만 살펴보기로 할 것이다.

1:1-18	서언
1:19-51	세례자의 증언과 첫 번째 제자들
2-12장	예수는 세상 앞에서 자신의 영광을 계시하신다
2-4장	예수 말씀과 행적
5-12장	믿지 않는 세상의 저항
13-17장	예수는 제자들 앞에서 자신의 영광을 계시하신다
13:1-30	성찬식 때 발을 씻겨 주심
13:31-16:33	예수는 제자들에게 자신과 임박한 이별을 준비하게 하신다(고별설교)
17장	예수의 '대제사장적 기도'
18-20장	예수의 수난, 십자가에 못 박히심, 부활
21장	부록: 부활하신 그리스도께서 디베랴 바다에서 제자들에게 나타나심, 베드로와의 대화

그리고 우리가 그의 영광을 보았다[6)]

1. 요한과 공관복음 기자의 공통점과 차이점

공관복음서 다음으로 요한복음을 읽는 사람은 요한복음이 형태나 내용에 있어서 공관복음과 매우 다르다는 것을 발견하게 될 것이다.

요한은 공관복음서 기자와 매우 많은 공통자료를 가지고 있다. 예를 들어 성전 정화 사건(요 2:13-22, 막 11:15-19 평행), 5천 명을 먹이심(요 6:1-13, 막 6:32-44 평행), 또는 베다니에서 예수의 기름 부음 받으심(요

주6 요한복음 1:14.

12:1-8, 막 14:3-9 평행 또한 요 4:43-54와 마 8:5-13, 눅 7:1-10을 비교, 요 6:16-21과 막 6:45- 52의 평행구절을 비교, 요 12:12-16과 막 11:1-10 평행구절을 비교, 요 13:21-30과 막 14:18-21 평행구절을 비교, 요 13:36-38과 막 14:29-31 평행구절을 비교) 등이 그러하다.

때때로 요한의 본문은 공관복음서 기자의 본문을 활용하기도 한다(참조. 요 3:35와 마 11:27 그리고 눅 10:22, 요 4:44와 막 6:4, 요 12:25와 막 8:35, 요 13:16과 15:20과 마 10:24, 요 13:20과 마 10:40 그리고 막 9:37, 요 18:10-11과 막 14:47 그리고 마 26:51-52, 요 20:23과 마 18:18).

때때로 공관복음서의 이야기는 요한의 진술에 대한 명확한 배경을 이루고 있다. 예를 들어 요한복음 12:27(-33)은 겟세마네 기도에 근거하고 있다.

공관복음서 기자와 비교되지 않는 몇몇의 소재도 발견된다. 예를 들어 가나의 혼인잔치(요 2:1-12), 예수와 니고데모(요 3:1-21), 날 때부터 맹인 된 사람의 치유(요 9장), 나사로의 부활(요 11장)과 예수가 발을 씻겨 주신 일(요 13:4-11 또한 4:1-42, 7:1-10, 12:20-36을 참조하라).

공관복음서에는 예수의 짧은 격언과 비유가 제시되는 반면, 요한복음에서는 예수의 설교가 길게 제시되며 그 설교는 언제나 동일한 주제로 순환된다. 즉 "나는-이다-말씀"(Ich-Bin-Worte)이라는 요한복음의 아주 독특한 표현이 공관복음에서는 나타나지 않는다.

공관복음서 기자에 따르면 예수는 약 1년 동안 특별히 갈릴리에서 활동하셨다. 그의 활동 마지막 단계에 비로소 예수는 예루살렘으로 가셨고, 유월절에 그곳에서 죽음을 맞게 되셨다. 요한복음의 예수는 갈릴리와 예루살렘 사이를 지속적으로 오가면서, 여러 차례 예루살렘에서 유월절이나 다른 절기를 보내셨다(요 2:13, 3:22, 5:1, 6:1, 4, 7:1-2, 10, 10:22-23, 40, 11:7, 54-55, 12:1, 13:1). 따라서 요한은 예수의 다년간의 활동을 전제한다.

2. 요한은 공관복음 전승과 다른 초대 기독교 전승을 전제한다

피상적으로만 보아도 단번에 알 수 있는 사실은 공관복음서가 예배에서 사용되었기 때문에, 요한이 적어도 공관복음서 가운데 하나 정도는 익히 알고 있었음에 틀림이 없다는 것이다. 그는 공관복음서의 틀을 따라 자기 자신의 작품을 다음과 같이 구성했다. 전(前) 역사(서론, 세례 요한) → 예수의 공적인 활동 → 십자가의 수난, 부활(요한복음의 구성을 참조하라). 마가복음을 문서의 원본으로 사용한 마태와 누가와는 달리, 요한은 예배를 통해 자신이 알게 된 이 마가복음의 문서를 원본으로 사용하지 않았다. 그 결과 요한복음은 마태, 마가, 누가의 복음서와 상당한 차이점을 갖게 되었다. 요한은 부분적으로는 공관복음서와 일치하지만 부분적으로는 공관복음서와 매우 다른 구두 전승을 사용한 것처럼 보인다. 때때로 요한의 구두전승은 예를 들어 정확한 지역정보를 반영하는 베데스다 연못에 대한 묘사처럼 매우 정확한 진술을 제시했다(요 5:2-3). 아마도 요한은 예수의 몇몇 기적을 담고 있는 '표적 자료'(Zeichenquelle)라고 불리는 기적 이야기의 모음집을 사용한 것 같다(요 2:11, 4:54). 추정컨대 요한의 결말은 요한복음 20:30-31에 보존되어 있는 것으로 보인다. 이 마지막 구절은 요한복음이 복음서 기자의 제자들에 의해 21장이 추가로 확장되었음을 명확하게 보여준다(요 20:30-31 다음에 나오는 21:25의 두 번째 책의 종결부분을 참조하라).

요한복음의 저작 시기는 거의 정확하게 결정될 수 있다. 즉 유대교로부터 기독교 공동체의 분리가 전제된다(요 9:22, 12:42, 16:2). 이것은 기원후 1세기 말엽에 이루어졌다. 1935년 이집트에서 요한복음 18장의 구절을 포함하는 조그만 파피루스 조각이 발견되었다. 그것은 대략 기원후 125년경에 생겨난 것이다. 추정컨대 시리아 지역에서 발생한 요한복음은 이 시기에 이르러, 이미 이집트까지 확산되었을 것이다. 따라서 요한복음은 기원후 1세기 말엽에 저작되었을 것이다. 따라서 요한복음은 신약성경 사복음서 가운데 가장 후대의 것이다.

요한복음은 자체적으로 저자의 이름을 전혀 보고하지 않는다. 요한복음에서 자주 거론되는 "사랑하시는 제자"라는 인물이 누구인지는 여전히 불확실한 문제로 남아 있다(참조. 요 13:23, 19:26-27, 20:2-10, 21:7, 21:20-23). 그는 요한복음의 저자로 간주되어야 하는가 아니면 요한의 전승에 대한 신뢰성을 보증하는 존재인가(요 21:24)? 그는 복음서에서 이상적인 제자로 묘사되는가? 하여간 고대 교회는 제자 요한을 이 복음서의 저자로 간주했다. 이러한 주장은 아무튼 요한복음을 신약성경 정경으로 받아들이는 데 공헌했다.

요한복음이 공관복음과 상당한 차이를 보여주는 보다 깊은 이유는 우선 요한이 전혀 다른 사상적 전제를 가진 기독교인을 위해 복음서를 저술했다는 것이며, 또 다른 한편으로는 요한이 공관복음서 기자와는 전혀 다른 목적으로 자신의 복음서를 기술했다는 사실에 근거한다는 것이다.

3. 요한의 수신자

복음서 기자 요한은 유대인 출신의 기독교인이다(그리스어를 사용하는데, 그의 그리스어 문체는 셈족 사상에 영향을 받고 있다). 그러나 그는 이방인 기독교인을 위해 저술했는데, 그들은 팔레스타인이나 유대교에 대한 지식이 전혀 없는 자들이었다. 이 때문에 요한은 예를 들어 아람어 이름의 의미를 번역하거나(요 1:38, 41, 19:13, 17, 20:16) 또는 유대인의 관습을 설명해야만 했다(요 2:6, 4:9, 19:40). 요한은 소위 '그노시스'(Gnosis='지식')로부터 사상적 영향을 받은 사람들을 위해 복음서를 저술했다. 그노시스는 일종의 종교적인 사고유형으로서, 매우 어렵기 때문에 겨우 이해될 수 있는 개념이다. 예를 들어 만대어(Mandäer)의 영지주의적 침례종파의 현존하는 문서는 기원후 7-8세기에야 비로소 기록된 것이다. 또한 이 문서는 기독교 문헌에 영향을 받은 것이 아니다. 그럼에도 불구하고 요한과 더불어 다른 신약성경 문서도 논쟁을 벌인, 헬레니즘의 언어권에 만연한 이러한 흐름의 결정적인 특징은 다음과 같이 서술할 수 있다.

영지주의자의 세계관

영지주의의 세계관은 극단적인 이원론(Dualismus, dual=이분된)으로 각인된다. 하나님과 세계, 영과 물질이 명확하게 구별된다. 하나님 빛의 세상이 구원의 세상이라면, 물질의 세계는 어둡고 악하다. 인간은 이 두 세계에 모두 관련되어 있다. 인간의 영은 하늘의 모든 빛의 세계 중 일부에 속하지만, 그 영은 물질적인 육체에 갇혀 있고 이로 말미암아 어둠에 속해 있다. 따라서 인간은 그의 영혼이 하나님 빛의 세계에 속해 있다는 '그노시스' 즉 '지식'을 알아야 한다. 육체에 갇힌 영적 상태에서 해방되는 길이 인간에게 계시되었다. 물질의 세계에서 영혼을 구원하는 것은 하나님이 보내신 자의 임무이다. 그분은 자신의 모습을 숨긴 채, 빛의 세계에서 물질적 세상으로 내려오셨고, 사람들에게 인간의 영혼이 신적 근원을 가지고 있음에 대해 계시하셨다. 즉 사람들은 영을 통해 하나님의 하늘의 빛의 세계와 다시 결합될 수 있다.

요한은 영지주의적 개념 속에서 자신의 복음서를 저술했다

요한은 이러한 헬레니즘적·영지주의적 사상에 각인되어 있던 사람들을 위해 자신의 복음서를 기록했다. 이들에게 공관복음서를 읽어주고 해석하는 것만으로는 분명 충분하지 않았을 것이다. 따라서 요한은 원시 기독교의 증언을 그들에게 익숙한 언어와 사상으로 바꾸어 말했다. 그러나 그것은 여전히 예수 그리스도에 대한 증언이었다. 원시 기독교의 신앙고백의 명확한 관심사는 잘 알려진 원시 기독교 전승의 도움을 받는 것보다, 오히려 영지주의적 개념의 도움을 받을 때가 더 명백하게 진술될 수 있었다(예를 들어 마 6:24, 7:13-14, 8:21-22, 10:34-39, 계 3:15-16을 참조하라).

그리스도의 구속사역을 생동감 있게 제시하기 위해, 요한은 한 쌍의 이원론적인 진술을 사용하여 그 내용을 서로 대조시킨다. 빛과 어둠(요 1:5, 3:19-21, 8:12, 12:35, 46), 진리와 거짓(요 8:44-45), 영과 육(요 3:5-6), 하늘과 땅(요 3:12, 31), 위와 아래(요 8:23), 생명과 사망(요 5:24, 11:25), 자유와 속박(요 8:33-36) 각 쌍의 대칭적 용어는 나름대로 모두 동일한 내용을 진술한다. 즉 사람들은 서로 대립되는 두 개의 세력권 속에 살고 있다. 사람들은 그리스도와 하나님을 거부함으로써, 하나님과 적대적인 '세계'에 속하게 되거나(요 1:10-11, 15:18, 23, 예수를 십자가에 못 박음으로써 예수에 대한 거부를 표현한 '유대인'은 요한에게서 많은 구절에서 '세상'의 전형적인 대표자로 나타난다. 예를 들어 요 5:28, 10:31), 또는 그리스도를 '영접함'으로써 즉 믿음으로써 하나님께 속하게 된다(요 1:12). 요한은 그리스도를 인간이 하나님을 믿게 함으로써 하늘 아버지와 연합하게 만드는 계시자로 묘사한다(요 14:22-23, 17:6, 20-21).

이러한 실례는 요한이 자신의 헬레니즘적 공동체에게 예수의 구원사역을 쉽게 이해하도록 설명하기 위해 영지주의적 표상과 개념을 사용했다는 것을 명백하게 보여준다.

요한의 메시지는 반영지주의적 절정을 보여준다: 말씀이 '육신'이 되었다

사실 요한은 영지주의적 이원론을 전적으로 반대한다. '세상'은 하나님과 분리된 어둠의 영역이 아니라 그것은 오히려 하나님의 피조물이다(예를 들어 요 1:1-3, 10-11, 17:24). 하나님은 세상(=그의 인류)을 사랑하시고, 이 때문에 자신의 아들을 구원자로서 세상에 보내셨다(요 3:16-17, 4:42). 이로써 총체적(육체, 정신, 영)으로 하나님과 분리되어 사는 모든 이들(창 3장과 11장)에게 구원이 제시되었다. 물론 예수에 대해 자신의 마음을 닫아버린 사람들은 계속해서 어둠 속에 즉 하나님과 멀리 떨어져 있는 상태에 머무르게 될 것이다(요 3:19-21, 8:12, 12:46).

요한복음의 시작에 나타나는 말씀이 육신(=이 세상의 인간)이 되었다(요 1:14)는 구절은 세상적·물질적인 것을 전적으로 하나님에 반(反)하는 것으로 평가절하하는 영지주의자에게 경종의 트럼펫 신호를 울리는 것과도 같다. 구속자는 이 세계에 '감추어진 신적 존재'일 뿐만 아니라, 동시에 인간으로서 세속적 상황의 역사 속으로 들어오셨다. 하나님의 세계와 이 세상의 물질적인 세계는 결코 서로 연합될 수 없는 대립적인 세계가 아니다. 왜냐하면 세계는 사실 하나님의 피조물이기 때문이다. "말씀이 육신이 되어…우리가 그의 영광을 보니"(요 1:14). '영광'은 구약성경에서 하나님의 존재를 가장 강력하게 묘사하는 표현이다(출 33:18, 22, 40:34, 민 14:21, 왕상 8:11, 시 150:2, 사 40:5). 하나님의 '영광'이 육신 안으로 들어오셨다. 즉 하나님이 인간이 되셨다. 세속적 세계를 열등한 것으로 보고 본질상 신적인 것이 아니라고 평가절하하는 영지주의적 사상과 직관에 대하여, 이보다 더 강력한 반대는 생각할 수 없다.

4. 요한은 예수의 유일무이한 삶을 해석한다

누가는 그의 복음서의 서문에서 예수 시대의 목격자뿐만 아니라 '말씀의 일꾼 된 자'에 대해서도 언급한다(눅 1:2). 왜냐하면 예수의 지상 생애 기간 동안 증인이 알고 있던 것보다 부활 이후에 '말할' 수 있는 것이 더욱 많아졌기 때문이다. 누가－그리고 다른 공관복음서 기자－는 부활 이후에, 이미 존재한 전승의 도움을 받아 예수 생애에 일어난 많은 사건을 제한적으로 묘사한다.

요한은 또 다른 길로 걷는다. 그는 공관복음서의 전승을 전제하지만 자신만의 독특성을 보존한다. 요한은 예수의 많은 사건, 말씀, 행위를 다루는 것이 아니라 오직 이 모든 것들 속에 나타나는 예수의 유일무이한 의미에 대해서만 언급한다.

부활 이후에 비로소 예수의 의미는

성령 안에서 바르게 인식된다

예수의 참된 의미는 부활 이후에 비로소 처음으로 계시된다. 즉 제자들은 성령의 조명으로 다시 한 번 예수의 지상에서의 삶을 회상하고 재숙고함으로써, 그분의 진정한 의미를 올바르게 이해하게 된 것이다(참조. 눅 24:26-27, 44-45, 요 2:22, 12:16, 14:26).

요한은 진리의 영인 성령의 역사에 대해 자신의 복음서의 많은 부분에서 기록하고 있다. 성령은 즉 높여지신 예수 자신으로, 그분은 자신의 영을 통해 자신의 제자들과 가까이 계시고, 자신의 구속사역을 계속 이어가신다(요 14:16-18, 26, 15:26-27, 16:5-11, 14-15). 예수는 성령을 통해서 자신의 지상적 생애 동안에는 자신의 제자들이 미처 이해할 수 없던 모든 것을 그들에게 계시하신다(요 16:12-13, 참조. 막 13:9, 11).

요한은 예수의 영적 활동이 제자들 가운데서 은밀하게 이루어지고 있음을 신뢰하면서(참조. 마 28:20, 행 1:8) 자신의 복음서를 기술했으며 또한 영적 인식을 통해서 하나님의 아들의 본질과 그 의미를 증언한다.

그리스도에 대한 증언의 전제: 믿음과 이해

요한은 예를 들어 요한복음 1:14에서 누가가 그랬던 것과 같이 자신이 마치 목격자인 것처럼 언급한다. "우리가 그의 영광을 보니." 그러나 여기에서 그가 의미하는 것은 육안을 통한 감각적인 인식이 아니라 믿음을 통한 예수에 대한 영적인 인식을 의미한다.

예수를 '보는 것'과 예수를 '믿는 것'은 동일하다(요 12:44-45). 그가 본 것을 이해한 자만이 '보았던' 것이다(요 9:39). 이 때문에 요한은 '본다'와 '믿는다'를 '알다'라는 단어 대신 사용하기도 한다(요 17:8). '본' 즉 '이해한' 사람은 다른 사람들을 믿음에 이르게 하기 위해 예수의 참된 의미를 증언하도록 부름을 받는다(요 19:35). 물론 이를 위해서 역사적 의미의 목격은 필요하지 않다. 예수는 도마에게 다음과 같이 말씀하신다. "보지 못하고(=감각을 통해 인식하지 않고도) 믿는 자들은 복되도다"(요 20:29). 따라서 요한복음 기자도 자신을 예수의 참된 의미에 대한 증인으로 전권을 위임받은 것으로 이해한다. 사실 그는 역사적 의미의 목격자는 아니다. 그러나 이것은 결코 결점이 아니다. 왜냐하면 하나님의 아들이자 구속자이신 그리스도에 대한 참된 인식은 사실 부활 이후에야 비로소 가능하기 때문이다.

5. 요한의 증언에 대한 특징

요한은 요한복음의 서두부터

아버지와 아들이 한 분이심을 증언한다

기존의 전승과 비교하여, 요한의 증언이 갖고 있는 몇 가지 특징을 간략하게 요약하면 다음과 같다.

요한은 예수의 활동과 사건을 하늘의 아버지가 당신의 아들을 이 세상에 파송한 것으로 해석했다. 부활 이후에야 비로소 그들의 제자들에게 계시된 예수와 하나님 간의 동질성은 이 복음서의 시작 부분부터 명확하게 부각된다. 예수는 육화(肉化)된 하나님 말씀이다(요 1:1, 14). 그분의 삶과 활동은 그분을 세상으로 보내신 하나님의 뜻과 일치한다(예를 들어 요 5:19-24). 예수의 구속사역은 인간이 믿음을 얻게 하려는 것이다. 인간은 믿음을 통해서 하나님과 소원한 세상에서 자유를 얻게 되고, 영원한 생명을 얻을 수 있다(예를 들어 요 3:16-17). 예수의 죽음 역시 전적으로 하나님의 뜻과 일치한다. 사람들을 위해 자신의 생명을 내주심으로써(요 1:29, 36, 3:16, 10:11, 15:13) 구속사역이 완성되었다. "다 이루었다"(요 19:30). "나와 아버지는 하나이니라"(요 10:30). 예수의 존재와 세상으로의 파송에 대한 이러한 해석으로 말미암아, 역사적인 개별사항에 대한 요한의 관심사는 사라진다. 그는 예수의 일곱(완전 수 7) 기적 행위를 다루는 것으로 만족하는데, 이 행위는 하나님의 아들의 총체적인 의미를 상징적으로 계시한다.

가나의 혼인잔치(요 2:1-11) — 왕의 신하의 아들 치유(요 4:46-54) — 베데스다 연못가에서의 병자 치유(요 5:1-9) — 오천 명을 먹이심(요 6:1-15) — 바다 위를 걸으심(요 6:16-21) — 날 때부터 맹인 된 사람의 치유(요 9:1-7) — 나사로를 다시 살리심(요 11:1-44)

이러한 표적 가운데 세 경우에는 이어서 보다 긴 예수의 연설이 나온다. 이 연설은 예수와 함께 이 세상에 이미 도래한 구원을 진술하는데, 이러한 구원은 표적을 통해서 생생하게 제시된다.

안식일에 이루어진 베데스다 연못가의 병자의 치유 다음으로 예수의 전권에 대한 연설이 이어진다(요 5:19-47). 오천 명을 먹이신 사건은 생명의 참된 떡에 대한 연설의 동기를 제공한다(요 6:22-59). 선천적인 맹인의 치유는 '보지 못하는' 바리새인과 예수의 논쟁(요 9:40-41)과 선한 목자에 대한 연설로 이어진다(요 10:1-30).

예수 주장: "나는-이다-말씀"

요한에게서 사색적 · 순환적인 예수의 연설은 매번 "나는-이다-말씀"이라는 각인된 표현으로 절정을 이룬다. "나는-이다-말씀"은 공관복음서 기자와는 전혀 다른 방식으로 전개되지만, 내용적으로는 동일한 예수의 주장(제5장에서 제8장까지를 참조하라)을 매우 생동감 있게 표현한다. 예수는 이 세상 사람이 세상적인 수단을 통해서는 발견할 수 없는 모든 것 즉 행복-평안-방향-생명-구원을 제공하신다. 사람들은 예수에 대한 믿음으로 하나님이 예수의 파송을 통해 세상에게 주려고 계획하신 구원을 얻을 수 있다.

요한복음 6:35	나는 생명의 떡이니 내게 오는 자는 결코 주리지 아니할 터이요
요한복음 8:12	나는 세상의 빛이니 나를 따르는 자는 어둠에 다니지 아니하고 생명의 빛을 얻으리라
요한복음 10:9	내가 (양들에게) 문이니 누구든지 나로 말미암아 들어가면 구원을 받고 또는 들어가며 나오며 꼴을 얻으리라
요한복음 10:14	나는 선한 목자라 나는 내 양을 알고 양도 나를 아는 것이
요한복음 11:25	나는 부활이요 생명이니 나를 믿는 자는 죽어도 살겠고
요한복음 14:6	내가 곧 길이요 진리요 생명이니 나로 말미암지 않고는 아버지께로 올 자가 없으니라
요한복음 15:5	나는(참조. 1절) 포도나무요 너희는 가지라 그가 내 안에, 내가 그 안에 거하면 사람이 열매를 많이 맺나니 나를 떠나서는 너희가 아무 것도 할 수 없음이라

예수 구속사역의 통일성

"나와 아버지는 하나이니라"(요 10:30). 예수의 존재와 세상으로의 파송에 대한 해석을 통해서, 요한은 예수의 구속사역의 통일성을 묘사한다. 하나님의 아들이 인간이 되었다(요 1:14). 요한은 인간 예수를 다양하게 표현한다.

예수는 피곤해하신다(요 4:6). 그는 죽은 나사로 때문에 눈물을 흘리신다(요 11:35). 그는 세상이 죽음에 속한 것 때문에 비통해하신다(요 11:33, 38). 그는 유다의 배반으로 매우 괴로워하신다(요 13:21). 임박한 죽음에 직면하여, 그의 마음이 괴롭다(요 12:27). 십자가에서 그는 목말라하신다(요 19:28).

동시에 예수는 하나님이시다. "우리가 그의 영광을 보니"(요 1:14). 따라서 요한은 항상 예수를 상황의 주님으로 묘사한다. 그분이 "그의 때가 아직 이르지 않았다."고 간주할 때 즉 그분 또는 하나님이 그것을 원하지 않으실 때는, 그 누구도 그분에게 무언가를 행하게 할 수도 그분에게 해를 입힐 수도 없다.

예수의 어머니는 가나의 혼인잔치에서 예수의 개입을 재촉했으나 처음에는 성과가 없었다(요 2:4). 예수를 체포하려는 '때 이른' 시도는 좌절된다(요 7:30-32). 요한복음 17:1에서야 비로소 그분의 고난과 죽음의 '때'가 이른다(참조. 요 18:1-11). 그분의 주권적인 "내가 그니라"는 말씀은 그분을 체포하려는 추적자를 땅에 엎드러지게 만든다(요 18:6). 빌라도는 권한이 '위로부터' 즉 하나님으로부터 그에게 주어지지 않았다면 예수를 주관할 권한을 가질 수 없었다(요 19:10-11).

예수의 십자가 죽음은 그의 신적인 영광을 크게 거스르는 것이 아니어서, 심지어 요한은 십자가 죽음을 통해 '예수의 영화롭게 되심'에 대하여 이야기할 수 있었다(예를 들어 요 17:1). 예수의 사역은 다름 아닌 하나님을 영화롭게 하는 것이었다. 죄인을 위한 그의 대속적인 죽음(예를 들어 요 1:29b)은 이러한 일을 '완성하는 것'이다(요 17:4, 19:30). 이에 상응하여 요한은 십자가를 가시적으로 세우는 것과 십자가에 달리신 예수를 다양한 방식으로 예수의 '높여지심'으로 이해한다(요 3:14-15). 이러한 '높여지심'은 예수가 아버지에게로 돌아가는 것을 의미하는데, 사실 예수의 구속사역은 대속적인 죽음을 통해 '다 이루어진 것'이기 때문이다(요 12:32-33, 19:30, 참조. 마 28:18-20, 눅 24:50-53, 행 1:9-14에 나오는 '예수의 승천'). 믿는 사람은 육안을 통해서 보는 것보다 더 많은 것을 본다. 요한은 구속사역의 통일성을 매우 명백하게 강조한다. 따라서 그에게서 십자가 죽음과 예수의 높여지심(승천), 부활과 오순절(요 20:19-23)은 하나의 사건 그리고 동일한 사건의 측면으로 일치되거나 또는 완벽하게 밀접한 관계를 지닌다.

6. 요한은 중요한 초대 기독교의 주제를 강조한다

요한은 무엇보다도 인간이신 예수 그리스도의 의미를 다루고 있다. 따라서 공관복음서에서는 특별한 자리를 차지하는 특정 주제가 요한의 경우에서는 예수의 연설에서만 자주 나타날 뿐 요한복음에서 독립적인 자리를 차지하지는 못하고 있다. 요한은 교회, 성례전, 그리스도인의 미래에 대한 기대와 같은 주제를 원시 기독교의 진술에서 시작하지만, 자신의 복음서에서는 단지 자신에게 중요한 몇몇 사항만을 강조한다.

교회의 본질에 대해서

'공동체'라는 단어는 요한복음에 나타나지 않는다. 포도나무와 결합된 가지처럼 예수와 결합된 사람들은 '제자'(요 13:35, 15:8)나 '친구'(요 15:13-15)로 불린다. 제자들 상호간의 공동체성의 본질은 상호적인 사랑에 있으며(예를 들어 요 15:9-12) 또한 믿음 안에서 그리스도인이 하나가 되는 데 있다. 상호적인 사랑과 하나 됨은 세상 속에서 기독교인의 증언에 대한 신뢰성을 높여준다(요 17:20-23, 15:16-17, 13:35).

성례전의 본질에 대해서

요한은 마태(마 28:19)와는 달리 예수의 세례 명령을 전혀 보고하지 않는다. 그러나 기독교 세례에 대한 명확한 지시가 그의 복음서에서 발견된다(참조. 요 3:3-5, 참조. 요 3:22와 4:1-2, 7:38-39). 요한복음 19:34('피'와 '물'이 예수의 시신으로부터 나온다)에서 예수의 죽음은 성례전인 세례와 성찬식의 근거로 제시된다. 요한복음 6:51c는 공관복음서 기자에게 발견되는 성찬식 제정의 말씀을 연상케 한다. "내가 줄 떡은 곧 세상의 생명을 위한 내 살이니라"(참조. 요 6:50-58). 공관 복음서 기자가 예수의 성찬식 제정의 말씀을 제공하는 자리에서, 요한은 예수가 발을 씻겨 주시는 이야기를 전해준다(요 13:1-3, 4-17). 이 이야기를 통해 요한은 그분의 방식대로 예수가 자신을 죽음에 내놓게 되는 심오한 의미를 강조한다. "유월절 전에 예수께서 자기가 세상을 떠나 아버지께로 돌아가실 때가 이른 줄 아시고 세상에 있는 자기 사람들을 사랑하시되 끝까지 사랑하시니라"(요 13:1). 발을 씻기는 즉 자신을 낮추는 종의 섬김은 여기에서 우리를 위한 예수의 희생적인 죽음에 대한 비유가 되는데, 모든 사람은 개인적으로 그 죽음을 자신의 것으로 받아들여야 한다(베드로는 이에 대해 처음에는 어려움을 갖게 된다. 요 13:6-10).

요한의 강력한 표현 문구는 다음과 같다. "말씀이 육신이 되셨다." 우리 구속은 믿음을 통해 말씀을 듣고 받아들이는 것으로 이루어지지만, 단순히 영적인 방식만이 아니라 전체적이고 성례적인 방식으로 이루어진다. 세례에서 전 인간이 영적으로 '거듭난다'(요 3:3-5). 성찬식에서 우리는 떡과 포도주를 믿음으로 받아들임으로 육신이 된 말씀을 자기 자신 안으로 받아들인다. "신앙적인 들음을 넘어서서, 성례전에 참여하지 못하는 사람들은 말씀이 육신이 되었다는 그 말씀의 진정한 본질을 미처 깨닫지 못한 자들이다"(L. Goppelt, *Theologie des NT II*, Göttingen 1976, 639).

그리스도에 대한 생명을 결정하는 태도에 대하여

요한복음에서는 하나님의 미래적 구원에 대한 전통적인 원시 기독교의 진술("내가 마지막 날에 다시 살리는 이것이니라", 요 6:39, 40, 44, 54 또한 요 5:28-29를 참조하라)과 함께 이미 세속적인 삶에서의 구원의 현재성을 강조하는 진술이 동시에 나타난다(요 3:16, 36, 5:21, 25, 11:23-25).

| 구원의 현재성은 생명에 이르는 미래의 부활을 통해 명백하게 제시된다 | 요한의 메시지는 특히 이 세상을 '속세'로만 간주하고, 구원을 오직 미래(하늘의 빛의 세계, 하나님 나라)로부터 오는 것으로만 기대하는 기독교인에게 주어진 것이 분명하다. 요한은 그들과 맞서 하나님의 구원이 그리스도와 함께 이미 이 세상의 삶 속에 시작되었음을 강조한다.

"말씀이 육신이 되셨다"(요 1:14). 하나님의 구원은 어둠을 가르는 빛으로서 이 세상의 현실로 들어왔다(요 8:12). 그리스도는 구속사역을 "다 이루었다"(요 19:30). 이 세상으로부터 멀리 계신 하나님의 문제는 극복되었다(요 12:31, 16:11, 33). 믿는 자들은 예수와 함께 이미 현재의 세상 속에서 구원에 동참한다("내가-이다-말씀"과 결합되어 있는 약속을 참조하라).

"내 말을 듣고 또 나 보내신 이를 믿는 자는 영생을 얻었고 심판에 이르지 아니하나니 사망에서 생명으로 옮겼느니라"(요 5:24). 요한은 모든 사람들을 위한 예수의 구원에 대한 의미를 매우 특별한 방식으로 부각시킨다. 하나님이 세상으로 보내신 아들에 대한 우리 태도가 우리 생명과 우리 사망을—영원히—결정한다. 믿음으로 그리스도를 받아들이는 사람은 현재에서 이미 영생에 참여하는 것이다. 미래의 육신적인 '생명의 부활'은 이것을 명확하게 드러낼 것이다(요 5:29a). 하나님과 그리스도가 하나인 것같이, 미래는 그리스도와 하나님 그리고 모든 믿는 자들이 영원히 하나 되는 시대로 인도할 것이다(요 14:2-3, 17:24).

| 그리스도를 거부하는 사람은 구원으로부터 제외된다 | 그리스도를 거부하는 사람은 구원에서 자신을 제외시킨다. 그는 계속해서 하나님의 진노 아래(요 3:36b) 즉 어둠 속에 머물게 된다(요 3:19, 12:46). 미래의 '심판을 위한 부활'(요 5:29b)은 그가 그리스도의 생명의 말씀을 스스로 거절함으로써 자신을 구원에서 제외시켰다는 사실을 분명하게 드러낼 것이다. "나를 저버리고 내 말을 받지 아니하는 자를 심판할 이가 있으니 곧 내가 한 그 말이 마지막 날에 그를 심판하리라"(요 12:48).

| 하나님의 행동과 인간의 책임 사이의 긴장 | 하나님께 파송을 받은 예수는 배타적인 진술로 우리 인간들 앞에 마주 서신다. "내가 곧 길이요 진리요 생명이니 나로 말미암지 않고는 아버지께로 올 자가 없느

니라"(요 14:6). 요한은 자신의 복음서를 통해 예수의 이러한 주장을 경솔하게 상대적인 것으로 간주하고, 이를 아주 진지하게 받아들이지 않는 것에 대하여 경고한다.

다른 한편으로 요한은 자신의 방식으로 우리 생명과 구원이 우리 인간의 결정에 달려 있는 것이 아니라 하나님께 달려 있음을 분명하게 밝힌다. 예수는 요한복음에서 다음과 같이 말씀하신다. "내 아버지께서 오게 하여 주지 아니하시면 누구든지 내게 올 수 없다"(요 6:65, 이와 비슷한 말씀으로는 요 3:27, 10:29, 18:9). 증인 요한은 인간의 책임과 하나님의 행동 사이에서 나타나는, 신약성경에서는 전형적인 이러한 긴장 속에 우리 즉 자신의 독자를 그대로 둔다(참조. 빌 2:12-13).

사도행전 1-28장

사도행전은 누가의 두 번째 역사서이다(눅 1:1-4과 행 1:1-2을 비교). 사도행전을 읽는 동안 발견하게 되겠지만 누가는 사도의 이야기 즉 사도의 말씀과 행위를 전달하지 않는다. 오히려 (누가에 의해서가 아니라) '사도행전'이라는 부적합한 형식의 표제를 가진 이 작품의 목적은 그의 '증인'을 통해 높여지신 그리스도의 세계적인 활동을 묘사하는 것에 있다. 이 책의 목적은 사도행전의 맨 앞의 핵심 구절인 사도행전 1:8을 통해 표현되는데, 이 구절은 책 전체의 구조를 결정한다. 이 구절에서 부활하신 그리스도는 그의 제자들에게 다음과 같이 말씀하신다. "오직 성령이 너희에게 임하시면 너희가 권능을 받고 예루살렘과 온 유대와 사마리아와 땅 끝까지 이르러 내 증인이 되리라."

1-2장	"오직 성령이 너희에게 임하시면 너희가 권능을 받고"
1장	예수는 하늘 아버지에게로 가신다(승천)
2장	제자들을 성령으로 준비시키신다(오순절)
3-7장	"너희가 예루살렘과 온 유대에서 내 증인이 되리라"
3-5장	예루살렘에서 사도의 활동

6-7장	스데반의 설교와 순교
8-12장	"너희가… 사마리아에서 내 증인이 되리라":
	이방인 선교를 위해 사마리아와 해안지역으로 가다
8장	에디오피아의 국고를 맡은 관리인
9장	바울의 회심
10장	베드로가 로마 백부장 고넬료에게 세례를 주다
13-28장	"너희가… 땅 끝까지 이르러 내 증인이 되리라"
13-21장	사도 바울의 세 번의 선교여행
13-14장	첫 번째 선교여행
15장	예루살렘의 사도회의
16-18장	두 번째 선교여행
19-21장	세 번째 선교여행
21-23장	예루살렘에서 갇힌 바울의 증언
24-26장	가이사랴에서 갇힌 바울의 증언
27-28장	갇힌 자 바울이 로마로 이송되다
	(당시) 전 세계의 수도에서 증인 사역

안내: 사도행전을 읽을 때 당신의 성경 아래에 있는 지도자료를 보라. 팔레스타인—바울의 선교여행

너희가 내 증인이 되리라[7)]

1. 누가의 역사서: 복음서와 사도행전

사도행전의 저자는 누가복음을 기록한 저자와 동일하다(눅 1:1-4와 행 1:1-2를 비교). 마태복음, 마가복음, 요한복음은 부활하신 그리스도께서 세상으로 제자를 파송하시는 보고로 끝난다(마 28:16-20, 막 16:15-20, 요 20:21-23). 반면 누가복음은 명확한 파송의 말씀 없이 끝난다. 그러나 파송의 말씀은 사도행전의 시작 부분에서 바로 나타난다. "오직 성령이 너희에게 임하시면 너희가 권능을 받고 예루살

주7) 사도행전 1:8

렘과 온 유대와 사마리아와 땅 끝까지 이르러 내 증인이 되리라"(행 1:8). 누가는 사도행전 전체를 통해서 부활하신 분께서 하신 약속의 의미와 실현을 전개해 나간다. 다른 복음서 기자는 복음서 안에서 교회와 세상 속에서 부활하신 그리스도의 사역을 묘사하는 반면(마 18:20, 28:20, 막 4:35-40, 요 15:5, 16:7, 12-14), 누가는 높여지신 주님의 활동을 그의 교회에서 그리고 교회를 통하여 보다 자세하고 꼼꼼하게 묘사해야 하는 까다로운 과제를 떠맡는다. 누가는 이러한 이유 때문에, 누가복음 다음으로 두 번째 후속작품을 저술했고 이것은 우리에게 '사도행전'(Apostelgeschichte)이라는 제목으로 전승되었다.

'사도행전'이라는 명칭은 누가가 붙인 것이 아니라, 신약성경의 정경이 확정될 때 생겨난 명칭이다. 이러한 명칭은 누가가 원시 기독교의 교회사 또는 사도의 교회사를 저술했다는 가정으로 우리를 잘못 인도할 수 있기 때문에, 오해의 소지가 있는 명칭이다. 좀 더 엄밀하게 말하자면 사도행전에 나오는 사도의 역사를 보면, 우리는 열두 사도의 무리 중에서는 오직 베드로, 요한, 야고보에 대해서만 또한 그 외 일곱 명의 무리(행 6:1-7) 중에서는 스데반과 빌립에 대해서만 그리고 마지막으로 그 스스로를 사도라 칭하는 바울의 사역(예를 들어 롬 1:1, 고전 15:8-9)에 대해서만 들을 수 있다. 누가는 물론 바울을 단지 임시로만 '사도'라고 부른다(행 14:4, 14). 왜냐하면 누가는 부활하신 그리스도 그리고 지상의 그리스도를 목격한 자들에게만 사도직을 부여하기 때문이다(행 1:21-22). 사도행전을 대략 살펴볼 때, 사도행전의 첫 번째 부분에서는 베드로가 그리고 두 번째 부분에는 바울이 사건의 중심에 서 있다. 그러나 누가는 두 명의 주요 인물의 결말에 대해서는 그 어떠한 보고도 제공하지 않는다. 왜냐하면 그에게서 중요한 것은 두 사람에 관한 이야기가 아니라 부활하신 그리스도의 활동에서 사용된 그들의 증언이기 때문이다. 이 때문에 누가는 보다 정확한 일시와 시간에 대한 보도 역시 생략한다.

2. 아브라함의 약속이 실현되다

누가는 두 권으로 된 자신의 역사서를 통해, 구약성경에서 매번 접하게 되는 하나님의 구원 계획을 증언한다. 하나님의 목적은 바로 모든 사람들을 하나님과 교제하도록 부르시는 것이다. 이러한 목적의 실현은 아브라함의 소명에서 시작한다(창 12:1-3, 이것은 행 7:2-5, 8에서 받아들여짐).

이스라엘은 하나님의 사역을 수용하지 않는다

사도행전의 보도 가운데 가장 긴 연설에 해당되는 스데반의 연설(행 7:2-53)을 통해서, 누가는 아브라함부터 솔로몬에 이르기까지 이스라엘 민족의 역사 전체를 회상하게 한다(참조. 행 13:15-41). 이스라엘은 하나님이 그의 백성 이스라엘을 위하여 보내주신 예언자에 대해 자신의 귀를 막았다(행

7:51-52). 그러나 하나님은 아브라함에게 하신 맹세를 기억하셨고, 예언자를 통하여 다윗의 혈통에서 강력한 구원자를 보내시리라는 약속의 말씀을 다시 새롭게 하셨다(눅 1:68-79, 행 7:52). 이스라엘 사람들은 하나님이 보내신 다윗의 성읍에서 태어난 구원자를 다시 거부했고(눅 2:11), 그를 십자가에 못 박았다. 스데반은 하나님의 행위에 대한 이스라엘의 태도에 대하여 요약적으로 말한다.

> 목이 곧고 마음과 귀에 할례를 받지 못한 사람들아 너희도 너희 조상과 같이 항상 성령을 거스르는도다 너희 조상들이 선지자들 중 누구를 박해하지 아니하였느냐 의인이 오시리라 예고한 자들을 그들이 죽였고 이제 너희는 그 의인을 잡아 준 자요 살인한 자가 되나니(행 7:51-52)

하나님은 자신의 구원 계획에
이스라엘의 저항을 포함시키신다

반항적인 그리고 일부는 무지에 기인한 이스라엘의 이러한 태도(행 3:17, 13:27, 눅 23:34)는 결코 하나님의 구원 계획을 원점으로 돌릴 수는 없다. 오히려 이러한 태도는 하나님의 구원 계획을 돕는 역할을 하게 된다. "그리스도가 이런 고난을 받고 자기의 영광에 들어가야 할 것이 아니냐 하시고 이에 모세와 모든 선지자의 글로 시작하여 모든 성경에 쓴 바 자기에 관한 것을 자세히 설명하시니라"(눅 24:26-27, 44-45 또한 행 3:18, 21, 24를 참조하라). 하나님이 십자가에 달리신 분을 소생시키시고, 자신의 오른편으로 들어올리셨다(행 7:56). 하나님처럼 그분은 이제 그분의 제자들 곁에서 언제나 함께 계실 수 있다. 그들은 그분에게 기도할 수 있다(눅 24:50-53 가운데 있는 24:52를 보라. 행 1:9-12 이후에 1:14를 보라. 승천=예수는 '하나님'으로 높여지신다. 막 1:15와 마 4:17을 비교하라). 그들이 성령의 능력을 힘입어 도처에서 그분을 증언하기 때문에, 그분은 그들을 통해 계속해서 역사하시게 된다(행 1:8).

높여지신 그리스도는 세계적으로 아브라함의 약속을 이행하신다

아브라함의 약속은 모든 민족들이 그리스도를 통해 하나님과 교제의 복을 누리게 될 때 비로소 실현된다. 부르심은 지속되는데 맨 처음에는 이스라엘 민족을 향한 것이었으나, 그 이후에는 이방 민족들에게도 미친다.

> 너희는 선지자들의 자손이요 또 하나님이 너희 조상과 더불어 세우신 언약의 자손이라 아브라함에게 이르시기를 땅 위의 모든 족속이 너의 씨로 말미암아 복을 받으리라 하셨으니 하나님이 종을 세워 복 주시려고 너희에게 먼저 보내사 너희로 하여금 돌이켜 각각 그 악함을 버리게 하셨느니라(행 3:25-26)

그의 책이 계속해서 진행되는 동안, 누가는 어떻게 이방인이 아브라함의 약속에 참여하게 되는지를 설명해 나간다. 로마의 백부장 고넬료가 회심한 이후 예루살렘의 기독교인은 다음과 같이 하나님을 찬양했다. "그러면 하나님께서 이방인에게도 생명 얻는 회개를 주셨도다"(행 11:18). 이스라엘(물론 하나님께 순종하는 민족인)의 역사는 교회에서도 계속된다. 그것은 유대인과 이방인을 포함한다. 이 두 무리는 "주 예수의 은혜로 구원을 받는다"(행 15:11, 참조. 롬 1:16, 행 13:46, 26:23).

3. 인류에 대한 하나님의 구원사의 연속성

성령의 활동

아브라함·이스라엘–그리스도–교회, 이것은 누가에 따르면 하나님의 구원 계획의 역사에서 차례로 교대해서 나타나는 세 단계이다. 각각의 단계간의 연속성을 누가는 성령의 사역 속에서 발견한다. 첫 번째 단계는 부정적이다. 옛 민족 이스라엘은 계속해서 성령의 사역에 저항했다(행 7:51). 두 번째로 예수의 사역은 성령의 능력으로 각인되었다(눅 4:1, 14, 1:35, 행 10:38). 그리고 마지막으로 교회의 역사는 높여지신 그리스도에 의한 성령의 부음으로 시작된다(행 2장).

바벨탑 이야기와 오순절 사건

이 세 가지 단계의 연속성은 또한 아브

라함의 약속에서부터 전개된다. 바벨탑 이야기(창 11:1-9)는 언어가 세계적으로 혼잡해지는 것으로 끝이 난다. 그리고 그와 직접적인 연관 속에서 아브라함의 소명이 보고된다. 아브라함의 열매(이스라엘 민족)는 모든 사람들—이제 흩어진 민족들—에게 복이 되어야 한다(창 12:1-3). 하나님은 예수 그리스도를 통해서 아브라함의 약속을 이루신다(눅 1:68-73). 하나님은 자신에게 온전히 순종하여 십자가에 못 박히신 분(눅 23:46-47)을 죽은 자들 가운데서 다시 살리시고(눅 24장), 하나님의 신적인 전능에 참여하게 하신다(눅 24:50-53, 행 1:9-14). 높여지신 분은 오순절에 하나님의 권능으로 그분의 제자들을 성령으로 무장시키신다(행 2장). 이러한 사건은 사도행전 2:5-12에서 언어의 기적으로 나타난다. 오순절을 지키기 위해 세상의 모든 땅에서부터 예루살렘으로 모여든 유대인은 제자들의 말을 자신의 모국어로 이해하게 된다. 오순절 이야기의 이러한 부분은 언어의 혼잡과 관련된 바벨탑 이야기와 대조적이라는 사실을 알 수 있다. 성령의 활동을 통해 사람들과 민족들 사이의 (언어적인) 부조화가 없어지게 된다. 기독교의 선포와 세례를 통하여 상당히 다른 사람들이 하나님과 그리스도와 더불어 교제를 나누게 된다. 언어적 차이에도 불구하고 그들은 믿음을 통해 교회 안에서 하나가 된다.

> 베드로가 이르되 너희가 회개하여 각각 예수 그리스도의 이름으로 세례를 받고 죄 사함을 받으라 그리하면 성령의 선물을 받으리니 이 약속은 너희와 너희 자녀와 모든 먼 데 사람 곧 주 우리 하나님이 얼마든지

부르시는 자들에게 하신 것이라 하고 또 여러 말로 확증하며 권하여 이르되 너희가 이 패역한 세대에서 구원을 받으라 하니 그 말을 받은 사람들은 세례를 받으매 이 날에 신도의 수가 삼천이나 더하더라 그들이 사도의 가르침을 받아 서로 교제하고 떡을 떼며 오로지 기도하기를 힘쓰니라 사람마다 두려워하는데 사도들로 말미암아 기사와 표적이 많이 나타나니 믿는 사람이 다 함께 있어 모든 물건을 서로 통용하고 또 재산과 소유를 팔아 각 사람의 필요를 따라 나눠 주며(행 2:38-45)

교회 공동체성의 본질

누가는 원시 공동체의 생활에 대하여 매우 짧게 요약하여 설명한다(행 2:42-47, 4:32-35, 5:12-16). 이 구절은 결코 '오직' 기독교가 시작되는 시점에서만 존재 가능한 이상적인 교회에 대해서 말하는 것이 아니다. 사실 누가는 신앙인의 '하나 됨'(행 2:46, 4:32, 5:12)을 원시 교회의 내부적인 문제와 갈등과 대조시키고 있다.

아나니아와 삽비라(행 5:1-11, 참조. 수 7장의 아간의 도둑질), 그리스어를 사용하는 유대 기독교인 과부를 소홀히 여김(행 6:1), 구별, 율법준수와 할례의 의무에 대한 불가피성의 논쟁(행 11:1-3, 15:1-7) 그리고 바울과 바나바의 개인적인 갈등(행 15:36-41).

공동체 생활에 대한 요약적 언급에서 누가는 교회 공동체성의 본질이 무엇인가에 대하여 두드러진 특징으로 설명한다. 사도의 가르침을 굳게 붙잡는 것(사도는 목격자로서 가르침의 순수성에 대해 확실하게 증명한다. 참조. 행 1:21-22), 재산의 자발적인 나눔(행 5:4), 병자 구제와 사회적 구제(행 6:1도 참조하라) 그리고 하나님과 그리스도와 교제의 지속(함께 모임, 세례, 성찬식, 공동 기도). 따라서 교회 안에서는 사중적 평화(『한 권으로 마스터하는 구약성경』 제4장을 참조하라)가 실현되어야만 한다.

기독교인과 그의 교회는 이스라엘 민족과 연속성을 가지고 있다. 가장 먼저 이스라엘 백성의 거룩한 성전 도시인 예루살렘은 최초의 기독교인에게 중심적 역할을 수행한다(행 2:46a, 3:1, 21:26-27, 22:17). 사도행전이 전개되면서 그 무게 중심은 로마를 향해 움직인다(행 27-28장).

4. 너희가 내 증인이 되리라

교회는 그리스도의 고난에 참여한다

누가는 이스라엘부터 교회에 이르기까지 하나의 직선만을 그린 것이 아니다. 그는 특별한 방식으로 교회의 운명이 예수 그리스도의 운명과 상응하게 될 것임을 분명히 제시한다. "그리스도가 이런 고난을 받고 자기의 영광에 들어가야 할 것이 아니냐"(눅 24:26). 이 문장을 통해서 누가는 그리스도의 운명을 특징짓는다. 그는 이에 상응하여 교회의 운명을 차례대로 설명한다. 먼저 이 문장의 첫 번째 부분을 살펴보자. "그리스도가 이런 고난을 받고…."

| 원시 공동체의 박해 | 그들의 주님처럼 그분의 증인도 고난을 받아야만 한다(참조. 눅 14:27, 마 10:16-26). 성령강림의 기적은 몇몇 사람들로부터 조롱을 받았다(행 2:13). 걷지 못하는 자를 치료한 것과 이 사건을 설명하는 베드로의 설교로 말미암아, 베드로는 공회 앞에서 그 자신과 요한을 변호해야만 했다(행 3-4장). 이때 사도들은 경고를 받았음에도 불구하고, 얼마 후 사람들은 그들을 죽음으로까지 위협했다(행 5:33). 그들의 계속적인 선포를 중단시키기 위해, 그들은 또한 채찍질을 당하기도 했다(행 5:40-42). 스데반의 경우 심지어 돌에 맞았고(행 7:54-60), 그 결과 최초로 대대적인 기독교인에 대한 박해가 시행되었다(행 8:2-3). 바리새인인 사울은 박해에서 핵심적인 역할을 했다(행 8:1, 3, 9:1-2).

| 바울의 고난 | 바울의 회심 이야기에 따르면, 높여지신 분은 그에 대해 다음과 같이 말씀하신다. "그가 내 이름을 위하여 얼마나 고난을 받아야 할 것을 내가 그에게 보이리라"(행 9:16). 이후에 바울의 선교여행은 그가 받은 고난을 매우 구체적으로 보고한다.

아브라함의 약속에 상응하여 바울은 우선 선택된 민족인 유대인에게 선교했고, 그 다음으로는 이방인에게 선교했다(예를 들어 행 13:46, 18:6). 바울은 먼저 유대인의 박해를 경험하게 되었는데, 그들은 사람들을 선동하여 바울에게 적대적인 태도를 취하게 했고(행 13:50, 14:2, 4, 17:5-9, 13), 그를 법정에 고발했으며(행 18:12-16), 심지어 그를 돌로 쳤으나(행 14:19) 죽음에 이르지는 않았다(참조. 고후 11:25).

또한 바울 때문에 종교적 영업을 못하게 된 이방인에게 바울은 박해를 받게 되었다. 바울은 점치는 영을 몰아낸 이후 태형을 받고(행 16:22) 곧이어 투옥되었다(행 16:23-24). 은으로 만든 아데미 신전을 더 이상 사람들에게 판매할 수 없게 된 은 세공자 데메드리오는 난동을 부렸다(행 19:23-40). '성령에 매인 자'(행 20:22)인 바울은 에베소에서 예루살렘으로 여행을 떠났고, 예루살렘에서 여러 차례 죽음의 위협을 겪은 이후(행 21:27-31, 22:22, 23:12-22) 결국 체포된 채로 로마에 이르게 된다.

| 예수의 운명과 그의 증인 간의 명백한 유사점 | 누가는 사도들과 예수의 제자들이 겪는 경험이 스승의 운명과 연관이 있다는 것을 명백히 보여주기 위해서 박해 상황과 재판 상황 그리고 죽음의 상황을 기록한다. 복음서를 이미 아는 독자는 이를 통해 예수의 고난을 분명히 떠올리게 된다. 사도행전 7:59-60과 누가복음 23:46, 34를 비교하라. 예수처럼 바울은 예루살렘에서 체포되어 공회 앞에 서게 되며, 로마 총독에게 끌려가 결국에는 유대 왕에게도 심문을 받게 된다(행 21-26장, 이에 대해서는 눅 22:47-53, 63-71, 23:1-5, 6-12를 참조하라).

교회는 그리스도의 영광에 참여한다

유대인의 예수 박해와 거부가 하나님의 구원 계획에 포함되어 있는 것처럼, 그분의 증인에 대한 거부와 박해 역시 하나님의 구원 계획에 포함되어 있다. 하나님은 십자가에 못 박히신 그리스도를 전 세계적으로 새로운 활동을 하도록 부활시키고 높이심으로써, 예수의 십자가 처형을 악의 권력에 대한 승리로 바꾸신다.

| 사도행전은 무제한적인 결말로 끝나는 소생하게 된 자의 활동의 역사이다 | 만약 누가복음을—다른 모든 복음서와 마찬가지로—"상세한 서론을 갖춘 수난 이야기"로 부를 수 있다면, 사도행전에 대해서는 "무제한적인 결말로 끝나는 소생하게 된 자의 활동의 역사"라고 특징지을 수 있을 것이다. 주목할 만한 점은 사도행전이 예수의 죽음에 대해서는 약간만 언급하는 반면, 예수의 부활(과 높여지심)에 대해서는 매우 자주 이야기한다는 것이다(참조. 예수의 죽음과 부활에 대한 구절의 상이한 빈도수: 십자가에 못 박음, 행 2:23, 36, 4:10, 예수를 죽임, 행 3:15, 5:30, 7:52, 10:39, 13:28-29, 살리시다·일으키시다, 행 1:22, 2:24, 31, 32, 3:15, 26, 4:2, 10, 33, 5:30, 10:40, 13:30, 33, 34, 37, 17:18, 31, 32, 23:6, 24:15, 21, 26:8, 23, 높여지심, 행 2:33, 5:31, 이에 대해 덧붙여서 행 1:9-14).

사도행전은 또한 그의 증인을 통해 부활하신 그리스도와 하나님으로 말미암아 높여지신 그리스도의 사역을 묘사하고자 했다. 그들이 그분의 고난과 십자가에 참여했듯이 그들은 또한 온 세상에서 행해지는 복음의 승리의 행군에서 나타나는, 소생하는 승리의 능력에 참여할 수 있게 된다. 이 문장의 두 번째 부분을 살펴보자. "…그리고 자기의 영광에 들어가야 할 것…."

| 그분의 증인을 통한 부활하신 분의 구원 활동 | 어떤 사람들은 오순절 사건을 조롱했지만, 성령의 권능으로 행한 베드로의 설교는 매우 많은 사람들이 하나님과 교회와 교제를 하게 되는 동기를 제공했다(행 2:40-42). 지상의 예수가 하신 것처럼, 사도들이나 다른 이들도 성령의 권능을 받아 예수가 이름으로 표적과 기적을 행했다.

병자의 치유: 베드로를 통한 걷지 못하던 사람의 치유(행 3:1-10). 바울을 통한 치유(행 14:8-10). 사도들을 통한 치유(행 5:12-16). 스데반을 통한 표적과 기적(행 6:8). 사마리아에서 빌립을 통한 치유(행 8:7). 바울을 통한 치유(행 19:11-12).

죽은 자를 다시 살리는 일: 베드로는 다비다를 다시 살린다(행 9:36-43). 바울은 그가 설교할 때에 졸다가 창에서 떨어진 유두고를 다시 살린다(행 20:8-12).

마귀를 쫓아내는 일: 사마리아에서 빌립을 통해 귀신을 쫓아낸다(행 8:7). 바울은 마술사 엘루마를 앞을 보지 못하도록 만든다(행 13:8-12). 그는 점치는 귀신을 쫓아낸다(행 16:16-18). 그는 강령술사(降靈術士)와 마술사와 대결한다(행 19:12-20). 바울은 돌을 맞거나(행 14:19-20) 독사에게 물려도(행 28:3-6) 아무 일 없이 이겨낸다.

| 담대한 신앙고백으로 이끄는 능력 | 베드로는 공회 앞에서 예수가 심문을 받으실 때 대제사장의 집 앞마당에서 자신이 예수께 속한 자임을 세 번이나 부인했다(눅 22:54-62). 그러나 그 이후 베드로는 성

령의 능력으로 공회 앞에서 그리스도에 대한 신앙을 고백한다(행 4:8-12). 더욱 심해지는 공회의 압박(행 5:40-41)은 사도들에게 큰 영향을 주지 못한다. "사람보다 하나님께 순종하는 것이 마땅하니라"(행 5:29). "우리는 보고 들은 것을 말하지 아니할 수 없다"(행 4:20 또한 19절도 참조하라). 사도들은 계속해서 설교했고, 점점 더 무거워지는 압박에도 불구하고 공동체 구성원의 숫자는 계속해서 증가했다(행 6:7).

| 구별사상의 해체 | 스데반의 순교와 함께 시작된 기독교인에 대한 박해는 공동체의 많은 구성원을 예루살렘 밖으로 추방시켰다. 그러나 이러한 추방은 전 세계 속에 복음의 승리의 길을 보여주는 중요한 이정표가 된다.

사마리아가 말씀을 받아들인다: 유대인으로부터 반(半)이방인으로 멸시를 당하던 사마리아 사람들이 예루살렘에서 추방당한 기독교인을 통해 그리스도의 메시지를 받아들였다(행 8:4-17). 유대교 신앙에 호감을 가지고 있던 에디오피아의 한 장관이 기독교인이 된다(행 8:26-40).

바울의 회심: 이스라엘 백성들 위주로만 이루어진 선교가 반(半)이방인(과 이후에는 이방인)에게 전환되었음을 증언하는 이러한 사건은 유대 기독교인에게 매우 혁명적이었다. 누가는 가장 먼저 기독교인을

박해한 사람인 사울의 회심에 대해 보고한다(행 9:1-19). 그리스도는 주님이시다. 그리스도는 자신을 박해한 자를 이기시고(행 9:5, 22:8, 10, 26:15), 그를 자신의 세계적인 사역의 특별한 증인으로 만드셨다. "이 사람(바울)은 내 이름을 이방인과 임금들과 이스라엘 자손들에게 전하기 위하여 택한 나의 그릇이라"(행 9:15). 바울의 회심으로 말미암아 공동체에 대한 탄압은 감소했다. 성령의 함께 하심으로 공동체는 계속해서 성장한다(행 9:31).

로마의 백부장 고넬료의 회심: 사마리아의 사건과 바울의 회심을 통해 보도하려는 것 즉 유대인 선교에서 이방인 선교로의 전환은 로마의 백부장 고넬료의 회심을 통해서 온전히 이해된다. 베드로는 환상과 함께 계속되는 하나님의 예정된 계획을 통하여, 하나님이 유대인과 마찬가지로 이방인도 자신의 교회 안으로 부르셨음을 깨닫게 된다. 하나님은 이방인에게도 성령을 선물로 주신다. 성령은 이방인을 하나님과 결합시키신다(행 10장, 특별히 34-35절, 45-48절). 율법 경건, 할례 그리고 육체와 피에 대한 구별사상이 무시되었다고 여긴 예루살렘의 유대 기독교인에게서 할례라는 언약의 상징 없이 이방인을 하나님의 새 백성으로 수용한다는 것은 상상할 수도 없는 일이었다. 이 때문에 그들은 베드로가 구별사상을 해체시키려 했을 때, 그를 공격했다(행 11:1-3). 베드로는 그들에게 공회의 항의뿐만 아니라 유대 기독교인의 항의 역시 수용할 수 없음을 분명하게 밝힌다(참조. 행 5:29, 사람보다 하나님께 순종하는 것이 마땅하니라). 왜냐하면 하나님 자신이 개입하셨고, 어느 누구도 그분의 행동을 가로막을 수 없기 때문이다(행 11:17, 참조. 행 5:38-39. 이에 대한 것은 바리새인 가말리엘이 말한다).

사도회의: 사도행전의 중심인 15장에서는 이방인이 하나님 백성의 새로운 구성원이 되기 위해서는 반드시 할례를 행하고 율법을 준수해야만 하는가의 문제(행 15:1-2, 5)에 대한 원시 공동체의 논쟁을 최종적으로 결정한다. 구원은 율법에 따라서가 아니라(행 15:10) 오직 "주 예수의 은혜로"(행 15:11) 이루어지기 때문이다. 교회사 측면에서 매우 중요한 원시 공동체의 지도자 위원회의 결정은 율법으로부터 자유로운 이방인 선교를 공식적으로 인정했고, 이로써 유대 기독교인과 이방 기독교인 사이에 교회 공동체가 발생했다.

바울이 아닌, 단지 누가에 의해서만 전승되는 '사도들의 결정'(행 15:29, 모든 기독교인은 우상에게 바친 제물의 고기, 피와 목매어 죽인 것을 먹는 것, 음행을 멀리해야만 한다)은 공간적으로 서로 가깝게 살았던 유대 기독교인과 이방 기독교인이 교회 공동체를 형성하는 데 도움이 되었다(참조. 고전 10:23-33). 추측컨대 누가는 안디옥, 시리아, 길리기아의 제한된 공간에서 그 당시 통용된 문서 대본을 받아들인 것 같다.

예수의 사역에서 이미 상징적으로 실현된 구별사상의 해체가 부활 이후 사도회의에서 어렵게 결정되었다. 교회는 모든 사람들과 모든 민족들에게 문을 열었다. 하나님과 교제하는 복을 모든 민족들이 누리게 될 것이라는 아브라함의 약속이 교회 안에서 전 세계에 흩어져 있는 기독교인과 하나님의 교제를 통해 실현된다. 사도회의 이후부터는 더 이상 그 어떤 것도 복음의 전 세계적인 승리의 행진을 가로막을 수 없었다.

이방인 선교사 바울의 사역(참조. 고후 6:3-10): 높여지신 그리스도는 이전에 자신을 박해한 자인 바울을 특별히 이방인에게 자신의 말씀을 전달하는 도구로 사용하신다. 유대인, 이방인, 유대 기독교인의 잦은 방해와 박해에도 불구하고 바울은 세 번의 선교여행을 통하여 성공적으로 복음을 선포한다(첫 번째 선교여행: 행 13-14장, 두 번째 선교여행: 행 16-18장, 세 번째 선교여행: 행 19-21장). 표적과 이적이 그의 사역과 함께 했다. 돌로 침, 투옥(행 16:23-40, 참조. 행 5:17-24에 나오는 사도들이 감옥에서 풀려나는 일), 또는 죽이려는 음모(행 23:12-14)와 같은 인간적인 반대도 바울을 통한 높여지신 그리스도의 활동을 가로막지 못한다(행 16:25-34, 감옥의 간수가 기독교인이 된다!). 바울의 마지막 활동 시기 즉 예루살렘에서 바울의 감금은 십자가에서 처형당하시고 부활하신 그리스도의 복음을 선포하는 데 도움이 된다. 바울은 자신의 민족(행 22:1-21), 로마의 천부장(행 22:23-30), 공회(행 23:1-10), 총독 벨릭스(행 24:1-21) 또한 그의 후임 베스도, 마지막으로는 눈에 띄게 깊은 인상을 받은 유대인의 왕 아그립바(행 26:1-32) 앞에서 다시 한 번 복음을 증언한다.

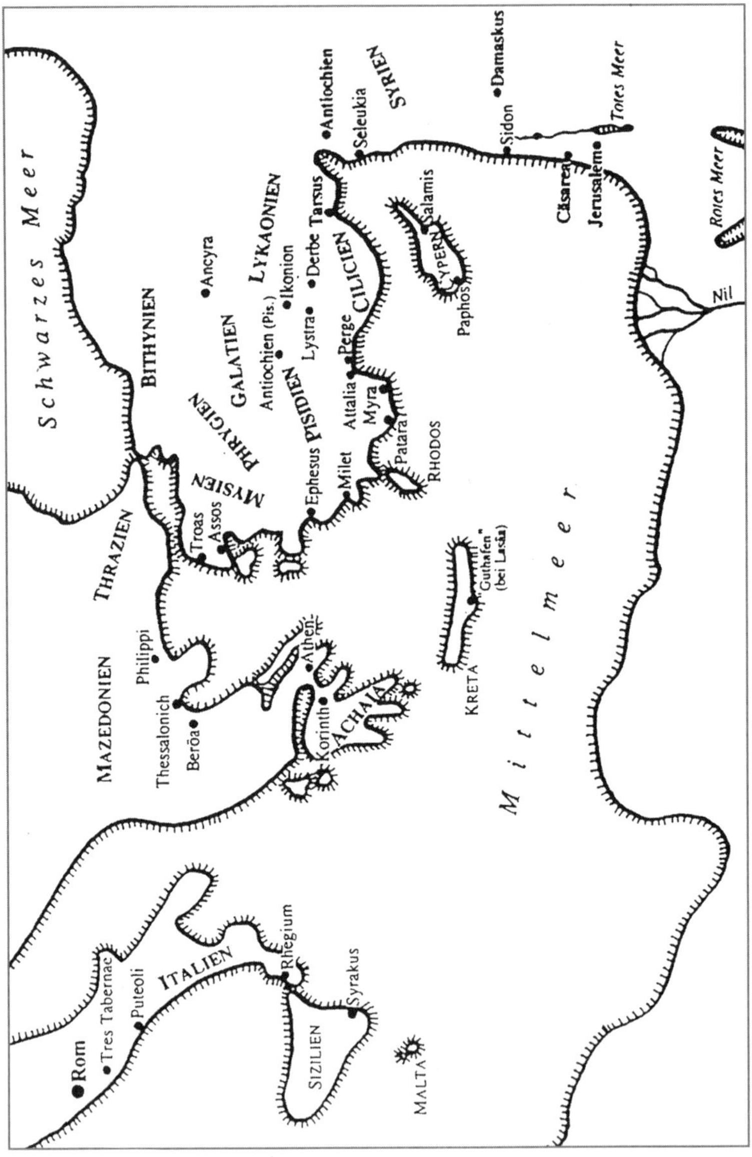
Schwarzes Meer
BITHYNIEN
Ancyra
GALATIEN
PHRYGIEN
MYSIEN
THRAZIEN
MAZEDONIEN
Philippi
Thessalonich
Beröa
Troas
Assos
Ephesus
Milet
PISIDIEN
Antiochien (Pis.)
Ikonion
Lystra
Derbe
LYKAONIEN
Tarsus
CILICIEN
Perge
Attalia
Myra
Patara
RHODOS
Antiochien
Seleukia
SYRIEN
Damaskus
Sidon
Totes Meer
Cäsarea
Jerusalem
Rotes Meer
Nil
Salamis
CYPERN
Paphos
"Guthafen"
(bei Lasäa)
KRETA
Mittelmeer
Athen
Korinth
ACHAIA
ITALIEN
Rom
Tres Tabernae
Puteoli
Rhegium
Syrakus
SIZILIEN
MALTA

사도 바울의 활동영역

로마제국의 수도에서 복음 승리의 행진: 로마의 시민권을 가진 사람으로서 바울은 로마 황제에게 상소한다(행 25:9-12). 이러한 방법으로 위대한 이방인 선교사 바울은—분명히 구금된 자로서—로마에 이르게 된다. 로마에서 그는 '쇠사슬'에 묶인 채(행 28:20) 선포사역을 계속한다. 바울은 먼저 로마에 살던 유대인에게(행 28:17-27) 그리고 그 다음으로는 이방인에게 말씀을 전한다(행 28:28-31).

사도행전의 열린 결말: 예수 그리스도의 제자들은 성령의 능력을 힘입어 "땅 끝까지"(행 1:8) 복음을 증거해야 한다. 바울이 체포됨으로써 그 당시 세계적인 수도였던 로마까지 복음이 이르렀지만 '땅 끝'까지는 미처 이르지 못했다. 그 제국의 수도에 감금된 바울을 통해서 그리스도는 만 2년 동안(행 28:30-31) 활동하셨다. 그 이후에 높여지신 그리스도의 전 세계적인 선교사역은 다른 증인을 통해서 "땅 끝에 이르기까지" 계속되었다.

5. 그분의 교회 안에 나타난 높여지신 분의 활동

그리스도는 그의 말씀의 주님이시다

누가는 자신의 두 번째 작품을 통해서 사도들의 행동이 아니라 사도들을 통한 부활하신 그리스도의 활동을 기술한다. 사도들과 제자들은 그분의 증인이고(행 1:8), 그분

자신이 특별히 성령을 통해 그들의 발걸음과 교회의 길을 인도하신다(행 2장). 누가는 그분의 교회에 나타난 그리스도의 능동적인 행위를 매우 다양한 방법으로 표현한다.

그분은 활동하신다: 천사와 성령을 통해서(빌립은 에디오피아 장관에게 가야만 한다. 행 8:26, 29, 39 또한 행 10:19-20, 22, 22:17-18도 참조하라). 선포활동의 특별한 소명을 통해서(바울, 행 9:1-9). 현현을 통해서(아나니아는 바울에게 가야만 한다. 행 9:10-16). 황홀경과 환상을 통해서(베드로는 모든 종류의 동물들이 담긴 보자기를 본다. 행 10:11-17). 예배 중에 특별한 임무를 부여함으로써(바울과 바나바는 성경의 지시에 따라 이방인에게로 가야만 한다. 행 13:1-4). 방해를 통해서(성령은 바울의 여행 계획을 허락하지 않으신다. 행 16:6-7). 꿈을 통해서(마게도냐 사람이 바울의 꿈에 나타나 그에게 그리스―그리고 이와 더불어 유럽―를 선교하도록 촉구한다. 바울은 이 꿈을 하나님의 암시로 해석한다. 행 16:9-10). 밤에 환상을 통해서(바울은 고린도에 머물 때 그리스도를 통해 격려의 말씀을 듣는다. 행 18:9-10). 그리스도는 다시 한 번 바울에게 나타나셔서 다음과 같이 말씀하신다. "담대하라 네가 예루살렘에서 나의 일을 증언한 것 같이 로마에서도 증언하여야 하리라"(행 23:11). 권능으로 충만한 사도들의 사역의 이면에는 하나님 자신이 계신다(예를 들어 행 19:11). 그리스도 자신은 스스로 선택하신 도구인 바울이 이방인 가운데서 그분의 사역을 행하도록 그를 지키신다(행 26:16-18).

한 주님-한 메시지-한 교회

누가에게 중요한 점은 사도들과 교회를 통한 높여지신 그리스도의 사역이기 때문에, 그에게서 역사적인 구분은 두 번째 순위로 밀려난다. 사도행전에서 베드로, 스데반 또는 바울이 모두 동일한 메시지를 선포하는데, 이는 그들을 통해 동일한 주님이 말씀하고 계시기 때문이다. 동일한 주님이 자신의 교회를 통해 활동하고 계시므로 누가는 사도들의 사역과 바울의 사역이 동일함을 강조한다.

| 자료 | 누가가 그의 복음서에서 기존의 자료를 사용한 것처럼, 사도행전에서도 기존의 자료를 사용했다. 누가는 이름 목록(사도들, 행 1:13, '일곱 일꾼', 행 6:5), 원시 공동체로부터 유래한 보도(예를 들어 아나니아와 삽비라, 행 5:1-11), 스데반의 연설(행 7장), 바울의 여행 경유지에 대한 여행 보도와 또 다른 자료를 사용했다. 전체적으로 볼 때 누가는 사도행전을 박진감 있게 그리고 자율적으로 기록했다(동일한 언어와 문체). 아마도 사도행전에서 1인칭 복수형을 사용하는 구절에서는 특별한 자료가 사용되었을 것이다(우리-단편, 행 16:10-17, 20:5-21:18, 27:1-28:16). 그러나 스데반의 연설과는 달리 1인칭 복수형 보도는 전적으로 누가의 고유한 언어로 기록되어 있다.

누가가 사도행전을 기원후 90년경에 저술했을 때, 예루살렘의 원시 공동체는 이미 더 이상 존재하지 않았다(기원후 66년에 기독교인은 예루살렘을 떠나 펠라[Pella]로 갔다. 기원후 70년에 예루살렘은 로마인에 의해 함락된다). 바울도 이미 오래 전에 죽었다(대략 기원후 60년경에 로마에서 처형되었다).

| 사도행전과 바울 서신의 차이점과 공통점 | 우리는 사도행전을 통해서 누가가 사도 바울의 서신을 개인적으로 알고 있었다고 추론할 수는 없다. 예를 들어 사도행전에 따르면 바울은 예루살렘을 세 번 방문했지만, 바울의 서신에 따르면 그는 단지 예루살렘을 두 번 방문했다(갈 1:18-19, 2:1). 사도행전은 바울의 대주제 즉 '믿음을 통한 의'에 대해 거의 아무 것도 알고 있지 않다(그러나 행 15:10-11을 참조하라). 역사적으로 고려할 때 우리는 바울 서신을 통해서 바울의 운명과 사상에 대해 더 많은 것을 알 수 있다(예를 들어 고후 11:23-33을 참조하라). 물론 사도행전도 바울에 대한 가치 있는 그리고 포기할 수 없는 역사적인 보도를 담고 있다.

사도행전과 바울 서신에 나오는 자기 증언의 공통점은 유대인으로부터 이방인을 향한 복음의 돌파구가 열렸다는 것이다. 사도행전과 바울 서신의 공통점은 복음을 먼저 이스라엘에게 전한 다음 그 이후 이방인에게 전달하려는 것에 관심이 있다(롬 1:6). 마지막으로 누가와 바울의 공통점은 부활하신 그리스도가 주님이라는 메시지이다(예를 들어 행 2:36, 롬 1:3-4, 빌 2:11). 하나님은 스스로의 활동을 통해서 전 세계의 사람들이 자신과 교제하도록 부르신다(예를 들어 행 9:15, 26:16-18, 롬 1:5). 이때 하나님은 인간 증인을 사용하시고, 믿는 자들을 그의 교회의 교제 안으로 모으신다(예를 들어 행 2:47, 6:7, 16:5, 20:28, 롬 12:3-8, 고전 12:12-27). 이 교회는 새롭게 순종하는 하나님의 백성 이스라엘을 의미한다(예를 들어 행 3:25-26, 13:46, 24:14, 28:20, 롬 9:24-26, 10:9-13, 11:13-14, 17-24).

고린도후서

우리가 고린도후서를 현재 우리에게 주어진 순서대로 처음부터 끝까지 읽게 된다면, 우리는 그 서신이 상당히 일관적이지 않다는 인상을 받게 될 것이다. 우리는 바울이 고린도 공동체와 화해하게 된 것에 대해 감사하는 편지의 구절을 발견하게 된다(예를 들어 고후 7:5-16). 반면 같은 서신에서 우리는 또한 바울이 냉혹한 어조로 고린도 사람들과 서로 겨루는 구절을 보게 된다(고후 10-13장). 고린도후서 7:8-12에서 바울은 고린도 사람들에게 보낸 하나의 편지에 대해서 이야기하는데, 그 편지는 고린도 사람들을 "근심에 빠뜨렸다"(이것은 고린도전서가 아니다). 그 서신은 고린도후서에서 논쟁의 장에 해당되는 10-13장일 가능성이 높다. 따라서 고린도후서는 고린도 사람들에게 보낸 바울의 또 하나의(두 번째) 편지라기보다는, 바울 사도와 고린도 공동체가 서로 많은 서신을 주고받았다는 것을 보여주는 증거로 받아들여야 할 것이다. 고린도에 보낸 바울의 수많은 서신의 이러한 수집물은 바울 사도와 고린도 공동체의 변화무쌍한 관계의 역사를 기술하고 있다.

고린도후서를 이와 같은 순서로 읽어보라.

2:14-7:4	바울의 사도직에 대해
10-13장	'눈물의 편지', 바울은 고린도에 있는 자신의 공동체를 위하여 투쟁한다
1:1-2:13과 7:5-16	'화해의 편지'
8-9장	예루살렘 공동체를 위한 모금에 대해

12

신약성경 서신의 형성과 특징

1. 서신의 양식과 목적

신약성경에는 스물한 개의 서신이 있다. 그 중 일부는 공동체나 개인에게 실제로 보낸 편지이지만, 또 다른 일부는 단지 편지의 양식을 빌려서 썼으나 근본적으로는 논문이나 논고에 해당된다.

신약성경 시대의 일반적인 서신은 대략 250개의 단어로 되어 있는데, 이는 하나의 파피루스에 담아낼 수 있는 분량이다. 이러한 서신은 사도행전 23:26-30(로마 관리 글라우디오[Claudius]가 총독 벨릭스[Felix]에게 보낸 서신)에서 발견된다. (바울의) 빌레몬서 그리고 요한2서와 요한3서(저자 미상)는 개인적인 서신에 매우 가깝다.

바울과 또 다른 저자는 그들의 서신을 사도의 말씀 선포의 권위를 가지고 기록했다. 서신은 공동체를 계속적으로 관리하기 위한 선교 사역의 일환이었다. 예를 들어 바울은 자신이 세운 공동체를 떠나 몇 달이 지난 후, 새로운 사역지에서 각각의 편지를 통해 새롭게 세워진 공동체를 강하고 튼튼하게 설 수 있도록 이끌어주려 한 것이다. 그 이후 이러한 '서신'의 양식은 선교적인 관심사로 말미암아 상당히 확장되거나 발전되었다. 선교적 설교, 권고, 설교조의 말씀, 교훈적 내용의 상세한 이야기, 원시 기독교의 노래(예를 들어 빌 2:6-11) 그리고 최초의 기독교 전승에서 확고하게 각인된 기타 내용(예를 들어 고전 15:3 이하)이 서로 밀접하게 엮이게 되었다. 따라서 로마서나 고린도전서와 같은 매우 큰 구성물도 생겨났다.

서신은 원래 개별 공동체에게 전달되어서, 모든 공동체 구성원이 예배에서 읽었다(살전 5:27). 또한 각각의 공동체에 보낸 서신은 가까이에 있는 이웃 공동체의 서신과 교환되기도 했다. 골로새서 4:16을 보면 골로새 사람들은 '라오디게아서'를 그리고 라오디게아 공동체의 구성원은 '골로새서'를 읽어야만 한다. 서신은 처음부터 많은 공동체를 대상으로 기록되었다. 갈라디아서 1:2에는 '갈라디아 여러 교회들에게'(참조. 고후 1:1) 보낸다. 그러나 서신은 개별 인물을 대상으로 하기도 한다(빌레몬서, 요한2서, 요한3서).

선교적 상황, 새롭게 형성된 공동체의 강화와 권고와 가르침, 교화(敎化)와 영혼 돌봄, 후대의 시기에서 비롯된 잘못된 교훈에 대한 방어와 교회의 직분자와 질서에 대한 필요성 등은 우리가 신약성경에서 접하게 되는 것과 같이 기독교 서신 문학의 배경에 해당되는 요소이다.

원칙적인 주장: 신약성경의 서신은 (성경의 모든 문서와 마찬가지로) 매우 특정한 사람들이, 매우 특정한 상황에서, 매우 특정한 수신자를 위하여 기록한 것이다. 따라서 이 문서는 직접적으로 우리 자신을 위해서 기록된 것이 아니다. 만약 이 서신을 마치 우리가 직접 받은 편지처럼 읽는다면, 우리는 그 서신에게 폭력을 휘두르는 것이며, 서신의 내용 중 일부는 우리를 필요 이상으로 공격하게 될 것이다. 이렇게 되면 우리는 그 편지의 특별한 메시지를 듣기보다는 우리 생각과 우리 감정을 서신 안으로 주입하게 될 것이다. 우리에게는 성경에 대한 열린 태도가 필요하다.

고린도전서와 고린도후서에 나타난 바울의 진술을 올바르게 이해하려면, 고린도 공동체의 상황에 대한 어느 정도의 지식이 요구된다. 고린도는 어떤 도시였는가? 어떤 사람들이 그곳에서 살고 있었는가? 그 공동체에 소속된 사람들은 어떤 사람들이었는가? 바울은 어떤 상황 속에서 이 공동체를 형성했는가? 고린도 사람들에게 영향을 미쳤던 문화적·정신적인 사상(그리스 철학과 종교)은 무엇이었는가? 사람들에게 구약성경을 인식시켜줌으로써, 한 분 하나님에 대한 신앙을 준비하도록 도움을 준 유대인 공동체가 이미 고린도에 존재하고 있었는가? 고린도 사람들은 어떤 관습과 어떤 생활풍속을 가지고 있었는가? 그들은 어떤 언어를 사용했는가? 고린도 사람들의 특정한 상황 속에서 바울이 전하려고 한 특정한 진술의 의미를 올바르게 이해하기 위해서는 어느 정도의 지식이 요구된다. 그렇게 된다면, 우리가 성경을 읽을 때마다 낯설게 여긴 많은 요소가 만족스럽게 설명될 것이다. 예를 들어 후대의 서신에서는 로마제국의 정치적 발전과 같은 요소를 고려해야만 한다(황제숭배, 기독교인에 대한 박해).

바울은 자신의 서신을 받아 적게 했는데, 이것은 단 하루 만에 이루어진 것이 분명 아니었다! 로마서의 기록자는 더디오였다(롬 16:22). 흔히 마지막 줄은 바울의 친필로 기록되었다(갈 6:11, 고전 16:21). 서신은 진한 잉크로 파피루스(압착된 갈대)에 기록되었으며, 파피루스 몇 장으로 둘둘 말아 봉인되었다. 사환들은 이 서신을 공동체에 전달했다(롬 16:1).

2. 위명(僞名)의 서신

– 신약성경의 많은 문서는 대부분 그 어떠한 저자명도 제시하지 않는다. 복음서, 사도행전, 히브리서, 요한 서신. 고대 교회의 역사적 지평에서 비로소 이러한 문서를 특정한 저자로 소급시키려는 노력이 시도되었다.

– 신약성경의 많은 문서는 위명(僞名)의 저자를 제시하는데, 이 이름은 대부분 '과거 위인'의 이름을 따온 것이다. 이는 그 문서에 대하여 필수적으로 주목하게 만드는 효과를 갖는다. 따라서 이러한 문서

를 단순히 '거짓'으로 여겨 하찮게 취급한다거나, 오늘날 도덕적 관념에 따라 처음부터 부정적인 평가를 내리는 것은 전혀 옳지 않다. 바울, 베드로, 또는 주님의 형제 야고보와 유다의 이름으로 저술된 이 문헌을 올바르게 이해하기 위해서는 기원후 1세기와 2세기의 사상과 기록의 관습에 맞추어 생각해야 하는 역사적인 공평성과 과제가 오히려 우리에게 요구된다. 즉 이 문서는 예수 그리스도의 복음에 대한 원시 기독교의 선포가 매우 후대의 시점에서 그리고 시작 시점과는 전혀 다른 상황에서 보존되고 실제화되어야 했다는 측면에서 평가되어야 하며 또한 후대의 시점에서 위명을 사용함으로써 '그리스도와 더욱 밀접하게'(Luther) 했다는 측면에서 평가받아야 한다.

서신과 다른 문서의 저자를 개별적으로 숨긴 채, 그의 통찰과 메시지를 과거 위인의 이름과 연관시키는 것은 그 당시 매우 일반적으로 내려오는 관행이었다. 즉 의학 지식과 관련된 본문은 히포크라테스(Hippokrates)의 것으로, 저자에 대한 보고가 없는 연설은 데모스테네스(Demosthenes)의 것으로 그리고 철학사상과 관련된 본문은 피타고라스(Pythagoras)의 것으로 귀속되었다. 유대교는 지혜에 관한 내용의 전승을 '위대한 지혜자'인 솔로몬 왕에게로 돌렸다. 사람들은 수많은 시편의 저자인 다윗 왕을 시편의 시인으로 간주했는데, 이 시들은 (매우) 후대에 지어진 것들이다. 묵시적 문서는 아브라함, 에녹, 바룩, 모세, 엘리야와 같이 구약성경에서 주요한 경건한 인물에게로 소급되었다.

— 고대 교회에서 사도들과 그들의 가르침은 무조건 믿을 만한 가치가 있는 것으로 간주되었다. 왜냐하면 사도들은 그리스도의 사건과 시간적으로 그리고 실제로 가장 가까운 곳에 있었기 때문이다(참조. 행 1:21-22). 사도들이 죽은 이후 2세대와 3세대의 교인들 중에서 사도들의 정신을 본받고 사도들의 증거를 통해서 문학적 활동을 전개한 이들이 있었다. 그들은 내용적 측면에서 사도들의 교훈과 관계되었을 뿐만 아니라 사도의 이름을 사용해서 자신의 작품을 냈다. 이로써 그들의 작품은 주목을 받을 수 있었다.

예를 들어 바울의 제자들은 자신의 서신을 바울의 이름으로 출간했다. 사실 그 제자들의 서신의 양식과 내용에 강한 영향을 미친 것은 바울이 직접 쓴 서신이었다. 그러나 그때마다 저작이 상황에 맞게 바울의 선포를 수용했으며 또한 새로운 상황에서 그 저작을 진행해 나갔는지 여부에 따라서 이러한 방법은 긍정적일 수도 동시에 부정적일 수도 있었다(참조. 살후 2:2).

다른 이들은 원시 공동체에서 높이 평가된 사도 베드로나 주의 형제 야고보와 유다의 이름으로 자신의 글을 냈다. 저자에 대하여 그 자체적으로 전혀 보고하지 않는 복음서도 기원후 2세기에 사도(마태·요한)와 사도의 주변 인물(마가·누가, 참조. 몬 24절)의 문헌으로 소급되었다. 그럼에도 불구하고 후대에 저자를 규정하는 작업을 통해서 복음서가 널리 확산될 수 있었으며, 최종적으로는 신약성경의 정경으로까지 받아들이게 되었다.

바울을 저자라고 말하는 모든 바울 서신이 바울로부터 유래한 것은 아니다. 다음의 서신은 명백한 바울 서신이다. 로마서, 고린도전·후서, 갈라디아서, 빌립보서, 데살로니가전서, 빌레몬서. 하지만 골로새서가 바울의 작품인지에 대해서는 학자들 간에 논쟁되고 있다.

바울의 서신이 아닌 문헌: 에베소서(골로새서에 대한 일종의 주석), 데살로니가후서, 디모데전·후서와 디도서(소위 '목회서신').

—'바울'의 위명을 사용하는 서신은 바울 서신과 여러 측면에서 구별되는 양상을 보인다.

바울의 중요한 주제가 수용되고, 독창적으로 계속되고 있음에도 불구하고 문체(골로새서?, 에베소서)상의 차이점이 포착된다. 에베소서에서는 예를 들어 유대인과 이방인의 공동체라고 하는 바울의 교회론이 폭넓게 자세히 설명되고 있다(예를 들어 엡 2:11-22, 4:11-16).

목회서신(디모데전·후서, 디도서)은 공동체가 아니라 교회의 직분자에게 주어진 문서이다. 이 서신은 이미 개별 공동체가 지역의 교회로 성장한 것과 개별 공동체가 상당히 성장한 것을 전제하는데, 이러한 모습은 바울 이후 시대에 가서야 비로소 실현되었다. 교회의 질서가 필수적으로 요구되고, 특정한 직분자가 필요한 시대가 되었다(예를 들어 감독, 집사, 장로, 딤전 3:1-7, 8-13, 딛 1:5-9).

공동체가 잘못된 교훈과 대결할 때 도움이 될 만한 '성경'이 아직 존재하지 않았기 때문에, 직분자(감독, 공동체 지도자)는 전승된 사도의 교훈을 의무적으로 준수해야 했다(살후 2:15, 딤전 4:6, 16). 공동체 구성원은 공동체의 지도자를 권위자로서 인정해야 했다(딤전 4:12) 이러한 지시는 특별히 모든 잘못된 교훈('영지주의', 제10장과 제18장을 참조하라)이 확산됨으로써, 교회가 내부적으로 파멸의 위기에 처하게 된 후대에 필요한 지시이다(예를 들어 딤전 6:20). 게다가 로마인과 유대인에 의해 심각한 기독교도 박해가 일어났는데, 이는 또한 외부적으로도 새로 생긴 교회를 위협에 빠뜨렸다.

일상적인 삶과 관련하여 변형된 기독교 신앙에 대한 문제(가정 공동체, 예를 들어 엡 5:1-21, 5:22-6:9, 이교도 국가와 비(非)기독교도 사이의 생활, 예를 들어 딤전 2:2)는 후대에 이르러 특히 더 시급한 문제가 되었다. 왜냐하면 최초의 기독교인이 본래 희망한 것과 같이 그리스도가 그렇게 빠른 시간 내에 다시 오지 않음을 깨닫게 되었기 때문이다. 따라서 사람들은 세상 '속에서의' 삶에 적응해야 했다(살후 3:10-12).

이러한 후대 서신의 목적은 기원후 1세기가 지나는 동안 교회가 겪게 된 변화된 상황과 매우 밀접한 관계가 있다. 그 서신은 교회를 내부적으로 견고케 하며, 잘못된 교훈으로부터 교회를 보호하고, 분명하게 방향을 정하려는 목적을 가지고 있다. 이러한 점에서 이 서신은 바울의 관심사와 일맥상통한다. 바울도 자신의 서신을 통해서 새로 생긴 공동체를 강화시키고, 타락하지 않도록 보호하려는 의도를 가지고 있었다. '디모데'와 '디도'는 공동체 지도자의 전형이다. 그들에게 유효한 것은 공동체를 인도하는 다른 책임자에게도 유효한 것이다.

3. 바울 서신

a) 바울은 우리가 가지고 있는 것보다 더 많은 서신을 기록했다. 고린도전서 5:9에서 바울 사도는 공동체에게 우리가 고린도'전'서라고 칭하는 서신보다 이전에 썼던 하나의 서신을 기억하게 한다. 또한 고린도후서 2:4에서는 그가 눈물을 흘리며 썼던 서신에 대해 이야기하는데, 아무튼 이 서신은 그 자체로는 현재 남아 있지 않다(그러나 다음 글을 참조하라). 골로새서 4:16에서는 바울이 라오디게아에 보낸 한 서신을 언급한다.

b) 모든 바울 서신이 동일한 형태로 구성된 것은 아니다. 빌립보서는 빌립보 공동체에게 보낸 바울의 많은 서신을 하나로 묶어 편찬한 것처럼 보인다. 빌립보서 3장은 나머지 본문과는 달리 기쁨과 감사의 느낌이 뚜렷하게 나타난다. 이로 말미암아 수많은 바울 서신이 하나로 묶여 편찬되었음을 알게 된다.

기원후 2세기에 서머나의 감독인 폴리캅(Polykarp)은 사도 바울이 빌립보 사람들에게 보낸 많은 서신에 대해 말하는데, 이것은 위에서 언급한 관찰을 통해 입증된다.

고린도후서 역시 편지 구성물(Briefkomposition)이다. 고린도후서를 처음부터 끝까지 읽는다면 한편에서는 논박과 비판 그리고 투쟁이, 또 다른 한편에서는 공동체와의 화해가 혼란스럽게 교차되는 것을 보게 될 것이다. 현재 서신의 진행과정에서 바울과 고린도 공동체

사이에서 일어난 일이 무엇인지를 알아내기는 어렵다. 따라서 현재 형태의 고린도후서가 고린도로 보낸 바울 사도의 수많은 서신의 조합물이라는 설명이 학계에서는 확고부동하다. 고린도후서를 다음의 순서로 읽게 될 경우 난제는 해결될 수 있다.

가장 초기에 속한 부분은 서신 A이다(고후 2:14-7:4)—바울의 사도직에 관하여. 고린도에서 바울의 사도직에 대한 논쟁이 발생했기 때문에, 바울은 이 서신을 기록해야 했다. 후에 그가 고린도 공동체를 개인적으로 방문했을 때 바울은 그 공동체가 자신을 강하게 거부하고 있음을 알게 되었다. 그는 자신이 세운 공동체에 대해 심히 걱정하면서 고린도후서 7:8-13에서 언급된 '눈물의 서신'—서신 B(고후 10-13장)를 이후에 기록한다. 눈물의 서신과 그와 관련된 디도의 방문은 상황을 긍정적으로 변화시켰고, 바울은 그러한 상황의 변화를 서신 C—'화해의 서신'(고후 1:1-2:13, 이 구절은 고후 7:5-16에서 직접적으로 이어진다)에서 기쁨과 안도의 한숨으로 표한다. 바울은 그와 다시 화해한 공동체에게 이후에 헌금 서신(서신 D와 서신 E, 고후 8-9장)을 보내는데, 바울은 그 편지에서 고린도 공동체에게 예루살렘의 초대 공동체에 대한 지원을 간청한다.

c) 바울 서신의 암시와 사도행전의 보고를 통해서 그리고 예를 들어 동일한 인물과 관련된 성경 외부의 자료를 근거로 하여, 각각의 바울 서신의 발생 연대에 대한 개관이 상당히 정확하게 제시될 수 있

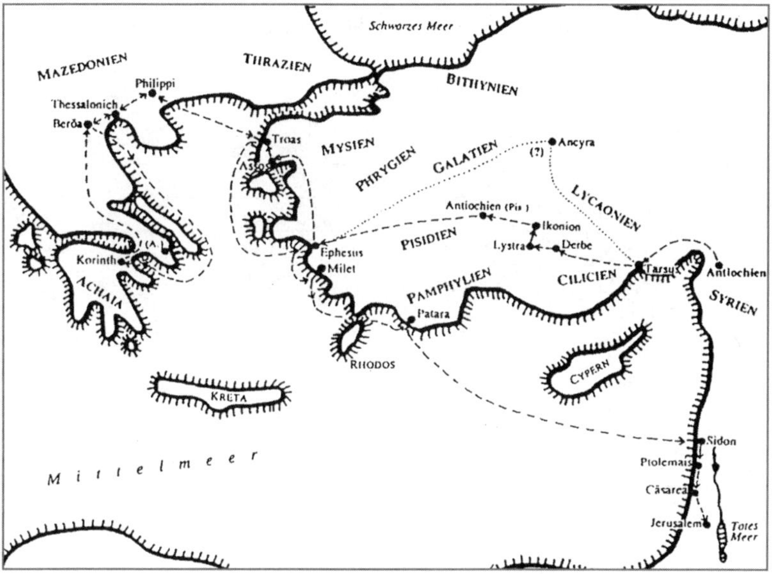

사도 바울의 3차 선교여행(행 18:23-23:35)

다(Lohse, *Entstehung des NT*, Theol. Wiss. Bd. 4, Stuttgart 1972에 따른 진술, 괄호의 표기는 다른 학자들이 제시하는 또 다른 보고이다).

데살로니가전서	50년	(49-51년)
갈라디아서	53-55년	(52-55년)
고린도전서	55년	(53-54년)
빌레몬서	55년	(57-58년?)
고린도후서	55-56년	(53-54년)
빌립보서	55-56년	(49-50년)
로마서	56년	(54-55년)

4. 신약성경의 문서 작성 연대에 대한 개관

데살로니가전서	50년
갈라디아서	53-55년
고린도전서	55년
빌레몬서	55년
고린도후서	55-56년
빌립보서	55-56년
로마서	56년
마가복음	70년(까지)
마태복음	80년
골로새서	80년
히브리서	80-90년
베드로전서	90년(이전)
누가복음	90년
사도행전	90년
요한복음	90-100년
요한계시록	90-100년
에베소서	100년
데살로니가후서	100년
야고보서	100년
요한1서-요한3서	100년 이후
유다서	100년 이후
디모데전서 · 디모데후서	100년 이후
디도서	100년 이후
베드로후서	130년경

5. 신약성경의 정경[8)] 형성에 대해

a) 신약성경 시대(기원후 50년의 데살로니가전서부터 기원후 130년의 베드로후서까지의 기간)에 발생한 모든 문서가 정경이 되지는 않았다. 클

레멘스 서신전서(기원후 97년)와 '디다케'(='12 사도의 교훈')는 간과되었다. 고대 교회에서 히브리서, 베드로후서, 요한2서와 요한3서, 유다서, 야고보서, 요한계시록에 대한 사도적인 저작권은 논쟁을 일으켰다.

b) 베드로후서 3:15-16(기원후 130년경)은 이미 이른 시기에 바울 서신이 편찬되고 수집되었으며, 그의 '필사본'이 널리 퍼져 있음을 분명하게 보여준다. 타티안(Tatian)의 '복음서의 조화'(Evangelien-harmonie)에서 드러나듯 기원후 150년경 잘 알려진 사복음서가 이미 수집된 채로 존재했다.

c) 영지주의적 이단자인 마르시온(Marcion)은 기원후 140년경 로마에 반(反)교회(Gegenkirche)를 세웠다. 그는 자신의 교의적인 전제(구약성경은 단지 저급한 신에 대해서만 언급한다)를 근거로 구약성경을 거부하고, 자신의 교회에게 일종의 첫 번째 '정경'을 제시했다. 누가복음(구약성경의 인용구는 삭제되어 나타나지 않는다)과 바울 서신(갈라디아서, 고린도전서와 고린도후서, 로마서, 데살로니가전서와 데살로니가후서, 라오디게아 서신=에베소서, 골로새서, 빌립보서, 빌레몬서)이다. 마르시온으로 말미암아 교회는 어떤 문서가 구속력 있는 문서로 간주될 수 있는가

주 8 정경=측정줄=기독교인에게 구속력을 갖는 것으로 간주되는 거룩한 문서의 모음집.

를 생각하게 되었다.

d) 기원후 150-200년 사이에 '무라토리 정경'(Kanon Muratori)이 생겨났다. 이것은 마태복음, 마가복음, 누가복음, 요한복음, 사도행전, 13권의 바울 서신(고린도전서, 고린도후서, 에베소서, 빌립보서, 골로새서, 갈라디아서, 데살로니가전서, 데살로니가후서, 로마서, 빌레몬서, 목회서신: 디모데전서, 디모데후서, 디도서), 유다서, 두 개의 요한 서신, 솔로몬의 지혜서(Sapientia Salomonis=Weisheit Salomos), 요한계시록을 포함한다. 논쟁이 되는 베드로의 계시록도 거명된다. 무라토리 정경에는 히브리서, 야고보서, 베드로전서와 베드로후서, 한 편의 요한 서신은 누락되어 있다.

e) 기원후 367년 알렉산드리아의 감독 아타나시우스(Bischof Athanasius)는 부활절에 대한 '주교의 교서'에서 어떤 문서가 신약성경의 정경에 속해야 하는지를 결정했다. 여기에서 우리가 잘 알고 있는 27권의 신약성경 문서를 다루는데, 그 문서는 감독 아타나시우스의 확정을 통해 오늘날까지 모든 교회에서 인정받고 있다. 이를테면 보다 후대에 마르틴 루터(Martin Luther)는 이러한 결정을 비판했다. 그는 야고보서와 요한계시록은 신약성경에서 빠져도 되는 '쓸모없는 서신'(직역하면 "건초 같은 서신"—옮긴이 주)으로 여겼다. 문헌이 정경에 속하는 여부를 결정하는 데 특별히 핵심적인 역할을 한 기준은 사도적 저작권이었다. 결국 사도는 예수를 눈으로 직접 목격하고, 귀로 그

의 음성을 직접 들은 사람들이다. 복음서나 서신 그리고 사도의 저작물이나 사도와 접근성에 대한 각각의 결정은 그 당시 시대적 지식과 수단을 통해 이루어진 것이므로 오늘날 지적 상황을 통해 볼 때 그것이 결코 '역사적으로' 항상 정당하다고 할 수는 없다. 그럼에도 불구하고 널리 퍼져 있는 그 당시 수많은 문서 가운데서 선별작업이 이루어졌고, 오늘날에도 교회는 신약성경을 통해 예수 그리스도의 교회로 살아가게 되었으며 이 세상 가운데서 주님의 증인이 될 수 있었다.

하나님은 인간과 함께 인간의 길을 걸으신다. 예수의 탄생뿐만 아니라 신약성경(그리고 구약성경)의 형성과 발생 역시 인간의 길에서 이루어졌다.

갈라디아서

1-2장	바울이 선포한 것과 다른 복음은 전혀 없다!
3-4장	이미 구약성경은 복음을 증언한다. 기독교인은 율법 실현을 통해 하나님께 인정받기 위해 반드시 공을 세워야 한다는 것으로부터 자유롭다.
5-6장	갈라디아 사람들아! 너희는 이러한 자유로 나아가도록 부름을 받았다.

빌립보서

1:1-3:1	바울의 개인적인 처지, 그리스도의 성품, 바울과 그의 공동체의 관계
3:2-4:1	'그리스도의 십자가의 원수'에 대한 경고
4:2-23	결론적인 소원: 빌립보 사람들이 바울을 물질적으로 후원해 준 것에 대한 감사

너희는 자유를 위해 부르심을 받았다

1. 율법으로부터 자유로운 이방 기독교에 대한 논쟁

사도행전은 상대적으로 하나 되는 교회의 모습을 우리에게 전해준다. "한 주님-한 메시지-한 교회." 물론 사도행전은 발전과정에서 교회에 내부적 갈등이 존재했음을 숨기지 않는다. 복음이 유대인(기독교인)으로부터 이방인(기독교인)에게로 넘어가는 과정에서 심각한 위기가 발생했다. 즉 교회가 '순종하는', '진실한' 또는 '새로운' 하나님의 백성을 나타내기 때문에, 이방인이 하나님의 언약백성의 구성원이 되기 위해 반드시 할례라는 옛 언약의 표징을 받을 필요는 없다. 그러나 창세기 17:11은 할례에 대해 다음과 같이 말한다. "너희는 포피를 베어라 이것이 나와 너희 사이의 언약의 표징이니라." 우리에게 '구약성경'이라는 이름으로 알려진 그 작품 역시 신생(新生) 교회의 성경이었으므로, 유대 기독교인과 이방 기독교인 모두 똑같이 그 성경을 근거로 자신의 주장을 펼쳤다. 이 성경을 하나님 말씀으로 이해하고 읽었다. 성경구절의 인용을 통해 초대 기독교의 선교사는 성경에 기록된 하나님의 뜻과 계획이 기독교의 메시지와 일치함을 증명했다(단 하나의 실례를 들자면 행 15:13-19). 그러나 '성경'은 할례의 요구와 모세 시대의 도덕적이고 제의적인 율법을 담고 있었다. 유대인(기독교인)이 준수해온 이러한 규정은 하나님의 백성으로 새롭게 가담한 이방 기독교인도 마땅히 따라야 하는가? 성경 자체의 권위에 도전을 가하지 않은 채 이러한 규정을 거리낌없이 외면할 수 있겠는가? 이것은 결코 단순한 질문이 아니다. 사도행전은 초대교회가 이러한 질문에 대한 답변을 제시하느라 고충을 겪었다는 인상을 우리에게 보여준다(행 11:1-2, 17-18, 15:1-20, 특별히 1-2절, 5절). 예를 들어 사도행전은 사도회의(기원후 48-50년) 이후 40년이 지난 시점에서 예루살렘의 합의를 통해 율법으로부터 자유로운 이방인 선교가 공식적으로 확증된 것(행 15장) 그리고 이를 통해 유대 기독교인과 이방 기독교인 사이에 교회 공동체의 형성이 가능케 되었음을 보고한다. 사도 바울의 서신은 예루살렘에서의 합의가 얼마나 필수적이었는지 그리고 바울이 사도회의 이후 율법으로부터 자유로운 선교사역을 펼쳐나감에도 불구하고 그 과정 속에서 어떠한 어려움과 맞서 싸워야만 했는지를 우리에게 생생하고도 인상 깊게 보여준다.

2. 이방 기독교의 율법으로부터의 자유로움을 반대하는 유대 기독교인의 '반개혁'

이방인에게도 구약성경의 율법을 의무화하려 한 '유대주의자' 즉 유대 기독교인은 바울이 그곳에 없을 때마다 바울과 등을 지고 그가 세운 공동체에게, 예를 들어 할례의 필요성 등에 대하여 설교를 하곤 했다(갈 5:12, 빌 3:2). 아마도 그들은 예루살렘에 있는 열두 사도(유대 기독교인)의 권위를 근거로 내세웠을 것이다(참조. 갈 2:4, 고후 3:1, 행 15:1-2). 이에 덧붙여서 그들은 자신의 가르침을 위해 성경(구약성경)을 이용했다. 바울은 솔직하게 그들을 "그리스도의 십자가의 원수들"이라고 부르는데(빌 3:18), 이는 그들이 그들의 가르침에서 그리스도의 십자가가 인간의 구원에 불충분하다는 이해를 심어주었기 때문이다. 인간이 구원을 받기 위해서는 십자가 이외에 다른 무엇 즉 할례 같은 것이 추가되어야만 한다는 것이다. 인간의 구원이 순수한 하나님의 선물이며(롬 3:24), 오직 우리를 대신하여 그리스도께서 십자가에서 죽으심으로 이루어졌다는 사실(빌 2:8) 그리고 인류의 구원이 그 어떠한 인간적 협력 없이 이루어진 것이며 오직 믿음으로만 얻어진다는 사실(롬 3:28)에 대한 이해가 "그리스도의 십자가의 원수들"에게는 결여되어 있다.

3. 유대교의 자기공로주의적인 율법주의에 뿌리박은 유대 기독교인

최초의 공동체는 유대인 출신으로 구성되었다. 그들은 자신을 계속적으로 선택된 하나님의 백성으로 이해했고, 성전에서 기도했으며(행 3:1), 유대교의 율법에 따라 생활했다(행 10:14, 28, 11:2-3, 갈 2:11-14). 유대교가 매우 다양한 그룹으로 구성된 것처럼 처음에 초대 공동체는 자신을 유대교의 특수집단으로 이해했다. 바리새인, 사두개인, 열심당원, 에세네파 그리고 묵시적 특징을 갖는 그룹은 특정한 신앙교리에만 집중한 것이 아니라 오히려 율법이 의무적으로 준수되어야만 한다는 견해를 공통적으로 가지고 있었다. 최초의 기독교인이 율법에 따라 생활하는 한, 그들은 유대교의 종교 공동체 안에서 유대교의 특수집단으로 머물 수 있었다. 그러나 헬라 출신의 유대 기독교인의 율법에 대한 보다 자유로운 태도(행 6:1, 5)가 어려움을 몰고왔다. 그 결과 스데반은 돌에 맞아 죽게 되었고(행 7:59), 그 공동체 중에서 헬라 출신 무리는 예루살렘으로부터 추방당했다. "사람들을 매수하여 말하게 하되 이 사람이 모세와 하나님을 모독하는 말을 하는 것을 우리가 들었노라 하게 하고…거짓 증인을 세우니 이르되 이 사람이 이 거룩한 곳과 율법을 거슬러 말하기를 마지 아니하는도다"(행 6:11, 13). 열두 사도로 대변된 공동체 중에서 율법에 충실한 유대인 기독교 무리는 추방되지 않았다(행 8:1).

초대 공동체에서 기독교인이 된 유대인 출신은 유대교의 관습을 지켰다. 왜냐하면 기독교인은 하나님의 백성인 이스라엘을 계승한 것이었기 때문이다. 이방인도 역시 하나님의 완전한 백성이 되고자 한다면 분명 그들에게도 할례와 율법준수는 당연한 것이었다(행 15:5). 유대 기독교인의 확신에 따르면 그리스도는 율법의 준수를 폐하신 것이 아니라, 오히려 기독교인이 율법을 지키려고 부단히 노력했음에도 불구하고 그것을 위반하게 된 것에 대해 용서하시는 분이다. 인간의 율법준수와 그리스도의 용서의 은혜가 그리스도인에게 구원의 확신을 선물로 준다는 것이다. 종교적인 공로사상으로 각인된 유대인 출신(참조. 바리새인과 세리의 비유, 눅 18:9-14)에게, 스스로 어떤 것도 행할 필요 없이 '오직' 믿음을 통한 신뢰만으로 하나님의 은혜를 받을 수 있다는 것은 분명 쉽지 않은 일이었다.

4. 이방세계의 자력구원의 경향

유대 기독교인에게 교육받은 선교사는 율법으로부터 자유로운 바울의 이방인 선교를 '바로잡기 위해' 길을 떠났다(갈 2:4, 4:17, 6:12, 빌 3:2, 고후 11:4, 22). 할례, 율법준수 그리고 특정한 절기의 준수에 대한 그들의 율법적인 요구(갈 4:10, 5:2-4, 빌 3:2-3, 참조. 고후 11:20, 22)는 디아스포라 출신의 유대 기독교인뿐만 아니라 이방 기독교인에게도 미혹적이었다. 왜냐하면 이방인 역시 이미 종교적인 공로사상에 물들어 있었기 때문이다.

희생제의

신들에게 (그리고 사람의 몸으로 인간에게 다가온 것처럼 보이는 신적인 사람들에게, 행 14:8-18도 참조하라) 바친 희생제물은 신을 숭배하는 데 따르는 의무적인 구성요소였다. 희생제물은 그 신들을 숭배하는 사람들의 삶에 좋은 영향을 미치고, 그들이 악한 운명에서 멀어지도록 신들을 움직였다("do, ut des"="네가 주었으므로 나도 준다." 또한 행 19:23-40, 에베소의 아데미 제의를 참조하라).

미신

공식적으로 숭배하던 신들(예를 들어 제우스[Zeus]=주피터[Jupiter], 헤라[Hera]=주노[Juno], 아프로디테[Aphrodite]=비너스[Venus], 헤르메스[Hermes]=머쿠르[Merkur], 포세이돈[Poseidon]=넵툰[Neptun])을 믿지 않는 사람은 아마도 '운명'의 힘을 믿었을 것이다. 그들은 천문학, 마술, 마법의 도움을 받아 불행과 악한 영들로부터 자신을 구원하려고 노력했다(참조. 행 8:9-11, 16:16-18, 19:19). 여기에서도 사람은 자신의 구원을 위해 무엇인가를 해야만 한다.

신비적 제의

그 당시 신비종교가 유행하고 있었다. '신비에 정통한 사람들'은 제의적 행위를 통해 영원한 구원을 확신할 수 있었다(오시리스[Osiris]와 이시스[Isis] 제의, 아도니스[Adonis] 제의, 앗티스[Attis]와 키벨레[Kybele] 제의, 특별히 전체 로마제국의 로마 군인들 사이에 퍼져 있던 미트라스[Mithras] 제의).

철학

마지막으로 전승된 신들의 세계도, 운명의 힘도 또한 신비종교도 수용하지 않은 사람들은 아마도 올바른 생각과 올바른 인식의 방법을 통해 행복과 구원을 전달하려고 노력한 철학파 중 하나에 동조했을 것이다. 사도행전 17:18에 따르면 바울은 아테네에서 에피쿠로스학파와 스토아학파와 논쟁을 벌였는데, 그들은 사실 그 당시에 지배적인 철학 사조이다.

에피쿠로스 학파(Epikureern, 에피쿠로스[Epikuros], 대략 기원전 342-270년)는 평정심(平正心)의 삶을 중요하게 여기면서 모든 사람들이 이에 도달해야 한다고 생각했다. 이를 통해 사람은 충만한 기쁨 가운데 자신의 삶을 누릴 수 있다. 물론 지나친 쾌락은 경계했는데, 이는 그것이 평온한 정신 상태를 방해하기 때문이었다.

이러한 가르침과는 반대로, 견유학파(Kyniker)는 삶의 기쁨을 부정한다. 디오게네스(Diogenes)는 통 속에 들어가서 금욕생활을 함으로써, 가장 단순한 삶 역시 행복과 영혼의 평화를 가져다 줄 수 있다는 인상적인 실례를 제공했다.

스토아 학파(Stoiker, 스토아[Stoa]는 대략 기원전 300년경부터 발전되었다)는 자연 속에 내재하는 신적 질서에 순응하는 삶을 이상으로 삼았다. 따라서 현자는 이 세상의 현세적인 것들로부터 내적인 독립을 추구했다. 돈과 물건, 소유나 가족, 건강 그리고 고난과 죽음. 현자는 이 모든 것들에 관심을 가져서는 안 된다. 현자는 자신의 운명을 신으로부터 주어진 것임을 인정했다. 사실 모든 것 그리고 심지어 자신의 생명 역시 신에게 지배되고 있기 때문이다. 인간은 의미 있는 삶을 설계할 수 있는 이성을 선물로 받았다. 이성의 도움을 통해 삶에 대한 신의 지배에 적응하는 것이 가장 중요하다.

신들에 대한 숭배, 미신 행위, 신비적 제의에 대한 참여 또는 금욕, 보다 고차원적인 인식, 자기 단련에 대한 철학적인 추구와 같이, 모든 경우에서 이방인 사이에 확산된 이러한 신앙관과 인생관이 그들의 구원관을 형성한다. 즉 인간은 자신의 구원에 기여하고자 스스로 노력해야 했다. 따라서 이방인 출신의 기독교들이 유대 기독교적·율법적 선전에 열린 입장을 취한 것은 충분히 이해할 수 있다. 왜냐하면 그들은 자신의 '행복'을 위해서 무언가를 행해야 한다고 믿었기 때문이다. 결국 유대 기독교의 선교사는—보이는 바와 같이—그들의 입장을 지지할 수 있는 성경을 가지고 있었다.

오늘날 자력구원의 경향

종교적인 신념과 철학적인 이상은 그리스인이나 로마인과 더불어 사라진 것이 아니다. 오히려 그것은 변형된 형태로 인류의 역사와 함께 가고 있다. 그것은 인본주의, 이성주의, '대안적인' 생활양식의 장려나 '쾌락적 원칙'을 따르는 삶 속에서 재발견된다. 다음과 같은 격언은 그러한 근본적인 신념을 담고 있다. "너 스스로를 도우라. 그러면 신이 너를 도울 것이다!" 또는 "모든 사람은 자신의 행복을 만드는 대장장이다." 우리는 우리를 위한 그리스도의 대속적인 순종과 죽음을 통해서만 구원받을 수 있으며 또한 우리 구원을 위해 우리 스스로 노력하지 않아도 된다는 메시지는 오늘날 우리에게도 과거의 유대 기독교인과 이방 기독교인 못지않게 낯선 메시지이다.

5. 우리 인간적 난제(難題): 대가 없이 하나님의 은혜를 수용하는 것

그리스도의 대속적인 죽음을 통해 우리를 구원하신 하나님의 구원 행위를 아무런 공로 없이(롬 3:24) 오직 믿음으로 받아들인다는 것은, 유대 기독교인이나 이방 기독교인 모두에게 어려웠을 것이다. 이러한 어려움은 인간적 교만과 깊은 관련이 있다. 우리는 선물을 받게 되면, 흔히 그 순간에 곧바로 '보상 방법'에 대해 생각한다. 우리는 우리가 받은 것만큼 제공하려고 한다. 또한 우리는 다른 사람의 잘못 역시 달가워하지 않는다. 우리는 하나님을 대할 때도 이러한 태도를 보인다. 우리가 하나님 앞에 서서 다음과 같이 고백하기는 어려울 것이다. "자비로우신 하나님! 저는 당신의 은혜에 의존합니다. 그 무엇으로도 저는 당신의 사랑을 받을 만한 자격이 없습니다"(참조. 눅 15:21). 오직 "마음이 겸손한 사람"(마 11:29)만이 이것을 인정할 수 있다. 성령은 우리를 해방시키셨고(참조. 고후 3:17, 요 16:13a), 우리가 우리 연약함을 고백함으로써 하나님의 은혜에 의존할 수 있다는 인식으로 우리를 이끄셨다. 이로써 인간은 구원받은 새로운 인간이 될 수 있다(고후 5:17, 19-21). 즉 하나님으로부터 독립하려고 노력하는 '옛 아담'이 극복된 것이다(창 3:5).

또한 우리가 하나님의 구원을 그에 합당한 보상 없이 그냥 받아들이기 어려운 이유는 우리 인간적인 경험과도 관련된다. "모든 것은 그 값을 가지고 있다." 우리는 우리가 가지고 있는 거의 모든 것에 대하여 대가를 지불한다. 우리는 어떤 것이 '무상으로' 주어질 경우에 숨겨진 조건에 대해 의심스럽게 살피고, 그 이면에 감추어져 있는 '간계'를 추측한다. "공짜는 가치 없는 것"이라는 신념이 만연해 있다.

6. 갈라디아서의 메시지

결코 다른 복음은 없다!

개괄적인 고찰을 통해 바울이 선교사역의 과정에서 맞서 싸워야 한 어려움에 대해 보다 잘 이해하게 되었을 것이다. 갈라디아서는 논쟁의 문서였다. 갈라디아 공동체에서 바울의 사역(갈 4:11) 그리고 전반적인 그리스도의 신앙(갈 5:4)은 위기에 부딪혔다. 바울이 회심할 때 그리스도께서 바울에게 계시하신 복음(갈 1:11-20) 이외에는 "다른 복음이 없음에도 불구하고"(갈 1:7), 기독교인이 된 바리새인(행 15:5)―소위 '유대주의자'―은 갈라디아 공동체에서 "다른 복음"(갈 1:6, 9)을 선포했다. 모든 분파주의자처럼, '유대주의자'도 다음과 같은 신념을 내세웠다. "너희가 올바른 기독교인이 되기를 원할 때, 우리는 너희가 절대적으로 필요한 것을 가지고 있다." 만약 너희가 완벽한 하나님의 백성(창 12:2-3)이 되기를 원한다면, 너희는 너희 이방 기독교인이 하나님 말씀이신 거룩한 문서의 규정을 따르게 해야 하고, 율법을 지키도록 해야 하며, 할례를 통해 아브라함의 후손이 되게 해야 한다(예를 들어 갈 4:9-10, 5:2-4).

바울의 개인적인 갈라디아의 방문은 방해를 받게 되었다(갈 4:20). 그의 여행계획은 로마로 향했다(롬 15:23-25). 이 때문에 그는 한 통의 서신을 통해서 갈라디아 사람들을 '자신의 복음'으로 되돌아오게 해야 했다. 이 서신에 나타나는 강경한 맹세의 어조와 적대자와의 거친 논쟁이 이를 잘 설명해준다(갈 1:9).

믿는 자들이 바로 아브라함의 자녀이다

바울은 갈라디아 사람들에게 자신이 그리스도께 이방인의 선교를 위하여 부름받은 사실을 다시 한 번 알려준다(갈 1:16). 바울의 적대자를 대변하는 예루살렘의 사도들도 율법으로부터 자유로운 바울의 이방인 선교를 명백히 인정했다(사도회의에 대한 보고, 갈 2:1-9). 그러나 여전히 이방인 역시 아브라함의 약속에 포함된다고 보는 적대자는 할례와 율법준수의 불가피성의 이유를 성경에 따라 제시한다. 바울 역시 그들의 그리스도의 십자가를 상대화시키

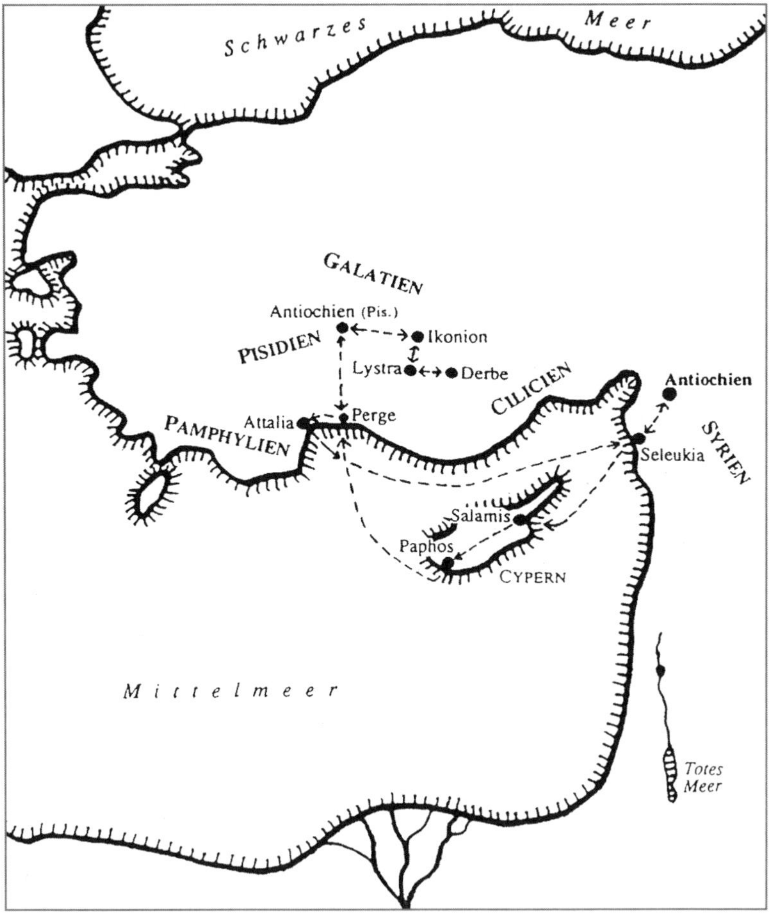

사도 바울의 1차 선교여행(행 13-14장)

는 견해(갈 3:1-3)를 똑같이 성경의 도움으로 반박한다.

바울은 자신의 적대자와 마찬가지로 아브라함의 약속에 대해 말한다. 그러나 그는 아브라함을 할례 받은 자 또는 의로운 행동의 아버지가 아닌, 믿는 자들의 아버지로 강조하고, 이를 위해 창세기 15:6을 인용한다. "아브라함이 하나님을 믿으매 그것을 그에게 의로 정하셨다 함과 같으니라"(갈 3:6). 이 밖에도 그는 하박국 2:4를 제시한다. "의인은 믿음으로 살리라"(갈 3:11). 그러므로 아브라함의 실례는 명백하다. "그런즉 믿음으로 말미암은 자들은 아브라함의 자손인 줄 알지어다 또 하나님이 이방을 믿음으로 말미암아 의로 정하실 것을 성경이 미리 알고 먼저 아브라함에게 복음을 전하되 '모든 이방인이 너로 말미암아 복을 받으리라'(창 12:3) 하였느니라 그러므로 믿음으로 말미암은 자는 믿음이 있는 아브라함과 함께 복을 받느니라"(갈 3:7-9).

그리스도의 십자가는 하나님께 나아가는 구원의 길로서의 율법이행을 폐기한다

바울은 갈라디아 사람들에게 인간의 죄가 하나님의 뜻을 이루어나가는 데 방해가 되기 때문에(갈 3:22, 이에 대해서는 롬 3:9-20, 7:7-24를 참조하라) 어떤 사람도 율법의 요구를 행할 수 없음(갈 3:11-12, 21, 5:13)에 대하여 주장한다. 따라서 바울의 적대자가 말하는 율법이행은 기독교인의 구원 방법이 아니다.

하나님의 백성이 되는 길은 할례나 율법을 행하는 것이 아니라 오직 그리스도에 대한 믿음으로 말미암는다. 믿는 자들의 교제를 통해서 유대인과 이방인을 분리한 모든 구별이 무너지게 된다. '우리를 위한' 그리스도의 죽음을 믿는 것만이 하나님의 새로운 백성으로 완벽하게 속하게 되는 것이다.

> 너희가 다 믿음으로 말미암아 그리스도 예수 안에서 하나님의 아들이 되었으니 누구든지 그리스도와 합하기 위하여 세례를 받은 자는 그리스도로 옷 입었느니라 너희는 유대인이나 헬라인이나 종이나 자유인이나 남자나 여자나 다 그리스도 예수 안에서 하나이니라 너희가 그리스도의 것이면 곧 아브라함의 자손이요 약속대로 유업을 이을 자니라(갈 3:26-29)

바울은 또한 갈라디아 사람들에게 제의적인 절기 달력에 따른 생활(갈 4:10)이나 할례 행위(갈 5:2-3) 등 스스로의 선행을 통해 하나님의 은혜를 얻으려 해서는 안 될 것을 경고한다. 우리를 위한 그리스도의 대속적인 죽음과 함께 자신의 선행을 더불어 나타내는 자는 하나님의 은혜를 완전히 상실하게 된다.

> 내가 할례를 받는 각 사람에게 다시 증언하노니 그는 율법 전체를 행할 의무를 가진 자라 율법 안에서 의롭다 함을 얻으려 하는 너희는 그리스도에게서 끊어지고 은혜에서 떨어진 자로다…적은 누룩이 온 덩이

에 퍼지느니라(갈 5:3-4, 9)

스스로 속이지 말라 하나님은 업신여김을 받지 아니하시나니 사람이 무엇으로 심든지 그대로 거두리라 자기의 육체를 위하여 심는 자는 육체로부터 썩어질 것을 거두고 성령을 위하여 심는 자는 성령으로부터 영생을 거두리라(갈 6:7-8)

기독교인의 자유에 대하여

바울은 갈라디아 사람들에게 하나님의 은혜로 되돌아올 것을 권고한다. 그리스도의 죽음은 하나님의 은혜를 율법이행과 함께 받으려는 것으로부터 우리를 자유롭게 한다(갈 4:4-5, 5:1). 믿음을 통해 하나님의 은혜를 온전하게 믿고 받아들이는 사람은 기독교인의 자유를 경험하게 된다. 그러나 이때 기독교인의 자유는 모든 사람이 자기 마음에 드는 대로 행동할 수 있음을 의미하는 것이 아니다(참조. 창 3:5, 눅 15:12, 30). 오히려 기독교인의 자유는 자신의 업적을 포기하는 자유, 자신의 연약성을 인정할 수 있는 자유(예를 들어 고후 12:9) 그리고 특별히 이웃을 사랑으로 섬길 수 있는 자유이다(갈 5:6, 13). 바울은 예수의 의도(막 12:28-34의 평행구절)를 명백히 증언한다. 즉 그것은 문자적인 의미에서가 아니라 영적인 의미로(또한 고후 3:6도 참조하라), 율법은 사랑을 통해 실제로 '완성된다'(=율법의 온전한 의미가 충족된다. 갈 5:14). 따라서 바울은 하나님의 영에 속한 삶이 어떠한 것인지를 말함으로써 갈라디아서를 끝맺는다

(갈 5:16-26). 이러한 삶은 하나님의 자녀로서 자유를 누리는 것으로 각인되어 있으나(갈 3:26, 5:1, 고후 3:17), 이는 무절제한 생활이 아닌 그리스도의 사랑의 정신으로 정해진다. 공동체의 지체 간의 사랑(갈 6:1-2)과 모든 사람들에 대한 공동체의 사랑(갈 6:9-10)은 하나님의 영 안에 거하는 생활의 열매이다(갈 5:22-23a).

7. 빌립보에 있는 '십자가의 원수'

빌립보서의 3:1b-4:3의 단락은 빌립보 사람들에게 보낸 또 다른 서신의 일부로 추정되지만, 이 서신은 – 어떠한 이유에 따라서 – 빌립보 사람들에게 보낸 바울의 감사 편지 안에 들어오게 되었다. 바울은 감사 편지에서 자신이 투옥되었을 때 빌립보 공동체가 보내주었던 선물(빌 1:12-26, 갇혀 있던 감옥의 위치는 에베소로 추정된다. 참조. 고전 15:32 또한 고후 1:8-9와 빌 2:21-26을 비교하라)에 대해 감사를 전한다(빌 4:10-20).

삽입된 서신의 일부인 빌립보서 3:1b-4:3(빌 3:1a는 4:4에서 다시 내용적으로 이어진다)에서 바울은 빌립보 공동체를 위험에 빠뜨린 유대인 적대자와 대결한다. 분명한 사실은 바울이 이미 그 적대자로 말미암아 글을 자주 썼다는 것이다(빌 3:1b, 바울은 현재 3:1b와 직접적으로 이어져 있는 3:1a에서 기꺼이 '기쁨'을 권고한다). 또다시 그는 빌립보 사람들에게 다음과 같이 경고한다. "개들을 삼가고 행악하는 자들을 삼가고 몸을 상해하는 일을 삼가라"(빌 3:2). 이어지는 자세한 기록에서 두드러진 사실은 바울의 적대자가 자신의 할례와 율법준수를 '자랑한다'는 사실이다(빌 3:3-9). 바울에게서 '자랑'의 의미는 하나님께 자신의 공적을 내세우는 것이나 다름없다(롬 3:27-28, 고전 1:29-31, 빌 3:3). 바울의 직접적인 언급이 나타나지 않는다고 할지라도 바울의 적대자가 빌립보 사람들에게 할례와 율법준수를 강요하지 않았다고는 볼 수 없다. '온전함'에 대한 바울의 상세한 설명(빌 3:12-21)은 그들이 할례와 율법준수를 온전한 기독교의 실현으로 전했음을 확실히 보여준다. 그들은 그리스도의 십자가가 인간의 구원을 위해 충분하지 않다고 이해하기 때문에, 이러한 점에서 그들은 "그리스도의 십자가의 원수들"(빌 3:18)로 대변된다. 바울은 그들의 견해에 대적한다.

"하나님의 성령으로 봉사하며 그리스도 예수로 자랑하고 육체를 신뢰하지 아니하는 우리가 곧 할례파라"(빌 3:3). 바울에 따르면 이 땅에서 '온전한' 그리스도인이 되려고 노력하는 것은 불가능하다. "내가 이미 얻었다 함도 아니요 온전히 이루었다 함도 아니라 오직 내가 그리스도 예수께 잡힌 바 된 그것을 잡으려고 달려가노라"(빌 3:12). 그 단어의 참된 의미의 '온전함'은 영원 속에서야 비로소 존재한다(빌 3:20-21). 세상 속에 살아가는 기독교인의 '온전함'이란 오직 그리스도의 구원을 온전히 믿는 것이며(빌 3:9), 미래의 천국에서 이루게 될 하나님과 그리스도와의 완전한 교제(빌 3:14)를 기대하는 것이다(빌 3:15a 또한 빌 3:10-11).

8. 고린도에 있는 바울의 적대자인 유대인 출신의 기독교인

우리는 '눈물의 서신'(고후 2:4, 고후 10-13장과 동일시한다)에서 바울과 논쟁을 벌였던 유대인 출신 기독교인 적대자를 고린도후서 11장에서 직접적으로 만나게 된다. 바울은 그들을 '지극히 큰 사도' 즉 '슈퍼 사도'(고후 11:5)라고 부른다. 그들은 자신이 옛 하나님의 백성에 속한다는 것을 장점으로 생각했으며 또한 이를 자랑했음이 분명하다('자랑하다'=하나님 앞에서 자신의 공적을 주장하다). 바울은—바로 이러한 태도를 비난하면서(고후 11:16-18)—자신을 그들과 동등한 위치에 놓고, 그의 '장점'이 그들과 비교하여 결코 손색이 없음을 '자랑한다'. "그들이 히브리인이냐 나도 그러하며 그들이 이스라엘인이냐 나도 그러하며 그들이 아브라함의 후손이냐 나도 그러하며"(고후 11:22). 만약 바울이 이미 '자랑'을 하려고 했다면 그것은 물론 자기자랑이 아닌(고후 11:21b) 자신의 연약함(고후 11:30)에 대한 '자랑'이었다. 이로써 연약한 바울의 사역에서 하나님의 은혜의 능력(고후 12:9-10)이 인식될 수 있었기 때문이다.

'슈퍼 사도'는 고린도 사람들에게 유대인으로서 각인된 기독교인의 장점을 제안했다. 고린도 사람들은—그들은 이미 보다 높은 영적인 온전함에 대해 항상 자랑했다(고린도전서, 제14장을 참조하라)—온전함을 약속하는 그들의 설교를 받아들이고, 이로써 율법주의의 노예가 되고 말았다(고후 11:20a). 할례와 율법준수에 대한 요구는 고린도후서의 어느 부분에서도 바울이 직접적으로 이야기하지는 않지만, 고린도후서 11:4는 갈라디아서에 나오는 바울과 그의 적대자 간의 논쟁을 강렬하게 연상시킨다(갈 1:6-9). 여기에서 바울의 적대자인 유대인 출신의 기독교인은 할례와 율법준수를 요구했다. 그러므로 고린도에서도 유사한 상황이 전제될 수 있다.

> 만일 누가 가서 우리가 전파하지 아니한 다른 예수를 전파하거나 또는 너희가 받지 아니한 다른 영을 받게 하거나 또는 너희가 받지 아니한 다른 복음을 받게 할 때에는 너희가 잘 용납하는구나 나는 지극히 크다는 사도들보다 부족한 것이 조금도 없는 줄로 생각하노라(고후 11:4-5)

9. 결론적 평가

율법으로부터 자유로운 이방인 선교를 위한 투쟁은 우리를 마가복음으로 인도한다. 바울은 다음과 같이 말한다. 하나님은 예수의 십자가 죽음을 통해 세상을 완전하게 자신과 화해시키셨고 이를 통해 새로운 창조를 이루셨다(예를 들어 고후 5:17-21). 그리스도의 구원사역을 받아들이는 것은 오직 그리고 전적으로 신앙을 통해서만 이루어진다(예를 들어 롬 1:16-17). 우리 안에서 믿음을 창조하는 성령을 통해 우리는 '새 언약'의 지체(고후 3:6), 아브라함의 약속의 상속자(갈 3:8-9, 14, 29), '하나님의 이스라엘'의 지체(갈 6:15-16, 롬 4:11-13)가

되었다. 이제 그리스도의 십자가 외에 구원에 필요한 조건(예를 들어 할례, 율법준수, 특정한 기독교적 행동양식: "기독교인이라면… 해야 한다." "기독교인이라면… 해서는 안 된다." 특정한 권위나 또한 의식에 대한 인정: "만약 당신이 올바른 기독교인이 되려면 당신에게 무조건적으로 필요한 것을 나는 가지고 있다)을 추가해야 한다고 생각하는 사람은 하나님의 자유를 제한하고(고후 3:17) 기독교인을 종으로 만드는(고후 11:20, 갈 5:1) 자가 되며, 결국 그리스도의 십자가의 원수가 되는 것이다(빌 3:18b). 그리고 이러한 사람이 부수적인 계명을 통해 가장 선한 의도로 행동한다고 할지라도 그의 행동은 그리스도를 대적하는 것이다.

> 그런 사람들은 거짓 사도요 속이는 일꾼이니 자기를 그리스도의 사도로 가장하는 자들이니라 이것은 이상한 일이 아니니라 사탄도 자기를 광명의 천사로 가장하나니 그러므로 사탄의 일꾼들도 자기를 의의 일꾼으로 가장하는 것이 또한 대단한 일이 아니니라 그들의 마지막은 그 행위대로 되리라(고후 11:13-15)

고린도전서

1-4장	"그리스도가 어찌 나뉘었느냐?": 당파들은 공동체를 분열시킬 위험을 가져온다
1:10-17	공동체 내에서의 분열
1:18-2:1	십자가에 대한 말씀이 바울 선포의 중심적인 내용이다
3장	공동체의 기초는 선포 사역의 동역자가 아니라 그리스도이시다
4장	바울은 자신의 사역에 대한 고린도 사람들의 비판에 대해 항변한다
5-6장	도덕적인 폐해: 음란과 법적 다툼
7-10장	(주변) 세상에서의 삶
7장	결혼에 대한 문제
8-10장	우상에게 제물로 바친 고기를 먹는 것에 대한 문제
11-14장	예배에서 공동체의 태도
11:1-16	예배에서 여성들
11:17-34	성찬식의 폐해
12-14장	성령의 은사에 대해

12장 많은 은사, 한 성령—많은 지체, 한 몸

13장 사랑의 은사

14장 방언 연설과 예언 연설

15장 부활에 대한 소망

16장 서신의 결론

예루살렘 공동체를 위한 모금,

바울의 여행 계획, 권고와 인사

사랑은 자유를 제한한다

우리는 공동체를 설립한 바울의 사역을 고린도전서에서 보게 된다. 바울 사도는 그곳에서 많은 일을 겸해야 했다. 그는 복음 선포자이며, 자신의 공동체를 위해 성경을 해석했고, 목회적인 조언을 제시했으며, 영적으로 도움을 주었을 뿐만 아니라 마지막에는 공동체를 이끌어야 하는 임무를 수행했다.

고린도후서에서는 고린도의 적대자가 바울의 사도적 권위에 대해 문제를 삼았다. 그들과 대결 과정에서 바울은 자신의 사도직과 자신의 권위를 변호해야 할 필요성을 느꼈다. 이는 고린도 공동체의 존속을 위한 것으로, 고린도 공동체는 그들의 설립자이며 영적인 아버지에게 해서는 안 될 잘못을 범했다.

1. 고린도 도시

고린도는 탁월한 전략적인 입지를 갖춘 그리스에서 두 번째로 큰 도시(대도시)였으며, 대규모의 요새화된 산을 가진 그리스식 도시형태를 갖추고 있었다. 고린도는 동서무역의 교차점이고 항구도시였다. 기원전 146년에 이 도시는 로마인이 철저하게 파괴했고, 주민은 살해되거나 노예로 팔렸다. 이 도시는 기원전 46년까지 오랜 기간 동안 황폐하게 버려져 있었다.

고린도는 가이우스 율리우스 케사르(Gajus Julius Cäsar)의 명령에 따라 다시 재건되었고, 자유인(=이전에 노예인 사람들)과 퇴역 군인(=이전에 군인인 사람들)이 이곳에 이주했다. 고린도 도시는 로마의 아가야 속주의 총독이 사는 거주지가 되었다. 이 도시는 다시 새롭게 급속도로 경제적 번영을 누리게 되었다. 사실 고린도는 '완성된' 도시가 아니었다. 따라서 서로 다른 인종의 주민, 동방에서 이주한 사람들 그리고 마지막으로 항구도시라는 특수상황은 다른 그리스 도시와 비교할 때 고린도 도시의 관습을 확연하게 구별지었다. 고린도는 가장 심하게 타락한 도시라는 악명을 가지고 있었다. 고린도 도시의 삶은 결정적으로 알코올 중독과 성적 방종으로 규정되었다. 항구도시에서 얻는 수입을 제외하면, 고린도의 경제적 기반은 무역이었다. 도기산업, 금속가공, 양탄자 직조가 발달했다. 수많은 신전과 신탁 성소는 고린도 도시의 종교생활의 번성을 말해준다. 높은 곳에 아프로디테(사랑의 여신) 신전을 세운 고린도 도시의 모양은 매우 특징적이었다. 이 신전에는 1,000명이 넘는 신전노

예(=신전 창기)가 고용되어 있었음에 틀림없다(*Der kleine Pauly* Bd. 3, München, 1979, 301-304).

2. 고린도에서 바울

아테네에서 큰 성공을 거두지 못한 바울은(행 17:16-34, 18:1) 아마도 기원후 51년에 고린도로 갔을 것이다. 바울은 분명 의도적으로 아테네를 떠나 두 번째로 큰 그리스 도시로 향했다. 이러한 갈림길에서 바울은 교회설립 사역을 스스로 기대하게 되었을 것이다. 사도행전 18:11에 따르면 바울은 고린도에서 1년 반을 머물렀다. 다양한 계층으로 구성된 대규모 공동체가 고린도에 형성되었다. 그 중 일부는 평범한 계층이었고(고전 1:26), 일부는 노예였다(고전 7:21, 12:13). 이 공동체는 본질적으로 이방 기독교인으로 구성되었으나(고전 12:2), 소수의 유대 기독교인도 속해 있었다(고전 12:13, 16:19와 행 18:2-4, 8을 비교). 바울의 메시지를 거부한 유대인은 고린도에서 바울의 성공적인 사역으로 말미암아 그를 로마 총독 갈리오에게 고발하려 시도했으나 좋은 결과를 얻지는 못했다(행 18:12-17). 그럼에도 불구하고 바울은 얼마 되지 않아 자발적으로 고린도를 떠나 에베소와 가이사랴를 지나 안디옥을 향해 길을 떠났다(행 18:18-22). 바울 이후에 그의 지식과 뜻을 전수한 자로서(고전 3:5-8, 16:12), 성경에 능통한 알렉산드리아 출신의 유대인 아볼로가 고린도로 왔다(행 18:24-19:1).

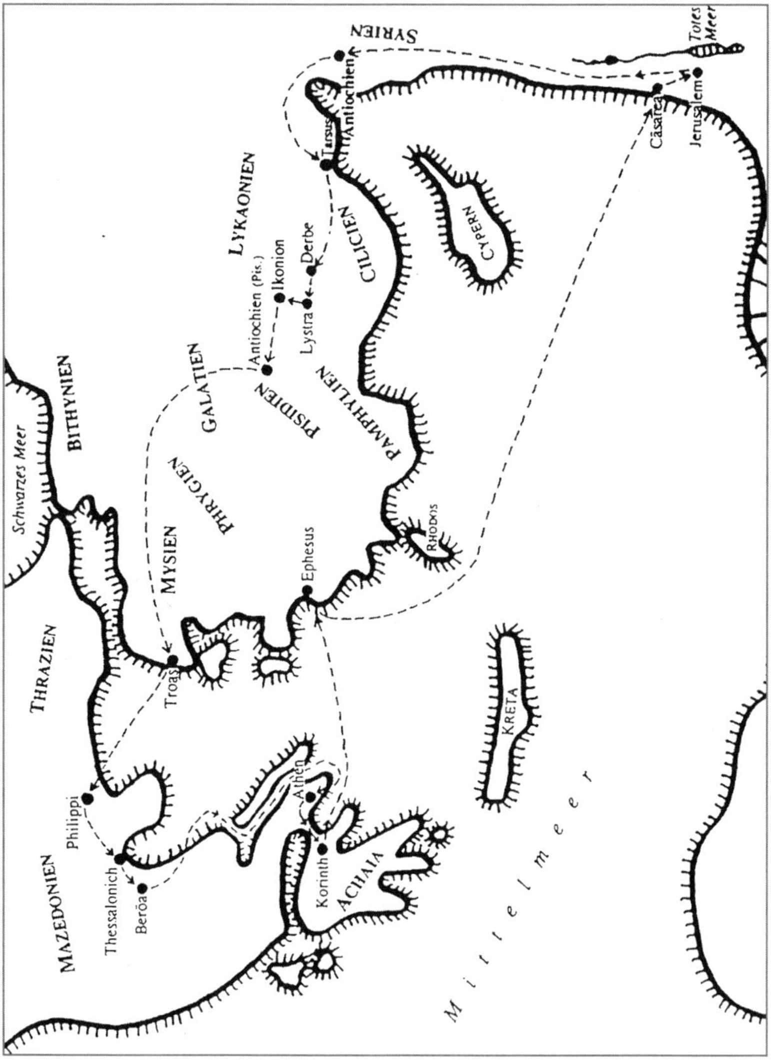

사도 바울의 2차 선교여행(행 15:36-18:22)

3. 고린도전서를 쓴 동기

기원후 55년 초반에 바울은 에베소에 머물면서 고린도전서를 기록했다(고전 16:8). 이 서신을 쓴 동기는 분명하다. 고린도의 항구도시라는 상황이 기독교 공동체를 파멸시키고 있었다. 한편으로 바울은 '글로에의 집'(고전 1:11, 5:1)을 통해서 공동체의 폐단을 들을 수 있었다. 당파에 대해(고전 1:10, 3:1-11), 근친상간에 대해(고전 5:1) 그리고 이방인 재판관 앞에서 기독교인의 분쟁에 대해서(고전 6:1). 또 다른 한편으로 고린도 사람들은 바울에게 일련의 질문을 담은 한 통의 서신을 보냈다(고전 7:1a). 이러한 질문은 고린도전서 각 단락의 도입부에 어렴풋하게 나타나 있다. "어떤… 문제에 대하여 말하면…"(참조. 고전 7:1, 그 다음으로는 고전 8:1, 12:1, 16:1, 참조. 고전 11:2). 고린도 사람들은 결혼과 독신에 대한 질문(고전 7장), 이교도적인 주변 환경에서 삶과 관련된 질문을 가지고 있었다(문제점, 우상에게 제물로 바친 고기를 먹어도 되는가? 고전 8장). 또한 그들은 성령의 은사에 대하여(고전 12:1) 그리고 예루살렘의 기독교인을 위한 모금에 대하여(고전 16:1-4), 마지막으로 예배 때 남성과 여성의 태도에 대한 질문을 가지고 있었다(고전 11:4-16).

고린도 사람들이 바울에게 써 보낸 서신에 앞서 바울이 고린도에 보낸 서신이 있었지만 그것은 분실되었다(고전 5:9). 진정한 의미에서 그 서신이 '첫 번째 고린도 서신'이다.

4. 고린도전서의 '붉은 실'

이 서신의 목적('글로에 집'에서 온 소식, 고린도 사람들이 서신으로 바울에게 질문한 내용)에 따라, 예를 들어 이교도 재판관 앞에서 소송사건과 성찬식에 대한 질문 등 다양한 문제와 질문이 연속적으로 일어난다. 그럼에도 불구하고 '붉은 실'처럼 고린도전서의 거의 모든 질문을 관통하는 하나의 동일한 문제가 한결같이 나타나는데, 이 문제는 특히 그리스-이교도 사람들과 관련된 문제였다. 영적인 것(기독교인에게 '신령한 것'에 해당되는)에 대한 과대평가와 물질적인 것(기독교인에게 세상적·육신적인 것에 해당되는)에 대한 과소평가 즉 '영지주의'의 초기형태가 고린도에서 제기되었다. 고린도의 많은 기독교인은 자신이 성령으로 충만한 상태에 있다는 의식을 가지고 살았다. 그들 중에서 영적인 지식과 지혜가 높은 평가를 받았다. 그들은 특별히 '방언'을 지나치게 높이 평가했는데, 그것은 성령의 역사를 입증하는 확실한 증거로 이해되었기 때문이다('방언'은 종교적인 황홀경의 상태에서 표현되는 말인데, 제3자는 이해할 수 없는 소리이다). '신령한 자들'은 이 세상으로부터 그리고 이 세상 속에서 그들이 '영적으로' 자유로울 수 있다는 것에 대하여 최고의 가치를 부여했다. 기독교인의 신앙생활에서 나타나는 성령의 역사에 대한 잘못된 평가가 고린도 교회의 모든 문제의 이면에 자리 잡고 있었다.

5. 고린도 교회 공동체의 분파(고전 1:10 이하)

'신령한 자들'은 바울, 아볼로, 게바(=베드로) 또는 심지어 '그리스도'까지 각각의 서로 다른 영적인 권위자를 내세웠다(고전 1:12). 그들은 자신의 '영적 아버지'를 가장 중요한 인물로 간주함과 동시에 자기 자신을 가장 높게 평가했다(분파의 창립자나 정치 지도자에 대한 개인 제의를 참조하라). 바울은 이러한 생각을 바르게 돌려놓는다.

> 그리스도께서 어찌 나뉘었느냐 바울이 너희를 위하여 십자가에 못 박혔느냐(고전 1:13)

> 어떤 이는 말하되 나는 바울에게라 하고 다른 이는 나는 아볼로에게라 하니 너희가 (자연적인, 영적이지 않은) 육의 사람이 아니리요 그런즉 아볼로는 무엇이며 바울은 무엇이냐 그들은 주께서 각각(바울과 아볼로) 주신 대로 너희로 하여금 믿게 한 사역자들이니라 나는 심었고 아볼로는 물을 주었으되 오직 하나님께서 자라나게 하셨나니 그런즉 심는 이나 물 주는 이는 아무 것도 아니로되 오직 자라게 하시는 이는 하나님뿐이니라 심는 이와 물 주는 이는 한가지이나 각각 자기가 일한 대로 자기의 상을 받으리라(고전 3:4-8)

영적인 지도자를 내세우는 그들의 명예욕과 자랑은 이미 '신령한 자들'의 생각이 얼마나 세속적인지를 그 자체로 입증한다. 바울은 하나님의 지혜와 하나님의 영을 높이 평가하는 그들에게 참된 하나님의 지혜인 '십자가에 대한 말씀'을 제시한다.

> 유대인은 표적을 구하고 헬라인은 지혜를 찾으나 우리는 십자가에 못 박힌 그리스도를 전하니 유대인에게는 거리끼는 것이요 이방인에게는 미련한 것이로되 오직 부르심을 받은 자들에게는 유대인이나 헬라인이나 그리스도는 하나님의 능력이요 하나님의 지혜니라(고전 1:22-24)

만약 누군가가 이미 자랑하기를 원한다면, 그는 자신의 지혜도 아니고 자신의 영적인 스승도 아니라 오직 주님을 자랑해야 한다(고전 3:21).

고린도 분파는 각각 서로 다른 영적인 권위를 주장한다. (오늘날) 공동체의 분열에 대한 문제는 이와 다른 모습으로 나타난다. 서로 다른(예를 들어 복음주의적, 자유주의적, 민족교회적 성향의, 독립적인, 율법주의적 성향의) 신앙적 표현이나 이를테면 성경의 가치에 대한 서로 다른 평가 그리고 (기독교인으로서의) 삶의 문제(예를 들어 교회와 정치, 평화문제, 환경문제, 에너지 문제, 노동분배, 경제구조, 병역문제)가 공동체의 분열을 초래할 수 있다. 바울은 공동체의 분열된 무리에게 한 영을 지시함으로써, 기독교인이 그리스도를 통해 받은 선물을 깨닫게 한다(고전 2:12). 그들은 그리스도의 영 안에서 모든 신앙의 문제와 생활의 문제를 판단하고 결정해야 한다(고전 2:15-16).

6. 근친상간 사건(고전 5:1 이하)

'신령한 자들'은 이 세상의 일반적이고 세속적인 것들에 대해 신경 쓰지 않는다. 그들은 그런 것들에 너무 초연하다. 따라서 그들은 근친상간 사건(한 젊은 남자가 자신의 계모와 성적인 관계를 맺는다)과 같은 '지엽적인 일'에 조심하지 않았다(고전 5:1). 바울은 다음과 같이 경고한다. 만약 이와 같은 것들이 공동체 내에서 허용된다면, 공동체는 무너지게 될 것이다. 영적인 교만이 '신령한 자들'의 눈을 가렸다. "너희가 자랑하는 것이 옳지 아니하도다 적은 누룩이 온 덩어리에 퍼지는 것을 알지 못하느냐"(고전 5:6).

7. 이교도 재판관 앞에서 기독교인 간의 소송사건(고전 6:1 이하)

바울은 '신령한 자들'의 일관적이지 않은 태도에 대해 비판한다. 한편으로 그들은 세속적·일반적인 삶을 중요하게 여기지 않았고, 그들은 자신을 덜 신령한 자들보다 높게 평가했다. 또한 특별히 하나님의 영을 가지고 있지 않은 이방인보다 스스로를 높게 생각했다. 또 다른 한편에서 그들은 자신의 세속적 삶을 중요하게 생각함으로써, 그들은 법률적 문제를 법정으로까지 끌고나갔다. 이때 고린도의 판사는 사실 이교도 법관이었다. 바울은 이와 관련하여 그들에게 다음과 같이 기록한다. "그런즉 너희가 세상 사건이 있을 때에 교회에서 경히 여김을 받는 자들(=

이교도)을 세우느냐 내가 너희를 부끄럽게 하려 하여 이 말을 하노니 너희 가운데 그 형제간의 일을 판단할 만한 지혜 있는 자가 이같이 하나도 없느냐"(고전 6:4-5). 이러한 책망은 스스로를 지혜롭고 신령하다고 생각한 고린도 사람들에게는 '전달되었을' 것이다. 그러나 바울은 기독교인에게 바람직한 것으로 보이는 완전히 다른 길 즉 포기하는 길을 그들에게 제시한다. "차라리 불의를 당하는 것이 낫지 아니하냐"(고전 6:7).

8. 성(性)에 관한 개방적인 태도에 대한 경고(고전 6:12 이하)

'신령한 자들'은 그들의 행동 기준이 되는 표어를 가지고 있었음이 분명하다. "모든 것이 내게 가하다"(고전 6:12, 10:23). 단지 '영적인 것'만이 삶에서 결정적으로 중요한 것이라면 신체를 다루는 문제는 중요하지 않았을 것이다. 신체는 사실 이차적이며 더욱이 열등한 것이었다. 그렇다면 신체적인 것은 영적인 것과 어떤 관련이 있는 것인가? 기독교인은 세상으로부터 자유하며, 세상 위에 있다. 성전의 매춘(아프로디테 신전)이나 기독교인 사이에서 일상적으로 이루어진 창녀와 성적 관계는 '신령한 자들'에게도 해당되었다. 육신이 아니라 성령이 중요하다. 도대체 무엇이 문제인가? 바울은 이러한 주장에 대해 반대한다. "모든 것이 내게 가하나 다 유익한 것이 아니요 모든 것이 내게 가하나 내가 무엇에든지 얽매이지 아니하리라"(고전 6:12). 성적 방종의 욕구에 대해서도 마찬가지이다. 바울은 고린도 사람들을 일깨우기 위해 한 걸음 더 나아가 다음과 같이 기록한다.

너희 몸이 그리스도의 지체인 줄을 알지 못하느냐 내가 그리스도의 지체를 가지고 창녀의 지체를 만들겠느냐 결코 그럴 수 없느니라 창녀와 합하는 자는 그와 한 몸인 줄을 알지 못하느냐…너희 몸은 너희가 하나님께로부터 받은 바 너희 가운데 계신 성령의 전인 줄을 알지 못하느냐…값으로 산 것이 되었으니 그런즉 너희 몸으로 하나님께 영광을 돌리라(고전 6:15-20)

바울은 무시되지 않아야 할 세속적·육신적인 것들로 말미암아 '신령한 자들'과 항상 충돌을 겪었다. 이 점에 대해서 모든 사람들은 기독교인으로서 책임지는 삶을 살아야 한다.

9. 결혼에 대한 질문(고전 7:1 이하)

많은 '신령한 자들'이 결혼을 세속적인 것이라고 무시하는 반면(고전 7:3-5), 바울은 결혼을 권하지는 않았지만 그렇다고 부정하지도 않았다. 그러나 그는 결혼과 관련된 그 모든 문제를 그리스도의 임박한 재림의 관점으로 이야기한다. "형제들아 내가 이 말을 하노니 그 때가 단축하여진 고로 이 후부터 아내 있는 자들은 없는 자 같이 하며…이 세상의 외형은 지나감이니라"(고전 7:29-31). 종말이 임박했기 때문에 그 당시의 관습과 같이 젊은 여인이 반드시 결혼해야 할 필요는 없었다. 그러나 결혼을 긍정하는 사람은 남자를 찾아야 한다.

바로 결혼문제와 관련된 부분에서 바울의 조언이 그다지 율법에 매여 있지 않음을 명백히 알 수 있다. 그는 주의 계명("결혼한 자들에게 내가 명하노니 명하는 자는 내가 아니요 주시라", 고전 7:10)과 자신의 지시("그 나머지 사람들에게 내가 말하노니 이는 주의 명령이 아니라", 고전 7:12, 25)를 명확하게 구분한다. 바울은 또한 자기 자신의 견해를 명확하게 제시하지만(고전 7:8-9, 38) 그 누구에게도 강요하지는 않는다.

노예이든 자유인이든 모든 사람이 자기 자리에 머물러야 한다는 권고 역시 임박한 재림의 기대와 관련된다(고전 7:18-24). 그러나 노예는 자신을 '주께 속한 자유인'으로 여겨야 하는 반면, 자유인은 자신을 '그리스도의 종'으로 간주해야 한다(참조. 몬 8-17).

10. 기독교인의 자유(고전 8-9장, 10:14-33)

고린도에서는 고기를 충분히 구입할 수 있었다. 이러한 육류는 물론 희생제사에서 남은 것이었다. '신령한 자들'은 고기를 먹음으로써 자신의 자유로움을 표현했다(고전 8:4). 왜냐하면 그들은 오직 단 한 분의 하나님만이 존재한다는 인식을 가지고 있었기 때문이다. 따라서 어떤 우상도 존재할 수 없었다. 그들은 우상의 제물인 고기도 안심하고 먹을 수 있다(고전 8:1-6). "모든 것이 가하다"(고전 10:23). 바울은 '신령한 자들'을 다시 땅 아래로 끌어내려야만 했다. "지식은 교만하게 하며 사랑은 덕을 세우나니"(고전 8:1). '신령한 자들'에게는 사랑이 부족했다. 그들은 마치 자유를 권리인 것처럼 드러낸 그들의 행동이 한 번도 고기를 입에 대지 않은 동료 기독교인에게 고기를 먹게 함으로써 양심의 가책을 느끼게 하는 함정에 빠지게 했음을 인식하지 못했다. 그들은 심지어 '신령한 자들'에게서 먹으라는 유혹을 받았을 것이다(예를 들어 초대). 이로써 그들의 예민한 양심이 상처를 받았다. 바울은 다음과 같이 기록한다. "그러므로 만일 음식이 내 형제로 실족하게 한다면 나는 영원히 고기를 먹지 아니하여 내 형제를 실족하지 않게 하리라"(고전 8:13). 사실 자유는 그 어떤 대가를 지불해서라도 반드시 확보해야 하는 것이 아니라 책임감 있는 사랑을 통해서—그리고 이를 통해 자유마저 포기할 수 있는 각오 속에서—이루어진다. 이것이 진정한 자유이다.

고린도전도 9:1-23의 단락도 이러한 포기사상이 특징적이다. 여기에서 바울은 사도로서의 자신의 생계비 지원에 대해 이야기한다. 바울은 복음을 위해 보수를 포기하고 자발적으로 복음을 전하게 된다(예를 들어 그는 그리스의 유랑 설교자와 혼돈되지 않기를 원했다). 그는 유대인과 이방인 그리고 강한 자와 약한 자의 특성에 관심을 보인다. "내가 여러 사람에게 여러 모습이 된 것은 아무쪼록 몇 사람이라도 구원하고자 함이니"(고전 9:22). 이후에 그는 우상제물로 사용된 고기의 문제로 되돌아가서(고전 10:23-11:1), 두 부분을 하나의 말씀으로 결합시킴으로써 결론을 맺는다.

> 유대인에게나 헬라인에게나 하나님의 교회에나 거치는 자가 되지 말고 나와 같이 모든 일에 모든 사람을 기쁘게 하여 자신의 유익을 구하지 아니하고 많은 사람의 유익을 구하여 그들로 구원을 받게 하라 내가 그리스도를 본받는 자 된 것 같이 너희는 나를 본받는 자가 되라(고전 10:32-11:1)

내 자유는 나의 입장뿐만 아니라 이웃의 입장에서도 생각해야 함으로 제한된다. 그리스도의 사랑의 실례(예를 들어 눅 23:34)가 이러한 태도를 갖도록 우리를 촉구한다.

11. 예배에서 남성과 여성의 태도(고전 11:2 이하)

'신령한 자들'은 예배의 관습이나 질서와 같은 '외적인 사항'에 개의치 않는다. 그들에게는 오직 영의 자유로운 지배만이 중요하다. 바울은 그 당시 관습과 어울리는 그의 지시(예를 들어 여성은 예배 시에 베일로 가리고 나타나야 하고, 남성은 짧은 머리모양을 해야만 한다)를 통해서 '신령한 자들'을 다시 한 번 '세상 속에' 자리하게 만든다. 일반적으로 인정되는 관습을 무시하면서 이루어지는 영적인 고공비행이 아닌, 사랑을 위해서 어떠한 불필요한 불쾌감도 일으키지 않고 통용되는 일반적인 관습의 준수, 이것이 바로 바울이 고린도 사람들에게 이해시키려고 한 바이다. 이러한 원칙은 언제나 유효하다. 관습은 바뀔 수 있다.

12. 성찬 시 무책임한 행동(고전 11:17 이하)

'신령한 자들'은 자신이 영적으로 '충만하다'고 생각하고, 그들은 현재 이미 '하늘에 있는 것'으로 생각했다. 그들은 먹고 마심을 통해 '축복받은 자들의 식사'와 같이 성찬식을 거행했다. 따라서 그들은 가난으로 말미암아 부끄러움을 느끼는 공동체 내부의 보다 가난한 지체를 고려하지 못했다(고전 11:21-22). 이러한 태도는 사랑의 정신을 깨뜨리는 것이다. 이 밖에도 술 취한 사람은 더 이상 성찬식을 일상적인 식사와 구분하지 못했다. 따라서 그는 그리스도의 몸과 피를 먹고 마심으로써 "심판에 이르게" 된다(고전 11:29). 사랑이라는 생각을 통해 바울은 이러한 폐단을 극복하려고 노력한다. "그런즉 내 형제들아 먹으러 모일 때에 서로 기다리라 만일 누구든지 시장하거든 집에서 먹을지니 이는 너희의 모임이 판단 받는 모임이 되지 않게 하려 함이라 그 밖의 일들은 내가 언제든지 갈 때에 바로잡으리라"(고전 11:33-34).

13. 성령의 은사에 대해서(고전 12:1-14:40)

바울은 '신령한 자들'에게 성령과 성령의 은사를 문제 삼지는 않는다. 하지만 그는 그들이 성령의 은사를 올바르게 분류하고 평가하기를 원한다. 우선 그는 온갖 종류의 성령의 은사를 열거한다. 그 은사는 공동체 내에서 다양하게 나타나지만(고전 12:4), 그 모두는 공동체 전체에 유익을 주기 위해서 주어진 것이다(고전 12:7). 모든 종류의 직무 수행, 능력 행함, 지혜의 말씀, 지식의 말씀, 믿음, 병 고치는 은사, 예언함, 영들 분별함, 방언, 방언의 통역(고전 12:5-11). 바울은 방언을 마지막 위치에 놓는다. 고린도 사람들은 방언을 높이 평가하여(고전 12:31) 한 사람 안에 성령이 실제로 존재하는 특별한 상징으로 여겼다(즉 일종의 '믿음의 증명서').

그리스도의 몸으로서의 교회에 관한 그 유명한 본문(고전 12:12-31)에서 바울은 몸이 많은 지체를 필요로 한다는 사실과 어떠한 지체도 다른 지체보다 우월하거나 다른 지체가 필요하지 않다고 말할 수 없음을 명백하게 밝힌다. '신령한 자들'은 그 어느 기독교인보다도 자신이 더 완전하다고 생각함으로써 위험에 처하게 되었다. 왜냐하면 일반적인 기독교인은 영의 나타남을 감지할 수 없기 때문이다. "더 약하게 보이는 몸의 지체가 도리어 요긴하고 우리가 몸의 덜 귀히 여기는 그것들을 더욱 귀한 것들로 입혀 주며 우리의 아름답지 못한 지체는 더욱 아름다운 것을 얻느니라"(고전 12:22-23). 모든 사람이 사도, 선지자, 교사, 능력을 행하는 자, 병 고치는 은사를 가진 자, 서로 돕는 자, 다스리는 자, 방언을 말하는 자가 아니다. 각 사람은 자신의 자리에서 몸의 지체여야만 하고, 다른 사람들을 무시하거나 자신을 열등하다고 느껴서는 안 된다(고전 12:28-30).

14. 사랑의 길(고전 13:1-14:1a)

바울은 "너희는 더욱 큰 은사를 사모하라"(고전 12:31)고 말한다. 그가 말하는 큰 은사는 결코 고린도 사람들이 높게 평가하던 방언이나 시선을 사로잡는 영적 표시가 아니다(또한 고전 14:1-3을 참조하라). 바울은 고린도 사람들에게 성령의 은사(또한 롬 5:5도 참조하라)와 진정한 기독교인의 생활방식으로 사랑을 제시한다. "내가 또한 가장 좋은 길을 너희에게 보이리라"(고전 12:31). 그 다음 고린도전서 13장 즉 '사랑의 찬가'가 이어진다.

바울이 교만한 '신령한 자들'에게 지금까지 이야기한 그 모든 것은 사랑이라는 사상에 가장 심오한 근거를 가지고 있다. 이제 바울은 그것을 명백하게 진술한다. "내가 사람의 방언과 천사의 말을 할지라도 사랑이 없으면 소리 나는 구리와 울리는 꽹과리가 되고 (사실 '신령한 자들'이 그렇다고 자랑하는 것처럼) 내가 예언하는 능력이 있어 모든 비밀과 모든 지식을 알고 또 산을 옮길 만한 모든 믿음이 있을지라도 사랑이 없으면 내가 아무 것도 아니요 내가 내게 있는 모든 것으로 구제하고 또 내 몸을 불사르게 내줄지라도("내게 하나님의 은총이 있기를!") 사랑이 없으면 내게 아무 유익이 없느니라"(고전 13:1-3). 바울은 지금까지 이 서신에서 나오는 문제에 대하여 이미 고린도전서 13:4-7에서 구체적으로 적용시켰다.

자신을 '신령하다, 지혜롭다, 지식이 풍부하다'고 생각한 고린도 사람들에게는 정작 사랑이 부족했다. 그러나 믿음은 사랑 안에서 역사한다(갈 5:6b, 14 또한 눅 10:25-28, 29-37도 참조하라). 바울은 자신을 온전하다고 여기는 고린도 사람들을 다시 이 세상의 현실로 끌고나와야 했다. "지금은 내가 부분적으로 아나 (하나님 나라가 완성되는 때인) 그 때에는 주께서 나를 아신 것 같이 내가 온전히 알리라"(고전 13:12). 고린도 사람들은 겸손해야 한다. 겸손에 이르는 길(고전 12:31)은 사랑이다(고전 13:13).

15. 방언의 문제(고전 14:1-40)

신약성경에서 '사랑의 찬가' 다음으로 바울은 '신령한 자들'에 의한 방언의 과대평가 문제를 다시 되짚는다. 그는 그들에게 방언을 문제 삼지 않았으며 비방하지도 않았다. 그러나 그는 방언을 부차적인 것으로 여겼다. 방언을 말하는 사람은 사람에게 말하는 것이 아니라 하나님께 말하는 것이다. 이는 신앙인도 그리고 비(非)기독교인도 즉 어떤 사람도 방언을 이해할 수 없기 때문이다(고전 14:2). 비(非)기독교인은 사실 모든 사람이 방언을 말한다면 공동체가 미쳤다고 생각할 것이 틀림없다(고전 14:23). 방언보다는 영감에서 비롯된 이해할 수 있는 말을 하는 것이 더 유익하다(고전 14:24-25).

> 그렇지 아니하면 네가 영으로 축복할 때에 알지 못하는 처지에 있는 자가 네가 무슨 말을 하는지 알지 못하고 네 감사에 어찌 아멘 하리요 너는 감사를 잘하였으나 그러나 다른 사람은 덕 세움을 받지 못하리라 내가 너희 모든 사람보다 방언을 더 말하므로 하나님께 감사하노라 그러나 교회에서 네가 남을 가르치기 위하여 깨달은 마음으로 다섯 마디 말을 하는 것이 일만 마디 방언으로 말하는 것보다 나으니라(고전 14:16-19)

사랑의 사상에서부터 다음의 이해가 가능하다. 방언은 자신의 경건을 입증하지만 공동체를 세우지는 못한다(=신앙의 이기주의). 그러나 사랑은 다른 사람의 입장을 기준으로 생각하는 것이다. 바울이 중요하게 여기는 것은 곧 다른 사람을 세우는 일이다(고전 14:12).

우리는 오늘날 공동체와 또한 '무지한 자'(교회에 낯선 사람, 믿지 않는 사람)에게 덕을 세워야 한다는 원칙으로 교회생활을 해야 한다(예배, 선교 행사, 교회의 홍보). 많은 사람들이 방언을 이해하고 '인식'(방언의 직접적인 의미)한다고 말할 수는 없지만, '방언'은 계속해서 성경의 내용이나 기독교인의 삶에 있어서 중요한 문제 중 하나의 주제로 남아 있다.

고린도전서 14:33b-35는 11:5와 모순적이다. 왜냐하면 고린도전서 11:5에서는 여성이—남성과 마찬가지로(고전 11:4)—영감을 받아 이야기하거나 또한 공식적으로 기도할 수 있다고 말하기 때문이다. 이 구절은 후대에 바울이 아닌 다른 사람에 의해 고린도전서에 삽입된 것일 수도 있다(예를 들어 유대인 태생의 한 기독교인에 의해). 또는 고린도전서 14:33b는 '영적으로 충만한' 여성들이 예배를 방해한 행동을 반영한 것으로 아마도 바울은 그것을 배격하려고 했을 것이다. 고린도전서 14:33b는 사실 14:33a와 14:40에 따라 둘러싸여 있다.

16. 죽은 자들의 부활에 대해(고전 15:1-58)

'신령한 자들'에게서 하나님의 구원은 그들의 믿음을 통해, 성령의 은사를 통해, 성령의 역사를 통해 이미 현재에 온전하게 실현되어 있다. "너희가 이미 배부르며 이미 풍성하며 우리 없이도 왕이 되었도다"(고전 4:8, '배부르다'와 '왕이 되다'에 대해서는 눅 22:30을 참조하라). 이 때문에 '신령한 자들'은 미래의 부활을 부인한다(고전 15:12). 그들은 영적으로 자신은 이미 부활했다고 느꼈으며, 영적으로 자신은 이미 완전하다고 여겼다. 바울은 그들을 이러한 생각으로부터 깨어나게 하려 했다. 따라서 그는 한편으로는 예수의 부활을 증언했으며(고전 15:1-11), 또 다른 한편으로는 이러한 메시지를 우리 미래적 부활에 대한 희망의 근거로 명백히 제시했다(고전 15:12-34). 구원 즉 완성은 이후에 분명히 드러날 하나님 나라의 미래에 속한 것이며, 그때 하나님은 '만유 안에' 계시게 될 것이다(고전 15:28). 어느 누구도 불완전한 현재를 지나치게 높여서는 안 된다. 현재의 삶의 특징은 허무와 부패이고, 하나님 나라의 특징은 영원과 불멸이다(고전 15:35-56). 고린도 사람들은 결코 자기기만에 빠져서는 안 되며, 성령 안에서 그들이 현재 경험하는 하나님 체험을 부적절하게 높여서도 안 된다.

17. 고린도전서의 성과?

고린도전서는 하나의 중요한 문제를 보여준다. 공동체는 영적인 열광주의에 사로잡혀 있다. 한편으로 그들은 자신의 '신앙의 가능성'과 '영의 능력'을 과대평가했고(그들은 이미 온전하게 구원받았다고 느꼈다), 또 다른 한편으로 그들에게는 구원의 그 어떤 표지, 특히 사랑이 결여되어 있었다. 고린도 사람들은 다른 공동체의 구성원에 대한 책임과 이 세상에서 그들의 삶에 대한 책임을 소홀히 여겼다. 고린도후서가 보여주듯이, 바울은 이 서신(고린도전서)을 통해서 고린도 교회의 어려운 문제를 성공적으로 극복하지는 못했다.

상세한 사항을 배제하면, 고린도후서는 바울과 고린도 공동체 사이에서 이루어진 그 밖의 사건을 반영한다. 고린도 공동체의 창립자인 바울과 고린도 공동체의 구성원 사이에서 갈등을 일으키는 사건이 발생했고, 바울은 개인적으로 고린도 방문계획을 갑자기 취소하는 등 갈등은 더욱 심화되었다(고후 7:12). '눈물의 서신'(고후 10-13장)의 도움과 디도의 방문에 힘입어 공동체와 바울 사이의 깨진 관계가 성공적으로 회복되었다. 이어서 바울은 곧 '화해의 서신'을 기록한다(고후 1:1-2:13, 7:5-6).

데살로니가전서

1-3장	데살로니가 공동체가 바울이 미리 서둘러 떠났음에도 불구하고 선한 상태를 유지하고 있는 것에 대한 바울의 감사
4:1-12	거룩한(=하나님께 합당한) 생활에 대한 권고
4:13-5:11	그리스도의 재림에 대하여
5:12-28	서신의 결말: 권고와 인사말

데살로니가후서

1장	공동체가 당하는 박해와 하나님의 심판
2장	그리스도의 재림에 대하여
3장	세상에서 책임 있는 생활에 대한 권고

빌레몬서

우리가 지금까지 읽은 바울 서신이 전체 공동체를 겨냥한 것이었다면, 이 짧은 빌레몬서는 명확하게 개인적인 성격을 가지고 있다.

빌레몬서는 빌레몬이 이끄는 한 가정 공동체(1-2절)를 수신인으로 삼고 있다. 이 서신의 동기는 이렇다. 노예인 오네시모가 그의 주인인 빌레몬에게서 도망친다. 아마도 그는 바울이 갇혀 있던 감옥으로 붙잡혀오게 된 것 같다(1절). 적어도 그는 바울에게 갔고 바울을 통해 감옥에서 회심하게 되었다(10절). 이제 바울은 오네시모를 "사랑받는 형제"(16절)로서 그의 주인에게 되돌려보낸다. 바울은 개인적으로 "그의 아들 오네시모"(10절)를 위해 전적으로 변호하면서 그가 처벌받지 않고 형제의 사랑으로 다시 가정 공동체가 그를 받아들이기를 빌레몬에게 바란다. 바울은 여기에서 혁명적인 어조로 노예해방을 촉구하지는 않는다(8-9절). 그는 단지 노예와 주인을 능히 화해시킬 수 있는 그리스도에 대한 신앙이 이 두 사람의 관계를 변화시킬 것이라고 기대한다. 그 신앙이 노예와 주인을 화해시킬 것이며, 심지어 그에게 자유를 허용할 수도 있을 것이다(16절과 21절).

이 서신은 대략 기원후 55년경에 에베소에서 기록되었을 것이고, 빌레몬의 가정 공동체가 살고 있던 골로새로 보냈을 것이다(골 4:9-17).

술 취하지 말고 깨어 있으라

데살로니가전서는 바울을 통해 한 공동체가 세워지는 방식과 그 상황을 우리에게 보여준다. 이 서신은 공동체의 창립자가 (강제적으로) 떠나게 된 이후 공동체의 상황에 대해 보고한다. 그리고 데살로니가전서는 바울이 세운 공동체와 그 자신이 개인적으로 계속해서 연결되어 있음을 말해준다.

데살로니가후서는 매우 후대의 시점에서 동일한 공동체의 상황을 인상적으로 전달한다.

1. 데살로니가 도시

고대 데살로니가 도시(오늘날 살로니키[Saloniki], 인구 35만 명)는 매우 중요한 지역 중 하나였다. 동서 즉 로마와 비잔티움을 서로 연결하는 로마의 도로 '비아 에그나티아'(Via Egnatia)가 데살로니가를 통과했기 때문이다. 데살로니가는 수많은 선착장을 지닌 자연적인 항구도시였기 때문에, 이 도시는 다양한 종류의 무역을 위해 화물을 옮겨 싣는 요지가 되었다. 항구도시의 특징은 데살로니가 도시의 생활양식을 규정했다. 로마 시대에 데살로니가는 마케도니아 지역의 수도였고, 총독의 거주지였다. 이 도시는 독자적인 행정, 독자적인 재판권, 독자적인 조폐권을 가지고 있었다. 데살로니가에 거주하는 유대인 공동체는 자신만의 고유한 회당을 가지고 있었다(행 17:1, G. Friedrich, *Die Briefe an die Galater, Epheser, Philipper, Kolosser, Thessalonicher und Philemon*, NTD 8, Göttingen, 1976, 203).

2. 바울이 데살로니가 공동체를 설립하다

빌립보에서 바울과 그의 동료 실라는 차꼬(죄수를 가두어 둘 때 쓰던 형구. 두개의 기다란 나무토막을 맞대고 그 사이에 구멍을 파서 죄인의 두 발목을 넣고 자물쇠를 채운다—옮긴이 주)에 채워진 채 투옥되었다(행 16:16-39). 그들은 풀려나고 빌립보를 떠나 데살로니가를 향해 길을 떠났다(행 16:40-17:1). 이는 데살로니가 사람들에게 복음을 전하기 위해서였다(살전 2:2). 바울의 설교는 성과를 거두었다. 하나의 새로운 기독교 공동체가 생겨났고, 이 공동체는 특별히 이방 기독교인으로 구성되었다(살전 1:9). 처음부터 데살로니가 공동체는 '십자가에 속한 공동체'였다. 데살로니가 사람들은 "많은 환난 가운데서 성령의 기쁨으로 말씀을 받았다"(살전 1:6). "살아 계시고 참되신 하나님"께 마음을 돌이킨 그들은 데살로니가에서 행하던 제의에서 돌아서서 그것을 멀리했다(살전 1:9). 그들은 관례적인 행동에서 벗어나게 됨으로써 동족들에게 박해를 받게 되었다. "형제들아 너희가 그리스도 예수 안에서 유대에 있는 하나님의 교회들을 본받은 자 되었으니 그들이 유대인들에게 고난을 받음과 같이 너희도 너희 동족에게서 동일한 고난을 받았느니라"(살전 2:14).

3. 바울이 데살로니가에서 추방되다

유대인은 바울에게 대항하기 위해 폭동을 모의한다

바울은 데살로니가 사역 상황에 대하여 어떠한 기록도 데살로니가전서에 남기지 않았다. 왜냐하면 그는 이미 그러한 상황을 모두 알고 있음을 전제하기 때문이다. 사도행전은 데살로니가전서의 정보의 부족함을 채워준다(행 17장). 바울이 그의 설교를 통해 "경건한 헬라인의 큰 무리"를 얻게 된 것은 명백한 사실이다(행 17:4). '경건한 자들'은 유대교의 하나님 신앙에 동조했지만, 물론 할례를 행하거나 율법을 준수하지는 않았다. 그들이 기독교 신앙으로 전향(=유대교 신앙에서 이탈)하게 되자, 데살로니가의 유대인은 그들에게 질투심을 느꼈다. 그들은 바울과 실라에 대항하기 위해 폭동을 꾸미고, 그들에게 개인적으로 형벌을 가하려고 했다(행 17:5). 그러나 그들은 바울과 실라를 사로잡지 못했고, 바울에게 숙소를 제공한 야손과 몇몇 공동체의 구성원을 붙잡아 그들을 법정에 고발했다. 그들은 바울과 기독교인이 황제를 인정하지 않고 오직 그들의 왕 예수만을 섬기는 반란자라고 정죄했다(행 17:7). 이러한 비난은 로마 황제 아우구스투스로부터 자유도시의 특권을 얻었던 도시에서는 특별히 중대한 사항이었다. 왜냐하면 데살로니가 사람들은 그 특권을 상실하지 않도록 하기 위해서, 자신에게 주어진 국가 관리로서의 상태를 유지하도록 조심해야 했기 때문이다. 따라서 도시 내부의 정치적인 반항은 허용될 수 없었다. 그럼에도 불구하고 데살로니가 도시의 지도자는 이에 신중하게 대처하여 보석금을 받고 고발당한 기독교인을 풀어주었다(행 17:9). 그리스도인이 데살로니가에 공동체를 세우는 순간부터 시작된 박해와 주민과 팽팽한 갈등으로 말미암아(행 17:5), 데살로니가 공동체는 그곳으로부터 바울과 실라를 베뢰아로 급히 떠나보낼 수밖에 없는 상황에 처한 것으로 보인다(행 17:10).

데살로니가에서 바울의 짧은 체류

사도행전 17:2는 바울이 회당에서 세 번의 안식일 동안 설교를 전했다고 언급한다. 사도행전의 또 다른 보고에 따르면(행 17:4-10), 바울은 대략 3주 정도 데살로니가에서 사역을 한 것 같다. 어떻게 이와 같은 짧은 기간 동안에 그렇게 견고한 기독교 공동체가 형성되었으며 또한 박해 속에서도 기독교인으로서의 모범을 유지해나갈 수 있었는지는 여전히 규명되지 않는다(살전 1:7-8). 빌립보서 4:16에 따르면, 데살로니가로부터 150Km 떨어진 곳에 위치한 빌립보의 기독교인은 바울의 사역을 지원하기 위해 데살로니가에 두 번이나 후원금을 보냈다. 이러한 사실은 명백히 데살로니가에서 바울의 사역이 3주보다 더 긴 기간 동안 이루어졌음을 말해준다. 그러나 바울이 데살로니가에서 상당히 짧은 기간 동안만 사역을 허락받았다고 전하는 사도행전의 진술방식이 옳은 것으로 보인다.

바울은 데살로니가의 신생(新生) 공동체를 걱정하다

바울은 '이제 막 시작된 공동체'를 남겨둔 채 도망치듯 데살로니가를 떠났다. 바울은 가능한 한 빨리 베뢰아(행 17:10)로부터 데살로니가로 되돌아가려고 했으나, 그의 계획은 여러 차례 차질을 빚었다. "그러므로 나 바울은 한번 두번 너희에게 가고자 하였으나 사탄이 우리를 막았도다"(살전 2:18). 이러한 언급은 바울의 질병을 의미할 수도 있지만(참조. 고후 12:7), 유대인이 데살로니가로부터 베뢰아까지 그를 추격하여(행

17:13), 또다시 바울을 아테네로 도망하게 했음을 의미할 수도 있다(행 17:14-15). 그는 데살로니가에 있는 자신의 공동체로부터 이제 완벽하게 단절되었고, 그들이 어떻게 지내는지조차 알 수 없게 되었다.

디모데의 파송

바울은 데살로니가 공동체가 불안하여 더 이상 참을 수 없게 되었다(살전 3:1). 바울은 데살로니가 공동체를 굳건하게 하고(살전 3:2), 그들의 상황을 파악하기 위하여(살전 3:5), 디모데를 아테네에서 데살로니가로 파송했다. 디모데는 데살로니가에서 좋은 소식을 가지고 바울에게 돌아온다(살전 3:6).

데살로니가에 보낸 감사서신

감사와 안도의 마음으로 충만해진 바울은 곧 그 공동체에게 데살로니가전서를 써 보낸다. "우리가 우리 하나님 앞에서 너희로 말미암아 모든 기쁨으로 기뻐하니 너희를 위하여 능히 어떠한 감사로 하나님께 보답할까"(살전 3:9). 공동체가 형성되기 시작할 때부터 그때까지 최선의 상황을 유지해 온 것에 대하여 편지의 서두(序頭) 세 장에 감사의 내용을 전달한다. 이 부분에서 우리는 한 공동체의 설립과정과 그들이 기독교인의 본분을 지켜나가는 사건을 생생하게 목격한다. 이 밖에도 우리는 이 부분을 통해서 바울과 그의 신생 공동체를 묶는 밀접한 개인적 관계를 보게 된다.

바울은 그의 두 번째 선교여행 중에 데살로니가전서를 기록했는데 아마도 고린도에서 그리하였을 것이다(행 18:5). 이때는 대략 기원후 50년경이었을 것이다. 데살로니가전서는 가장 오래된 바울 서신이자 동시에 신약성경에서 가장 오래된 문서이다.

4. 바울이 데살로니가 공동체를 강하게 하다

바울은 데살로니가전서를 통해서 그 신생 공동체가 수많은 곤경에도 불구하고 기독교인의 본분을 지켰다는 사실에 대하여 감사와 안도의 마음을 전하였다(살전 2:14). 이와 더불어 바울은 디모데 또는 데살로니가 사람들이 그에게 보낸 (그리고 디모데 편에 보낸) 서신으로 데살로니가 사람들이 관심을 가지고 있던 문제와 질문에 관한 소식도 얻었다. 이와 관련해서 바울은 편지를 보내 데살로니가 공동체에게 신앙을 강화시키려 하고, 기독교적인 삶의 방식을 가르치려고 했다.

기독교인에게는 고난이 따른다

데살로니가 공동체는 그들의 공동체가 형성되던 순간부터 그들이 기독교인이라는 이유로 동족의 박해를 감당해야 했다(살전 1:6, 2:2, 14). 바울은 데살로니가 공동체에게 빌립보에서 당한 자신의 고난을 말해 주었고(살전 2:2) 또한 처음부터 그 공동체에게 임할 고난을 미리 이야기했다(살전 3:4). 그는 그리스도를 위한 고난이 언제나 그리스도인과 함께 한다는 사실을 분명하게 밝혔다. “아무도 이 여러 환난 중에 흔들리지 않게 하려 함이라 우리가 이것을 위하여 세움 받은 줄을 너희가 친히 알리라”(살전 3:3, 참조. 마 10:38-39, 16:24-25). 데살로니가 사람들은 바울의 복음 선포를 “사람의 말이 아닌” 진리의 말씀으로 받아들였다. 그들은 바울의 말과 같이 “너희 믿는 자 가운데에서 역사하시는 하나님 말씀으로” 받았기 때문에(살전 2:13), 성령을 통해 강해졌고(살전 1:6), 고난과 결부된 시험을 이겨낼 수 있었다(살전 3:5). 기독교인의 본분을 모범적으로 유지하는 일이 마게도냐와 아가야 지역을 넘어서까지 알려지게 되었다(살전 1:8). 바울은 그의 서신을 통해 감사의 말씀으로 이 모든 것을 다시 한 번 강조함으로써 고난의 상황에 처한 데살로니가의 기독교인을 단련시켰다.

바울에 대한 의심이 공동체의 존속을 계속 위협하다

데살로니가전서에 나타난 바울의 기록에 대한 배경에서 우리는 그 공동체가 기독교 공동체로 존속해 나가는 데서 심각한 위협에 처하게 되었다는 사실을 알 수 있다. 공동체의 창립자인 바울의 진실성을 의심하게 만드는 세력이 활동하고 있음이 분명하다. 디모데는 바울에게 이러한 사실을 알렸다. 바울을 데살로니가와 베뢰아에서 몰아냈던 데살로니가 출신의 유대인은 아마도 데살로니가 기독교 공동체 안에서 바울에 대한 좋은 평판을 계속적으로 의심하게 만들었을 것이다. 그들은 바울이 사악한 방랑 설교자라는 의혹을 제기했다.

“방랑 설교자는 그 당시 결코 희귀한 존재가 아니었다. 원시 기독교의 선교사만이 이 도시로부터 저 도시로 다녔던 것이 아니라 연설가, 철학자, 기적을 행하는 자들도 동일한 방법으로 이러한 일을 행했다. 특별히 견유학파(Kyniker)는 많은 점에서 원시 기독교 선교사와 매우 유사해 보였다. 낡은 외투를 입고 오직 배낭과 지팡이만을 가지고 가족과 고향, 모국을 잊은 채 이 도시 저 도시를 배회하면서 거리, 시장, 쉼터에서서 사람들에게 부와 가난, 덕과 악행에 대한 가르침을 전했다. 스토아 철학자는 스스로가 보냄을 받은 자라는 자의식을 강하게 가지고 있었다. 스토아 철학자는 자신을 바울이 스스로를 묘사한 것과 같이 하나님의 일꾼(고후 6:4) 또는 하나님의 사자(참조. 딤전 2:7과 딤후 1:11)로까지 불렸다. 견유학파는 사람들에게 자신의 말을 들어야 한다고 외치면서 등장했다. 왜냐하면 그는 하나님이 지상에 파송한 하나님의 대리자이기 때문이다. 그의 말은 하나님 말씀이었다. 그의 말을 무시하는 자는 하나님을 모욕하는 것이었다.

실제로 모든 방랑 설교자가 모범적이지는 않았다. 사람들은 그들 중 대다수가 청중에게 요구한 것과 같은 방식으로 살지 않음을 알았다. 바울 역시 겉으로는 이러한 방랑 철학자와 다를 바가 없었다. 따라서 바울은 데살로니가에서 명예와 돈을 얻기 위해 가능한 한 많은 추종자를 확보하려고 한 사악한 설교자의 대표적인 인물로 의심받았다. 오직 야채와 물로 연명하면서 절제하던 견유학파조차도 청중의 호의적 행위에 의존하고 있었다. 따라서 많은 방랑 설교자가 연설을 통해 청중에게서 박수갈채와 보수를 얻어내기 위해 청중의 비위를 맞추었다"(G. Friedrich, *Die Briefe an die Galater, Epheser, Philipper, Kolosser, Thessalonicher und Philemon,* NTD 8, Göttingen, 1976, 203-204).

바울은 자신에 대한 오해를 막기 위해서 데살로니가 사람들에게 자신이 방랑 설교자와는 절대로 관계가 없음을 분명하게 제시한 사실을 기억하게 한다.

형제들아 우리가 너희 가운데 들어간 것이 헛되지 않은 줄을 너희가 친히 아나니 너희가 아는 바와 같이 우리가 먼저 빌립보에서 고난과 능욕을 당하였으나 우리 하나님을 힘입어 많은 싸움 중에 하나님의 복음을 너희에게 전하였노라 우리 권면은 간사함이나 부정에서 난 것이 아니요 속임수로 하는 것도 아니라 오직 하나님께 옳게 여기심을 입어 복음을 위탁 받았으니 우리가 이와 같이 말함은 사람을 기쁘게 하려 함이 아니요 오직 우리 마음을 감찰하시는 하나님을 기쁘시게 하려 함이라 너희도 알거니와 우리가 아무 때에도 아첨하는 말이나 탐심의 탈을 쓰지 아니한 것을 하나님이 증언하시느니라 또한 우리는 너희에게서든지 다른 이에게서든지 사람에게서는 영광을 구하지 아니하였노라 우리는 그리스도의 사도로서 마땅히 권위를 주장할 수 있으나 도리어 너희 가운데서 유순한 자가 되어 유모가 자기 자녀를 기름과 같이 하였으니 우리가 이같이 너희를 사모하여 하나님의 복음뿐 아니라 우리의 목숨까지도 너희에게 주기를 기뻐함은 너희가 우리의 사랑하는 자 됨이라 형제들아 우리의 수고와 애쓴 것을 너희가 기억하리니 너희 아무에게도 폐를 끼치지 아니하려고 밤낮으로 일하면서 너희에게 하나님의 복음을 전하였노라 우리가 너희 믿는 자들을 향하여 어떻게 거룩하고 옳고 흠 없이 행하였는지에 대하여 너희가 증인이요 하나님도 그러하시도다(살전 2:1-10)

바울은 자신의 인격을 의심하면서 불신을 부추기는 적대자의 선전으로 말미암아 데살로니가에서의 사역이 실패하지 않도록 그들에게 과거의 기억을 회상시키려고 하였다(살전 3:5-6).

그리스도의 재림 이전에 공동체 구성원의 책임감 있는 생활

바울은 데살로니가의 짧은 체류 기간 동안, 모든 이방 기독교인 앞에서 기독교의 메시지를 전달하고자 노력했다(살전 1:9). 분명 바울은 데살로니가 사람들에게 특히 기독교의 미래적 희망을 제시했다. 우리 기독교인은 마지막 날에 부활하신 그리스도가 나타나실 것을 기다린다. 그분은 우리를 미래의 심판에서 구원하실 것이다(살전 1:10). 그러나 그와 동시에 그리스도가 다시 오실 때까지 그리스도인이 이 세상에서 어떻게 살아야 할지의 문제가 제기되었다. 인간적인 삶에서 경험되는 이 세상의 일들에 대해 더 이상 근심하고 걱정할 필요가 없는가? 데살로니가의 많은 기독교인은 임박한 그리스도의 재림에 대한 희망에서 다음의 결론을 이끌어냈다. 즉 바울은 그들에게 이와 같이 기록한다. “하나님의 뜻은 이것이니 너희의 거룩함이라”(살전 4:3). ‘거룩하다’는 말은 ‘하나님께 속한다’는 말이다. 따라서 바울의 의도는 다음과 같다.

그리스도의 재림까지 하나님께 속한 사람으로서의 삶을 살아라. 즉 하나님의 뜻에 맞게 하나님 앞에서 책임감을 다하는 생활을 하라. 모든 사람은 "너희를 부르사 자기 나라와 영광에 이르게 하시는 하나님께 합당히 행하도록"(살전 2:12) 힘써야 한다. 소명을 따르는 삶은 이교도적인 항구도시의 삶의 방법과는 매우 다른 것이었다. 이 때문에 바울은 데살로니가 사람들에게 특별히 성적인 개방성(살전 4:3b-5)과 부정직한 상거래(살전 4:6)에 대해 경고한다. 그는 사랑으로 각인된 삶을 살도록 격려한다(살전 4:9, 5:14b-15). 임박한 종말로 인한 흥분된 상태는 적합하지 않으며(살전 4:11a), 공동체의 삶 가운데 성령에 대한 언급을 두려워하는 것도 적절치 못한 것이다(살전 5:19-21). 그러나 더 나아가서 모든 사람은 조용히 자신의 일에 전념하고(살전 4:11b), 주변의 이교도적 환경에서도 다른 사람의 감정을 상하지 않게 함으로써 존경받는 삶을 살아야 한다(살전 4:12). 아직 끝이 이르지 않는 한, 공동체(살전 5:12)와 세상(살전 5:14)에서 일상적인 삶에 필수적인 질서는 인정되어야 한다(바울의 이러한 지시에 대해서는 주님이 '내일' 다시 오실지라도 '여전히 오늘' 한 그루의 사과나무를 심을 것이라고 한 유명한 마르틴 루터의 진술을 참조하라). 바울은 율법을 지켜야 한다는 의미가 아니라 하나님이 친히 데살로니가 사람들에게 '거룩에 속한 삶'을 살 수 있게 해주신다는 인식과 능력을 주신다는 믿음의 관점에서 그들에게 '거룩한 삶'을 살도록 요구한다.

평강의 하나님이 친히 너희를 온전히 거룩하게 하시고 또 너희의 온

영과 혼과 몸이 우리 주 예수 그리스도께서 강림하실 때에 흠 없게 보전되기를 원하노라 너희를 부르시는 이는 미쁘시니 그가 또한 이루시리라(살전 5:23-24)

사나 죽으나 우리가 주의 것이로다(롬 14:8)

'그리스도의 재림'이라는 주제는 데살로니가전서 전체에 새겨져 있다(살전 1:10, 2:12, 19, 3:13, 4:15, 5:23). 아마도 데살로니가 사람들은 이러한 내용으로 바울에게 편지를 보냈을 것이다. 데살로니가전서 4:13-18의 단락은 데살로니가 사람들이 그리스도의 재림과 관련된 구체적인 문제로 말미암아 흔들렸음을 말하고 있다. 공동체의 몇몇 구성원은 그리스도의 재림이 임하기 전에 죽음을 맞이했다(살전 4:13). 이러한 공동체의 구성원은 지상에서 그리스도의 재림을 경험하게 될 사람들보다도 못한 자들인가?(살전 4:14-15) 바울은 기독교인에게서 그리스도가 재림하실 때에 이 땅 위에서 살고 있는지 이미 죽었는지의 여부가 아무런 문제가 되지 않음을 설명하면서 데살로니가 사람들을 위로한다(살전 4:18).

주께서 호령과 천사장의 소리와 하나님의 나팔 소리로 친히 하늘로부터 강림하시리니 그리스도 안에서 죽은 자들이 먼저 일어나고 그 후에 우리 살아 남은 자들도 그들과 함께 구름 속으로 끌어 올려 공중에서 주를 영접하게 하시리니 그리하여 우리가 항상 주와 함께 있으리라(살전 4:16-17)

죽었든지 아니면 살아 있든지 또는 보다 자세하게 묘사할 수 있든지 또한 아니든지 간에, 교회를 향한 그리스도의 목적이 중요하다. 바울은 다음과 같이 언급한다. "우리가 항상 주와 함께 있으리라"(살전 4:17b). 우리가 이미 현세의 삶에서 경험하는 그리스도와 교제는 마지막 때 분명하게 경험할 것이다. 죽음은 그것을 소멸할 수 없다. 이러한 희망(살전 4:13)은 기독교인에게 삶에서 그리고 또한 고난 속에서도 위로(살전 4:18)를 준다. 물론 그 누구도 세상의 종말이 언제인지 말할 수 없다. 그것은 매우 급작스럽게 임할 것이다(살전 5:1-2). 이 때문에 그리스도의 임박한 재림을 준비하여 항상 깨어 있고 책임감 있는 삶을 사는 것이 중요하다. "우리는 낮에 속하였으니 정신을 차리고 믿음과 사랑의 호심경을 붙이고 구원의 소망의 투구를 쓰자"(살전 5:8).

5. 데살로니가후서

일하기 싫어하거든 먹지도 말게 하라

임박한 재림에 대한 기대는 데살로니가전서만의 지배적 주제가 아니라 데살로니가 공동체에게 보낸 두 번째 서신의 주제이기도 하다. 물론 이 주제는 두 번째 서신에서 전혀 반대 방향으로 전개된다. 데살로니가전서는 바울이 세상의 종말과 더불어 그리스도의 재림을 상당히 임박한 것으로 보고 있음을 증언한다(살전 4:17). 반면 데살로니가후서는 임박한 재림을 기대하는 일에 심각하게 몰입하는 것을 경고한다. 데살로니가후서에서도 그리스도의 재림을 분명히 말하고 있지만 그것은 신속하게 이루어지는 것이 아니다. 데살로니가 공동체에는 임박한 재림을 기대하면서 이 세상의 일반적인 삶의 요구를 더 이상 행하지도 않았고, 더 이상 규범적인 질서를 준수하지도 않았으며, 특히 더 이상 일하려고도 하지 않는 기독교인이 전제된다. 분명 그들은 '불필요한 일'을 만들어냈고, 오직 그리스도의 임박한 도래를 예비하는 일에만 몰두했다(살후 3:6-12). 이러한 사람들은 현실적 터전으로 돌려보내야 한다. 따라서 바울은 공동체에게 그들이 물질적인 후원을 받아 열광적인 생활을 지속할 수 있게 해서는 안 된다고 촉구한다(살후 3:6, 14-15). 그 해당자에게는 다음과 같은 명백한 말씀이 주어진다. "누구든지 일하기 싫어하거든 먹지도 말게 하라"(살후 3:10b).

그리스도의 재림 이전에 발생할 사건

데살로니가후서는 기독교인의 신경과민에 대해 반응하면서 그리스도의 최후 도래 이전에 먼저 발생하게 될 사건을 묘사한다. 우선적으로 '심각한 배교 행위'가 발생하고, 그 다음으로 '불법의 사람'이 등장하게 된다(살후 2:3). '하나님의 대적자'는 '하나님 또는 하나님 예배와 관련된' 모든 것을 대적할 것이다. 그는 심지어 성전에 거주하며 하나님의 자리를 주장할 것이다(살후 2:4). 그리스도께서 도래하심으로 그를 멸망시킬 때까지(살후 2:8), 그는 사탄의 능력으로 '표적과 기적'을 행할 것이다(살후 2:9). 그러나 기독교인이 계속해서 주의하여 행동하고(살후 2:2a) 하나님의 사랑과 그리스도의 인내(살후 3:5)로 살아간다면, 그것은 그리 오랜 기간 동안 지속되지 못한다(살후 2:6-8a).

데살로니가후서의 동기

데살로니가후서 2:2은 이렇게 이야기한다. "영으로나 또는 말로나 또는 우리에게서 받았다 하는 편지로나 주의 날이 이르렀다고 해서 쉽게 마음이 흔들리거나 두려워하거나 하지 말아야 한다는 것이라." 이 구절은 다음과 같은 상황을 의미한다. 공동체의 한 지체가 공동체에게 세상의 종말과 함께 그리스도의 재림이 매우 임박했음을 계시했고, 그는 자신의 말을 뒷받침하기 위해 바울을 지적했다(바울이 기록한 서신에 의존하여 구두(口頭) 설교를 통해서). 그리스도의 임박한 도래(이와 같은 내용은 데살로니가전서에도 나온다)에 대하여 시급하게 여기지 않았던 많은 공동체 구성원은 곧바로 두려움과 공포에 빠져들었고, 그리스도의 도래를 보다 열심히 예비하기 위해, 예를 들어 노동과 같은 것을 소홀히 여겼다(살후 3:6-13). 데살로니가후서는 이러한 상황에 대처하기 위한 것이다.

데살로니가전서와 대조되는 데살로니가후서의 전혀 다른 상황

데살로니가후서의 상황은 데살로니가전서와 비교할 때 전적으로 반대되는 상황이다. 데살로니가전서에서는 임박한 종말에 대한 기대가 위로와 기쁨의 근거가 되었다면(살전 2:12, 4:18), 데살로니가후서에서는 그것이 혼돈과 두려움의 원인이 되었다(살후 2:2). 데살로니가후서가 보다 후대의 시점(대략 기원후 100년경)에서 발생했다는 사실이 가장 적절한 설명이 될 것이다. 즉 이 시기는 그리스도의 임박한 재림에 대한 기대가 그리스도가 세상의 종말에 오실 것이라는 불특정한 희망으로 전환되던 과정에 해당된다. "저리로서 산 자와 죽은 자를 심판하러 오시리라"(사도신경, 구체적인 시간적인 규정이 없다). 데살로니가 공동체에서는 '그리스도의 재림'이라는 주제가 처음부터 중요한 역할을 했다(데살로니가전서). 그러나 그 이후 이전 시대의 임박한 재림에 대한 기대를 내세우며 공동체의 구성원을 이와 같은 방법으로 불안하게 만들었던 한 예언자가 등장했다.

데살로니가후서는 바울의 사상으로 기록되었다

이미 지금까지의 숙고는 데살로니가후서가 바울의 저작이 아님을 명백하게 보여준다. 성서학은 바울의 저작성을 반대하는 또 다른 몇 가지 중요한 근거를 제시하는데, 이 가운데 몇 가지만을 언급하려 한다.

데살로니가후서의 형식적인 구조가 데살로니가전서와 매우 일치한다는 점은 뚜렷이 나타난다. 데살로니가후서의 245개의 단어 중 145개 즉 데살로니가후서의 절반 이상의 단어가 데살로니가전서에서도 사용된다. 만약 바울이 데살로니가후서를 기록했다면, 그는 데살로니가전서의 단어를 거의 그대로 기억하고 있었음에 틀림없다. 즉 그는 첫 번째 편지를 기록한 이후 곧바로 두 번째 편지를 저작했음이 분명하다. 그러나 데살로니가의 상황이 너무나 짧은 시간 동안 어떻게 이리도 완벽하게 바뀌게 되었는지 그리고 데살로니가 사람들이 몇 달(몇 주!?) 전까지만 해도 기쁨과 위로로 삼았던 것이 어떻게 갑자기 두렵고 놀라운 것이 되었는지를 설명하기는 어렵다. 만약 누군가가 바울의 말을 사칭하거나 또는 심지어 거짓된 바울 서신을 가지고 작업을 하면서, 바울이 결코 주장한 적이 없는 것들을 마치 바울의 말인 것처럼 말했다면, 바울의 충동적인 성향을 고려해 보아도, 바울이 그것을 허용했다고 보는 것은 상상하기 어렵다(살후 2:2, 참조. 갈 1:9).

분명히 후대에 바울의 제자 중 하나가 자신이 존경하는 사도의 사상을 가지고 데살로니가로 이 서신을 기록해 보낸 것이 분명하다. 이때 그는 데살로니가전서를 대본(臺本)으로 이용하여 자신의 주제 그리고 자신의 구조와 단어로 활용한다. '광신주의자'도 바울에게 의존했기 때문에(살후 2:2), 이 저자 역시 바울의 권위를 주장할 수밖에 없었다(살후 3:17). 바울이 기록한 데살로니가전서의 사상에 근거하여, 저자는 놀라고 있는 데살로니가 기독교인으로 하여금 깨어 있음으로 주님이 실제로 오실 때까지 이 세상에서 하나님 앞에서 책임감 있는 그리스도인이 될 것을 권면한다.

이 저자가 실제로 후대에 데살로니가후서를 기록했다는 것은 그가 바울의 가르침을 이미 완결된 것으로 이야기함을 통해서도 알 수 있다. 그는 바울 이후 시대에 살았던 그리스도인에게 이러한 가르침을 의무적으로 따르게 한다(살후 2:5, 3:7a, 10a). "그러므로 형제들아 굳건하게 서서 말로나 우리의 편지로 가르침을 받은 전통을 지키라"(살후 2:15).

로마서

1:1-15	바울의 소원은 로마에 있는 공동체를 방문하는 것이다.
1:16-17	이 서신의 포괄적인 부분의 표제: 신앙의 의에 관한 복음은 모든 (믿는) 사람을 구원하는 하나님의 능력이다.
1:18-3:20	모든 사람—이방인과 유대인—은 동일하게 하나님 앞에서 죄인이고 하나님의 진노 아래에 있다.
3:21-4:25	복음: 그 어떠한 행위에서가 아니라 그리스도의 구속행위에 대한 우리 믿음을 통해 하나님은 우리를 의롭다고 인정하신다.
5-6장	아담과 그리스도: 죽음에 이르는 길과 생명에 이르는 길
7장	율법의 종살이와 죄에게 지배받는 삶
8장	하나님께 속한 영 안에서의 삶
9-11장	그의 (불순종하는) 이스라엘 백성과 함께 하시는 하나님의 길
12:1-15:13	하나님은 사랑 안에서 삶을 통해 섬기신다.

15:14-33	그의 현재적 상황에서 바울의 섬김에 대해
16장	서신의 결론(많은 사람들에 대한 인사를 포함)

하나님의 신실하심과 인간의 응답

1. 로마의 기독교 공동체

로마서는 로마에 기독교 공동체가 존재했음을 입증하는 가장 오래된 자료이며, 바울이 대략 기원후 56년경에 고린도(참조. 롬 15:22-28)에서 기록해 로마로 보낸 것이다. 로마에 기독교 공동체를 세운 사람에 대해서는 알려진 바가 없다. 그 당시 로마는 세계 수도였기 때문에, 공식적인 업무 또는 사업의 수행과 함께 관리나 군인 또는 상인이 기독교의 메시지를 로마로 전수한 것으로 보인다. 또한 예루살렘과 로마의 밀접한 관계로 말미암아, 유대인 역시 기독교의 메시지를 로마로 가지고 들어왔을 것이다(참조. 행 2:10, 6:9, '자유하게 된 자들'의 회당=자유하게 된 자들은 로마의 유대인에게 돌봄을 받았다).

바울은 이미 몇 년 전부터 자신이 로마에 가려고 했었다는 사실을 기록한다(롬 15:22-23, 참조. 롬 1:13). 따라서 로마 공동체는 로마서가 저술(기원후 56년)되기 몇 년 전에 이미 존재하고 있었음을 알 수 있다. 이러한 사실은 글라우디오 황제의 생애를 기록한 로마의 작가 수에톤(Sueton)이 말한 것과도 일치한다. 수에톤은 글라우디오 황제가 내린 유대인에 대한 칙령에 대해 다음과 같이 보고한다. 글라우디오는 '크레스투스'(Chrestus)라는 사람이 로마의 유대인 중에서 소동을 일으킴으로써, 유대인을 로마에서 추방시키는 조치를 내리게 되었다. 크레스투스는 그 당시 흔히 사용되던 노예의 이름 중 하나였다. 이교도 작가는 '그리스도'를 '크레스투스'와 혼동한 것 같다. 로마의 유대 공동체에서 예수 그리스도의 복음 선포는 공공연하게 이루어졌으나 또한 상당히 격렬한 반대에 부딪히기도 했고, 이로 말미암아 소동으로밖에 보일 수 없는 갈등 상황이 일어나게 되었다(참조. 행 13:50, 14:2, 4, 19, 17:5-9, 13, 18:12, 20:3, 21:27-31, 23:12). 기원후 49년에 공포된 유대인에 관한 이러한 칙령은 유대인뿐만 아니라 유대 기독교인까지도 로마에서 추방되는 결과를 초래했다. 아굴라와 브리스길라 부부 역시 이 때문에 고린도로 오게 되었다.

그 후에 바울이 아덴을 떠나 고린도에 이르러 아굴라라 하는 본도에서 난 유대인 한 사람을 만나니 글라우디오가 모든 유대인을 명하여 로마에서 떠나라 한 고로 그가 그 아내 브리스길라와 함께 이달리야로부터 새로 온지라 바울이 그들에게 가매(행 18:1-2)

바울은 그들에게서 로마의 기독교 공동체가 처한 상황에 대해 알게 되었다. 매우 활동적인 이 부부는 이후에 바울이 고린도전서를 기록한 장소인 에베소에서 다시 등장한다(고전 16:8, 19). 로마서가 저작될 시기에 아굴라와 브리스길라는 다시 로마로 되돌아간다(롬 16:3). 이는 네로 황제(기원후 54-68년)가 유대인에게 다시 로마 귀환을 허락했기 때문이다.

여러 가지 정황 가운데 가장 두드러지게 나타나는 것은 유대적 색채를 띤 기독교인 무리가 처음부터 로마의 기독교 공동체 내에 공존했다는 사실이다. 그들은 글라우디오의 칙령을 통해 로마에서 추방된 반면, 이방 기독교인은 여전히 그곳에 남아 있었다. 칙령이 폐지된 이후 몇몇 유대 출신의 기독교인은 다시 로마로 귀환했다. 바울은 로마 공동체의 다수가 이방 출신의 기독교인임을 전제하고 있다(롬 1:5-6, 13, 11:13). 또한 그는 로마에 있는 유대 기독교인이 소수에 불과하다는 사실도 알고 있었다. 이 두 무리(유대 기독교인과 이방 기독교인)는 로마 공동체 안에서 화목하게 공동의 생활을 누려야 했고(롬 15:6-11), "그리스도께서 우리를 받아 하나님께 영광을 돌리심과 같이" "너희도 서로 받으라"(롬 15:7)고 했다. 기독교인의 생활지침(롬 12-15장)과 긴 인사 목록(롬 16장)에서 분명하게 드러나듯이, 바울은 로마 공동체의 상황에 대하여 약간의 정보를 지니고 있었고, 로마 공동체의 몇몇 사람과는 개인적으로 돈독한 관계를 유지하고 있었다.

2. 로마로 서신을 보낸 이유(롬 1:8-15, 15:14-16)

로마서는 바울이 직접 세우지 않은 공동체에게 보낸 서신이라는 점에서 다른 모든 바울 서신과는 구별된다. 그러나 바울에게는 로마의 기독교인에게 서신을 보낼 수밖에 없었던 구체적인 이유가 있었다. 바울의 선교사역은 로마제국의 동쪽 지역에서 '수행되었다'(롬 15:23). 바울은 그곳에 수많은 공동체를 세웠고, 그 공동체는 이제 그들 스스로 책임감을 가지고, 현장에서 직접 선교활동을 수행해나갈 수 있었다. "헬라인이나 야만인이나 지혜 있는 자나 어리석은 자"(롬 1:14)에 대한 복음 선포의 사명을 가지고 있었던 바울은 로마제국의 서쪽(스페인)에서도 선교사역을 계속해 나가려고 했다. 이제 로마 공동체는 바울의 선교사역의 본부가 되어야 했다(롬 15:24, 시리아의 안디옥은 동방 선교사역의 교두보가 되었다. 제1차 선교여행, 행 13:1-3/14:26-28, 제2차 선교여행, 행 15:30, 36, 40/18:22, 제3차 선교여행, 행 18:23).

바울은 서신을 통하여 로마에 있던 기독교 공동체에게 스페인 선교계획을 위해 필수적인 지원을 요청한다(롬 15:24). 로마 공동체에는 — 몇몇의 사람들을 제외하면(롬 16:3-16) — 개인적으로 바울을 알고 있는 사람이 많지 않았기 때문에, 바울은 이 서신을 통하여 로마의 기독교인에게 복음을 제시한다. 상당히 자주 사용되는 '일인칭 문체'를 통하여 우리는 로마서가 바울 자신의 신앙고백적 성격을 가지고 있음을 알게 된다. 잘못된 가르침과 율법으로부터 자유로운 바울의 복음에 대한 지금까지 비판을 경험 삼아서, 또는 익히 알고 있던 로마에서 바울의 인성에 대한 비난을 근거로, 바울 사도는 로마서를 통해서 자신의 메시지에 대한 오해와 왜곡에 대하여 변호한다(롬 3:8, 6:1, 15). 로마에 있는 기독교인은 바울 사도와 그의 가르침에 대하여 정확한 그림을 확보해야 했으며, 그들에게 도움을 요청하는 바울에 대하여 정확한 정보가 필요했다.

바울은 고린도에서 로마서를 기록한다. 고린도 접경 지역의 겐그레아 출신의 여집사 뵈뵈가 개인적으로 이 서신을 가지고 로마로 향한다(롬 16:1-2). 바울은 마게도냐와 아가야에서 모은 헌금을 예루살렘에 전달하기 위하여(롬 15:26-28a) 예루살렘으로 여행을 떠나기 직전(롬 15:25)에 이 서신을 기록한다. 바울은 예루살렘의 여행이 위험하다는 것을 알고 있다. 그래서 그는 로마의 기독교인에게 중보기도를 요청한다(롬 15:30). 그 목적은 "그가 유대에 있는 믿지 않는 자들에게서 화를 당하지 않도록 하는 것"(롬 15:31)이었다. 바울은 모든 것을 견디어낸 이후, 로마로 가서 먼저 그곳의 기독교인과 얼마동안 편히 쉬기를 원했다(롬 15:32, 24b). 그는 자신의 메시지를 통해 로마의 기독교인을 견고하게 하려는 동시에(롬 1:11, 15:29) 또한 그들의 믿음을 통해서 개인적인 용기를 얻으려고 했다(롬 1:12). 우리가 아는 바와 같이, 바울은 그가 원한 바와는 달리 죄수로 로마에 가게 되었다. 예루살렘 체류와 관련해서 바울이 염려한 일(롬 15:30-31)은 결코 근거 없는 걱정이 아니었다(행 21:27-31, 23:12-15). 그러나 그는 예루살렘에서 죽지 않았다. 물론 그는 더 이상 스페인으로도 가지 못했다. 그는 아마도 로마에서 처형당한 것으로 보인다.

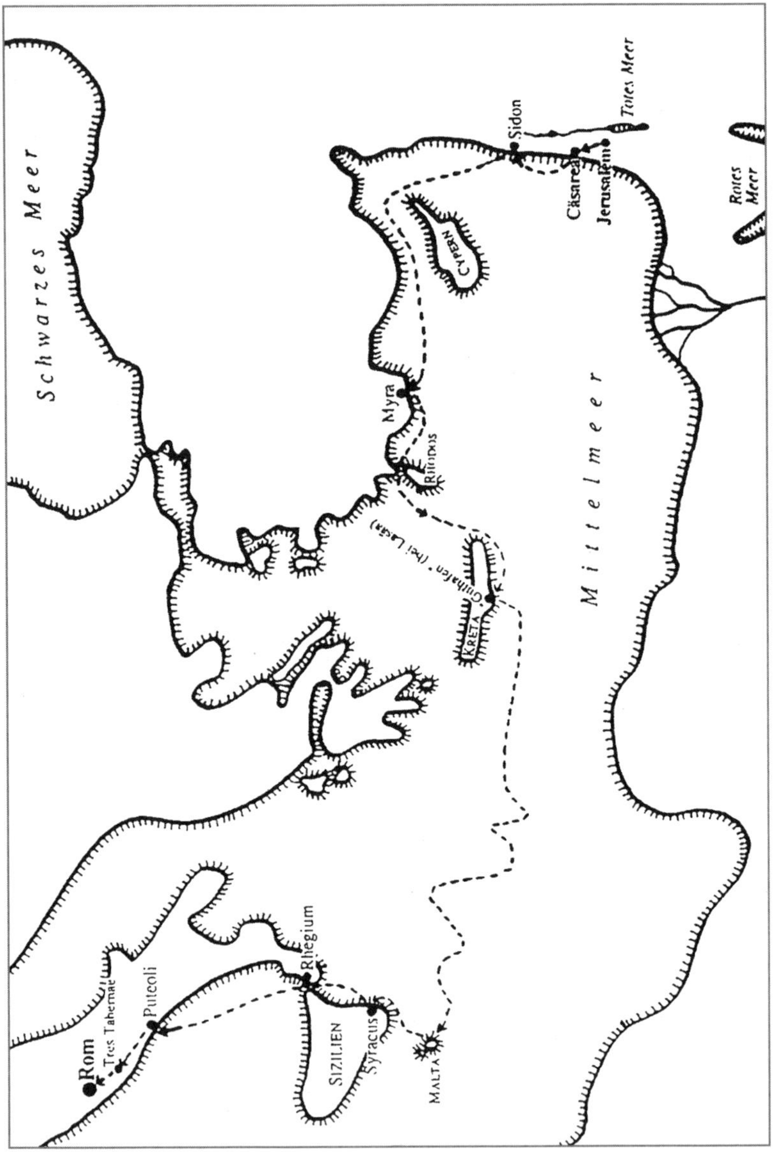

바울의 로마 여행(행 27장)

3. 로마서의 특별한 성격

바울은 로마의 기독교 공동체에게 서신을 보냈는데, 그것은 스페인 선교사역에 대한 지원을 부탁하는 것이었다. 그는 아마도 죽게 될지도 모르는 위협적인 예루살렘 여행 직전에 이 서신을 기록한 것 같다. 따라서 이 서신은—우리가 어떤 관점에서 그것을 보느냐에 따라—다양한 특징을 보여준다. 로마서는 바울이 자신의 복음에 대해서 해명한다는 점에서 바울의 개인적인 증언으로 볼 수 있다. 로마서는 완성된 맥락 안에서 바울의 메시지의 중요한 부분을 설명한다. 로마서는 유언적인 성격을 가지고 있다. 루터는 신약성경의 그 어떤 문서보다도 로마서를 가장 높게 평가했다. 그는 로마서 주석의 머리말에 다음과 같이 기록한다.

> 이 서신은 신약성경에서 틀림없는 핵심적 문헌으로서, 복음을 가장 순수하게 표현하는 책이다. 그리스도인은 시간을 투자하여 로마서의 한 단어 한 단어를 마음속으로 새겨야 할 뿐만 아니라 매일매일 묵상해야 한다. 이 서신은 영혼의 일용할 양식이며, 아무리 자주 읽고 연구한다 해도 결코 과하지 않다. 이 서신은 연구하면 할수록 더욱 값진 책이 되며, 더욱더 좋은 향기를 발하게 될 것이다.

루터는 적대자와 대결 과정에서 자신의 진술에 대한 근거로, 특히 로마서를 제시했다. 우리는 실제로 이 서신이 율법주의에 의해 위협받고 있는 오늘날 '복음주의적인' 교회에도 폭탄이 될 수 있음을 도처에서 깨닫게 될 것이다.

로마서에 대한 아래의 자세한 진술이 보여주는 폭넓은 개요는 매우 풍성한 로마서에 비하면 간략한 접근에 불과하다. 그러나 이를 통해 우리는 로마서의 '맛'(위의 루터의 언급을 참조하라)을 느낄 수는 있을 것이다.

로마서는 성경에서 바울 서신 중 첫 번째 자리에 위치하는데, 이는 로마서가 바울 서신 중에서 가장 긴 서신이기 때문이다. 하지만 역사적으로 볼 때, 로마서는 현재 존재하는 바울 저작의 서신 가운데 가장 마지막 작품에 해당된다.

4. 복음을 통해 신앙인은 구원받는다(롬 1:16, 10:14-17)

서신의 도입부에서 바울은 그리스도로부터 자신이 이방인의 사도로 부름받았음을 강조한다(롬 1:5). 그는 로마 공동체를 방문하고자 했지만 매번 실패했고(롬 1:9-13), 그들의 믿음으로 스스로도 힘을 얻고(롬 1:12), 그들에게 복음을 선포하기를 원했다(롬 1:11, 15).

바울의 관심은 이와 관련이 있다. 바울이 주님의 메신저로서 이미 여러 곳에서 복음을 선포했듯이, 이제는 로마서를 통해서 로마인에게 복음을 전하고자 했다.

내가 복음을 부끄러워하지 아니하노니 이 복음은 모든 믿는 자에게 구원을 주시는 하나님의 능력이 됨이라 먼저는 유대인에게요 그리고 헬라인에게로다(롬 1:16)

바울은 복음이 구원의 능력을 가지고 있다고 말하기보다는, 복음이 하나님의 능력이며, 하나님은 복음으로 믿는 자들을 구원하신다고 말한다. 바울에 따르면 복음은 단순히 특정한 내용 즉 예수 그리스도에 대한 지식이 아니라, 복음은 하나의 과정 즉 예수 그리스도에 대한 기쁜 메시지를 생생하게 선포하는 것이다. 복음을 전하는 설교자(고후 5:19-21)와 복음을 믿음으로 받아들이는 청중 모두가 복음에 속한다.

그런즉 그들이 믿지 아니하는 이를 어찌 부르리요 듣지도 못한 이를 어찌 믿으리요 전파하는 자가 없이 어찌 들으리요 보내심을 받지 아니하였으면 어찌 전파하리요…그러므로 믿음은 설교(개역개정판에서는 '들음'으로 되어 있다—옮긴이 주)에서 나며 설교(개역개정판에서는 '들음'으로 되어 있다—옮긴이 주)는 그리스도의 말씀으로 말미암았느니라(롬 10:14-17)

설교(선포), 들음(청취), 믿음으로 받아들이는 이러한 포괄적인 사건 가운데 복음의 구원의 능력이 발생한다.

5. 복음을 통해 하나님의 의와 진노가 명백하게 구별된다 (롬 1:17-18, 1:18-3:31)

바울은 복음을 통하여 공개적으로 '하나님의 의'와 '하나님의 진노'(롬 1:17-18)의 이중성을 분명하게 제시한다. 우선 바울은 하나님의 진노의 계시를 집중적으로 다룬다. 이방인(롬 1:18-32)이건 유대인(롬 2:1-29)이건 간에, 세상의 그리스도(롬 1:3)와 부활하신 그리스도(롬 1:4)의 복음을 통하여 모든 인간은 하나님 앞에서 진정한 위치를 알게 된다.

하나님의 진노 아래 있는 이방인(롬 1:18-32) 바울이 말한 바와 같이 이방인도 하나님을 알 수 있다. 왜냐하면 하나님의 신성(神性)은 피조물 가운데 이성으로 인식될 수 있기 때문이다(롬 1:19-20). 그러나 이방인은 그들이 현명한 생각을 할 수 있다는 이유로 자기 자신을 지혜롭게 여겼다(롬 1:21-22). 따라서 그들은 하나님께 찬양과 감사를 드리기보다는 "썩어지지 아니하는 하나님의 영광을 썩어질 사람과 새와 짐승과 기어다니는 동물 모양의 우상으로 바꾸었느니라"(롬 1:23)(여기에서 우리는 오늘날 현세 지향적인 물질주의나 세속적인 현실에만 집착하는 미래관 그리고 세계 개선의 프로그램을 지적하지 않을 수 없다). 바울이 말한 바대로, 하나님은 죄에 대한 처벌로 그들이 부조리와 욕망(롬 1:26-31)에서부터 타락에 이르기까지(롬 1:32b) 계속해서 그들이 죄를 짓도록 내버려두셨다(롬 1:24-31). 하나님의 판결에 따르면 그들은 사형에 처해져야 한다(롬 1:32a).

하나님의 진노 아래 있는 유대인(롬 2장)

사실 유대인은 이렇게 말할 수 있었다. 나는 결코 이방인이 아니다. 나는 우상에게 기도하지 않는다. 나는 이방인이 행하는 것처럼 죄를 짓지 않는다. 나는 하나님의 법에 따라 생활한다(롬 2:17-20). 그러므로 하나님의 파멸의 심판이 내게는 임하지 않을 것이다. 그러나 바울은 이러한 생각에 반대한다.

유대인도 이방인과 똑같은 죄인이다. "이는 하나님이 외모로 사람을 취하지 아니하심이라 무릇 율법 없이 범죄한 자는 또한 율법 없이 망하고 무릇 율법이 있고 범죄한 자는 율법으로 말미암아 심판을 받으리라 하나님 앞에서는 율법을 듣는 자가 의인이 아니요 오직 율법을 행하는 자라야 의롭다 하심을 얻으리니"(롬 2:11-13). 바울은 유대인이 지속적으로 율법을 위반하고 있다고 고발한다(롬 2:21-23).

도대체 — 하나님께 선택된 민족 — 유대인은 어떤 장점을 가지고 있는가? 그들은 율법이 담긴 거룩한 문서를 맡고 있었다(롬 3:2). 따라서 그들 자신도 이방인과 마찬가지로 죄인이라는 자기 인식이 충분히 가능했을 것이다(롬 3:20, 9).

복음에 따라서 하나님 앞에 서 있는 인간의 참된 위치에 대한 객관적인 생각이 가능하게 되었다. 바울은 이것을 다음과 같이 이야기 한다.

> 모든 사람이 죄를 범하였으매 하나님의 영광에 이르지 못하더니 그리스도 예수 안에 있는 속량으로 말미암아 하나님의 은혜로 값없이 의롭다 하심을 얻은 자 되었느니라(롬 3:23-24)

어떤 인간도—그가 이방인이든 유대인이든 간에—하나님의 뜻에 합당하게 살지 않는다. 하나님 없이 사는 이방인에게는 그의 무신론적인 삶으로 말미암아 하나님의 진노가 임한다. 그리고 하나님 앞에서 자신의 참된 위치를 바르게 판단하지 못하는 유대인에게도 마찬가지로 하나님의 진노가 임한다(롬 4:13). 그러나 이제부터는 하나님과 관계가 멀어짐으로 말미암아 발생된 하나님의 진노뿐만 아니라 하나님의 멀어짐을 극복하기 위한 하나님의 은혜가 복음을 통해서 계시된다.

하나님은 그리스도 때문에
죄인과의 교제를 승낙하신다(롬 3장)

하나님은 당신 스스로 근본적인 행동을 취하셨다. 즉 하나님과 죄인을 하나님의 진노의 영역에서 벗어나 사랑이 충만한 하나님의 교제의 영역으로 들어오게 하신 것이다. 하나님은 자신의 아들 그리스도를 세상에 보내셨다. 그리스도는 우리를 대신하여 하나님께 온전히 순종하셨다(빌 2:8). 하나님은 그리스도의 순종적인 십자가의 죽음을 우리 죄를 대속하는 속죄의 죽음으로 여기셨다(롬 3:25a). 그리스도 때문에 하나님은 우리 죄 즉 우리가 하나님으로부터 멀리 떨어져 있음을 용서하신다(롬 3:25b). 그리스도 때문에—우리 인간들이 어떤 공헌을 했기 때문이 아니라—하나님은 우리를 '의롭다'고 인정하신다(롬 3:26). "하나님이 죄를 알지도 못하신 이를 우리를 대신하여 죄로 삼으신 것은 우리로 하여금 그 안에서 하나님의 의가 되게 하려 하심이라"(고후 5:21). 유대인이든 이방인이든 간에 모든 인간은 그리스도 때문에 "율법의 행위에 있지 않고 오직 믿음으로 말미암아"(롬 3:28, 30) 하나님께 의롭다고 인정받게 되었다. 믿음의 신앙으로 "우리는 하나님 앞에서 죄인"이라고 고백할 수 있다. 하나님은 그리스도 때문에 우리를 받아주신다. 따라서 복음의 구원의 능력이 믿음을 통해 우리에게 주어지며(롬 1:16-17), 우리는 믿음 안에서 하나님의 사랑의 교제를 경험한다.

하나님은 모든 인간에게 충실하시다

루터에게도 오랜 시간 동안 감추어져 있었던 것처럼, 오늘날 우리에게도 여전히 바울의 칭의론은 그리 쉽게 이해될 수 있는 것이 아니다. 이는 '의'(Gerechtigkeit)라는 단어가 무엇보다도 사법적인 개념과 관련되어 있기 때문이다. 그러나 성경에서 '칭의'라는 단어는 또 다른 어조를 담고 있다. 하나님의 '의'는 도울 준비가 되어 있는 하나님의 태도와 하나님의 신실하심 그리고 하나님의 참됨과 긍휼히 여기는 마음과 관련된다.

> 내가 많은 회중 가운데에서 의의 기쁜 소식을 전하였나이다…
> 내가 주의 공의를 내 심중에 숨기지 아니하고
> 주의 성실과 구원을 선포하였으며
> 내가 주의 인자와 진리를 많은 회중 가운데에서 감추지 아니하였나이다
> 여호와여 주의 긍휼을 내게서 거두지 마시고
> 주의 인자와 진리로 나를 항상 보호하소서(시 40:9-12)

명백히 바울이 의에 관한 표현을 사법적인 의미로 사용했다는 것은 중요하다(롬 1:32, 2:2, 11-13). 그러나 '하나님의 의'의 개념은 사법적인 이해를 훨씬 뛰어넘는다. "예수 그리스도를 믿음으로 말미암아 주어지는"(롬 3:22) 하나님의 의는 하나님의 중립적인 판결과 무관하지 않다. 오히려 그것은 자신에게서 멀리 떨어진 인류를 위한 하나님의 방책으로서, 그리스도에 대한 믿음을 통해서 인간과 하나님의 교제를 가능케 하시는 것이다. 하나님은 모든 인간이 하나님과 교제의 복을 누리게 되는 역사가 아브라함과 더불어 시작될 것이라는 약속을 아브라함에게 주셨다(창 12:1-3). 계속해서 하나님은 아브라함과의 약속에 충실하심으로써, 그리스도를 통해 그 약속을 성취하셨다. 그리스도는 우리 죄인을 위해 죽으셨고 — 이것이 우리에게 선포된다. — 또한 믿음의 신앙을 통해 우리는 하나님 앞에서 두려움을 극복하고 다시 하나님과 교제할 수 있게 되었다.

죄인의 칭의의 근거: 하나님의 사랑

요한은 바울의 칭의론과 비슷한 개념을 자신의 언어로 다음과 같이 말한다.

> 하나님이 세상을 이처럼 사랑하사 독생자를 주셨으니 이는 그를 믿는 자마다 멸망하지 않고 영생을 얻게 하려 하심이라(요 3:16)

바울 역시 이와 비슷하게 하나님의 의롭게 하시는 행위는 인간을 향한 하나님의 사랑의 결과임을 이야기한다.

> 우리가 아직 죄인 되었을 때에 그리스도께서 우리를 위하여 죽으심으로 하나님께서 우리에 대한 자기의 사랑을 확증하셨느니라 그러면 이제 우리가 그의 피로 말미암아 의롭다 하심을 받았으니 더욱 그로 말미암아 진노하심에서 구원을 받을 것이니(롬 5:8-9 또한 8:32-39도 참조하라)

하나님의 의롭게 하시는 행위에 대한 근본적인 개괄 이후, 바울은 계속적으로 자신의 서신을 다양한 방향으로 펼쳐나간다. 하나님의 의롭게 하시는 행위는 지금까지 언급된 모든 것들을 이끌어내기 위한 것이다.

6. 성경의 논증: 아브라함은 믿는 자들의 아버지이다 (롬 4:1-25)

바울은 말한다. 인간은 "율법의 행위가 아니라 믿음으로"(롬 3:28) 하나님께 받아들여진다. 그는—바울의 유대인 적대자와 유대주의 성향의 적대자가 생각한 것(참조. 롬 3:31)과는 달리—구약성경에 반하는 것이 아니라 구약성경에서 이러한 사실을 이끌어낸다. 따라서 바울은 이스라엘 민족의 시조인 아브라함을 가리켜 보여준다(롬 4:1). 하나님은 아브라함이 할례를 받았기 때문에(롬 4:9-12) 또는 그가 신실하게 율법을 지켰기 때문이 아니라(롬 4:13-15), 아브라함의 믿음 때문에 그를 의롭다고 선언하셨다(롬 4:3에 나오는 창 15:6의 인용). 아브라함의 믿음의 전형은, 예를 들어 하나님이 나이가 아주 많은 아내 사라를 통해 아이를 주실 것이라는 사실을 의심하지 않았다는 점에서도 드러난다(롬 4:18-21). 이를 통하여 '조상 아브라함'은 할례 받은 자들과 율법에 신실한 자들의 조상이 아닌 '믿는 자들의 조상'이 되었다(롬 4:16-17).

7. 아담과 그리스도(롬 5:1-21)

바울은 이와 같이 자신의 가르침이 성경과 일치된다는 사실을 부각시킨 후에 다시 한 번 구약성경과 연관시켜서 그리스도의 인류사적인 의미에 대해서 설명한다(창 3장). 로마서 5장에서 그는 인류사를 두 가지 시대로 묘사한다. 첫 번째 시대는 죄와 죽음으로 규정된 시대이다. 아담—인간의 전형—은 "모든 사람이 죄를 지었으므로"(롬 5:12) 하나님으로부터 소원해진 인류를 대변한다. 두 번째 시대는 하나님의 은혜로 각인된 시대이다. 예수 그리스도의 순종의 죽음을 통해 우리는 의롭다 함을 받게 되었고(롬 5:19), 하나님의 교제를 통해서 죽음 없는 새 생명을 선물로 받게 되었다.

> 그런즉 한 범죄로 많은 사람이 정죄에 이른 것 같이 한 의로운 행위로 말미암아 많은 사람이 의롭다 하심을 받아 생명에 이르렀느니라(롬 5:18)

바울이 소위 '하나님의 원수'라고 부르는(롬 5:10), 하나님께 의존하지 않으려는 사람들(창 3:5-6)이 이제는 그리스도를 통해서 "하나님과 화목하게 된"(롬 5:10) 사람들로 변화되었음을 말할 수 있다. 믿음 안에서 우리 인류는 하나님과 화평을 누리며 살게 되었다(롬 5:1).

8. 하나님 은혜는 새 생명을 의미한다(롬 6:1-23)

바울은 로마서 6장에서 하나님의 은혜에 대한 자신의 설교가 사람들에게 오해를 불러일으키지 않도록 변호한다. 하나님의 은혜 안에서의 삶이란 항상 용서를 받을 수 있기 때문에 태연하게 범죄를 해도 된다는 것을 의미하는 것은 아니다(롬 6:1, 15). 바울은 로마의 기독교인에게 세례의 과정을 상기시킨다. 사람이 물에 잠기는 것은 죄인의 죽음을 의미한다. 그리고 물 밖으로 나오는 것은 새 생명을 의미한다. 세례는 한 사람이 그리스도와 하나가 되는 운명 공동체로 받아들여지는 행위이다(롬 6:5).

> 무릇 그리스도 예수와 합하여 세례를 받은 우리는 그의 죽으심과 합하여 세례를 받은 줄을 알지 못하느냐 그러므로 우리가 그의 죽으심과 합하여 세례를 받음으로 그와 함께 장사되었나니 이는 아버지의 영광으로 말미암아 그리스도를 죽은 자 가운데서 살리심과 같이 우리로 또한 새 생명 가운데서 행하게 하려 함이라(롬 6:3-4)

그러나 이와 같은 새 생명은 아직 하나님 나라에서의 완전한 생명과 동일한 것은 아니다. 이 때문에 우리는 죄의 세력에 주의해야 한다. 세례를 받은 사람은 "죄에 대해서는 죽은 자이지만, 그리스도 예수 안에서 하나님께 대하여는 살아 있는 자로 여겨야 한다"(롬 6:11). 따라서 세례를 받음으로 지배권의 변화가 발생한다. 우리 기독교인은 더 이상 '죄의 종'(롬 6:20)이 아니라 '하나님의 종'(롬 6:22)이다. 하나님의 은혜를 신뢰하는 하나님의 종으로서 우리는 죄를 범하려고 해서는 안 되며, 오히려 하나님의 통치 영역에 속한 사람으로서 '거룩한' 삶을 살기 위해 노력해야 한다(롬 6:22).

바울은 로마서 12장을 통하여 세상에 속해 살아가야 하는 기독교인에게 올바른 삶으로 안내할 수 있는 모든 지침을 로마인에게 제공한다. 이러한 지침은 우리 기독교인이 하나님의 통치 영역 안에 살고 있다는 사실에 깊이 뿌리내리고 있다. 따라서 이 세상에서 우리의 모든 삶은 또 다른 방식의 '예배'인 것이다(롬 12:1의 마지막 부분). 우리 삶은 하나님의 영으로 각인되어 있다(참조. 롬 8장).

9. 죄는 사람들의 선행을 방해한다 (롬 7:1-25)

로마서 7장에서 바울은 자신이 그리스도로 회심한 이후에 겪었던 직접적인 경험을 토대로, 사람이 율법으로 말미암아 겪게 되는 갈등을 묘사한다. 바울은 한편으로는 율법의 요구사항이 이성적이고(롬 7:23) 선하다(롬 7:16)는 것을 인정한다. 그러나 다른 한편으로는 자신이 즐거워하는 율법(롬 7:22)을 엄청난 노력에도 불구하고 결코 지킬 수 없다는 사실을 시인한다(롬 7:18-19). 바울은 이러한 갈등을 죄의 세력에 의한 것이라고 본다. 인간은 죄의 세력에 노출되어 있다. 죄의 세력은 인간이 선으로 인식하는 것을 실천하지 못하도록 방해한다(롬 7:17, 23).

율법적인 공로를 가지고 하나님의 마음을 얻고자 하는 사람들은 절망적인 외침만을 되풀이하게 된다. "오호라 나는 곤고한 사람이로다 이 사망의 몸에서 누가 나를 건져내랴"(롬 7:24). 바울은 그 스스로 대답한다. "우리 주 예수 그리스도로 말미암아 하나님께 감사하리로다"(롬 7:25).

로마서 7장은 바로 오늘날 현실과 밀접하게 관련된다. 즉 이 세계의 인류의 상황이 하나님의 뜻 안에서 좋은 방향으로 바뀌어야 한다는 이성적인 요구가 거세게 일어나고 있다. 예를 들어 그 중 몇 가지는 다음과 같다. 제3세계를 위한 세계 경제질서의 변화, 핵무기와 모든 무기의 전국가적인 폐기, 핵실험의 중단, 원자재에 대한 신중한 관리, 핵반응이 중단될 때까지 시행되어야 할 보다 엄격한 환경보호법, 해양 어류의 포획에 대한 경고, 교회 활동에서 더욱더 요구되는 민주주의, 평화적 교류와 공의에 대한 헌신의 요구.

일반적으로 우리는 보편적으로 인준을 얻고 있음에도 불구하고 거의 실현되지 못하는 현실을 경험하고 있다. 산업화된 국가와 제3세계의 생활수준의 차이는 매우 크다. 수많은 나라가 빚을 갚지 못하여 곤란한 사태를 겪고 있다. 강대국은 온 세계에 무기를 제공한다. 체르노빌의 원자로 사고에도 불구하고, 땅을 방사능으로 오염시키는 핵실험이 계속해서 시도되고 있다. 미래 세대에 대한 고려 없이 날마다 석유를 대량으로 채취하면서, 현재 그 모든 양을 다 소비해 버릴 듯하다. 몇몇 나라로 말미암아 숲이 급속도로 감소하고 있다. 또한 '민주주의, 평화, 정의'라는 단어를 즐겨 말하는 사람들이—특히 교회의 영역에서 더욱더—흔히 권위주의적이고 완고하며 자신의 권리를 더욱더 챙기는 것으로 보인다.

바울은 우리 인간들이 붙잡혀 있는 모순에 대하여 폭로한다. 그는 죄 즉 하나님으로부터의 소외를 이러한 모순의 원인으로 본다. 바울에 따르면—성경 전체의 메시지와 같이—죄 즉 하나님으로부터의 소외는 이 땅에서 관계가 보다 평화롭고 정의롭게 전개될 때 극복될 것임에 틀림없다. 교회의 활동과 연관시켜 본다면, 교회는 우리 사이에서 그리고 온 세계 속에서 복음의 선포를 강화해야 한다. 왜냐하면 인간은 의미 있는 요구에 따라서가 아니라 예수 그리스도에 대한 복음을 통해서 구원받을 수 있기 때문이다(롬 1:16). 하나님 나라가 임해야 비로소 완전한 구원이 이루어지는 것이지만, 복음을 믿음으로써 하나님의 구원적 교제를 체험한 사람은 하나님의 영 안에서 세상의 복으로 살게 될 것이다(롬 8장).

어떠한 경우에도 교회의 활동은 하나님으로부터 소원해진 인간이 실행할 수 없는 고상한 요구를 목표로 삼아서는 안 된다(롬 7장). 이와 같이 행하면 교회는 율법주의에 들어서게 된다. 이렇게 될 경우에 교회는 세상의 복이 되어야 하는 자신의 사명을 충실하게 이행할 수 없다. 왜냐하면 교회의 핵심과제는 복음의 선포를 통해서 인류를 하나님의 구원의 교제로 초대하는 것이며 또한 이는 교회의 영원한 과제이기 때문이다. 이것은 하나님의 성령 안에서 기독교인이 "선하시고 기뻐하시고 온전하신"(롬 12:2) 하나님의 뜻을 행할 수 있다는 희망을 통하여 성취된다. 개개인의 기독교인은 매순간 이것이 자신과 관련해서 무엇을 뜻하는지(롬 14:12) '분별해야' 한다(롬 12:2).

10. 하나님의 영 안에서의 삶(롬 8:1-17)

바울은 의미 있는 것으로 간주되는 율법적인 요구에 속한 삶과 하나님의 영에 속한 삶을 대비시킨다. 바울은 다시 한 번 대립적인 두 개의 통치 영역에 대해 언급한다. "너희가 만일 성령의 인도하시는 바가 되면 율법 아래에 있지 아니하리라"(갈 5:18). 어떤 사람도 율법을 실천할 수 없기 때문에, 율법에 속한 삶은 죽음에 이르게 된다(롬 8:2, 6). 이러한 삶은 실제로 하나님의 법에 대한 순종을 방해하는, 자기 의지만으로 살아가는 삶이다(롬 8:7). 하나님은 우리 인간을 당신과 교제하기 위해 창조하셨기 때문에(창 1:27), 이러한 '자기중심적인' 삶은 그 목적을 이룰 수 없다(롬 8:8). 세례는—이미 바울이 로마서 6장에서 상세하게 다루었던 것처럼—믿는 자와 그리스도 사이의 운명 공동체의 기초를 제공한다(롬 6:5). 기독교인은 죄 즉 하나님으로부터 멀어짐에 대하여 죽었기 때문에(롬 6:2), 죄는 더 이상 그를 다스릴 수 없으며, 더 이상 율법의 실현을 방해할 수 없을 뿐만 아니라 그렇게 해서도 안 된다(롬 8:4a). 왜냐하면 세례 받은 기독교인의 새로운 삶은 우리 안에 거하시는(롬 8:11) 하나님의 영을 통해 온전하게 영향을 받기 때문이다(롬 8:4b). 하나님의 영 또는 그리스도의 영을 받은 사람은 그리스도의 통치 영역에서 하나님과 교제하며 살게 된다(롬 8:9). 그는 어린 아이와 같이 하나님에 대한 믿음으로 살면서(롬 8:14-16), 하나님의 영을 통해 '영을 따라' 율법을 실천할 수 있는 능력을 얻게 된다. 이것은 사랑으로 이루어진다(롬 13:8-9). "그러므로 사랑은 율법의 완성이니라"(롬 13:10).

11. 희망에 근거한 구원(롬 8:18-39)

이 단락에서도 바울은 하나님의 영 안에서의 삶이 세속적인 상황에서는 결코 완전하지 않은 것임을 명백하게 증언한다. 고난, 허무, 죽음이 인간의 세속적인 삶뿐만 아니라 창조세계 전체에 각인되어 있다. 우리 인간이 허무로 말미암아 미래의 구원을 기다리는 것처럼(롬 8:23), 전체 피조물은 하나님 자녀의 출현을 고대한다(롬 8:19). 우리는 성령을 통해 하나님과 결합되어 있지만(롬 8:23), 그럼에도 불구하고 우리는 희망으로 구원을 얻는다(롬 8:24). 우리가 하나님께 속해 있다는 사실이 아직까지는 명백하게 드러나지 않는다(롬 8:18). 아직도 우리는 볼 수 없으며 믿음으로 행동한다(고후 5:7). 그러나 우리는 우리를 위하여 자신의 아들을 주신 하나님이 그 아들을 통하여 우리에게 하나님의 영원한 교제를 선물하셨다는 것을 확신할 수 있다(롬 8:32). 그 어떤 것도 우리를 하나님의 사랑의 통치 영역으로부터 분리시킬 수 없다. 영원히(롬 8:38-39).

로마서 8장은 바로 세속적인 상황 속에서 살아가는 우리에게 과도하게 부과된 요구로부터 보호하려고 한다. 하나님의 영적인 영향력을 받지 않고 살아가는 사람들이 과연 평화, 공의, 피조물과 책임적인 교제와 같은 당연한 요구를 실행해갈 수 있겠는가? 그리스도의 영으로 각인된 우리 기독교인 역시 언급된 요구에 완벽하게 들어맞게 살아갈 수 있는가? 그리스도의 영으로 각인된 우리 기독교인은 세계적인 사건에 대하여 상당한 영향력을 행사함으로써 현재의 상황을 보다 좋은 방향으로 개선할 수 있는가? 오히려 우리는 이슈가 되는 전 세계적인 발전에 대하여 우리 무능력함을 그리고 우리 개인적인 영역에서 우리 자신의 부족함조차 충분히 인식하지 못하는 것은 아닌가? 만약 그렇다면 우리 자신(롬 8:23)은 "피조물이 다 이제까지 함께 탄식하며 함께 고통을 겪고 있다"(롬 8:22)고 하는 바울의 판단에 동의하는 것이다. 하나님을 거역하는 모든 것에 반해서 관철될 하나님의 사랑에 대한 희망(롬 8:38-39)이 우리를 위로하고 강하게 할 것이다. 우리는 하나님의 전능하심을 믿음으로 우리 삶을 살게 된다(롬 4:20-21). 그러나 하나님 나라가 가져올 완전한 구원을 침착하게 기대하면서 사는 것이다. "당신의 나라가 임하시옵소서!" 우리 자신이 하나님의 자녀로 그분의 영 안에서 살아가는 동안, 전능하신 하나님의 신실하심에 인류와 이 세계의 운명을 맡겨야 한다. 우리 가족 가운데, 우리 직업 가운데, 우리 책임 가운데 그리고 하나님이 주신 선물을 받은 모든 사람들 가운데(롬 12:3-8).

12. 이스라엘과 함께 걸어가는 하나님의 길(롬 9-11장)

로마서 8장에서 바울은 모든 피조물의 희망을 언급한다(롬 8:18-

39). 바울이 하나님과 그의 백성인 이스라엘의 길에 대하여 말하는 로마서 9-11장의 자세한 설명 역시 그러한 희망의 영향을 받고 있다. 우리는 쉽지 않은 이 부분을 이해하기 위해서는 뒤에서부터 살펴보아야 한다. "깊도다 하나님의 지혜와 지식의 풍성함이여, 그의 판단은 헤아리지 못할 것이며 그의 길은 찾지 못할 것이로다"(롬 11:33). 이러한 말씀을 통하여 바울이 이해시키려고 한 것은, 이전에 가지고 있던 사고를 가지고는 선택된 이스라엘 백성이나 우리 인간에게 감추어진 하나님의 결정을 이해할 수 없다는 사실이다.

바울은 자기 민족을 위해 고난받는다

바울은 자신의 민족 이스라엘에게 일어나게 될 일에 관하여 그 스스로 심도 깊은 질문을 던진다(롬 9:1-2). 그는 저주를 받고 그리스도로부터 분리될지라도, '자신의 형제들'을 구원할 수만 있다면 그것조차 감수하겠다고 말한다(롬 9:3, 참조. 롬 10:1). 바울은 자신의 메시지를 반박하고, 그 당시 항상 그를 박해하면서 그의 목숨을 노리던 자들을 위해 이러한 자신의 임무를 다하고자 했다(이에 대해서는 눅 23:34와 요 15:13을 참조하라).

이스라엘은 하나님의 선택된 백성이다

바울은 이스라엘을 여러 민족들 가운데 하나의 민족으로 생각하거나, 제3세계 국가와 같이 인종적인 관점으로 이스라엘을 바라보지 않는다. 오히려 구약성경의 이해와 같이 그는 전적으로 하나님을 기준삼아 이스라엘 민족의 독특성을 이해한다.

> 그들은 이스라엘 사람이라 그들에게는 양자 됨과 영광과 언약들과 율법을 세우신 것과 예배와 약속들이 있고 조상들도 그들의 것이요 육신으로 하면 그리스도가 그들에게서 나셨으니 그는 만물 위에 계셔서 세세에 찬양을 받으실 하나님이시니라 아멘(롬 9:4-5)

하나님의 선택된 백성이 하나님의 은혜를 거부하다

바울과 기독교가 봉착하게 된 가장 심각한 문제는, 그리스도가 유래되었고, 그에 대하여 가장 먼저 들었던 하나님의 선택된 백성이 그리스도를 거부했다는 사실에 있다(롬 9:31-33). 그들은 율법을 준수함으로 하나님을 올바르게 섬기고 이를 통해 하나님으로부터 인정받게 된다는 잘못된 생각을 가지고 있었기 때문에(롬 10:2-3), 이스라엘은 하나님의 은혜를 거절했다. 그러나 이제 그리스도는 (구원의 길로서) '율법의 마침'이다. 그리스도를 믿고 신뢰하는 사람만이 하나님께 인정을 받는다(롬 10:4). 이스라엘 사람들은 복음의 메시지를 듣지 못했기 때문에(롬 10:18), 그리스도를 믿을 수 없었다고 주장할 수 없다(롬 10:14-17, 21). 오히려 그들은 복음에 대해 마음을 닫았고, '하나님의 원수'가 되었다(롬 11:28). 그들의 완고함은 복음을 거부하는 것에서 보다 명백히 드러난다(롬 11:7b-8, 9:17-18). 그렇다면 하나님이 자신의 선택된 백성을 버리셨다는 말인가?(롬 11:1a) 결코 그렇지 않다! (유대인 혈통인) 바울은 그리스도와 교제했고(롬 11:1b), 다른 유대인 역시 기독교인이 되었다(롬 11:2-7). 그러나 이스라엘 사람들의 다수는 완고했다(롬 11:7). 하나님의 선택된 백성이 복음을 받아들이려고 하지 않았기 때문에 복음은 이방인에게 이르렀다(롬 11:11-12, 참조. 큰 만찬의 비유, 눅 14:15-20은 이스라엘과 관련된 것이고, 14:21-24는 이방인과 관련된 것이다. 보다 예리하게 표현된 동일한 의미는 마 22:1-10을 보라).

하나님은 그의 선택된 백성에게 계속해서 신실하시다

바울은 하나님이 선택한 백성 이스라엘에 대해 신실하시다는 것을 확신한다.

"어떤 자들이 믿지 아니하였으면 어찌하리요 그 믿지 아니함이 하나님의 미쁘심을 폐하겠느냐 그럴 수 없느니라"(롬 3:3-4a). 전체 이스라엘은 "이방인의 수가 다 차게 되면" 그 목표에 이르게 된다(롬 11:12). "그리고 나면 온 이스라엘이 구원을 받게 될 것이다"(롬 11:25b-26a). 유대인과 이방인이 동일하게 하나님께 불순종하고 있기 때문에, 하나님은 모든 사람을 긍휼히 여기실 것이다. "하나님의 은사와 부르심에는 후회하심이 없느니라(참조. 롬 9:4-5). 너희(이방인)가 전에는 하나님께 순종하지 아니하더니 이스라엘이 순종하지 아니함으로 이제 긍휼을 입었는지라 이와 같이 이 사람들이 순종하지 아니하니 이는 너희에게 베푸시는 긍휼로 이제 그들도 긍휼을 얻게 하려 하심이라 하나님이 모든 사람을 순종하지 아니하는 가운데 가두어 두심은 모든 사람에게 긍휼을 베풀려 하심이로다"(롬 11:29-32).

바울은 (이방) 기독교인에게 이스라엘 사람들을 무례하게 대하지 말라고 경고한다

바울은 하나님이 그의 백성 이스라엘을 다루시는 방법에 대한 이러한 생각을 이방인인 사람들에게 전한다(롬 11:13). 이스라엘이 이방인의 재판관이 될 수 없듯이(롬 2:1), 바울은 이제 이방 기독교인에게 불순종한 이스라엘 민족보다 자신을 우위에 두어서는 안 된다고 충고한다. 이러한 충고를 위해 감람나무와 그 가지의 비유가 사용된다(롬 11:17-24). 하나님은 몇몇 가지를 잘라내 버리신 반면에(즉 이스라엘 민족 중 불순종하는 사람들), 새로운 가지를 접붙이셨다(즉 믿음에 이르게 된 이방인). 이 비유의 의도는 다음과 같다.

하나님의 백성은 하나님을 믿는 자들이고 즉 아브라함을 조상으로 가진 자들이다(롬 4:1, 16). 이 민족의 뿌리는 옛 언약에까지 거슬러올라간다(롬 9:4-5). 그들의 불신앙 때문에 이스라엘 민족 중 일부는 참 '하나님의 백성'에서 제거된 반면, 신실한 이방인은 이 백성의 새로운 구성원이 되었다. 이방인은 어떤 장점 때문이 아니라 단지 그들의 신앙으로 말미암아서 하나님의 백성이 될 수 있었다(롬 11:20). 따라서 그들은 진정한 하나님의 백성으로부터 일시적으로 제거된 이스라엘 사람들보다 그 스스로를 우위에 놓을 수 있는 어떠한 근거도 가지고 있지 않다. "그러므로 하나님의 인자하심과 준엄하심을 보라 넘어지는 자들에게는 준엄하심이 있으니 너희가 만일 하나님의 인자하심에 머물러 있으면 그 인자가 너희에게 있으리라 그렇지 않으면 너도 찍히는 바 되리라 그들도 믿지 아니하는 데 머무르지 아니하면 접붙임을 받으리니 이는 그들을 접붙이실 능력이 하나님께 있음이라"(롬 11:22-23, 20).

예수 그리스도의 교회는
이스라엘의 후임자의 과제를 떠안게 된다

여기에서 말하는 감람나무는 예수 그리스도의 교회이다. 교회는 옛 언약의 하나님 백성의 후임자이다(롬 11:17-18). 하나님의 교제의 복을 온 세계에 전달해야 하는 이스라엘의 구원사적인 사명(창 12:1-3)이 교회에게로 옮겨졌다.

복음에 의한 이스라엘의 미래적 구원

비록 이스라엘 백성이 그들의 구원사적 의미를 상실했다 할지라도(창 12:1-3), 그들은 여전히 하나님이 당신의 신실하심으로(롬 3:3) 구원하게 될 하나님의 선택된 백성이다(롬 11:25-27). 물론 하나님의 선택된 백성의 구원이 이방인의 구원보다 선행되지는 않을 것이다(롬 10:12a). 이스라엘 백성의 구원은 예수 그리스도의 복음을 믿음으로 받아들일 때 이루어지며(롬 1:16-17), 따라서 복음은 그들에게 계속적으로 선포되어야만 한다(롬 10:17).

현재를 위한 두 가지 가르침

a) 로마서 9-11장이 우리에게 명백하게 보여주는 것이 있다. 즉 기독교인은 유대 민족을 단순히 하나의 민족으로만 간주할 수 없다는 것이다. 오히려 이스라엘은 과거와 현재의 고통스러운 고난에도 불구하고 하나님의 특별한 보호 아래 있으며, 현재까지도 자신의 땅에서 그리고 보다 많은 사람들이 흩어진 상태에서도 민족이나 신앙 공동체로서 유지되고 있다. 이스라엘은 기독교인이 섬기고 있는 하나님의 특별한 약속 아래에 있다. 만일 교회 역사에서 로마서 9-11장을 진지하게 마음에 새겼다면, 유대인이 그처럼 심각한 고난과 공포를 겪게 되었을까?

b) 감람나무의 비유는 교회와 그 구성원에게 몇 가지 성찰의 요소를 제공한다. 우리 기독교인은 하나님의 백성 또는 교회로서 감람나무의 가지이다. 우리는 세례와 기독교적인 교육(그것이 이루어지는 한에서)을 통해서 교회로 소속되는 '유업을 받는다.' 물론 교회의 줄기로 연결되는 것은 교회의 회원으로서가 아니라 우리 믿음에서 비롯된다. 그러나 우리는 살아 있는 신앙을 유업으로 받은 것이 아니다. 우리는 복음의 메시지에 우리 마음을 열고, 하나님의 교제를 성례전으로 체험함으로써 살아 있는 신앙을 얻을 수 있다. 하나님의 선하심과 능력을 중요하게 생각하지 않고, 자신의 믿음을 소홀히 여기는 사람은 "찍히게 될"(롬 11:22) 위험에 처하게 된다.

13. 하나님의 행위는 우리 행동을 앞선다

로마서에서 바울은 인간에게 신실하고 긍휼을 베푸시는 하나님의 공의를 증언한다. 바울은 로마서 3장에서 예수 그리스도에 의한 구원을 말한다. 인간은 예수의 구원을 – 말씀에 따라(롬 4장) – 믿음으로 받아들이면 된다. 로마서 5-8장에서 바울은 모든 인간을 위한 예수 그리스도의 구속 행위의 영향을 묘사한다. 마지막으로 로마서 9-11장에서 그는 선택받은 이스라엘 백성 역시 복음을 통해 구원을 받게 될 것이라는 희망을 나타낸다.

서신의 마지막 부분 – 로마서 12-15장 – 에서 비로소 바울은 세상과 교회에 속하여 살아가는 우리 기독교인을 위하여 하나님의 자비로우신 행위의 결과에 대해 말하고 있다. 서신의 끝부분에 기독교인의 생활에 대한 지시가 들어 있다는 것은 그 자체로 중요하게 간주되어야 한다. 바울은 가장 먼저 인간과 하나님 사이의 신앙 공동체를 형성하고 의롭게 하시는 하나님의 행위에 대하여 이야기한다(롬 3-4장). 그 다음으로 바울은 자신의 신앙을 통해 죄의 세력권으로부터 벗어난 기독교인(롬 5-7장)은 이제 하나님의 영이 통치하는 영역에서 살게 되었음을 보여준다(롬 8장). 그리고 그 다음에야 비로소 바울은 하나님의 사랑의 영으로 각인된 기독교인이 실제로 어떻게 살아가야 하는지에 대한 문제를 다룬다(롬 12-15장). 로마서의 구조 자체가 분명히 말해 주듯이, 기독교인의 생활(롬 12-15장)과 복음(롬 3-8장) 사이의 이러한 내적인 관련성은 복음을 "부끄러워함으로써"(참조.

롬 1:16a) 의무적으로 주일 예배를 지키는 것을 제외하고는 교회의 그 어떤 일에도 참여하지 않는 교회의 정체성에 대한 진정한 질문을 제기한다. 우리는 예배를 넘어서 복음에 더욱 몰입하게 될 경우 사람들과 거리가 멀어질 것이라는 공포심을 갖고 있는가? 또는 복음이 더 이상 교회사역의 중심이 아니기 때문에, 오히려 사람들은 교회로부터 멀어지는 것인가?

복음이 뒷전으로 물러나고, 동시에 교회의 행동만이 전면에 대두되는 특별한 형태로는 다음과 같은 것들이 있다. 그것은 우리가 이 세상에서 어떻게 그리스도인으로 살아가야 하는지에 대한 질문에만 특별히 관심을 갖는 것이다. 널리 퍼져 있는 두 가지 실례를 살펴보자. 우리 기독교인은 무엇을 위하여 또는 무엇을 반대하기 위하여 참여하는가? 우리는 기독교인으로서 어떠한 정치적인 세력은 지지하고 또는 어떤 세력은 반대해야 하는가? 우리는 기독교인으로서 어떤 나라의 어떤 상품을 구매하거나 또는 불매함으로써 거부해야 할 정권과 맞서야 하는가? 이러한 질문은 원칙적인 측면에서 생각해야 한다. 만약 이러한 질문이 복음에 대한 관심을 뒷전으로 물러나게 한다면, 기독교 신앙은 결국 율법종교가 된다. 율법종교는 무엇보다도 특별한 일들에 대한 행동만을 다룰 뿐, 더 이상 인간과 하나님 사이의 신실한 교제에 대해서는 관여하지 않는다. 신약성경과 바울에게서도 이러한 점이 드러난다. 기독교의 행동은 하나님의 자비하심에 대한 신뢰로부터 나온다. 로마서 12-15장(기독교인의 행동) 이전에 로마서 3-8장(복음의 전개)이 먼저 존재한다!

14. 하나님은 우리에게 기독교적인 행동을 가능하게 하신다 (믿음과 행위, 롬 12-13장)

그러므로 형제들아 내가 하나님의 모든 자비하심(이것이 권고의 근거이다)으로 너희를 권하노니 너희 몸(즉 '너희 전체')을 하나님이 기뻐하시는 거룩한 산 제물로 드리라 이는 너희가 드릴 영적 예배니라 너희는 이 세대를 본받지 말고 오직 마음을 새롭게 함으로 변화를 받아 하나님의 선하시고 기뻐하시고 온전하신 뜻이 무엇인지 분별하도록 하라(롬 12:1-2)

우리 그리스도인은 우리 같은 인간을 섬기시는 하나님(롬 3-8장)께 예배로 응답한다(롬 12-15장). 하나님의 사랑과 자비하심이 우리를 각인하여 그에 합당한 행동을 하게 하시는데, 이것은 항상 동일하게 인식되는 것은 아니다. 따라서 루터도 믿음과 행위의 관계를 다음과 같이 기술했다(1522년의 로마서 주석의 머리말).

그러나 믿음은 우리 안에서 우리를 변화시키며, 새롭게 거듭나게 하는 하나님의 행위이다(요 1:13). 그리고 믿음은 옛 아담을 죽게 하고, 우리를 마음과 용기와 생각과 그리고 모든 능력을 지닌 전혀 다른 사람으로 변화시키며, 성령과 함께 역사한다. 믿음은 생명력이 있고, 창조적이고, 적극적이며, 권능적인 사건이므로 끊임없이 선을 행하지 않는 것이 불가능하다. 믿음은 선행을 해야 할지 말아야 할지를 질문하지 않으며, 오히려 질문에 앞서 (믿음은) 이미 실행하며, 항상 실행하는 중이다.

만약 바울이 로마서 12-13장에서 이 세상에서 기독교인의 생활에 관한 모든 종류의 구체적인 지시를 로마 사람들에게 제공했다면,—예를 들어 "아무에게도 악을 악으로 갚지 말고 모든 사람 앞에서 선한 일을 도모하라"(롬 12:17)—이러한 지시 역시 복음적인 성격을 가지고 있는 것이다. 바울은 하나님의 영의 영향을 받을 때(롬 12:11, 8장) 이러한 행동을 할 수 있다고 로마 공동체에게 약속했다. "아무에게도 악을 악으로 갚지 말라"는 것은 사람이 어떤 사람에게도 악을 악으로 보복할 수 없다는 의미가 아니다. 오히려 바울은 이 말을 다음과 같은 의미로 이야기한다. "너희들은 악을 악으로 보복하는 것을 포기할 수 있다. 왜냐하면 하나님이 너희에게 그렇게 할 수 있는 힘을 주시기 때문이다. 그분의 사랑의 영은 너희의 시야를 넓혀주어서 너희는 너희에게 악을 행하는 사람의 입장이 되어 생각할 수 있게 된다. 따라서 너희는 동일한 방식으로 보복하지 않을 수 있다."

기독교인의 생활에 대한 수많은 지시의 서두에서, 바울이 은혜의 선물에 대해 이야기하는 것은 결코 우연이 아니다. 은혜의 선물을 통해서 하나님은 이 세상에서 사는 공동체 전체와 각각의 기독교인에게 그때 그때마다 섬김을 위해 준비시키신다.

> 우리가 한 몸에 많은 지체를 가졌으나 모든 지체가 같은 기능을 가진 것이 아니니 이와 같이 우리 많은 사람이 그리스도 안에서 한 몸이 되어 서로 지체가 되었느니라 우리에게 주신 은혜대로 받은 은사가 각각 다르니(롬 12:4-6a)

따라서 모든 기독교인은 스스로 질문해야 한다. 하나님이 나에게 섬김을 위해서 또는 교회 안에서 섬김을 위해서 어떤 특별한 은사를 주셨는가? 우리는 특별한 능력을 통해 하나님, 공동체, 세상을 섬길 수 있다. 이때 우리는 부담을 느낄 필요도 없으며 또한 다른 사람들보다 더 잘해야 할 필요도 없다. 왜냐하면 다른 사람들도 필요한 은사를 하나님으로부터 받았기 때문이다. 공동체 안에 존재하는 은사의 다양성에 대한 바울의 증언은 교회사역의 획일성과는 어긋난다. 특별한 재능을 가지고 있는 기독교인은 그것을 하나님이 모든 사람에게 주신 자원으로 생각해야 한다. 그들은 서로를 괴로운 경쟁자로 여겨 다툴 필요가 없다. 재능을 소유한 자는 이제 자신의 재능을 개인적인 특권이 아니라 하나님의 은혜라는 사실을 항상 기억하며 감사해야 한다. 바울은 로마서 8장에서 하나님의 영이 우리에게 율법을 실천할 수 있는 능력을 주신다고 상세하게 설명한 후, 로마서 13장 끝에서 사랑이 '율법의 완성'임을 다시 한 번 상기시킨다(롬 13:8-10).

15. 국가 질서 아래 있는 기독교인의 삶(롬 13:1-7)

바울은 그 당시 세계의 수도였던 로마의 기독교인에게 국가 질서를 필수적으로 인정하라고 지시한다. 왜냐하면 국가 질서가 이교도적이고 권위주의적일지라도(그 당시에 기독교인은 국가 질서를 그렇게 알고 있었다) 국가 권력은 하나님의 뜻에 따라 국가의 많은 사람들이 모두

균형 있는 공동생활을 유지하도록 도움을 주기 때문이다(롬 13:1-7).

기독교인이 어떤 정치 형태에 속해서 살아가든지 간에, 이러한 원칙은 구속력 있는 성격을 가지고 있다. 국가 권력에 대한 기독교의 대항은 제3제국의 극단적인 조건에서만 일어났다. 그러나 가장 철저한 양심적 시험이 없었던 것은 아니다! 우리의 민주주의적 법치국가는 제3제국의 권위주의적 국가 형태—그리고 또한 바울 시대의 로마제국의 국가 형태와도—와 너무나 많이 다르다. 오늘날 민주주의가 안고 가야 할 부담스러운 문제는 민주주의 국가가 과연 언제까지 인류의 위험을 초래하는 소위 '기술적 진보'의 지배자로 남게 될 것인가(원자력 에너지, 핵무장, 생명공학, '오존 구멍')에 대하여 질문을 제기한다.

민주주의적 국가 형태는 기독교인이 하나님과 우리 이웃 앞에서 책임있는 정치생활에 참여함으로써 진정한 상호작용을 할 수 있는 가능성을 제공한다. 바울 시대의 기독교인은 이러한 기회를 얻지 못했다. 물론 교회는 결코 정치적 당파가 아니며, 서로 다른 정치적인 신념을 가진 사람들이 복음을 중심으로 모인 신앙 공동체이다. 민주주의 국가에서 기독교인은 정당을 통해서 또는 정치적으로 활동하는 무리 속에서 정치적인 전문지식을 통해 유익한 상호작용을 할 수 있으며, 그곳에서 그들을 각인시키는 영 즉 그리스도의 사랑의 영을 전할 수 있다. 결코 정치적인 과제를 부여받지 않은 교회 공동체로서 전체 교회는 복음에 입각한 사고를 할 수 있도록 자극을 줌으로써, 정치가의 방향 설정에 도움을 줄 수 있을 것이다. 우리 교회는 전문 지식인이 작성한 '건의서'를 가지고 우리가 민주주의 국가에 살고 있다는 사실에 반응한다.

로마서 13:1-7은 정치적인 열정을 가지고 있는 오늘날 기독교인에게 국가에 대항할 것이 아니라, 국가 속에서 살면서 '국가의 평안'을 추구하도록 상기시킨다(렘 29:7, 참조. 딤전 2:1-4, 딛 3:1-2). 민주주의 원칙을 준수하면서.

16. 로마 공동체의 내부적 갈등(롬 14:1-15:13)

연약한 자와 강한 자

바울은 세상 가운데서 살아가는 기독교인에게 몇 가지 지침을 제공한 후(롬 12-13장), 이 서신의 마지막 결론 부분에서 로마 공동체의 내부적 갈등의 요인이 된 문제에 관해 집중한다(롬 14-15장). 그 다음에야 비로소 그는 이 서신을 쓰게 된 본래적인 동기 즉 자신이 로마 여행을 계획하고 있으며, 그 이후 스페인 여행을 계획하고 있다는 사실에 대하여 보다 자세하게 이야기한다(롬 15:22-24).

로마서가 저술될 당시 로마 기독교 공동체는 대다수의 이방 기독교인과 소수의 유대 기독교인으로 구성되어 있었다. 유대 기독교인은 일종의 율법주의에 빠져 있었고, 이것이 공동체의 이방 기독교인에게도 확산된 것으로 보인다. 이러한 특징을 지닌 기독교인은—바울은 이들을 '연약한 자'라고 부른다(롬 14:2).—특정한 날을 거룩하게 지켜야 하고(롬 14:5), 고기와 포도주를 먹지 말아야 한다(롬 14:21)는 확신을 가지고 있었다. 다른 기독교인은—바울은 이들을 '강한 자'라고 부른다(롬 15:1).—모든 날을 동일하게 여기고, 그들이 좋아하는 것을 먹고 마셨다(롬 14:5-6). 이 두 공동체 무리 사이에서 갈등이 발생했다. '연약한 자'는 '강한 자'가 기독교인임을 충분히 고려하지 않고 있음에 대하여 심하게 비난했고, 그 반면 '강한 자'는 '연약한 자'가 기독교인으로서 특별히 외적이고 쓸모없는 것에 매여 있다는 이유로 그들을 멸시했다(참조. 고전 8장).

우리 공동체 가운데 존재하는 갈등

'강한 자'와 '연약한 자'의 문제는 로마 공동체에만 국한된 것이 아니다. 그것은 보다 첨예화된 형태로 고린도에서도 발생했다(참조. 고전 8장).

이러한 문제는 모든 공동체에서 대두된다. 왜냐하면 어떤 기독교인은 자신만의 기독교적 정체성이 옳다고 여기기 때문이다. 다른 사람들 역시 자신이 행하는 방식으로 살아가기를 원한다는 것은 당연하다. 이와 마찬가지로 너무나 다양한 요구가 나타난다. 즉 각자의 자리에서 기독교인이 되기 위해서는 모두가 무조건적으로 행해야 하는 것을 각각 내세운다. 예를 들어 다음과 같다. 어떤 이는 기독교인은 회심의 경험을 해야 한다고 한다. 어떤 이는 매일 성경을 읽고 기도하는 '묵상 시간'을 보내야 한다고 한다. 어떤 이는 규칙적으로 예배에 참여해야 한다고 한다. 어떤 이는 공동체의 일에 적극적으로 참여해야만 한다고 한다. 어떤 이는 기독교인으로서 정치적인 활동을 해야만 한다고 한다. 어떤 이는 기독교인으로서 어떠한 경우에도 이런 일이나 저런 일 또는 정당을 지원해서는 안 된다고 한다. 어떤 이는 기독교인으로서 어떠한 (과도한) 경제적인 성공을 이뤄서도 안 된다고 한다(=돈을 많이 버는 것). 어떤 이는 기독교인으로서 병역을 거부해야 한다고 한다. 어떤 이는 기독교인으로서 환경 친화적인 종이만을 사용해야 한다고 한다. 기타 등등의 것들이 있으며, 이외에도 끊임없이 많이 있다.

그리스도께서도 너희를 받으신 것 같이, 너희도 서로 받으라

바울은 어떤 이에게도 그 사람이 기독교인 된 형태를 문제 삼지 않는다. 그는 다음과 같이 말한다. "날을 중히 여기는 자도 주를 위하여 중히 여기고 먹는 자도 주를 위하여 먹으니 이는 하나님께 감사함이요 먹지 않는 자도 주를 위하여 먹지 아니하며 하나님께 감사하느니라"(롬 14:6). 그러나 바울은 다음과 같은 사실을 분명하게 알려준다. 개인에게 옳은 것이 오랜 기간 동안 다른 사람에게 또는 심지어 모든 사람들에게 의무적인 것이거나 옳은 것은 아니다. 모든 사람은 자신의 양심에 따라 행동해야 한다(롬 14:20-23). 모든 사람은 기독교인으로서 자신의 개인적인 생활에서 하나님께 책임감 있는 행동을 해야 한다(롬 14:7-19, "이러므로 우리 각 사람이 자기 일을 하나님께 직고하리라"[롬 14:12]). 바로—우리가 아니라—그리스도께서 형제나 자매의 그리스도인 됨을 평가하셔야 한다. 자신이 기독교인이 된 형태가 다른 기독교인의 형태와 다르다 할지라도, 그리스도는 모든 기독교인 위에 보호의 손을 계속해서 펼치고 계신다(롬 14:4).

바울은 로마 기독교인에게 첫 번째와 두 번째를 구분할 것을 가르친다. 중요한 것은 무엇을 먹고 마시는가 그리고 자신의 기독교인 됨을 어떻게 개인적으로 지탱해 나가는가의 문제가 아니라 곧 하나님과 하나님 나라에 소속되는 것이다(롬 14:17).

> 모든 기독교인을 하나로 연합시키는 그리스도에 대한 신앙고백보다 기독교인 됨의 특정한 형태나 특정한 정치적인 신념이 더 중요한 자리를 차지하게 된다면, 이것은 공동체가 심각한 위기에 빠져 있음을 보여주는 것이다. 이러한 일이 발생하는 곳에서는 더 이상 복음이 아니라 특정한 기독교적 생활양식이나 정치적인 프로그램이 인간을 구원하는 것으로 간주된다.

바울은 '연약한 자'에게 다른 생활양식을 가지고 있는 기독교인을 비난하지 말라고 설득했다(롬 14:3, 10). 동시에 바울은 '강한 자'에게 '연약한 자'를 반대하기 위하여 자신의 자유로운 견해를 내세우지 말라고 권고한다. '강한 자'는 '연약한 자'가 그들처럼 자유롭지 않다는 사실을 진지하게 고려해야 한다. 따라서 '강한 자'는 '연약한 자'에게 과도한 요구를 하지 말고 사랑으로 그들을 배려해야 한다(롬 14:15). 특정한 음식—또는 그 밖의 다른 어떤 것—을 취하지 않는 등의 사소한 문제로 동료 기독교인에게 수치심을 느끼게 해서는 안 된다(롬

14:23). 마지막으로 그리스도는 동료 기독교인을 위해서도 죽으셨다(롬 14:15). 기독교적 생활양식과 확신에 대한 갈등이 누군가로 하여금 자신의 기독교인 됨을 부인하게 만들어서는 안 된다. "음식으로 말미암아 하나님의 사업을 무너지게 하지 말라"(롬 14:20). 모든 사람은 이웃에게 선과 덕을 세우며 살아야 한다(롬 15:2). '연약한 자'는 그들의 생활양식을 통하여 '강한 자'를 견책하려 해서는 안 된다. 그리고 '강한 자'는—바울은 '강한 자'에 속한다—"믿음이 약한 자의 약점을 담당하고, 자기를 기쁘게 하지 않도록"(롬 15:1) 자신의 자유로움을 활용해야 한다. 바울은 로마 공동체에게 다음과 같이 격려한다. "그러므로 그리스도께서 우리를 받아 하나님께 영광을 돌리심과 같이 너희도 서로 받으라"(롬 15:7). 그리스도의 모범으로 각인된 자들은 관용적 태도를 취할 수 있는 능력을 얻게 되며(롬 15:5), 이로써 공동체 전체는 "한 마음과 한 입으로 하나님 곧 우리 주 예수 그리스도의 아버지께 영광을 돌리게"(롬 15:6) 된다. 다양한 기독교적인 생활표현 속에서도 하나님을 찬양하는 통일성이 공동체의 삶을 규정짓게 된다(롬 15:8-10). 왜냐하면 하나님께 대한 찬양은 하나님의 사랑과 신실하심에 대한 공동체의 응답이기 때문이다.

에베소서

1-3장	유대인과 이방인으로 구성된 하나의 기독교 교회
4-6장	너희가 그리스도에게 속한 자로 합당하게 살라!

디모데전 · 후서

디모데전서

이 서신에서는 잘못된 가르침과의 대결(딤전 1:3-11, [12-20], 4:1-10, 6:3-21)과 교회 질서를 위한 지침(딤전 2-3장, 4:11-6:3)이—서로 교대로—나타난다.

디모데후서

1:3-2:13	바울은 디모데에게 권고한다. 두려움이 없는 예수 그리스도의 군사가 되라!
2:14-4:8	잘못된 가르침의 등장은 종말의 표징 가운데 하나이다. 디모데는 고난받는 바울 사도의 모범을 따르고 진리의 말씀을 충실하게 선포해야만 한다.
4:9-22:	바울과 디모데 사이의 개인적인 일

디도서

디모데전서의 내용과 마찬가지로, 디도서에서는 잘못된 가르침에 대한 경고와 공동체 생활의 질서에 대한 지시가 교차적으로 나타난다.

잘못된 것을 가르치는 교사에 대항하여: 1:10-16, 3:9-11

공동체 생활의 질서: 1:5-9(장로 · 감독)

2:1-3:8(올바른 가르침에 따라 서로 다른 연령과지위를 가진 기독교인의 세상에서의 품행)

명령과 인사로 끝맺는 서신의 종결부: 3:12-15

에베소서와 목회서신에 나타난 교회의 본질과 형태

1. 에베소서와 목회서신: 바울의 정신을 계승한 서신

앞으로 진행될 고찰은 에베소서와 디모데전·후서와 디도서가 바울이 아니라 오히려 바울의 사상과 정신을 이어받은 바울의 제자들이 기록했다는 사실에서 출발한다. 후대의 교회사적인 상황은 이 서신의 내용을 보다 구체적으로 설명해 줄 뿐만 아니라, 또 다른 직접적인 중요한 근거 역시 이 서신의 바울 저작설을 반대하고 있다. 몇 가지 근거만을 언급하면 다음과 같다.

에베소서

사도행전과 바울 서신의 증언에 따르면 바울은 약 2-3년 동안 에베소 시(市)에서 활동했다(행 19장, 20:17, 31, 고전 15:32, 고후 1:8-10). 그러나 에베소서는 바울 사도와 에베소의 기독교인이 서로를 개인적으로 전혀 알지 못하는 상황에서 독자에게 말을 걸고 있다. "이로 말미암아 주 예수 안에서 너희 믿음과 모든 성도를 향한 사랑을 나도 듣고"(엡 1:15). "너희를 위하여 내게 주신 하나님의 그 은혜의 경륜을 너희가 들었을 터이라 곧 계시로 내게 비밀을 알게 하신 것은 내가 먼저 간단히 기록함과 같으니"(엡 3:2-3). 가장 오래된 중요한 필사본 가운데 에베소서 1:1에서 언급하는 "에베소에 있는"이라는 진술이 빠져 있다는 사실 역시 이를 입증한다. 따라서 이 서신은 본래 에베소의 공동체에게 보낸 것이 아니라, 오히려 "그리스도 예수 안에 있는 성도들과 신실한 자들에게"(엡 1:1) 보낸 회람(回覽)서신 중 하나로 많은 공동체를 대상으로 기록한 것이다.

문체적·언어적 연구는 로마서, 고린도전·후서, 갈라디아서, 또는 빌립보서 등의 바울 서신과 에베소서가 명확한 차이를 보인다는 결론에 이르렀다. 한 걸음 더 나아가 에베소서는 골로새서와 내용, 구조와 어휘의 측면에서 상당히 비슷한 점을 보여주고 있다. 골로새서에 나오는 단어의 3분의 1이 에베소서에서도 발견된다. 에베소서 6:21-22는 골로새서 4:7-8과 단어의 측면에서 일치한다! 예를 들어 '가정지침'(Haustafeln, 골 3:18-4:1, 엡 5:22-6:9)을 서로 비교해 보면, 골로새서의 간결한 형태가 에베소서에서도 반복된다. 그러나 양식적으로 골로새서의 진술은 내용상 확장되어 있으며 또한 더욱 자세한 설명을 담고 있다. 일반적으로 학문적 연구에서는 에베소서의 저자가 골로새서를 대본

(臺本)으로 사용하면서 자신의 사상을 독자적으로 전개한 것으로 보고 있다(에베소서는 일종의 '골로새서에 대한 주석'이다). 이러한 방법을 통해 교회의 본질에 대해 가장 확실한 증언을 담고 있는 문서 하나가 신약성경에서 생겨나게 되었다.

목회서신(디모데전·후서, 디도서)

이 서신은 언어와 문체 그리고 내용(잘못된 가르침에 대한 투쟁, 공동체의 질서, 기독교인의 삶에 대한 지침)의 측면에서 서로 밀접한 관련을 지니고 있다. 이 문서는 공동체가 아니라 개별 인물 즉 사도 바울의 유명한 동역자인 디모데와 디도를 대상으로 하고 있다. 이 서신은 공동체의 '목자'(=목사)에게 보낸 것이고, 이로 말미암아 '목회서신'(Pastoralbriefe)이라는 포괄적인 이름이 붙게 되었다. 고린도전서 4:17, 16:10, 빌립보서 2:19, 데살로니가전서 3:2는 디모데의 활동에 대한 정보를 제공한다. 디모데는 고린도후서 1:1과 빌립보서 1:1에서 바울 서신의 공동 발신자로 언급된다. 우리는 예를 들어 갈라디아서 2:1-3, 고린도후서 7:6, 13-15, 12:18에서 디도의 사역에 대해 듣게 된다.

디모데전·후서와 디도서, 특히 디모데후서는 바울이 자신의 옛 동역자에게 보내는 직무상의 기록임에도 불구하고 개인적인 기록의 느낌을 주고 있다. 이 서신은 많은 전기적(傳記的) 보고를 포함하고 있으며, 그 중 일부는 바울에 대하여 매우 자세한 내용을 전하고 있다. 그러나 이러한 전기적 보고는 바울에 대한 사도행전과 그 밖의 바울 서신의 보고와 일치하지 않는다.

디모데전서 1:3에 따르면 바울은 에베소를 떠나 마게도냐로 여행했다. 그때 바울은 디모데를 에베소에 남겨두었다. 사도행전 20:17, 31에 따르면 바울은 에베소에서 3년간 사역을 했고, 디모데를 마게도냐로 먼저 떠나보냈다(행 19:22).

디모데후서 1:8, 2:9에 따르면, 바울은 아마도 로마에 투옥된 것으로 추측된다(딤후 1:17). 그는 얼마 남지 않은 자신의 처형을 예고했다. "전제와 같이 내가 벌써 부어지고 나의 떠날 시각이 가까웠도다…나의 달려갈 길을 마치고"(딤후 4:6-7, 8). 디모데는 왜 하필 이 시점에 바울의 겉옷과 책들을 바울에게 보내야 했을까?(딤후 4:13) 사도행전이 보도하는 시간을 헤아려 보면(행 20:6-12: 드로아에서 체류, 28:16-31: 로마에서 수감생활), 이 시기는 바울이 이미 드로아에서 3년째 거주하고 있던 때에 해당된다.

디도서는 바울이 디도와 함께 그레데에서 사역을 했고, 그 이후 디도를 그곳에 남겨 두었음을 전제한다(딛 1:5). 디도서 3:12에 따르면 바울은 그 이후 북부 그리스의 도시 니고볼리에 머물렀다. 사도행전이나 다른 바울 서신 가운데 바울의 그레데와 니고볼리 선교사역을 언급하는 본문은 없다.

목회서신의 전기적 보고는 우리가 사도 바울 그 자신이나 또는 사도행전을 통해 알고 있는 지식과 일치하지 않는다. 바울에 대해 알고 있는 우리 정보와 디모데전·후서와 디도서를 일치시키려 한다면, 바울이 반드시 로마에서 자유의 몸으로 석방되었다는 사실을 가정할 수밖에 없다. 그는 스페인 여행 대신에 로마 여행을 계획했듯이(롬 15:24), 로마제국의 동부로 되돌아왔다. 특히 그는 고린도, 밀레도, 드로아(딤후 4:12, 20), 그레데(딛 1:5)에서 활동했다. 그러나 이 모든 것은 사실로 보이지 않는다. 왜냐하면 바울은 사실 로마제국의 동부지역에서 이미 자신의 선교사역이 끝난 것으로 간주하기 때문이다(롬 15:23). 이러한 바울 스스로의 진술은 그가 스페인 사역 이후에야 비로소 로마제국의 동부지역으로 되돌아왔다고 하는 개연성 부족한 내용과도 충돌한다.

이러한 난제는 바울이 아니라 그의 제자들이 스승의 사상을 가지고 이 세 편 서신을 기록했다는 가정을 통해 해결의 실마리를 찾게 된다. 목회서신에 전제된 공동체의 구조는 명백히 후대의 발전단계를 보여준다. 즉 후대에 이르러 보다 구체적인 형태의 직분자가 교회의 생활을 구성했다. 감독, 장로, 집사이다.

바울의 서신과 목회서신을 비교할 때 나타나는 상당한 언어와 문체적 차이점 역시 고려해야 한다. 이 세 편 목회서신에서 사용되는 전체 848개의 단어 중 306개는 바울의 서신에서는 발견되지 않는다! 교회의 잘못된 가르침으로 말미암아 내부적 존립이 위기에 처하게 되자, 저자는 그들이 매우 존경하는 사도 바울 역시 이러한 상황에서 이와 비슷한 내용으로 기록했을 것이라는 확신을 가지고 디모데와 디도에게 서신을 기록하여 보낸다. 이때 그들은 그들이 알고 있던 바울의 생애와 종말에 대한 소식을 자유롭게 활용한다. 물론 이러한 소식이 삽입됨으로 우리는 어려운 문제를 떠맡게 되었으나, 그럼에도 불구하고 그것은 (부분적으로) 바울의 생애와 운명에 대한 근거가 되기도 한다.

에베소서와 디모데전·후서와 디도서는 그의 죽음 이후에도 사도 바울이 여전히 그의 선교 공동체의 교회적 삶과 가르침에 얼마나 강력한 영향력을 미쳤는지에 대해 우리에게 말해 준다. "사도의 가르침이 교회의 지침으로 간주되었기 때문에, 새롭게 형성된 문서는 오직 한 사도의 이름이나 한 명의 명망 있는 교사의 이름을 통해 초대 기독교에서 인정받을 수 있었다"(E. Lohse, *Grundriß der neutestamentlichen Theologie*, ThW 5, Stuttgart, 1974, 146).

2. 바울 시대 이후 교회생활에서 발생한 사건

유명한 사도들이 순교하다

기원후 60년부터 70년 사이에 발생한 중대한 세 가지 사건은 신생 교회의 삶에 큰 영향을 미쳤다. 기원후 60년부터 64년 동안 초대교회의 세 명의 주요 대표자인 베드로와 야고보(예수의 형제), 바울이 순교를 당했다. 갈라디아서 2:9와 사도행전 15:7, 13에 따르면, 이 세 사람은 사도회의 즉 예루살렘에서 열린 '전체 교회' 회의와 깊이 관련이 있다. 사도들의 죽음 이후 교회는 로마제국의 각기 다른 지역에서 서로 다른 방법으로 그들의 선교지역을 형성하면서 계속적인 발전을 이루었다.

예루살렘이 파괴되다

'유대 전쟁'의 과정에서 로마인은 기원후 70년에 예루살렘과 성전을 파괴했다. 몇 해 전에 예루살렘의 기독교 공동체는 이미 예루살렘에서 빠져나왔다. 시간이 흐르면서 유대 기독교인의 수는 점점 줄어들었다. 따라서 바울의 사역 기간 동안 바울을 힘들게 한 유대인 기독교와 율법으로부터 자유로운 이방인 기독교 간의 문제는 더 이상 일어나지 않았다. 유대교는 예루살렘 멸망 후 재구성되었으나 교회에 대한 영향력을 상실했다. 그것은 무엇보다도 유대교가 교회에 대하여 방어벽을 쌓았기 때문이다.

첫번째 대규모 기독교 박해가
네로 황제 치하에서 발생하다

바울 시대에 기독교는 유대교의 특수집단으로 간주되었고, 이로써 기독교는 '공인받은 종교'(religio licita=국가에서 허가받은 종교)로서 보호를 받았다. 국가 권력과 관련된 문제는 유대인이나 기독교인이 실제적으로 로마 속주의 안정과 질서를 파괴할 경우에만 발생했다. 즉 예를 들어 기독교인이 국가의 적으로 혐의를 받게 된다거나, 또는 국가적 사업에 손해를 끼치는 것으로 판결되는 상황 등이다(행 13:50, 14:4-6, 19, 16:20-22, 17:6-9, 18:2, 12-17, 19:23-20:1). 기독교인이 유대인의 특수집단으로 간주되는 동안 기독교인은 유대인과 동일한 평가를 받았다. 타키투스(Tacitus)는 유대인에 대한 많은 사람들의 느낌을 다음과 같이 말한다. "유대인의 생활양식은 불합리하고 역겹다." 로마인이 이러한 '분파'(Sekte)의 창립자(행 24:5, 14, 28:22)를 정치적 반역자로 십자가에 처형하게 된 이후로 기독교인은 어려운 처지에 놓이게 되었다. 이것은 처음부터 기독교인을 수상한 자로 만들었다.

네로 황제는 기독교인이 로마 시(市)를 불질렀다는 이유로 기원후 64년에 최초로 대규모 기독교 박해를 가하였다. 기독교인은 '인류에 대한 증오자'(Tacitus)로 비난을 당했다. 기독교인에 대한 대규모 박해는 단지 앞에서 언급한 이유로 말미암아 기독교인에 대한 반대 여론이 보편적으로 형성되었기 때문에 가능했다. 왜냐하면 그동안 기독교인은 수적으로 매우 왕성하게 성장하여 독립적인 종교 집단으로 주목되었기 때문이다.

3. 바울 시대 이후 교회의 내적인 문제

위에서 언급한 교회의 삶에 영향을 주었던 '외적인' 사건과 더불어 교회는 자체적으로도 내부적 문제로 말미암아 논쟁에 휩쓸렸다.

바울이 임박한 사건으로 선포한 그리스도의 재림(살전 4:15)은 기대한 것과는 달리 빠르게 성취되지 않았다. 그리스도의 재림에 대한 희망은 아직 포기하지 않았지만(예를 들어 살후 1:7b), 임박한 도래에 대한 이러한 사건의 기대는 포기하게 되었다. 따라서 기독교는 이 세

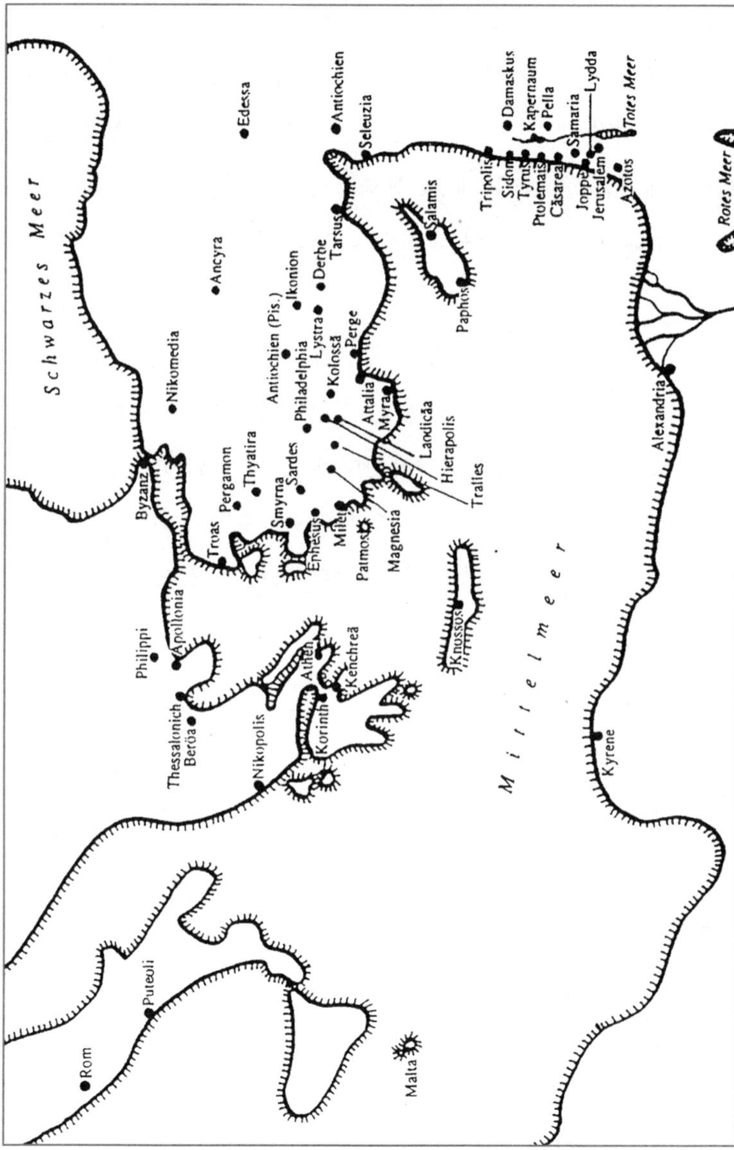

기독교 공동체: 기원후 1세기 말경까지

상에서 교회로서의 역사를 갖게 되었다는 사실에 대하여 대처해야 했다. 이로써 예수의 전승된 말씀과 이야기가 수집되고 보존되기 시작했다. 복음서가 생겨났다. 누가는 '(기독교적) 가르침의 확실한 근거'에 대한 문제를 살핀다(눅 1:1-4). 목회서신은 참된 가르침 또는 거짓된 가르침에 대한 질문에 집중적으로 몰입한다(딤전 4:6, 16, 딤후 2:2, 15, 3:14, 딛 1:9, 2:1).

수적으로 성장한 교회의 삶에 질서와 직분이 요구되었다(사도행전, 에베소서, 목회서신). 로마제국이라는 이방적인 주변 환경 속에서 기독교인의 삶 역시 새롭게 숙고해야 했다(예를 들어 엡 5:22-6:9에 나오는 '가정지침', 딛 3:1-8에 나오는 '세상 속에서의 기독교인'). 이제 교회는 숙고의 대상이 되었다. 이 시대에 생겨난 에베소서는 '교회의 본질'이라는 주제를 자세하게 살피는 핵심이 된다.

4. 에베소서에서 교회의 본질

유대인과 이방인으로 구성된 교회 그리스도의 몸으로서의 교회와 은혜의 선물에 관한 바울의 진술(고전 12장, 롬 12:3-8)이 에베소서에서 다시 반복된다. 물론 에베소서에서는 보다 발전된 형태로 나타난다. 율법으로부터 자유로운 이방인 기독교를 승인하려는 바울의 투쟁은 과거의 일이다. 교회는 본질적으로 (이전의) 유대인과 이방인으로 구성된 하나의 공동체이다.

> 또 (그리스도께서) 오셔서 먼 데 있는 너희(=이방인)에게 평안을 전하시고 가까운 데 있는 자들(=유대인)에게 평안을 전하셨으니 이는 그로 말미암아 우리 둘(=이방인과 유대인)이 한 성령 안에서 아버지께 나아감을 얻게 하려 하심이라 그러므로 이제부터 너희(=이방인)는 외인도 아니요 나그네도 아니요 오직 성도들(=하나님께 속한 자들)과 동일한 시민이요 하나님의 권속이라 너희는 사도들과 선지자들의 터 위에 세우심을 입은 자라 그리스도 예수께서 친히 모퉁잇돌이 되셨느니라 그의 안에서 건물마다 서로 연결하여 주 안에서 성전이 되어 가고(엡 2:17-21)

에베소서의 저자가 회고하는 사도의 가르침은 교회가 의지하고 믿을 수 있는 토대이다.

그리스도와 기독교인의 하나 됨과 기독교인 상호간의 하나 됨

에베소서 4장에서 '주님의 성전'에 대한 건축의 비유는 '그리스도의 몸'으로서의 교회에 대한 비유로 교체된다. 바울의 진술을 넘어서서 그리스도는 '몸의 머리'로 불린다.

> 오직 사랑 안에서 참된 것을 하여 범사에 그에게까지 자랄지라 그는 머리니 곧 그리스도라 그에게서 온 몸이 각 마디를 통하여 도움을 받음

> 으로 연결되고 결합되어 각 지체의 분량대로 역사하여 그 몸을 자라게 하며 사랑 안에서 스스로 세우느니라(엡 4:15-16)

따라서 교회는 '머리' 되신 그리스도가 몸의 '지체'를 다스리시는 영역이다(또한 엡 1:22도 참조하라). 즉 교회에서 그리스도는 자신의 사랑의 영을 통해 몸의 지체를 다스리신다. 신앙인이 하나님과 그리스도와 하나가 되고 또한 서로서로 하나가 되는 것(참조. '사중평화')-에베소서는 이것을 '평안의 매는 줄'(엡 4:3b)이라고 부른다-은 교회 내에서 실제로 이루어져야 하는 것이다.

> 평안의 매는 줄로 성령이 하나 되게 하신 것을 힘써 지키라 몸이 하나요 성령도 한 분이시니 이와 같이 너희가 부르심의 한 소망 안에서 부르심을 받았느니라 주도 한 분이시요 믿음도 하나요 세례도 하나요 하나님도 한 분이시니 곧 만유의 아버지시라 만유 위에 계시고 만유를 통일하시고 만유 가운데 계시도다(엡 4:3-6)

그리스도는 그의 교회가 봉사할 수 있도록 준비시키신다 사실 에베소서는 흔히 만족스럽지 못한 교회의 외형보다는, 교회의 본질에 대해 서술하려는 목적을 가지고 있다. 따라서 만족스럽지 못한 교회 외형에 그 누구도 쉽게 만족할 수는 없다. 그러나 에베소서는 그리스도께서 친히 교회의 지체인 모든 믿는 자들로 하여금 지체를 섬길 수 있도록 준비시키고 있음에 대해 상기시킨다.

"우리 각 사람에게 그리스도의 선물의 분량대로 은혜를 주셨나니"(엡 4:7). 몇몇 사람들은 신앙인에게 기독교인으로서의 삶을 살아갈 수 있도록 능력을 주어야 하는 특별한 의무를 가지고 있다. "그가 어떤 사람은 사도로, 어떤 사람은 선지자로, 어떤 사람은 복음 전하는 자로, 어떤 사람은 목사와 교사로 삼으셨으니 이는 성도(=기독교인)를 온전하게 하여 봉사의 일을 하게 하며 그리스도의 몸을 세우려 하심이라 우리가 다 하나님의 아들을 믿는 것과 아는 일(=하나님의 아들과의 교제)에 하나가 되어 온전한 사람을 이루어 그리스도의 장성한 분량이 충만한 데까지 이르리니"(엡 4:11-13).

교회 지체(동료)로서의 삶

에베소서에 따르면 교회란 기독교 신앙을 지닌 형제자매의 교제의 경험을 의미한다. 기독교 공동체는 공동의 신앙에 기초하며(엡 3:17), 이것은 사람들을 제한하지 않고 하나로 결속시킨다(엡 2:11-19, 4:3-6). 교회의 교제를 통해서 이 세상 속에 살아가는 신앙인은 서로가 서로를 강건하게 만든다.

에베소서에 따르면 이 밖에도 교회는 믿음 안에서(복음을 통해, 엡 2:4-9, 17, 세례를 통해, 엡 4:5, 성찬을 통해, 고전 11:23-26) 부활하신 그리스도와 교제하는 체험을 의미한다.

마지막으로 에베소서에 따르면 교회는 그리스도의 사랑의 영으로 각인된 각각의 기독교인의 또는 공동체의 삶을 의미한다(엡 2:17, 19). "그러므로 사랑을 받은 자녀 같이 너희는 하나님을 본받는 자가 되고 그리스도께서 너희를 사랑하신 것 같이 너희도 사랑 가운데서 행하라 그는 우리를 위하여 자신을 버리사 향기로운 제물과 희생제물로 하나님께 드리셨느니라"(엡 5:1-2). 그리스도의 사랑으로 각인된 삶은, 하나님 없이 살거나 자기 스스로 결정하거나 또한 자기 자신을 추구하는 삶과는 원칙적으로 다른 새로운 삶이다(엡 4:17-24). 이러한 기독교인의 새로운 삶은 '빛에 속한 삶'으로 비유될 수 있으며(엡 5:1-6:9), 하나님은 믿음을 통해 우리가 그렇게 살 수 있게 하셨다(엡 6:10-18: '영적 무장', 에베소서에 나오는 구체적인 지침은 전적으로 바울의 정신에 근거해서 기록되어 있으며, 우리는 로마서로부터 바울의 정신을 알 수 있다).

교회 없이 기독교인이 될 수 있다는
잘못된 가르침에 반대하여

위의 자세한 설명과 같이, 예수 그리스도의 교회의 지체로서 그리스도와 교제하며 살아가는 자는 미혹적인 가르침으로부터 자신을 지킬 수 있다. 에베소서 4:13a에 이어서 4:14는 다음과 같이 말한다. "이는 우리가 이제부터 어린 아이가 되지 아니하여 사람의 속임수와 간사한 유혹에 빠져 온갖 교훈의 풍조에 밀려 요동하지 않게 하려 함이라." 이 구절은 기독교인이 원칙적으로 잘못된 가르침에 위협받고 있다는 사실을 전제하는데, 저자는 자기 시대의 잘못된 가르침에 대해서는 구체적으로 말하지 않는다(반면 목회서신에서는 이와 다른 양상이 나타난다).

에베소서와 관련해서 이야기해야 할, 우리 시대에 널리 퍼져 있는 잘못된 가르침 중 하나는 다음과 같다. "나는 교회 없이도 좋은 기독교인이 될 수 있다"(비슷한 말로 "나는 교회에 가지 않아도 좋은 기독교인이 될 수 있다"). 질문: 나는 '성도들의 공동체'(=하나님께 속한 자들)와 어느 정도 거리를 유지하면서도 실제로 '좋은 기독교인'이 될 수 있는가? 에베소서는 대답한다. 우리 기독교인은 우리를 세우시는 그리스도의 섬김을 받아야 하며, 우리는 그리스도의 능력과 사명을 위임받은 공동체의 지체를 통해 그 섬김을 받을 수 있다.

서로 다른 임무가 한 사람(목사)에게 집중되어 있는 우리 국가 교회(Landeskirche)와는 달리, 에베소서에 따르면 믿는 자들을 섬기기 위해서는 많은 사람들이 필요하다. '사도들의 가르침'은 우리가 서 있는 발판이 된다(엡 2:20). '예언자'는 하나님으로부터 현재를 이해하는 데 도움을 준다. '복음 전하는 자'는 예수 그리스도께서 주신 복음을 선포한다. '목사'는 우리에 대한 목회적인 임무들을 맡는다. '교사'는 우리가 믿음을 보다 깊이 이해할 수 있도록 도와준다. 이러한 모든 교회의 섬김의 목적은 우리가 속해 있는 공동체와 개개인의 기독교인을 세움으로써, 개인과 그의 공동체가 다른 사람들을 섬기는 일에 책임을 갖게 하는 것이다. 하나님은—교회로 부르신 사람들을 통해—우리를 축복하시고,

우리가 복이 될 수 있기를 원하신다. 교회의 구성원은 기독교인이든 기독교인이 아니든 간에 다른 사람들에게 복이 되어야 한다(이에 대해서는 엡 4:11-12를 참조하라).

기독교인이 된다는 것은 단순히 하나님을 확실한 분으로 여기는 것도 또한 시민으로서의 생활양식을 갖추는 것도 아니다. 기독교인이 된다는 것은 그리스도와 활발하게 개인적인 신앙 관계를 맺는 것을 의미한다. 그러나 에베소서의 증언에 따르면, 우리는 교회와 교제를 떠나서는 이러한 관계를 맺을 수 없고, 예수 그리스도의 교회의 섬김을 받음으로써 비로소 이러한 관계를 얻게 된다. 왜냐하면 교회는 하나님의 결정으로 세워진 부활하신 그리스도의 세상적인 통치 영역이기 때문이다. '교회'라는 단어는 '주(=키리오스[kyrios])께 속한'이라는 의미를 가지고 있는 그리스어 '키리아카'(kyriaka)에서 유래했다(또한 이 그리스어 단어는 '거룩하다'와 동일한 의미를 가지고 있다). 주님께 속하기를 원하는 사람은 교회 즉 '주님께 속한 자들'과 그분이 정해주신 교제에서 벗어나서는 안 된다. "나는 교회 없이도 좋은 기독교인이 될 수 있다."는 이러한 잘못된 가르침은 다음과 같은 반대적 개념의 기독교적 명제와 대조된다. "나는 계속해서 교회를 다님에도 불구하고 나는 결코 좋은 기독교인이 아니다."

5. 디모데와 디도에게 보낸 서신에 나오는 교회(목회서신)

'성도들의 공동체'에 대한 신앙고백

신약성경에서 교회(='주님께 속한 사람들')는 흔히 구약성경과 같이 하나님과의 교제관계로 부름을 받은 '성도들'(='하나님께 속한 사람들')의 무리로 표현된다. 예를 들어 바울은 고린도전서를 "고린도에 있는 하나님의 교회 곧 그리스도 예수 안에서 거룩하여지고 성도라 부르심을 받은 자들과 또 각처에서 우리 주 곧 그들과 우리 주(主) 되신 예수 그리스도의 이름을 부르는 모든 자들에게"(고전 1:2)라고 써서 보낸다. 우리는 고린도전서에서 고린도 공동체의 사정이 전혀 이상적이지 못했음을 알고 있다. 그러나 고린도전서 1:2는 교회의 실제적인 모습에 대해서는 전혀 말하지 않는다. 오히려 이 구절은 일종의 신앙고백이다. "너희 고린도 사람들은 너희의 믿음을 통해 그리스도에게 속해 있다." 바울은 고린도전서에서 고린도 공동체를 괴롭히는 모든 문제에 대해 서로 의논하면서, 그는 최종적으로 고린도 공동체의 지체가 그리스도께 온전히 소속된 상태로 살아갈 수 있도록 격려했다(참조. 롬 6:11-13).

예수 그리스도의 교회에 속하는 것은 그리스도를 통한 구원의 복음에 속하는 것과 마찬가지로 믿음을 통해서 이루어진다. 이 때문에 '거룩한 기독교 교회, 성도들의 공동체'에 대한 신앙이 사도신경에 들어 있다.

고린도전서 1:2에 따르면 '그리스도의 몸' 즉 교회는 바로 고린도에 있는 지역 공동체에서 구체적인 형태를 갖추게 되었다(참조. 살전 1:1, 롬 16:1). 신약성경의 다른 구절에서도 '하나님의 공동체'라는 말은 전체 교회를 의미한다(참조. 고전 10:32, 마 16:18, "에베소에 있는"이라는 문구가 없는 엡 1:1). 결국 교회는 역시 그리고 특별히 예배를 위한 공동체의 모임이다(고전 11:18). 예배를 통해서 그리고 무엇보다도 성찬을 통해서 그리스도와의 교제 그리고 공동체의 지체 상호간의 교제가 이루어진다(고전 11:20-34, 참조. 우리가 사용하는 표현인 '교회에 간다').

바울 시대 교회의 조직화

교회 공동체는 처음부터 공동체를 유지하기 위한 특정한 관습(고전 11:16)과 질서(고전 3:17)를 가지고 있었다. 숫자상의 파악이 가능한 공동체는 전체 공동체로서 그들의 일과 문제를 책임졌고, 여기에는 또한 징계에 대한 조치도 포함되었다(고전 5:4-5, 행 6:2, 5, 13:2-3, 빌 2:25). 공동체의 특별한 임무는 그에 맞는 은사 받은 자들이 담당했다(고전 12:28). 특정한 공동체 구성원은 가르치고 이끄는 기능을 맡았다(살전 5:12, 고전 16:16). 임박한 재림을 기대하고 기독교인의 수도 많지 않았기 때문에 확고한 형태의 조직을 갖춘 공동체는 필요하지 않았다. 물론 빌립보서 1:1에서는 '에피스코포이'(episkopoi, 관리자, '감독')와 '디아코노이'(diakonoi, 돕는 자, '교회의 사회사업가'[Diakone])라는 용어가 나란히 등장하지만, 이 단어는 후대 교회의 특정한 직분자를 가리킨다. 이는 목회서신에서 발견된다.

바울 시대 이후 교회의 조직화를 위한 명확한 규정의 필요성

목회서신은 '교회의 창립시기'로부터 상당히 떨어진 후대의 시점에서 발생했다. 이때 교회는 숫자적으로 성장했다. 교회의 내적 본질은 잘못된 가르침으로 말미암아 위협을 받고 있었다. 유대 기독교적·율법주의적 특징을 가지고 있는 영지주의의 잘못된 가르침으로 말미암아(딤전 1:3-7, 4:3, 딤후 2:18, 딤전 6:20) 이방인과 로마 정부는 의심의 눈초리로 성장해 나가는 교회를 관찰하고 있었다.

목회서신은 교회의 외적 형태에 대한 보다 명확한 규정을 통해서 이 상황을 극복한다. 공동체에서 지도자적인 일을 맡아야 하는 특정한 직분자(장로와 감독)가 필요했다. 이들은 잘못된 가르침을 막고자 '사도적 유산'(遺産)을 보존하기 위해 노력을 다했으며(딤전 1:10, 6:20, 딤후 1:13-14, 2:2, 4:3, 딛 1:9, 2:1, 행 20:17, 28-30), 공동체의 주요한 대표는 처음부터 의심을 받아왔던 기독교인에 대하여 반발이 생기지 않도록 조심스럽게 생활해야 했다(딤전 3:7, 2:1-3, 참조. 딛 3:1).

교회의 직분자

목회서신은 다음과 같은 직분자를 열거하고 있다. 감독(딤전 3:1-7, 딛 1:5-9), 집사(딤전 3:8-13), 장로(딤전 5:17-25, 딛 1:5-6), 과부(딤전 5:3-16: 교회에서 사회적 보살핌을 감당해야 하는 60세 이상의 과부들로 구성된 수도회와 유사한 조직).

특히 우리에게 친숙한 '감독'이라는 용어는 교회사에서 의미하는 바와는 매우 다르다. 사도행전 20:17에서 바울은 에베소 공동체의 '장로'를 부른다. 사도행전 20:28에서 바울은 장로가 성령에 따라 임명된 '감독'으로서 공동체를 돌보아야 할 것을 권면한다. 디도서 1:5-7 역시 장로와 감독을 전혀 구별하지 않는다. 감독과 장로는 공동체를 인도하고(딤전 3:5, 5:17a), 사도의 가르침을 보존하기 위해 노력하는 자들이었다(딤전 5:17, 딛 1:7, 9). 이 두 직분자는 책망받는 삶을 살아서는 안 된다는 똑같은 권고를 받는다(딤전 3:2-3, 딛 1:7-9와 딛 1:5-6을 비교). 감독과 장로는 무엇보다 공동체를 함께 이끄는 자들이었다. 물론 장로협의회의 의장인 감독(목회서신에서 단수로 사용됨)은 장로의 평의회('장로회'[Presbyterium]=장로회의) 내에서 특별한 지위를 차지하고 있었다. 목회서신에서는 각각의 공동체가 각각의 감독과 장로협의회를 가지고 있었다는 사실이 주목된다. 구조적으로 교회의 최고 자리에 한 명의 감독(또는 심지어 교황)을 갖춘 대규모 교회는 아직 목회서신에 나타나지 않는다. '성직자'와 '평신도'도 역시 구별되지 않는다. 교회나 교회의 직분자는 순수한 사도의 가르침을 제공하기보다는, 위임받은 사도의 유산을 양심적으로 지킴으로써 교회의 (가르침의) 직분을 올바르게 수행할 수 있는 능력을 부여받았다(딤전 6:20, 딛 1:9).

바울 사상의 영향을 받아서 기록된 목회서신은 사도의 유산 중에서 무엇보다도 바울의 서신에서 문서로 남아 있는 바울의 선포를 특히 숙고하고 있다. 이 때문에 목회서신은 예수 그리스도의 복음에 대한 상세한 설명을 포기하기도 하고 또한 간략하고 명백하게 잘 알려진 신앙고백의 조항을 사용하기도 한다(예를 들어 딤전 2:4-6, 6:12, 딤후 1:10, 3:12, 딛 2:11, 3:4-7).

6. 현재의 교회(들)에 미치는 영향

에베소서는 교회의 본질을 신앙 공동체로 묘사한다. 교회에서 공동체는 교회의 머리 되신 그리스도를 중심으로 모인다. 목회서신은 교회가 세상의 모습을 가지고 있으며, 교회의 외적인 질서가 추구하는 목적은 신앙 공동체인 교회가 그리스도와 결속하여 살아가는 것임을 명백하게 제시한다. 교회의 기초는 사도들의 가르침이며(엡 2:20), 이것은 시대가 거듭되는 과정에서도 올바르게 지켜야 할 가치를 지니고 있다(딤전 1:10b, 18, 4:6, 6:20, 딤후 1:13, 딛 1:9). 교회의 구조, 예배, 이 세상 속에서의 기독교인의 일상생활은 사도들의 가르침(오늘날 우리에게는 신약성경)으로 각인되어야 한다.

교회의 모든 직분자의 섬김의 목적은 교회의 지체가 기독교인으로서 교회와 세상 속에서 생동감 넘치게 살아가도록 만드는 것이다. 반면 교회의 직분자는 신앙인을 지배하기 위해 존재하는 것이 아니다. 교회와 공동체의 외적 형태는 세계적으로 상당히 다양하게 나타난다. 중요한 점은 외적인 형태가 교회의 본질과 임무에 대하여 항상 바른 길에 서 있지 않다는 점이다. 즉 사람들은 교회를 통해서 하나님과 교제해야 하며, 기독교의 형제자매로 함께 살아가면서 세상이 모두 복을 받도록 해야 한다. 그러나 교회제도가 이 목적을 방해하게 될 경우, 진로의 변경은 필수적일 수밖에 없다.

교회의 외적인 형태가 일시적으로 충분하지 않다고 할지라도, 기독교인은 또한 다음과 같이 생각해야 한다. "말씀이 육신이 되셨다"(요 1:14). 그리스도가 동시대 사람들에게—하나님의 충만함 속에서가 아니라—인간으로서 만나셨던 것과 마찬가지로, 우리를 교회에서 만나실 때도 그분은 역시 인간적인 조건 하에서 만나주신다. 그리스도는 잘못을 범할 수 있는 사람들을 통해서 자신의 공동체를 세우셨다. 그리스도는 제한적이고 연약한 사람들을 통해서 자신의 말씀을 선포하시며, 성례전을 수행하게 하셨다. 우리는 교회에 오직 그리스도만이 하실 수 있는 완벽한 것들을 기대해서는 안 된다.

이외에도 교회의 필수적인 일에 관한 재정을 공동체의 지체로부터 충당하는 규정 자체도 교회의 인간적·세상적 형태에 속한 것이다. 그리스도와 신앙 그리고 교회를 소중하게 여기는 사람은 교회에서 필요한 재정적 지원을 거부하지 않을 것이다. 그 밖에 다음과 같은 원칙도 역시 유효하다. 신약성경에 따르면 교회에서 일하는 자는 그 일로 생계를 해결받아야 한다(딤전 5:17-18, 고전 9:14, 눅 10:7).

또한 마지막 원칙이 존재한다. 우리 자신은 연약함과 부족함 그리고 강함을 가진 채로 불완전한 교회의 한 부분으로 존재한다. 우리는 불충분한 교회로부터 떨어져 나와 '훌륭한 기독교인'으로 거리를 두고 서 있는 것이 아니라 교회(='주님께 속한 사람들')의 일부이다. 이러한 교회와 그리스도와의 교제는 영원 속에서 명백하게 되고 온전해진다(고전 15:20-23, 살전 4:16-18, 엡 1:18-23, 계 19:7, 21:1-7, 9. '신부'는 교회이고, 교회는 영원히 자신의 '남편'인 그리스도와 하나로 연합한다).

우리는 이미 목회서신(디모데전·후서와 디도서)에서 잘못된 가르침에 대하여 많은 것을 읽을 수 있었다. 골로새서, 요한 1·2·3서와 유다서, 베드로후서도 잘못된 가르침과 대결한다. 그것들은 심지어 우리가 요한복음과 고린도전서의 문맥에서 이미 보았던 영지주의도 포함한다.

골로새서

1:3-2:5	골로새 공동체와 바울은 '몸의 머리'이신 그리스도와 함께 서로 하나가 된다.
2:8-23	잘못된 가르침에 대한 경고
3:1-4:6	그리스도를 믿는 자들의 새로운 삶
3:18-4:1	가정 공동체 안에서 기독교적 공동생활을 위한 가르침으로서 '가정지침'
4:7-18	개인적인 내용과 인사를 포함한 편지의 결말

요한 1·2·3서

이 세 개의 요한 서신은 언어와 사상에 있어서 요한복음과 매우 흡

사하기 때문에, 이것들은 요한과 동일한 저자 또는 그의 '학파'로부터 유래한 것으로 보인다.

유다서와 베드로후서

분량이 짧은 유다서와 베드로후서는 서로 밀접한 관련성을 가지고 있다. 베드로후서는 유다서 3-19절을 다른 말로 바꾸어 보다 상세한 형태로 진술한다. 성서학계에서는 일반적으로 베드로후서의 저자가 작은 분량의 유다서를 대본으로 사용했다는 사실을 인정하고 있다. 유다서를 넘어 베드로후서는 그리스도의 재림이 성취되지 않음으로 말미암아, 그리스도의 재림과 피조세계의 완성에 대한 모든 소망을 포기하라는 잘못된 가르침에 반대하기 위한 목적을 가지고 있다(벧후 3:3-4, 13).

야고보서

야보고의 서신은 영지주의의 잘못된 가르침을 방어하는 것과는 아무런 관련이 없다. 그러나 우리는 이 서신을 간과해서는 안 된다. 이 서신은 기원후 1세기 말엽에 생겨난 것으로 보이며, 참회의 문서로 신앙적 확신과 일상생활에서의 실제적 행동이 (더 이상) 일치하지 않는 기독교인을 대상으로 하고 있다.

교회를 위협하는 영지주의의 잘못된 가르침

1. 영지: 종교혼합적인 세계관

요한복음과 고린도전서를 연구하는 동안 우리는 이미 '영지'(Gnosis)의 현상을 접했다. '영지'(=지식)는 종교혼합적인 세계관이며, 그 뿌리는 기독교 이전 시대로까지 거슬러 올라간다. 이집트, 바빌로니아, 이란의 생활권과 구약성경의 특정한 진술 그리고 몇 가지 그리스 철학의 신념에서 유래한 종교적인 견해가 사상적으로 서로 혼합되었다. 기독교가 교세를 확장해 갈 무렵부터 영지주의자는 기독교의 신앙적 진술을 영지주의의 세계관에 편입시키기 위해 그 내용을 받아들였다. 그러나 영지주의 사상은 기독교 개개인과 기독교 집단 또는 전체 공동체에 영향을 미쳤고, 신생 교회는 복음의 핵심적 문제에 위협을 가하는 영지주의의 신념과 열띤 논쟁을 벌였다.

2. 영지주의의 근본 신념

영지주의의 가르침은 명백한 체계를 가지고 있지 않다

우리는 플라톤의 문서를 기반으로 플라톤의 철학 그리고 바울 서신을 기반으로 바울의 신학을 이야기할 수 있다. 그러나 도처에 널리 퍼져 있는 영지주의는 명확한 학문적 체계를 가지고 있지 않기 때문에, 영지에 대해 말하는 것은 불가능하다. 영지주의적 문헌의 폭은 기독교의 영향을 받지 않은 헤르메티쿰 전집(Corpus Hermeticum, 기원후 1-2세기, 이집트)으로부터 영지주의적인 도마복음(기원후 2세기)에까지 이른다. 우리에게 알려져 있는 확고한 영지주의적 문헌 중 많은 것들은 후대에 생겨난 것이다(예를 들어 기원후 7-8세기의 만다라 문서).

우리에게 잘 알려진 영지주의적 전승은 서로 다른 자료와 신화를 사용하고 있음에도 불구하고, 그 전승은 처음부터 영지주의의 특성을 형성하는 특정한 근본적 신념을 공통적으로 가지고 있다. 후대의 신약성경 문서의 저자도 이러한 근본적 신념과 맞서야 했다(기원후 80-130년).

영지주의적 이원론

영지주의자는 세상의 삶을 특징짓는 부조화를 명백하게 알고 있었다. 성경(예를 들어 창 3장)은 하나님께 대한 인간의 반발이라는 죄를 인간이 하나님으로부터, 자기 자신으로부터, 자신의 이웃으로부터, 자연으로부터 자신을 소외시키는 것의 근원으로 보는 반면, 영지주의자는 그들 스스로가 목격한 인간의 소외현상을 단순한 이원론으로 설명한다. 하나님과 세상, 영과 물질은 명백히 구분되어야 한다. 하나님의 빛의 세계는 구원의 세계인 반면에, 물질의 세계는 어둡고 악하다. 빛의 하나님은 물질적인 세계와 엄격하게 구별되어 있다. 세속적인 세상을 창조한 자는 빛의 신이 아니라 중간적인 신적 존재(권세들과 천사들) 또는 악한 하위 신이다(마르시온은 그를 '데미우르고스'[Demiurg, 플라톤이 생각한 세계의 창조자—옮긴이 주]라고 부른다).

인간 영혼의 신적인 기원에 대한 견해

영혼(또는 인간의 영혼 안에 있는 신의 섬광)은 천상의 하나님의 빛의 세계로부터 비롯된 것으로 지극히 높으신 하나님 즉 빛의 하나님과 본질적으로 유사하며 선하다. 여러 가지 신화는 어떻게 해서 '원초적 인간'이 자신의 잘못 때문이 아니라 악한 운명으로 말미암아 물질이라는 매우 어두운 세상에 이르게 되었는지를 묘사한다. 이 세상을 지배하는 '권세들과 능력'은 원초적 인간을 유혹하여, 인간이 신적인 천상의 빛의 세계로부터 비롯되었음을 잊어버리게 했다. 이로써 인간은 이제 세상 권세들의 통치 하에 살게 되었다. 그의 신적인 영혼은 육신으로 말미암아 지상의 물질적인 생명에 묶여 있다.

지식(=영지)을 통한 영혼의 구원

그러나 자신의 신체 안에 잠들어 있는 신적인 빛의 영혼은 영지주의적 계시를 통해 부활하게 됨으로써, 자신의 신적인 근원을 다시금 인식할 수 있게 된다. 그것이 문서이건 선교하는 영지주의자이건 또는 신이 파송한 자이건 간에, 빛의 신은 친히 인간들에게 계시를 통해 영혼의 신적 근원에 대한 '지식'(='영지')을 전해준다. 이러한 신적인 계시의 부름을 따르는 자는 신적인 영혼 구원의 길에 들어서게 되며, 이 세상의 세력(신적인 중간적 존재들, 천사의 세력)은 그를 더 이상 방해하지 못하게 된다.

우리가 위에서 이론적으로 서술한 내용은 '도마행전'(기원후 250년)의 영지주의적인 '진주의 노래'에서 생생하게 나타난다.

> "이 노래는 귀중한 진주를 찾기 위해 위장하고 이집트로 갔으나, 이방 땅에서 자신의 출신을 잊어버리고 자신의 임무를 망각한 왕자에 대해 이야기한다. 이를 통하여 이 세상에서 잠이 들어 자신이 어디에서 왔는지 또한 자신의 사명이 무엇인지를 더 이상 알지 못하는 영혼의 운명이 그려진다. 진주의 노래는 계속해서 이어진다. 고국에 남아 있던 왕자의 부모는 그들의 자식이 이방 땅에서 경험하는 것을 고통스럽게 여기

고 그에게 한 통의 편지를 보냈는데, 거기에는 다음과 같은 메시지가 담겨 있다. '네 잠에서 깨어 일어나라. 그리고 우리가 보낸 편지의 말을 이해하라. 네가 왕의 아들임을 기억하라. 네가 누구를 섬기고 있는지 너의 종 됨을 알라. 진주를 기억하라. 네가 그것 때문에 이집트로 갔느니라.' 이 편지는 독수리를 통해 왕자에게 배달되었고, 이는 그의 목소리와 그의 열정을 자극함으로써 그를 잠에서 깨어나도록 만들었다. 그 말은 해방감을 안겨 주었다. '내 마음 속에 있던 것들이 이 편지에 똑같이 기록되었다. 나는 내가 왕의 아들이고, 내 자유가 나의 본성을 찾고 있음을 깨닫게 되었다. 나는 진주를 얻기 위해 이집트에 온 것을 생각했다.' 이제 그는 그 진주를 지키던 두려운 용에게서 그것을 빼앗았다. 그는 진주를 가지고 귀향하여 행복하게 부모에게 돌아오는 데 성공했다"(E. Lohse, *Umwelt des NT*, NTD Ergängzungsreihe 1, Göttingen, 1974, 191-192쪽에서 인용한 글임).

영지주의적 세계관의 결과인 금욕주의 또는 방탕주의 이미 이 세상에서 사는 동안 영지주의자는 이 세상으로부터 벗어나는 과정('탈세상화', Entweltlichung)을 달성하는데, 그 과정은 서로 다른 두 가지 방법으로 나타난다. 그러나 이 두 가지 생활방식은 공통적으로 이원론에 기초하여 세계에 대한 멸시를 품고 있다.

—영지주의자는 이 세상과 그것의 정욕이 자신의 영혼 구원을 더

이상 위협하지 않도록 매우 엄격하게 금욕적 삶을 산다.

—또는 방탕주의적인 생활방식을 즐긴다. 그는 자신의 영혼이 신적인 빛의 세계에 속한다고 생각하기 때문에, 세상적·물질적인 삶은 그의 영혼 구원을 더 이상 방해할 수 없다고 생각한다. 따라서 그는 세상의 몸으로 자신이 원하는 것을 행할 수 있고, 행하게 할 수도 있다. 더욱이 그의 영혼 구원은 몸의 영향을 받지 않는다. 결과적으로는 방탕한 생활을 하게 된다.

금욕주의자이든 방탕주의자이든 간에 영지주의자는 자신의 영혼이 신에게 속해 있음을 인식하기 때문에, 살아 있는 동안에 이미 구원받았다고 믿는다. 이 때문에 이러한 인식의 사건은 (영혼의) '재탄생'으로도 이해되었다. 몸이 죽은 이후에—이것은 영지주의적 신념과도 일치했다.—영혼은 다양한 천상의 공간을 거쳐서 가장 높은 신적인 빛의 세계로 올라가는데, 그곳에서 영혼은 정화되고 단련되어 그 이후에 신과 하나가 된다.

3. 영지주의의 근본 신념이 교회 안으로 침투하다

영지주의적 근본 신념은 초기 기독교의 교회에도 스며들었다. 전반적으로 볼 때 영지주의는 혼합종교의 형태를 보여준다. 요한복음(참조. 제10장), 고린도전서(참조. 제14장), 목회서신(참조. 제17장), 골로새서, 유다서, 베드로후서, 요한 서신이 영지주의에 대해 증언하고 있다.

영지주의에 물든 기독교인에게 그리스도(예수 그리스도가 아니다)는 인간들을 이 세상으로부터 구원해내야 하는 신적인 계시자였다. 물론 영지주의적 기독교인을 물들인 이원론은 예수 그리스도에 대한 복음과 기독교적인 생활과 관련하여 잘못된 가르침으로 기독교인을 이끌었다. 잘못된 영지주의적인 가르침과 맞서야 했던 수많은 신약성경의 문서는 영지주의가 신생 교회들을 치명적으로 위협했다는 인상을 우리에게 전해준다. 영지주의의 잘못된 가르침을 전하는 교사들이 기독교 공동체 자체로부터 나왔으며, 그들은 일찍부터 '거짓 교사'로 인식되었기 때문에 교회는 곤경에 처하게 되었다. "그들이 우리에게서 나갔으나 우리에게 속하지 아니하였나니"(참조 요일 2:19, 유 12절).

영지주의의 잘못된 가르침을 다루고 있는 신약성경의 문서는 그 특징을 조목조목 반박하기 위하여 영지주의의 잘못된 가르침을 자세하게 설명하는 방식을 취하지는 않았다. 단지 그것을 거부하는 암시적인 언급이나 반론적인 진술만 드러내고 있다. 그 가운데서 우리는 그 이면에 숨어 있는 사상체계를 밝혀내야 한다.

4. 예수 그리스도 복음의 영지주의적 변조
(요한1 · 2서, 유다서, 베드로후서)

영지주의자는 이 세상과 물질 그리고 육신을 사악하고 저급한 가치로 거부한다. 따라서 그들의 견해에 따르면, 하나님이 저급한 세상의 육신을 가진 인간으로서 자신의 아들 즉 하나님의 계시자를 악한 땅에 보냈을 리가 없다. 따라서 영지주의자는 그리스도가 실제적인 인간이라는 사실을 인정하지 않는다. 유다서와 베드로후서는 일반적으로 거짓 교사를 "홀로 하나이신 주재 곧 우리 주 예수 그리스도를 부인하는 자"(유 4절, 벧후 2:1)로 진술한다. 요한 서신은 영지주의자의 '부인'이 무엇을 의미하는지에 대해 분명하게 말한다. "거짓말하는 자(=거짓 교사)가 누구냐 예수(=지상의 사람 나사렛 예수)께서 그리스도(=하나님이 보내신 구원자)이심을 부인하는 자가 아니냐"(요일 2:22). "미혹하는 자가 세상에 많이 나왔나니 이는 예수 그리스도께서 육체로 오심을 부인하는 자라"(요이 7절). 이러한 진술을 통해 우리는 영지주의의 잘못된 가르침을 알게 된다. 요한1서의 저자는 이와 반대되는 의견을 피력한다. "이로써 너희가 하나님의 영을 알지니 곧 예수 그리스도께서 육체로 오신 것을 시인하는 영마다 하나님께 속한 것이요"(요일 4:2). 그는 "물과 피"(요일 5:6)로 오셨다. 즉 그는 세례를 받으셨고 우리 인간을 위해 대속하여 죽으셨다(요일 2:2, 4:10). 예수 그리스도는 곧 우리 인간을 대표로 "육신이 된" 인간이시며, 세상의 조건 속에서도 하나님께 온전히 순종하셨기 때문에 그분은 우리의 구원자가 되셨다. 그분으로 말미암아 하나님은 우리 죄를 용서하시고(요일 1:7), 그분과 우리 사이의 교제를 다시 회복시키셨다. 그러나 우리와 하나님의 교제관계의 기초는 영지주의자가 생각한 것처럼 우리 빛의 영혼이 하나님과 유사하기 때문이 아니다. 영지주의자는 성경이 죄로 언급하는 것을 올바르게 이해하지 못했다. "만일 우리가 범죄하지 아니하였다 하면 하나님을 거짓말하는 이로 만드는 것이니"(요일 1:10). 이는 우리를 위한 그분의 죽음이 구원을 위해 필수적으로 요구되는 것을 부인하기 때문이다(참조. 요일 1:8).

요한1서가 대항하는 영지주의적인 잘못된 가르침은 기원후 100년경 영지주의자 케린트(Kerinth)의 다음과 같은 견해를 연상케 한다. 나사렛 예수는 "동정녀로부터 태어난 것이 아니라, 오히려 다른 모든 사람들과 마찬가지로 요셉과 마리아로부터 출생했으며, 단지 의롭고 지혜로웠을 뿐이었다. 그리고 그가 세례를 받은 이후에, 모든 것을 통치하는 권능(=하나님)으로부터 그리스도(=하나님의 보냄을 받은 구원자)가 비둘기의 모습으로 그의 위로 내려왔고, 그 이후에 그(그 안에 그리스도가 들어가 있는 예수)는 알려지지 않은 아버지를 선포했다(=지식, 영지를 전파했다). 그러나 결국 그리스도(구원자)는 예수(지상의 인간)로부터 분리되었고, 예수는 고난을 받고 부활을 경험했지만 그리스도는 영적 존재로서 고난을 받지 않고 머물러 계셨다"(Irenäus, adv. Haer. I 26,1, E. Lohse, *Entstehung des NT*, Stuttgart, 1972, 118쪽으로부터 인용, 괄호는 저자에 의한 것임).

영지주의의 잘못된 가르침이 얼마나 교회에 위협적이었는지는, 가령 영지주의자가 예수 말씀을 고치거나 자신의 문체로 새롭게 창조해서 예수 자신이 영지주의의 신앙적 신념을 진술하도록 만들었다는 사실에서도 분명하게 나타난다. 영지주의적인 도마복음서에서 예수는 영혼의 신으로부터 비롯되었다는 것과 영혼이 결국은 신에게로 복귀한다는 사실을 다음과 같이 말한다. "너희 고독한 자들과 선택받은 자들은 복이 있도다. 이는 너희가 그 나라를 발견할 것이기 때문이다. 너희는 사실 그로부터 말미암았고 (그리고) (따라서) 다시 그곳으로 돌아갈 것이다"(Sprüche 49, E. Lohse, *Umwelt des NT*, Göttingen, 1974, 204쪽에서 인용한 것임). 이러한 영지주의적인 잘못된 가르침과 대결한 신약성경의 서신은 그 사람들에 대하여 보다 강력하게 다음과 같이 경고한다. "지나쳐 그리스도의 교훈 안에 거하지 아니하는 자는 다 하나님을 모시지 못하되 (전승된) 교훈 안에 거하는 그 사람은 아버지와 아들을 모시느니라(=아버지와 아들과 교제하느니라)"(요이 9절 또한 유 3b절을 참조하라). 목회서신은 영지주의적인 잘못된 가르침을 "망령되고 허탄한 신화"(딤전 4:7, 1:4, 딛 1:14)라고 부른다. 그것은 '꿈'(유 8a절)과 '환상'(골 2:18b. 개역개정판에서는 '본 것'이라고 되어 있음—옮긴이 주)에서 기인한 것이다. 그러나 그것은—영지주의자가 주장하는 것과 같이—신적인 계시가 아니고 인간의 작품이다(골 2:22). "누가 철학과 헛된 속임수로 너희를 사로잡을까 주의하라 이것은 사람의 전통과 세상의 초등학문을 따름이요 그리스도를 따름이 아니니라"(골 2:8, 또한 벧후 2:18a를 참조하라).

5. 금욕주의적인 생활방식을 가진 기독교 영지주의자 (골로새서, 목회서신)

우리가 이미 살펴본 것과 같이, 이원론적인 세계관은 영지주의자를 금욕주의적인 생활방식 아니면 방탕주의적인 생활방식 둘 중 하나로 이끌었다. 이 두 가지 삶의 방식은 영지주의적인 잘못된 가르침과 논쟁하는 신약성경의 서신에서 다시 나타난다.

골로새의 거짓 교사는 금욕주의적인 원칙에 따라 생활했다. 그들의 종교적인 견해는 영지주의적 특징뿐만 아니라 유대적 · 율법적 특징도 보여주는데, 거짓 교사는 이러한 특징을 종교혼합적인 방식으로 기독교 신앙의 진술과 혼합시켰다.

영지주의자는 하나님과 신적인 중간 존재가 다스리는 현세적 세상 사이에 위치한다. 골로새의 거짓 교사들은 천사들의 세력을 섬겨야만 그 세력으로부터 영혼 구원이 위협받지 않게 된다고 생각했다. 따라서 "꾸며낸 겸손"과 "천사 숭배"(골 2:18)가 시행되었다. 즉 사람들은 "이 세상의 권세들"(골 2:8b. 개역개정판에서는 '세상의 초등학문'으로 되어 있음—옮긴이 주)에게 죄를 지었다고 믿게 만드는(골 2:14-16) 특정한 법조문을 지켰다(골 2:21-22). 또한 특정한 음식규정을 준수했고, 특별한 절기와 안식일을 엄수했다(골 2:16). 금욕주의적 · 율법적 경향을 가진 영지주의에 빠진 거짓 교사들과 비슷한 태도가 목회서신에도 기록되어 있다(딤전 4:3, 딛 1:14-15).

골로새서는 이러한 잘못된 가르침에 대하여 대항한다. 하나님은 그리스도를 통해 우리 인간들을 완전하게 구속하셨다. 하나님은 우리를 자신과 화해시키기 위해 그리스도를 통해 친히 우리 인간에게 오셨다. "아버지께서는 모든 충만으로 예수 안에 거하게 하시고 그의 십자가의 피로 화평을 이루사 만물 곧 땅에 있는 것들이나 하늘에 있는 것들이 그로 말미암아 자기와 화목하게 되기를 기뻐하심이라"(골 1:19-20, 2:9, 이러한 사상은 요 1:14a, 1:29b, 3:16과 일치한다). 골로새의 거짓 교사들이 숭배하는 "권세들과 정사들"(골 2:15)은 예수의 십자가 죽음을 통해서 힘을 잃었다. 그들은 기독교인과 하나님의 회복된 교제관계에 어떠한 피해도 입힐 수 없다(골 2:14, 참조. 롬 8:38-39). 골로새의 거짓 교사들이 행한 것과 같은 천사 숭배는 그리스도의 구속에 대한 부족한 믿음의 표지일 뿐만 아니라 동시에 자신의 구원에 영향력을 행할 수 있다고 생각하는 인간의 교만함에 대한 표현이기도 하다.

> 너희가 세상의 권세들(개역개정판에서는 '세상의 초등학문'으로 되어 있음 — 옮긴이 주)에서 그리스도와 함께 죽었거든 어찌하여 세상에 사는 것과 같이 규례에 순종하느냐 (곧 붙잡지도 말고 맛보지도 말고 만지지도 말라 하는 것이니 이 모든 것은 한때 쓰이고는 없어지리라) 사람의 명령과 가르침을 따르느냐 이런 것들은 자의적 숭배와 겸손과 몸을 괴롭게 하는 데는 지혜 있는 모양이나 오직 육체 따르는 것을 금하는 데는 조금도 유익이 없느니라(골 2:20-23)

6. 방탕주의적인 생활방식을 가진 기독교 영지주의자 (요한1서, 유다서, 베드로후서)

신약성경의 몇몇 문서는 특정한 영지주의적 무리가 방탕주의적인 생활방식을 가지고 있다는 사실을 명백하게 보여준다. 고린도에서 영적인 '지식'(='영지', 고전 8:1)에 대한 과대평가와 세상적 · 육신적 삶에 대한 과소평가는 "모든 것이 내게 가하다"(고전 6:12, 10:23)는 방탕주의적인 모토를 이끌었다. 그 결과 기독교의 형제자매를 고려하지 않는 방탕한 생활이 이루어졌다.

이와 유사하게도 요한1서는 (기독교적) 계명을 불필요한 것으로 여긴 거짓 교사들을 비판한다(요일 2:4-5, 벧후 2:21b도 참조하라). 기독교 신앙을 가진 이웃에 대한 형제애는 그들에게 낯선 것이었다(요일 2:9-11, 3:10, 14-15, 4:8, 20). 바울이 고린도 사람들에게 사랑의 길을 지시한 것처럼(고전 13장), 요한1서의 저자도 하나님의 사랑과 그 결과로 기독교인의 삶을 규정하는 형제사랑과 이웃사랑에 대해 계속해서 이야기한다.

> 사랑은 여기 있으니 우리가 하나님을 사랑한 것이 아니요 하나님이 우리를 사랑하사 우리 죄를 속하기 위하여 화목 제물로 그 아들을 보내셨음이라 사랑하는 자들아 하나님이 이같이 우리를 사랑하셨은즉 우리도 서로 사랑하는 것이 마땅하도다…하나님은 사랑이시라 사랑 안에 거하는 자는 하나님 안에 거하고 하나님도 그의 안에 거하시느니라…

누구든지 하나님을 사랑하노라 하고 그 형제를 미워하면(=영지주의자는 비(非)영지주의자를 이 세상에 매인 자들로, 또는 물질에 속박된 자들로 무시했다) 이는 거짓말하는 자(=거짓 교사)니…우리가 이 계명을 주께 받았나니 하나님을 사랑하는 자는 또한 그 형제를 사랑할지니라(요일 4:10-21)

다른 신약성경의 문서는 방탕주의적인 영지주의자의 방탕한 생활을 매우 강력하게 비판한다(유 4절, 벧후 2:2, 18). 거짓 교사들은 "육체를 더럽힌다"(유 8절). 그들은 "이성 없는 짐승 같이"(벧후 2:12a) 살고, "저희의 멸망 가운데서 멸망을 당한다"(벧후 2:12b). 그들은 "낮에 즐기고 놀고", 다른 기독교인을 희생시키면서 "즐기고 논다"(벧후 2:13). 성적인 탐욕과 소유욕이 그들의 행동을 특징짓는다(벧후 2:14, 유 11절, 18절). 그들은 성찬식을 마구 먹고 마셔대는 성대한 식사처럼 여긴다(유 12a절, 참조. 고전 11:21).

지상에서 사는 동안 이미 구원받은 것으로 오해하고(딤후 2:18), 하나님의 영을 소유하고 있다고 여기며(요일 4:1-3), 물질에 매인 사람들을 깔보는(유 19a절) 그들은 놀라운 오류에 사로잡혀 있다(벧후 2:15a). 그들은 스스로를 자유하다고 잘못 알고 있으며, 그들의 가르침으로 다른 사람들과 기독교인에게 자유를 약속하지만(벧후 2:18-19), 그들은 그들의 태도를 통해서 그들 자신이 "멸망의 종들"(벧후 2:19a)임을 증명한다. 그들의 방탕주의적인 생활방식은 그들이 "경건하지 않은 정욕대로"(유 18절) 행하는 것을 분명하게 보여준다. 그들은 자신이 반대하는 악한 세계로부터 자유하기보다는 오히려 자신이 "육에 속한 자며 성령이 없는 자"(유 19절)라는 사실을 드러낸다. 그들의 신령한 주장과 그들의 실제적인 삶과는 상당한 차이를 보인다.

7. 기독교 신앙과 기독교 생활은 서로 일치해야 한다(야고보서)

야고보서는－영지주의적인 거짓 교사들의 문제는 아니지만－이와 유사한 문제와 맞대결을 벌인다. 지금부터 그 문제에 대하여 간략하게 살펴보고자 한다. 야고보서에는 권고와 경고가 복잡하게 얽힌 채로 나타나는데, 이는 기독교 신앙이 실제적인 행동에 영향을 미쳐야 한다는 것을 겨냥한다. 야고보서에 따르면, 어떠한 행위도 내보이지 않는 신앙은 죽은 신앙으로 간주되어야만 한다(약 2:17). 야고보서는 바울의 활동 시대보다 후대의 시점에서 오직 신앙만이 중요하고, 행위는 중요하지 않다는 바울신학에 대한 오해와 싸우고 있다(약 2:14-26). 바울 당시에는 행위가 전혀 문제가 되지 않았다. "믿음은 사랑으로써 역사하기"(갈 5:6, 13) 때문이었다.

후대의 시점에서 많은 그리스도인은 더 이상－그리고 야고보서의 저자 역시－바울의 믿음과 사랑의 내적인 연관성을 분명하게 파악하지 못했다. 야고보서가 공격하는 기독교인은 올바른 믿음의 확신이 기독교인이 되는 일에 충분한 것으로 생각했다(약 2:19). 야고보서 저자는 그들의 양심에 호소한다. 그러면서 그는 소위 '실천적인 기독교'(Westermann)를 주장한다. 이러한 특징을 가지고 있는 기독교인처럼(오늘날도 마찬가지로), 야고보서의 저자는 믿음에 대한 가르침을 중요한 것으로 여기지 않는다. 야고보서는 우리 인간들을 위한 그리스도의 구원의 의미에 대해서는 전혀 이야기하지 않는다. 전체 다섯 장으로 되어 있는 이 서신에서 그리스도라는 명칭은 단지 두 번만 나타난다(약 1:1, 2:1). 이 때문에 루터는 이러한 '비(非)신학적인' 야고보서를 거부했다. 그러나 야고보서가 바울신학 자체가 아니라 바울신학에 대한 오해를 반대하고 있다는 사실을 인식한다면(참조. 약 2:14-26), 야고보서는 정당성을 갖는다. 전체적으로 볼 때 야고보서는 믿음의 확신과 기독교적인 삶이 서로 모순되는 그리스도인에게 진정한 회개를 촉구하고 있다.

8. 신약성경 서신의 저자는 해로운 영지주의의 잘못된 가르침에서 기독교 공동체를 보호하려고 한다

영지주의적인 기본 신념이 교회에 침투했을 때, 하나님이 예수 그리스도 안에서 인간으로서 우리 인간들에게 오셨다는 전승된 신앙고백이 부인되었다. 율법적·금욕주의적 훈련에 노력을 다한 영지주의자는 그리스도께서 우리 인간들을 하나님과 완전히 화해시키셨다는 사실을 의심했다. 방탕주의적인 성향의 영지주의자는 그들의 삶을 통해서 하나님의 사랑과 그리스도의 죽음이 기독교인의 삶에 해방의 능력뿐만 아니라 구속의 능력도 지닌다는 사실을 거부했다. 바울이 그의 시대(기원후 40-60년)에 율법으로부터 자유로운 이방 기독교인을 위해 투쟁할 때도 복음이 변질되지 않도록 노력했듯이(제13장을 참조하라), 기원후 1세기 말과 그 이후에 복음은 영지주의의 영향과 위협으로 말미암아 또다시 위기에 처하게 되었다. 교회 안으로 침투해 들어온 영지주의와 대결하는 신약성경의 서신은 그 기록자가 이미 영지주의의 위협적인 도전을 알고 있었다는 사실을 입증해 준다. 이것으로 말미암아 거짓 교사들과 논쟁에서 자주 날카로운 어조가 나타난다(예를 들어 벧후 2:22). 기독교인은 영지주의의 거짓 교사들과 교제하지 말라는 절박한 권고를 받는다. "누구든지 이 (전승된) 교훈을 가지지 않고 너희에게 나아가거든 그를 집에 들이지도 말고(=거짓 교사들은 방랑하는 사도로서 이리저리 옮겨다녔다) 인사(=환영한다는 말)도 하지 말라 그에게 인사하는 자는 그 악한 일에 참여하는 자임이라"(요이 10-11절 또한 유 23절을 참조하라). 구약성경의 실례를 통해서, 거짓 교사들은 하나님의 심판을 받게 될 것으로 예견된다(유 5-7절, 11절, 벧후 2:3b-9, 15-16).

9. 비(非)신앙적인 영향이 현재의 교회에 미치는 위협

잘못된 가르침은 결코 신약성경이 형성되던 시대에만 국한되지는 않는다. 그것들은 현재에 이르기까지 교회사에서 계속적으로 따라왔다. 그러나 복음의 구원의 능력(롬 1:16)은 복음을 '순수하고 정결하게'(종교개혁자) 즉 거짓 없이 선포하고 그리고 받아들일 때만 널리 퍼져나갈 수 있다. 하나님, 우리 자신, 우리 이웃, 우리 환경에 대한 기독교인으로서 우리 자세는 우리가 하나님을 어떻게 믿느냐에 달려 있다. 따라서 우리 행동은 우리 신앙에 걸맞게 행하게 된다. 현재 독일 기독교인 중 대다수가 신앙적 섬김에 있어 미숙할 뿐만 아니라 '소리를 높이지 않기' 때문에, 오늘날 기독교 신앙교육의 중요성은 상당히 과소평가되고 있다.

영지주의와 같은 정신적인 흐름이 그 당시 교회의 가르침과 기독교인의 생활에 영향을 미쳤던 것처럼, 우리 역시 우리가 살고 있는 현재의 시대정신의 영향력에 노출되어 있다. 물질주의, 공로사상, 이성주의, 현세주의(다만 현재를 주도하는 몇 가지 정신적인 세력만을 언급한 것이다)는 우리 사고와 감정 또한 행동에 영향을 미치고 있다. 어느 정도까지 이러한 사고의 습관이 우리 그리스도에 대한 이해와 신앙생활에 영향을 미치고 있는가? 물질주의는 이기적이고 외형적인 삶으로 이어진다. 널리 퍼져 있는 성경에 대한 경시와 교회 안에서 기독교 신앙교육에 대한 관심 부족은 (역시) 물질주의에 뿌리를 두고 있다. 공로사상은 율법적인 실천으로 전락한다. 자신의 힘으로 하나님의 구원의 자격을 얻거나 또는 하나님의 구원을 얻게 된다. 이는 경건한 형태로 또는 예를 들어 사회참여와 같은 방법으로 수행된다. 이성주의는 기독교 신앙에 나타난 모순과 인간적 사고를 뛰어넘는 요인(예수은 참 인간이시고 동시에 참 하나님이시다—기적 이야기)을 '해석하려 하고', 인간의 사고와 부딪치는 점을 제거하려는 방향으로 나아간다. 현세주의는 성경의 진술을 현실적, 사회적, 세계정치적인 문제에 매우 직접적으로 또는 흔히 강제적으로 적용하는 잘못을 범하게 만든다. 이로 말미암아 미래의 심판과 하나님의 영원한 구원에 대한 성경의 선포는 무용지물이 된다.

우리 성경공부는—특별히 (영지주의적) 잘못된 가르침과 맞서는 서신을 배우는 것은—복음 그리고 우리 신앙생활과 동떨어진 잘못된 정신적인 영향력으로부터 비판적인 거리를 유지하도록 돕는다.

베드로전서

1:3-12	우리를 거듭나게 하심으로 희망의 삶을 얻게 하신 하나님을 찬양
1:13-2:10	우리 기독교인의 삶은 이제 그리스도를 통한 구속에 적합해야 한다
2:11-3:13	국가와 주변 환경 속에서 기독교인의 삶을 위한 구체적인 지침: 노예, 남편, 아내로서 그리고 상호간의 관계에 있어서
3:14-5:11	기독교인이 되는 것은 고난과 연관된다
5:12-14	편지의 결말

고난당하는 교회

1. 베드로전서의 수신자

베드로전서의 보고에 따르면 수신자가 과거에는 이방인이었다는 사실을 확실히 알 수 있다. "너희가 음란과 정욕과 술취함과 방탕과 향락과 무법한 우상 숭배를 하여 이방인의 뜻을 따라 행한 것은 지나간 때로 족하도다"(벧전 4:3 또한 1:14, 18, 2:25, 3:6을 참조하라). 베드로전서 1:1에서 보고되는 장소는 소아시아의 전 지역을 가리킨다. 본도, 갈라디아, 갑바도기아, 아시아와 비두니아. 이곳은 바울의 이전 선교 지역이었으나, 그 지역은 다소 확장되었다. 교회는 바울 이후 시대의 후대적인 특징을 드러내기 시작한다. 이로써 교회는 역풍을 맞고 있었다. 부분적으로 공동체는 여전히 믿음이 '어린' 상태로 보인다(참조. 벧전 2:2). 공동체는 이방인의 삶과 기독교인의 삶의 차이점을 매우 정확하게 상기해야 한다. "너희가 순종하는 자식처럼 전에 알지 못할 때에 따르던 너희 사욕을 본받지 말고"(벧전 1:14, 18). 이교도적인 주변 환경에서는 기독교인이 그들의 생활방식을 더 이상 따르지 않는다는 사실에 대하여 미처 적응하지 못했다. 이 때문에 그들은 기독교인을 비방하고 박해했다(벧전 4:3-4, 12, 이에 대해서는 살전 2:14를 참조하라).

2. 소아시아 공동체의 상황

소아시아 공동체가 고난을 받고 있었다는 사실은 명백하다. 따라서 '고난'은 베드로전서 전체의 핵심단어이다. 기독교인이 되는 것 즉 하나님을 향해 나아가려고 결정한 삶은 이방인일 때 행하던 많은 생활습관과 단절, 특히 이교도 신들에 대한 숭배(또는 동방이나 서방 국가들의 무신론적인 이데올로기나 물질주의적·외형적 생활방식)를 끊어버리는 것이다. 이방인은 이에 대해 다음과 같이 반응한다. "이러므로 너희가 그들과 함께 그런 극한 방탕에 달음질하지 아니하는 것을 그들이 이상히 여겨 비방하나"(벧전 4:4). 그러나 그들은 조롱으로 끝내지 않는다. 그들은 기독교인을 난폭하게 대했고 또한 비난받을 까닭이 없는 기독교인의 품행에도 손가락질하고 헐뜯으려고 했다. 기독교인은 재판정에 서게 되었고, 그곳에서 그들은 자신을 변호해야만 했다(벧전

2:12, 15, 3:13-17, 4:12-19).

여기에서 고난은 그리스도를 위한 고난 그리고 교회에 소속됨으로 인한 고난이다. 소아시아에 있는 기독교인은 자신의 믿음 때문에 '십자가'를 져야 했다. 항상 '십자가'는 그리스도에 대한 믿음으로 말미암아 받게 되는 고난이다.

고난의 경험은 미성숙한 기독교인을 놀라게 했고, 그들을 신앙의 시험대 위로 올려놓았다(벧전 1:6-7). 수많은 사람들이 신앙을 포기하도록 강한 유혹을 받았다(벧전 4:12, 5:8).

여기에서 가시화되고 있는 고난의 상황 즉 전 세계의 모든 형제들이 고난을 받고 있다는 베드로전서의 보도(벧전 5:9)는 도미티안 황제(기원후 81-96년) 치하에서 행해진 국가적인 기독교 박해를 말하는 것은 아니다. 베드로전서 2:13-17은 국가기관을 인정하고, 그들로부터 기독교인에 대한 공의를 기대한다. 더욱이 기독교인은 황제를 '존대'하도록 요구하기도 했다. 그러나 물론 먼저 하나님이 존중받으셔야 된다는 사실이 진술된다. "하나님을 두려워하며 왕을 존대하라"(벧전 2:17). 또한 기독교인이 황제의 형상 앞에 희생제물을 바치고 기도하도록 강요받았다는 어떠한 언급도 나타나지 않는다(요한계시록의 모습과는 다르다). 더욱이 사형이나 기독교인의 순교에 대한 언급도 없다(히브리서와 요한계시록의 상황과는 다르다. 참조 벧전 2:13-17). 베드로전서가 이야기하는 고난은 주민에 의한 고난 즉 반기독교적인 분위기와 그로 인한 행동에서 비롯된 것이다. 초창기의 상황에서 이미 경험하였듯이, 교회의 큰 고난과 박해의 시기가 시작되기 전에, 서신의 수신인인 기독교인은 로마로부터 멀리 떨어진 소아시아에 살고 있었다. 주민의 반대 여론으로 말미암아 대규모의 국가적인 박해가 예견되는 상황이었다('옥토'). 하지만 그러한 박해가 소아시아에서는 아직은 시작되지 않았다. 이 때문에 베드로전서는 바울의 활동보다 후대의 시기 즉 아무리 늦어도 기원후 90년에는 기록되었을 것이다.

3. 베드로전서의 저자

"예수 그리스도의 사도 베드로"(벧전 1:1)가 저자로 보고된다. 그러나 내적인 그리고 외적인 근거에 따르면, 베드로전서의 저자를 주님의 제자인 베드로로 보는 것은 불가능하다. 이 서신은 인간 예수에 대해 더욱 친밀하거나 또는 개인적인 지식을 제공하지는 않는다. 베드로전서 3:9, 3:14, 4:10은 예수 말씀을 연상케 한다. 저자는 자주 예수의 고난을 모범으로 지적하지만, 베드로 그 자신이 이전에 예수와 함께 경험한 것에 대해서는 그 어떤 묘사도 하지 않는다. 그 대신에 신앙고백적인 공식의 문구와 구약성경에서 인용한 구절을 통해 예수의 고난이 언급된다(벧전 2:21-25=사 53장). 예수에게서 매우 중요한 개념인 '하나님 나라'는 전혀 언급되지 않는다. 저자는 세련된 그리스어를 구사하고 있기 때문에, 그가 한때 유대인 어부였을 리가 없다.

바울에 대해 아는 사람은 베드로전서의 사상과 바울 서신에 나타나는 바울의 진술 사이에서 상당한 연관성을 곳곳에서 확인하게 된다. 예를 들어 베드로전서 역시 이전 바울의 선교지역에 있는 교회를 수신자로 하고 있다.

'그리스도 안에'라는 바울의 전형적인 표현양식 역시 베드로전서에서 발견된다(벧전 3:16, 5:10, 14). 바울과 관련성이 있는 그 밖의 것을 선별해 보면 다음과 같은 것이 있다. '믿음'(벧전 1:5, 5:9)과 '은혜'(벧전 1:10, 13, 5:10 등)의 중요성. 베드로전서 3:18과 로마서 6장을 비교하시오. 베드로전서 4:10과 고린도전서 12장을 비교하시오. 그리스도인임을 "그리스도의 고난에 참여하는 것"(벧전 4:13)으로 보는 것에 대해서는 빌립보서 1:29, 3:10-11을 비교하시오.

혹자는 단순히 제자이자 사도인 베드로가 바울과 동기동창이었다고 주장할 수도 있을 것이다. 그러나 베드로전서는 바울의 제자라고 부를 수 있는 저자가 기록한 것이라고 볼 수 있을 것이다.

이 서신은 바울의 동역자 실루아노(또한 '실라')를 서신의 공동발신자로 말한다. "내가 신실한 형제로 아는 실루아노로 말미암아 너희에게 간단히 써서 권하고"(벧전 5:12). "실루아노로 말미암아"라는 구절은 이 서신이 어떻게 기록되었는가의 문제와 마찬가지로 의미를 파악하기가 어렵다. 이것은 실루아노가 이 서신의 기록자라는 사실을 암시하는 것인가? 하여튼 실루아노라는 이름(바울의 여행 동반자)과 베드로라는 이름은 두 사도 베드로와 바울을 밀접하게 결합시킨다. 깊은 의미: 로마로부터 (벧전 5:13의 '바벨론'은 로마에 대한 '가명'(假名)으로 기원후 64년 네로 박해

때 등장한다. 예를 들어 계 14:8을 참조하라), 베드로와 바울은 공동으로 기쁜 소식을 선포하고, 세계적으로 공격을 받고 있던 공동체를 강력하게 만든다. 고대의 저자가 자신의 이름 대신 다른 사람의 이름을 사용하는 것은 다름 아닌 겸손의 행위, 자신의 명예에 대한 포기, 사도들의 권위에 대한 존경의 표현이다. 사람들은 자신보다 과거의 사도들에게 우선권을 부여한다.

4. 기독교인의 고난에 대해

베드로전서에는 거짓 교사와의 논쟁이 결여되어 있다

베드로전서에는 거짓 교사와의 논쟁이 결여되어 있는데, 이것은 아마도 거짓 교사가 없었기 때문이라기보다는 고난의 시기가 교리적 논쟁을 벌이기에 적합한 시기가 아니었기 때문일 것이다. 이제는 위협적인 이교도의 주변 세계로부터 교회의 존립을 지켜내야 할 때이지, 신학적인 논쟁을 할 때는 아니었다. "근신하라 깨어라 너희 대적 마귀가 우는 사자 같이 두루 다니며 삼킬 자를 찾나니 너희는 믿음을 굳건하게 하여 그를 대적하라 이는 세상에 있는 너희 형제들도 동일한 고난을 당하는 줄을 앎이라"(벧전 5:8-9).

고난과 은혜

이 서신의 의도는 베드로전서 5:12에서 진술된다. "내가…너희에게 간단히 써서 권하고 이것이 하나님의 참된 은혜임을 증언하노니 너희는 이 은혜에 굳게 서라." 고난의 상황은 '하나님의 은혜'이다. 이것을 어떻게 이해해야 하는가? 베드로전서는 어려운 상황을 겪고 있는 공동체를 위로하고 강하게 만들려는 목적을 가지고 있다. 따라서 흔히 고난을 통해 성숙해진다고 표현하는 생각과 같이, 그 순간에 전혀 도움이 되지 않는 권고를 제시하지는 않는다. 이것은 고난을 끝까지 견뎌낸 이후에는 위로가 될 수 있지만 현재 경험하는 고난의 고통을 달게 만들지는 못한다. 베드로전서의 저자는 종들에 대한 예를 통해서 너무나도 간결하고 분명하게 다음과 같은 사실을 밝힌다. "부당하게 고난을 받아도 하나님을 생각함으로 슬픔을 참으면 이는 아름다우나 죄가 있어 매를 맞고 참으면 무슨 칭찬이 있으리요 그러나 선을 행함으로 고난을 받고 참으면 이는 하나님 앞에 은혜니라(개역개정판에서는 '아름다우니라'로 되어 있다—옮긴이 주)"(벧전 2:19-20). 하나님과 그리스도 그리고 자신의 양심을 위해 고난을 거부하지 않고 받아들이는 것은 고난을 인내하고 끝까지 견뎌내게 하는 능력을 갖게 한다. 이것이 곧 은혜이다. 하나님은 이러한 태도를 취할 수 있는 능력을 주신다. "모든 은혜의 하나님…너희를 부르사 자기의 영원한 영광에 들어가게 하신 이가 잠깐 고난을 당한 너희를 친히 온전하게 하시며 굳건하게 하시며 강하게 하시며 터를 견고하게 하시리라"(벧전 5:10). 베드로전서 저자의 신념에 따르면, 고난과 은혜는 서로를 배제하는 것이 아니라 서로를 포함한다. 고난은 바로 하나님의 은혜의 상징으로 간주될 수 있다. 고난을 피하고, 없애고 또한 줄이기 위해 노력하는 우리 시대에 이것은 아주 놀랄 만한 사상이다.

예수의 모범적 고난

"이(=고난)를 위하여 너희가 부르심을 받았으니 그리스도도 너희를 위하여 고난을 받으사 너희에게 본을 끼쳐 그 자취를 따라오게 하려 하셨느니라"(벧전 2:21). 또한 그리스도의 모범적인 고난에 대한 지시와 또 다른 지시를 통해서 기독교인은 자기 자신의 고난을 참고 견딜 수 있게 된다(벧전 2:18-25).

| 고난은 아주 명백하게 기독교인 됨에 속한다 | 예수가 고난을 당하신 것처럼, 사람들도 자신의 십자가를 짊어지고 그분을 따라야 한다. "누구든지 나를 따라오려거든 자기를 부인하고 자기 십자가를 지고 나를 따를 것이니라"(마 16:24). 이에 따르면 고난은 신앙인에게 고통스러운 경험이라 할지라도 기독교인의 삶에서는 결코 낯선 것이 아니다.

> 사랑하는 자들아 너희를 연단하려고 오는 불 시험을 이상한 일 당하는 것 같이 이상히 여기지 말고 오히려 너희가 그리스도의 고난에 참여하는 것으로 즐거워하라 이는 그의 영광을 나타내실 때에 너희로 즐거워하고 기뻐하게 하려 함이라 너희가 그리스도의 이름으로 치욕을 당하면 복 있는 자로다⋯하나님의 영이 너희 위에 계심이라(벧전 4:12-14)

기독교인은 자신의 고난에 대해 "기뻐해야 한다." 고난을 통해서 기독교인은 자신이 예수의 '진정한' 제자임을 보여줄 수 있기 때문이다. (벧전 4:13, 참조. EKG 288, "모든 고난 속에서 기쁨이 네 안에 있다.")

| 고난 가운데 위로인 기독교적 소망(베드로전서 1:3-9) | 기독교인은 자신의 믿음을 지켜야 한다. 이 시대의 고난 이후에 도래하는 부활이 기독교인을 기다리고 있기 때문이다. 부활이란 믿음은 있지만 보이지 않는 시기를 지난 이후에 그리스도께서 나타나시는 것이다(이것이 고난의 본질적인 토대이다). "말할 수 없는 영광스러운 기쁨"의 시대가 우리를 기다리고 있다. 우리는 이 땅에서 '거류민'과 '나그네'로 살지만(벧전 2:11) 이 세상에 속하지 않는 하나님의 세상의 시민으로 간주되어야만 한다. '나그네 됨'의 경험은 기독교인의 이교도적인 것에 대한 거부와 이방인에 의한 기독교인의 거부(=고난)에서 구체적으로 나타난다. 그러나 저자는 자신의 독자를 다음과 같이 위로한다. "만물의 마지막이 가까이 왔으니"(벧전 4:7a). 임박한 종말에 대한 희망은 박해받는 자들을 강하게 만든다. 그러나 고난이 크면 클수록 더 빨리 그리스도가 다시 오신다는 의미에서, 이를테면 '광신적'으로 빠져서는 안 된다. 그리스도의 재림에 대한 열광적인 기대로 말미암아 일상생활의 요구를 잊게 된다면, 그것은 새로운 고난의 상황을 일으킬 가능성이 높아지게 된다. 이 때문에 베드로전서의 저자는 다음과 같이 말한다. "만물의 마지막이 가까이 왔으니 그러므로 너희는 정신을 차리고 근신하여 기도하라"(벧전 4:7).

| 증오와 보복의 충동에 대한 방지 | 현재의 고난을 인내하며 받아들이고, 동시에 불의를 증오와 보복으로 대응하지 않는 것은 엄청난 자기 인내를 그 대가로 지불해야 한다('자기 자신을 부인하고…'). 베드로전서의 저자는 공동체에게 이러한 평화적인 태도를 취하도록 격려한다.

> 마지막으로 말하노니 너희가 다 마음을 같이하여 동정하며 형제를 사랑하며 불쌍히 여기며 겸손하며 악을 악으로, 욕을 욕으로 갚지 말고 도리어 복을 빌라 이를 위하여 너희가 부르심을 받았으니 이는 복을 이어받게 하려 하심이라(벧전 3:8-9, 참조. 마 5:3-10, 43-48, 렘 29:7)

5. 기독교인 됨의 근거: 세례를 통해 우리는 그리스도의 구속사역에 수용된다

베드로전서의 저자는 기독교인에게 그리스도께서 그들을 위해 어떤 일을 행하셨는지 그리고 현재 그들이 이 세상에서 경험할 수 있는 구원의 실재는 무엇인지를 늘 상기시킴으로써 그들이 기독교인이 되었음을 확인시킨다. 그리스도의 희생적 죽음을 통해 그들은 무익한 우상 숭배의 생활로부터 대속함을 받았고, 참되신 하나님에 대한 믿음을 깨닫게 되었다(벧전 1:18-23). 그들은 "거듭나게 하사 산 소망"(=새로운 피조물이 됨)을 얻게 됨으로써 예수의 부활사건에 참여하게 된다(벧전 1:3). 그들은 현재 이미 하나님의 '택하신 족속', '하나님의 거룩한 나라', '하나님의 소유' 그리고 그리스도의 신령한 성전이다(벧전 2:9, 5). 그들은 이제 '거룩한'(=하나님께 속한) 백성으로서 산다. "기록되었으되 '내가 거룩하니 너희도 거룩할지어다'"(벧전 1:16에 나오는 레 19:2). 이러한 '거룩함'의 기독교적인 생활은 '형제 사랑'으로(벧전 1:22, 3:8, 4:8, "무엇보다도 뜨겁게 서로 사랑할지니"), 자기 수양으로(벧전 2:11, "육체의 정욕을 제어하라"), 겸손으로(벧전 3:8, "서로 겸손으로 허리를 동이라", 벧전 5:5) 그리고 이교도적인 주변세계에 대하여 흠이 없고 감정을 건드리지 않는 태도로 묘사된다. "너희가 이방인 중에서 행실을 선하게 가져 너희를 악행한다고 비방하는 자들로 하여금 너희 선한 일을 보고 오시는 날에 하나님께 영광을 돌리게 하려 함이라"(벧전 2:12).

현저하게 드러나는 사실은 베드로전서의 많은 모티브가 세례를 연상시킨다는 것이다. '거듭남'(벧전 1:3, 23), '돌아옴'(벧전 2:25). 베드로전서 3:20-22는 노아의 방주에 탄 사람들이 '물을 통해서' 구원을 받았던 것처럼(벧전 3:20), 세례는 단어적으로 소아시아에 있는 기독교인을 '구원한' 사건과 연관된다. 베드로전서는 세례의 의미를 다음과 같이 말한다. "물은 예수 그리스도께서 부활하심으로 말미암아 이제 너희를 구원하는 표니 곧 세례라 이는 육체의 더러운 것을 제하여 버림이 아니요 (너희와 함께) 하나님을 향한 선한 양심의 간구니라 그는 하늘에 오르사 하나님 우편에 계시니 천사들과 권세들과 능력들이 그에게 복종하느니라"(벧전 3:21-22). 그러므로 이 구절에 따르면, 세례는 죄로부터의 총체적인—모든 것의—정화가 아니라, 새로운 창조로 들어가는 것이다. 이 새로운 창조는 하나님이 예수의 부활과 함께 시작하시고(참조. 롬 6:4), 그 부활의 완전한 성취를 기독교인은 영원히 희망한다. 기독교인은 여전히 지상에 살고 있음에도 불구하고 믿음으로 이미 새로운 창조에 포함되었기 때문에, 베드로전서는 그들을 '거듭난 사람'(=새로 태어난 자들처럼), 또는 이 땅에서의 '나그네'라고도 부른다. 이것은 그들이 이미 하나님의 세계의 시민이기 때문이다. 그럼에도 불구하고 그들은 이 땅에서 보이는 것에 따라서가 아니라 여전히 믿음으로 산다(벧전 1:8). 그들은 이러한 새로운 현실에 맞게 서로간에(벧전 1:22) 종으로서(벧전 2:18), 아내로서(벧전 3:1-6, 부분적으로 시간의 제약을 받는 진술) 그리고 이방인 가운데서 사랑이 충만하고 성실한 생활을 하며 또한 그들은 그들의 신앙 때문에 이미 고난을 받는 기독교 공동체로 새로운 하나님의 백성의 일원으로 행동해야 한다(벧전 3:1-17).

6. 베드로전서: '복음적인' 위로의 기록

베드로전서는 외견상 권고의 모음집으로 읽힌다. 보다 정확하게 관찰하면 베드로전서는 매우 '복음적인'(=복음으로부터 기인한) 서신이다. 이는 그리스도께서 우리를 위해 행하신 것을 권고의 이유로 제시하고 있기 때문이다. 베드로전서는 소아시아의 기독교인에게 그들이 믿음으로 이미 현재의 사건으로 경험하는 구원을 지시한다. 이와 같이 베드로전서의 권고는 율법적인 요구를 가지고 있지 않다. 저자는 오히려 그리스도의 구속사역과 믿음의 경험을 가지고 고난의 상황에 맞게 기독교인으로서의 태도를 취하도록 북돋워준다. 이러한 '복음적인' 위로가 넘치고 그리고 목회적인 관심을 가지고 권면하며, 희망적이며 또한 용기를 주는 성격 때문에 베드로전서는 매우 잘 읽히는 책이다. 베드로전서는 그 시대에 소아시아의 기독교인에게 어려운 고난의 시기를 끝까지 인내할 수 있도록 이끌었고, 그 이후에는 고난당하고 박해받는 기독교인에게 계속해서 그러한 역할을 했다. 루터 역시—가톨릭교회로부터 박해를 당하고 '국외 추방령'을 받으면서, 그의 생애 동안 위협에 처해 있었던 그리스도인으로서—베드로전서를 높게 평가했다. 루터에 따르면 베드로전서는 "신약성경에서 가장 숭고한 책들 중 하나이고, 바르고 매우 순전한 복음이다"(WA 12, 260).

누가 그것을 말했느냐가 중요한 것이 아니라 그 내용이 중요하다.

히브리서

"히브리서는 지치고 괴롭힘을 당하여 위험에 처한(히 2:1) 교회(또는 한 집단)에게 보낸 위로와 권면 그리고 해석의 말씀이다(히 3:6, 14, 10:35, 12:12). 이러한 방법으로 그 편지는―편지의 첫 문장부터 마지막 문장까지―그들의 그리스도께서 위대하게 되셨다는 신앙 고백을 굳건히 지켜갈 것을 요구한다. 이를 위해 히브리서는 인간 그리스도와 그의 사역의 숭고함을 입증하는 일련의 모든 구약성경의 말씀과 맥락을 해석한다. 유랑하는 하나님의 백성은 그리스도가 위대하게 되었다는 사실로부터 용기와 가르침을 얻게 되며, 그 유랑의 끝에 안식을 얻게 된다는 목표가 제시된다"(C. Westermann, *Abriß der Bibelkunde*, Gelnhausen/Stuttgart, 1962, 301).

히브리서의 배열[9)]

1:1-2:18	그리스도께서 주신 말씀은 천사를 통해 전달된 율법보다 훨씬 더 조심스럽게 지켜야 한다
1:1-14	가르침: 천사들을 능가하는 아들의 탁월성

주 9 L. Goppelt, *Theologie des NT* Bd. II, Göttingen, 1976, 573-574쪽에 따른 배열.

	2:1-4	권고: 선포된 구원을 업신여기면 그에 따른 결과가있다.
	2:5-18	가르침: 대제사장의 지위에 대한 전제조건으로서의 아들의 낮아짐
3:1-4:13		예수를 통해 중재된 약속은 광야의 백성이 받았던 약속보다 더 청종해야 한다.
	3:1-6	가르침: 모세를 능가하는 아들의 탁월성
	3:7-4:13	권고: 예수의 구원약속에 대해 마음을 굳게 하는 것의 불행한 결과
4:14-6:20		바로 그분의 낮아지심을 통해 예수는 마지막 때에 대제사장이 되셨다. 그를 포기하는 것은 치유할 수 없는 것을 의미한다.
	4:14-5:10	가르침: 그의 대제사장직의 전제조건으로서의 예수의 낮아지심
	5:11-6:20	권고: 불행을 초래하는 경우에 대한 경고와 약속을굳게 잡으라는 촉구를 통한 '온전한 가르침'에 대한준비
7:1-10:18		가르침: 마지막 때의 대제사장 예수
	7:1-28	예수의 탁월한 대제사장적 지위

8:1-13	예수의 대제사장직의 장소
9:1-10:18	예수의 대제사장적 희생제사
10:19-13:17	권고: 마지막 때에 대제사장의 구원사역으로부터 도출된 기독교인의 생활을 위한 결론
10:19-39	그리스도께서 열어놓으신 구원의 길을 굳게 지켜라!
11:1-40	성경에 나오는 믿음의 증거
12:1-29	공동체의 길을 위해 인내하라
13:1-17	개별적인 지침
13:18-25	서신의 결말

신앙고백 위에 굳게 서자[10)]

1. 히브리서: 문서로 된 설교

우리가 히브리서로 알고 있는 신약성경의 히브리서는 정확하게 말하면 서신이 아니다. 서신으로 시작되는 머리말이 나타나지 않으며, 히브리서의 마지막 네 구절에서만 서신의 특징을 보여준다(히 13:22-25). 저자 자신의 진술에 따르면 이 기록은 '권면의 말'(히 13:22, 루터)로 이해된다. 그러나 '권면'으로 번역된 그리스어 단어 '파라클레시스'(parakläsis)는 도덕적인 의미로만 이해해서는 안 된다. 오히려 이 단어는 '격려하다, 간구하다, 위로하다, 희망을 전하다'와 같은 어감을 내

주 10) 히브리서 4:14.

포한다. 따라서 히브리서는 문서로 저술된 설교로 이해하는 것이 가장 적절하다. 이 설교는 독자에게 믿음을 지키도록 격려하면서 동시에 그들을 권고하고 그들에게 위로를 약속한다.

2. 히브리서는 로마에 있는 가정 공동체를 대상으로 한다

히브리서가 구약성경을 자주 사용하고 있기 때문에, 기원후 2세기의 사람들은 이 서신의 수신자가 유대인 출신의 그리스도인(='히브리인', 참조. 고후 11:22a, 빌 3:5b)이었을 것이라고 결론지었다. 이 때문에 사람들은 '히브리인들에게'라는 표제를 이 서신에 붙였다. 그러나 구약성경을 자주 사용하고 있다는 사실이 이 기록의 독자에 대해서 말해주는 것은 아니다. 왜냐하면 구약성경은 사실 전체 교회 즉 유대 기독교인과 이방 기독교인 모두의 성경이었기 때문이다. 히브리서 6:1과 9:14에서 독자는 "죽은 행실"을 거부하고 "하나님께 대한 신앙"으로 돌아서서(유대인은 그들이 그리스도인이 되었을 때도 이미 하나님을 믿고 있었다) "살아 계신 하나님을 섬기게" 된 자들이다. 신약성경은 이방인의 회심에 대하여 설명할 때, 우상숭배의 "죽은 행실"로부터 살아 계신 하나님을 섬기는 것과 같은 방법으로 표현된다(살전 1:9, 고전 12:2, 갈 4:8, 빌 4:18b, 롬 15:16).

만약 우리가 좀 더 정확하게 히브리서를 읽는다면, 히브리서의 저자가 가령 대속죄일에 수행된 대제사장의 희생제사와 같은 제의적인 일에 대해 개인적으로 해박한 지식을 가지고 기록한 것이 아님을 알게 된다(예를 들어 히 9:1-7을 참조하라). 또한 그는 수신자가 이러한 과정을 목격했다는 사실도 전제하지 않는다. 오히려 그는 자신과 그리스도인 독자가 (그리스어로 된) 구약성경으로부터 그러한 사실을 추론할 수 있다는 듯이 이 사건을 기록하고 있다. 저자는 히브리서가 저작될 당시에 더 이상 예루살렘 성전이 존재하지 않았다는 사실도 말하지 않는다. 왜냐하면 사실 그는 옛 언약의 희생제물에 비해 그리스도라는 탁월한 희생제물에 대한 의미 그리고 또한 옛 언약의 대제사장직과 비교할 때도 그리스도의 월등하신 대제사장직의 의미에 대해 묘사하려는 것이기 때문이다. 그는 (특별히) 이방인 출신의 그리스도인 독자에게도 잘 알려진 것으로 전제되는 구약성경의 도움을 받아 자신이 의도하는 바를 기록한다.

히브리서는 특정한 공동체에게 주어진 것이 아니라 어떤 한 가정 공동체에게 주어진 것이다. 그 가정 공동체는 "공동체의 인도자(루터는 '교사'로 번역한다)와 모든 성도들"(히 13:24a)과 인사를 나누라는 요청을 받는다. 다음의 문장이 이를 입증한다. "이달리야에서 온 자들도 너희에게 문안하느니라"(히 13:24b). 히브리서가 기원후 96년경 로마에서 기록된 클레멘트 1서에서 인용된다는 사실 역시 이를 입증한다. 마지막으로 히브리서에서 명백하게 드러나는 독자의 역사적 상황 역시 이러한 사실과 잘 어울린다.

3. 저작 시기: 기원후 80-90년

히브리서 10:32-34는 독자가 과거에 그리스도인으로서 당해야 했던 박해를 기억나게 한다. 이것은 네로(기원후 54-68년) 치하에서 이루어진 그리스도인에 대한 박해를 암시하는 것처럼 보인다. 그러나 현재의 상황 역시 고난과 박해로부터 자유롭지 못하다(히 10:36, 12:4-11). 아마도 여기에서는 도미티안(Domitian, 기원후 81-96년) 치하에서 행해진 그리스도인 박해를 언급하는 듯하다. 그러므로 이 서신은 기원후 80-90년 사이에 2세대 기독교인이 기록했을 것이다.

이 구원은 처음에 주로 말씀하신 바요 들은 자들이 우리에게 확증한 바니(히 2:3, 기원후 90년경에 기록된 눅 1:1-1-4를 참조하라)

4. 기독교인 박해가 독자 공동체의 상황에 강한 영향을 미치다

설교가 상황과 관련되듯이, 설교적 성향의 히브리서의 언급 역시 전적으로 특정한 상황과 관련된다. 따라서 히브리서의 상황에 대한 인식은 히브리서의 진술을 올바르게 이해할 수 있게 한다. 이 공동체는 이미 오래 전에 박해를 경험한 바 있었다.

전날에 너희가 빛을 받은(=기독교인이 된) 후에 고난의 큰 싸움을 견디어 낸 것을 생각하라 혹 비방과 환난으로써 사람에게 구경거리가 되고 혹은 이런 형편에 있는 자들과 사귀는 자가 되었으니 너희가 갇힌 자를 동정하고 너희 소유를 빼앗기는 것도 기쁘게 당한 것은 더 낫고

영구한 소유(=하나님의 영원성)가 있는 줄 앎이라(히 10:32-34)

이러한 상황이 이미 얼마 전의 과거에 속한 일이었다면, 현재의 공동체는 새로운 고난과 맞서야만 했다. 이 때문에 위에서 인용한 말씀 이후에 다음의 말씀이 계속된다.

그러므로 너희 담대함을 버리지 말라 이것이 큰 상을 얻게 하느니라 너희에게 인내가 필요함은 너희가 하나님의 뜻을 행한 후에 약속하신 것을 받기 위함이라…우리는 뒤로 물러가 멸망할 자가 아니요 오직 영혼을 구원함에 이르는 믿음을 가진 자니라(히 10:35-39)

저자는 독자에게 "피 흘리기까지 대항할 것"(히 12:4)과 현재의 고난을 하나님의 교육적인 조치(히 12:5-10)로 받아들이라고 요구한다. "무릇 징계가 당시에는 즐거워 보이지 않고 슬퍼 보이나 후에 그로 말미암아 연단 받은 자들은 의와 평강의 열매를 맺느니라"(히 12:11).

5. 공동체는 기독교 신앙에서 이탈할 위험에 처해 있다

그러나 독자는 깊이 숙고하면서 현재의 박해 상황을 체험하지는 않는다. 그들은 "피곤한 손"과 "연약한 무릎"을 가지게 되었다(히 12:12). 그들은 기독교 신앙으로부터 벗어날 위기에 처해 있다. "형제들아 너희는 삼가 혹 너희 중에 누가 믿지 아니하는 악한 마음을 품고 살아 계신 하나님에게서 떨어질까 조심할 것이요"(히 3:12, 6:4-6). 독자는 "구원의 메시지"를 "경청하는 일에 둔감하게" 되었다(히 5:11, 2:3). 저자는 그들에게 그리스도에 대한 신앙고백을 확고히 붙들 것을 촉구해야 했다(히 4:14, 10:23). 예배의—오늘날이나 그 당시에도 신앙고백 행위인—참여가 무시되었다. "모이기를 폐하는 어떤 사람들의 습관과 같이 하지 말고"(히 10:25a). 고난의 상황은 이 공동체를 다시 '이 세상' 속에 가라앉게 함으로써 스스로가 기독교인 됨을 부정하게 만드는 유혹거리가 되었다.

> 우리가 여기에는 영구한 도성이 없으므로 장차 올 것을 찾나니 그러므로 우리는 예수로 말미암아 항상 찬송의 제사를 하나님께 드리자 이는 그 이름을 증언하는 입술의 열매니라(히 13:14-15)

6. 히브리서는 박해받는 독자에게 신앙의 지조를 지키도록 격려한다

우리는 히브리서로부터 공동체의 상황을 정확하게 인식할 수 있다. 이 공동체는 첫 번째 기독교 박해를 "기쁘게 감당했고"(히 10:34), 그리스도께서 다시 오신다는 소망 역시 계속해서 품고 있었다(히 10:37). 그러나 두 번째 박해의 상황은 그들을 무기력의 위기에 빠뜨렸다(히 10:35-36, 39). 이 편지 전체(히 13:22)를 통해서 저자는 수신자를 강하게 하고, 인내하게 하며, 그리스도에 대한 신앙을 굳게 지키게 하고, 그들 자신이 기독교인 됨을 고백하도록 만들려고 했다. 따라서 이후부터는 저자가 어떠한 방법으로 독자에게 "우리 앞에 당한 경주를 하며"(히 12:1b) 나가도록 권고하는지를 살펴보고자 한다.

7. 기독교인은 그리스도의 고난에 참여한다

저자는 다시 한 번 그리스도의 고난의 이야기를 암시적으로 언급한다. 그는 매번 그리스도의 행위가 각각의 그리스도인과 공동체에게 동기를 부여하는 특성을 가지고 있음을 분명하게 밝힌다.

> 그러므로 예수도 자기 피로써 백성을 거룩하게 하려고 성문 밖에서(=골고다) 고난을 받으셨느니라 그런즉 우리도 그의 치욕을 짊어지고 영문 밖으로 그에게 나아가자(히 13:12-13)

> 믿음의 주요 또 온전하게 하시는 이인 예수를 바라보자 그는 그 앞에 있는 기쁨을 위하여 십자가를 참으사 부끄러움을 개의치 아니하시더니 하나님 보좌 우편에 앉으셨느니라 너희가 피곤하여 낙심하지 않기 위하여 죄인이 이같이 자기에게 거역한 일을 참으신 이를 생각하라 너희가 죄와 싸우되 아직 피 흘리기까지는 대항하지 아니하고(히 12:2-4)

저자는 그리스도께서 "육체에 계실 때에"(히 5:7) 우리 인간들과 전적으로 동일했음을 거듭 밝혀 말한다. 그리스도는 우리처럼 유혹과 시험에 노출되셨으나, 그럼에도 불구하고 죄가 없으셨다.

"우리에게 있는 대제사장은 우리 연약함을 동정하지 못하실 이가 아니요 모든 일에 우리와 똑같이 시험을 받으신 이로되 죄는 없으시니라"(히 4:15). 그리스도께서는 현재 시험을 받는 사람들보다 더 쉬운 고난을 받으신 것이 아니었다. "그는 육체에 계실 때에 자기를 죽음에서 능히 구원하실 이에게 심한 통곡과 눈물로 간구와 소원을 올렸고 그의 경건하심으로 말미암아 들으심을 얻었느니라 그가 아들이시면서도 받으신 고난으로 순종함을 배워서 온전하게 되셨은즉 자기에게 순종하는 모든 자에게 영원한 구원의 근원이 되시고"(히 5:7-9).

히브리서의 저자는 예수가 우리 인간들과 동등해지심으로써 우리를 이해하고 도우실 수 있었다는 사실을 강조한다.

그러므로 그가 범사에 형제들과 같이 되심이 마땅하도다 이는 하나님의 일에 자비하고 신실한 대제사장이 되어 백성의 죄를 속량하려 하심이라 그가 시험을 받아 고난을 당하셨은즉 시험 받는 자들을 능히 도우실 수 있느니라(히 2:17-18, 이와 유사한 구절로는 4:16)

주님은 하나님의 뜻을 위한 고난, 죄인의 반항, 유혹, 시험과 같이 히브리서의 독자에게 신앙적 위협을 가한 이 모든 것들을 '죄가 없음'에도 불구하고 즉 하나님으로부터 벗어나지 않았음에도 불구하고 스스로 겪으셨다. 히브리서의 저자는 상세한 진술을 통해서 시험을 당하는 기독교인에게 요한복음에서 명확하게 표현되어 있는 사실을 기억나게 한다. "내가 너희에게 종이 주인보다 더 크지 못하다 한 말을 기억하라 사람들이 나를 박해하였은즉 너희도 박해할 것이요"(요 15:20, 마 10:24도 참조하라). 히브리서의 독자 공동체는 이 사실을 잊어버렸던 것으로 보인다.

8. 히브리서는 구약성경의 도움을 받아서 독자에게 예수의 의미를 설명한다

히브리서의 저자는 서신의 처음부터 끝까지 그리스도의 위대하심과 그분의 비교 불가능성을 눈으로 보듯이 묘사하면서, 독자에게 그들의 신앙고백을 확고하게 지키라고 계속해서 격려한다(히 4:14). 이를 위해서 저자는 일련의 구약성경의 말씀과 문맥에 대한 해석을 제시하는데, 그는 특히 인간이면서도 동시에 죄가 없는 사람으로 묘사되는 인간 예수의 사역과 그분의 사역의 존엄성을 입증하려고 했다. 저자는 비록 독자가 "그리스도의 교훈의 초보적 단계"(히 6:1, 5:12)에 해당된다고 말하면서도, "장성한 자들에게… 단단한 음식"(히 5:14)이 필요하다고 생각한다. 이러한 점에서 히브리서는 일종의 "성숙한 그리스도인으로 만들기 위한 교육지침서"이다.

히브리서의 저자는 구약성경에 대한 높은 수준의 해석자로 제시된다. 그는 자신의 시대에 맞는 해석적 방법론을 구약성경의 본문에 적용했다. 그러나 이러한 해석학적 논리는 오늘날 우리에게 직접적으로 와 닿지 않는 경우도 있다. 히브리서의 저자는 특히 바울이 다루지 않은 구약성경 율법의 제의적인 부분에 몰두한다. 히브리서는 구약성경에 나오는 속죄제도의 표상과 '대제사장적 메시아'의 관점을 빌어서 '하나님의 아들'(히 1:2)에 대한 의미를 서술하려고 시도한다.

9. 그리스도의 자기희생의 일회성

히브리서는 다음의 사실로부터 시작된다. 그리스도에 의해 이 세상에 도래하게 된 구원과 비교한다면, 구약성경의 (제의적) 율법은 위대한 일의 '그림자'에 불과하다(히 10:1, 8:5, 참조. 히 1:1-2a). 히브리서는 구약성경의 속죄 의식, 특별히 대속죄일(레 16장)과 비교하여 예수의 구원에 대한 의미를 강조한다. 옛 언약에서 대제사장은 해마다 대속죄일이 되면, 지성소에서 백성의 죄와 자신의 죄를 위해 희생제사를 드려야 했지만(히 9:7), 죄가 없으신 대제사장 예수 그리스도는 자기 자신을 하나님께 희생제물로 드리셨다(히 9:14). 이러한 희생제물은 일회적인 것이다. 즉 그것은 '단 한 번으로' 완전히 이루어졌다(히 7:27, 9:12, 28). "예수 그리스도의 몸을 단번에 드리심으로 말미암아 우리가 거룩함을 얻었노라"(히 10:10, 14). 그리스도의 희생제물을 통해 우리 죄가 용서되었다. 따라서 우리 죄는 그리스도라는 희생제물을 통해서 단번에 용서받았기 때문에, 이후로 더 이상 그 밖의 희생제물을 드려야 할 필요가 없다. 따라서 히브리서에 따르면 그리스도는—바울의 말을 빌려 표현하자면—"율법의 마침"(참조. 롬 10:4)이고, 더욱이 제의법의 마침이다. 그의 희생제사는 옛 언약의 희생제사 제도를 폐지시켰다. "이것들을 사하셨은즉 다시 죄를 위하여 제사드릴 것이 없느니라"(히 10:18).

10. 그리스도는 '새 언약의 중보자'이다

따라서 그리스도는 희생제사를 통해 "새 언약의 중보자"(히 9:15)가 되셨다. 히브리서의 저자는 이 언약을 "더 좋은 언약"(히 7:22)이라고 부른다.

> 그러나 이제 그는 더 아름다운 직분을 얻으셨으니 그는 더 좋은 약속으로 세우신 더 좋은 언약의 중보자시라 저 첫 언약이 무흠하였더라면 둘째 것을 요구할 일이 없었으려니와(히 8:6-7)

'더 좋은 언약'이란 다름이 아닌, 이미 예언자 예레미야가 선포한 새 언약을 의미한다. 예레미야 31:31-34의 전체 구절은 히브리서 8:8-

12에서 문자 그대로 인용된다. 첫 번째 언약은 그리스도로 말미암아 "낡아지고 쇠하는 것"(히 8:13)으로 입증되었다. 그것은 이 세상과 함께 없어지게 될 것이다(히 8:13, 옛 언약은 '종말에 가깝다').

11. 그리스도는 하나님 앞에서 우리를 위해 중보하시는 하늘의 대제사장이다

히브리서의 저자는 대제사장의 자기희생적 개념으로 예수의 수난과 십자가 사건을 묘사했고, 이와 동시에 시편 110편에서 제사장 · 왕의 표상을 빌어 부활사건을 묘사했다. 시편 110:1에 따르면 하나님은 "멜기세덱의 서열을 따른 영원한 제사장(왕)"(시 110:4)에게 다음과 같이 이야기하신다. "내가 네 원수들로 네 발판이 되게 하기까지 너는 내 오른쪽에 앉아 있으라 하셨도다." 히브리서에 따르면, 그리스도는 "멜기세덱의 반차를 따르는 제사장"(히 7:17)이다. 그의 제사장직은 아론의 제사장직을 훨씬 능가한다(히 7장, 특별히 11절, 17-27절). 히브리서는 예수의 십자가와 부활을 시편 110편으로부터 해석한다. "오직 그리스도는 죄를 위하여 한 영원한 제사를 드리시고 하나님 우편에 앉으사 그 후에 자기 원수들을 자기 발등상이 되게 하실 때까지 기다리시나니"(히 10:12-13 또한 1:3b도 참조하라) 즉 인류를 향한 하나님의 목적이 영원히 실현될 때까지 기다리신다.

히브리서는 이러한 최종적인 목적을 기술하기 위해 부분적으로는 잘 알려진 표상을 그리고 부분적으로는 별로 알려지지 않은 표상도 받아들인다. 히브리서는 그리스도의 재림(히 9:28, 10:25, 37), 부활(히 6:2, 11:35), 영원한 심판(히 6:2, 9:27) 그리고 첫 번째 창조의 끝과 하나님 나라의 도래(히 12:26-29, 참조. 히 2:5)에 대하여 이야기한다. 그러나 히브리서는 전혀 다른 표현을 통해서도 최종적인 목적을 특징적으로 나타낸다. "하나님의 안식에 들어가다"(히 3:11, 18, 4:1-11), "하나님의 성", "하늘의 예루살렘" 또는 "하늘의 본향"에서의 삶(히 11:10, 14, 16, 12:22, 13:14). 하나님과 영원한 교제는 아직 실현되지 않았음에도 불구하고(히 2:8), 우리 대제사장이신 그리스도는 하나님 앞에서 믿는 자들을 중보하신다.

> "지금 우리가 하는 말의 요점은 이러한 대제사장이 우리에게 있다는 것이라 그는 하늘에서 지극히 크신 이의 보좌 우편에 앉으셨으니 성소와 참 장막에서 섬기는 이시라 이 장막은 주께서 세우신 것이요 사람이 세운 것이 아니니라"(히 8:1-2). 그의 직임은 "이제 우리를 위하여 하나님 앞에 나타나시고"(히 9:24b)이다. 특별히 믿음으로 말미암아 핍박을 받았던 기독교인을 위해서. "그러므로 자기를 힘입어 하나님께 나아가는 자들을 온전히 구원하실 수 있으니 이는 그가 항상 살아 계셔서 그들을 위하여 간구하심이라"(히 7:25).

12. 히브리서는 신앙에서 벗어나지 말 것을 간청한다

히브리서가 배교의 위험에 처한 신앙인에게 제의적 표상을 사용함으로써 그리스도의 특별한 탁월성과 그의 구원사역의 일회성을 생생하게 묘사하려는 목적은 그들이 믿음으로 얻었던 은혜를 상실하지 않도록 그들의 양심에 호소하기 위한 것이었다(히 12:15). 왜냐하면 믿음에서 벗어난다는 것은 "하나님의 아들을 짓밟는 것", "언약의 피를 부정한 것으로 여기는 것" 그리고 "은혜의 성령을 욕되게 하는 것"과 같음을 의미하기 때문이다(히 10:29). 히브리서는 간절하게 애원하면서 독자에게 타락하지 말 것을 경고한다. "두 번째 회개" 즉 그리스도에게로의 두 번째 회심은 있을 수 없다.

> 한 번 빛을 받고 하늘의 은사를 맛보고 성령에 참여한 바 되고 하나님의 선한 말씀과 내세의 능력을 맛보고도 타락한 자들은 다시 새롭게 하여 회개하게 할 수 없나니 이는 그들이 하나님의 아들을 다시 십자가에 못 박아 드러내 놓고 욕되게 함이라(히 6:4-6, 이와 유사한 것으로는 10:26-31)

루터는 히브리서의 이 구절을 동시대 교회의 영원한 죽음을 초래하게 할 죄악의 교리로 이해했고, 따라서 히브리서를 거부했다. 그러나 히브리서는 교회의 훈육조치를 촉구하려는 의도를 가지고 있지 않다. 오히려 히브리서는 독자에게 두 번째 회심의 '불가능한 가능성'에 대하여 가르쳐주려고 했다. 그리스도께서 한 번 죽으셨던 것처럼 그리고 우리가 단지 한 번만 세례를 받는 것처럼 또한 우리는 오직 한 번의 회심을 통해서 지나가버린 옛 세계로부터 하나님의 변함없는 새로운 세계로 향하는 문을 통과할 수 있다. 시험과 유혹이 항상 믿음을 위협하지만, 히브리서의 저자는 독자에게 이러한 상황 속에서 하늘의 대제사장이신 예수 그리스도의 도움을 요청할 것을 지시한다(히 4:16, 2:17-18). 이 밖에도 히브리서의 저자는 자신의 '설교'와 경고의 말이 독자를 타락에 빠지지 않도록 지켜줄 것이라고 확신한다. "사랑하는 자들아 우리가 이같이 말하나 너희에게는 이보다 더 좋은 것 곧 구원에 속한 것이 있음을 확신하노라"(히 6:9, 이와 유사한 구절로 10:26-38 그 다음에 나오는 10:39). 히브리서는 모든 경우에서 독자가 하나님의 은혜를 잊지 않도록 보호하고자 한다. 신약성경의 다른 구절처럼(마 12:31-32, 마 25:1-13, 참조. 마 10:32-33, 참조. 고전 5장, 요일 5:16), 히브리서도 더 이상 돌이킬 수 없는 궁극적 한계를 넘어서지 않도록 경고한다. 에서가 장자권을 상실했듯이 우리도 하나님의 구원의 은혜를 상실할 수 있다(히 12:15-17). 그러나 사람들은 그에 대해 어떠한 판정도 내릴 수 없다. "하나님이 유보하시는 판결이 있는데, 따라서 이 모든 결정은 거룩한 경외심을 가지고 보다 중요하게 받아들여야 한다"(A. Strobel, *Kommentar zum Hebräerbrief*, NTD 9, Göttingen, 1975, 138).

13. 옛 언약의 하나님 백성 중 경고와 권고가 되는 실례

히브리서의 저자는 새 언약의 백성에게 항상 새로운 시도를 통해서 옛 언약의 백성의 실례를 때로는 부정적인 경고로(특별히 히 1-6장), 때로는 긍정적인 격려로 묘사한다(특별히 히 11-13장). 그는 이러한 실례를 통해서 독자에게 지속적으로 믿음을 지키라고 권면한다. 히브리서 11장은 긍정적인 측면에서 구약성경의 실례를 길게 나열하는데, 그의 시작 부분은 믿음이 무엇인가에 대한 정의를 제공한다. 루터는 이것을 다음과 같이 매우 개인적인 관점으로 번역한다. "믿음이란 인간이 소망하는 것들에 대한 확실한 기대이며 보이지 않는 것들에 대해 의심하지 않는 것이니"(히 11:1). 그리스 단어의 의미를 보다 더 잘 살펴서 번역하면 다음과 같다. "믿음이란 인간이 희망하는 것 위에 확고하게 서 있는 것(단지 개인적으로만 확고하게 서는 것이 아니라, 자신이 속한 공동체의 개개인들도 확고하게 서는 것이다)이며 보이지 않는 것들을 인정하는 것이다." 이러한 번역은 히브리서의 이 구절이 공동체의 구성원을 위협하는 박해의 상황 속에서 핍박받는 공동체 구성원을 격려한다는 사실을 보다 명백하게 제시한다. 그들은 공동체로서 "또 약속하신 이는 미쁘시니 우리가 믿는 도리의 소망을 움직이지 말며 굳게 잡고"(히 10:23) 있어야만 한다. 만약 그들이 그렇게 소망 위에 "확고하게 서게 된다면"(히 11:1), 그들은 "담대함을 잃지 않고" 또한 "큰 상을 얻게" 될 것이다(=인류를 향한 하나님의 목적을 성취하게 된다. 히 10:35). "잠시 잠깐 후면 오실 이가 오시리니 지체하지 아니하시리라"(히

10:37). 따라서 인내함으로 참고 견디는 신앙인(히 10:36)은 "영혼이 구원에 이르게 될 것"(히 10:39)이다. 우리가 현재 이러한 미래의 영광을 "보지 못하는" 것은 사실이지만, 하나님의 능력에 대한 믿음으로 그것을 "인정하는 자"(히 11:1)는 이제 끝까지 이겨낼 것이다. 일련의 구약성경의 실례(히 11:3-40)는 특히 옛 언약의 모범적인 신앙인이 이를 확실하게 실행했음에 대해 명백하게 제시한다. 그들은 눈에 보이는 것에 반(反)하여 희망했고, 볼 수 없는 것을 믿었다(히 11:7a, 8, 17-19). 한 실례: "믿음으로 애굽을 떠나 왕의 노함을 무서워하지 아니하고 곧 보이지 아니하는 자를 보는 것같이 하여 참았으며"(히 11:27).

14. 요약

그리스도께서 우리 인간에게 긍휼을 베푸시고 우리 인간과 동일하게 되심을 나타냄으로써, 그리스도의 희생제사와 그의 대제사장직의 단일회성을 강조함으로써, 또는 옛 언약의 부정적인 그리고 긍정적인 믿음의 실례를 제시함으로써, 히브리서의 저자는 믿음이 약화되고 타락의 위기에 처한 기독교인의 무리에게 "어제나 오늘이나 영원토록 동일하신"(히 13:8) 그리스도에 대한 신앙을 두려움 없이 담대하게 고백할 수 있도록 격려하고자 했다.

요한계시록

요한계시록을 읽을 때 이 책의 많은 것들을 문자 그대로 수용해서는 안 된다. 오히려 그것들이 비유적, 상징적, 전형적인 의미를 가지고 있음에 대해 생각해야 한다. 두 가지의 실례: 진노의 일곱 대접=전적인 심판, 발람과 이세벨(계 2:14, 20장)은 우상 숭배의 전형이다. '바벨론'은 하나님과 사이가 먼, 하나님을 모독하는 도시이다. 그것의 반대되는 표상은 하나님과 직접적으로 가까운 도시인 '새 예루살렘'이다.

우리는 매우 자주 이해하기 어려운 내용을 보게 된다. 많은 것들이 낯설게—심지어 반발심이 일어나도록—느껴질 것이다. 그때는 지체 없이 계속해서 읽어나가라. 요한계시록을 읽을 때 끝까지 읽는 것이 어려울 경우, 적어도 요한계시록의 19장부터 끝부분까지, 이것도 아니면 어떤 경우에든지 21-22장은 반드시 읽어야 한다.

요한계시록의 실마리가 되는 문장은 요한계시록 1:19에 나오며, 이 책의 구조를 결정한다. "그러므로 네가 본 것과 지금 있는 일과 장차 될 일을 기록하라."

1장	"네가 본 것을 기록하라": 높여지신 그리스도를 본 것을 통해 이루어진 요한의 소명
2-3장	"지금 있는 일을… 기록하라": (교회에 보낸)일곱 편의 공개적인 편지
4-22장	"장차 될 일을… 기록하라": 요한이 받은 계시
4-5장	보좌환상: 하나님이 어린 양에게 "일곱 인으로 봉한 책"을 주신다
6:1-8:1	어린 양이 일곱 개의 봉인을 열다
8:2-11	일곱 나팔
10:1-11:14	연결고리: 펴놓은 조그만 책을 가진 천사와 두 증인
12-14장	용과 어린 양(적그리스도와 그리스도, 세상의 세력과 하나님의 백성)
15-16장	하나님의 진노의 일곱 대접
17:1-19:10	"큰 창기 바벨론"의 멸망
19:11-22:5	그리스도의 재림과 창조의 완성
19:11-21	재림하신 그리스도가 적그리스도를 이긴다
20:1-10	천년 왕국과 사탄에 대한 최종적인 심판
20:11-15	최후의 심판과 사망의 멸망

21:1-8 새로운 창조의 시작

21:9-22:5 "어린 양의 아내": 새 예루살렘

22:6-21 결말: "주 예수여! 오시옵소서"

하나님을 대적하는 세상에 대한 승리와 하나님의 창조의 완성

"또 내게 말하되 이 두루마리의 예언의 말씀을 인봉하지 말라 때가 가까우니라"(계 22:10). 계시('계시'=다른 사람들에게 감추어진 사건과 상황을 드러내는 것)의 목적과는 달리, 이 책은 많은 사람들에게 '일곱 인'으로 밀봉된 책이다(참조. 계 5:1). 오래 전부터 이 책은 소외된 기독교 그룹과 그들의 임의적 해석에 맡겨 있었다. 그들이 요한계시록을 해석해 놓은 것들이 그것에 대한 우리 이미지를 결정했고, 이로써 우리는 성경의 제일 마지막 책에서 상당히 멀어지게 되었다. 우리는—성경의 다른 모든 문서와 마찬가지로—선입견을 버린 채, 보다 더 개방적인 마음과 준비된 자세를 가지고 요한계시록을 대해야 한다.

I. 요한계시록의 특징

1. 계시록을 역사의 시간표로 보는 오해

요한계시록은 요한의 시대부터 그리스도가 재림하실 때까지 교회사와 세계사를 예언적으로 자세하게 묘사하는 책으로 생각되었다. 이러한 생각은 요한계시록의 비유와 환상(일곱 인, 일곱 나팔, 일곱 대접)을 연속적인 시간의 의미로 이해하도록 만들었다. 그러나 이것은 사실이 아니다. 우리가 정확하게 요한계시록을 읽는다면, 예를 들어 일곱 나팔과 일곱 대접은 모두 서로 유사한 것임을 알게 된다. 요한계시록 8:8-9를 예로 들어 보자.

> "둘째 천사가 나팔을 부니 불 붙는 큰 산과 같은 것이 바다에 던져지매 바다의 삼분의 일이 피가 되고 바다 가운데 생명 가진 피조물들의 삼분의 일이 죽고 배들의 삼분의 일이 깨지더라." 요한계시록 16:3: "둘째 천사가 그 대접을 바다에 쏟으매 바다가 곧 죽은 자의 피 같이 되니 바다 가운데 모든 생물이 죽더라"(또한 계 8:10-11과 16:4 이하, 8:12와 16:8-9, 9:1과 16:10-11, 11:15-19와 16:17-21을 비교).

인봉을 열 때는 하나님과 멀리 떨어져 지내는 인류 중 사분의 일이(계 6:8), 나팔을 불 때는 삼분의 일이(계 8:7), 대접을 쏟을 때는 모든 인류가 이 사건과 관련된다는 언급은 의미상 요한계시록이 다루는 시대의 본질을 특징화한 것으로 이해된다. 요컨대 그것은 종말의 시대를 가리키는데, 이때는 높여지신 그리스도의 통치가 은밀하게 이루어지는 시기이다. 그 그리스도에 대하여는 긍정 또는 부정만이 가능하다. 높여지신 그리스도와 하나님을 거부하는 사람은 심판을 받는다.

위에서 관찰한 점층적인('사분의 일 - 삼분의 일 - 모두') 표현이 의미하는 것은 다음과 같다. 최종적 종말에 이르기까지 교회의 고난과 함께 심판이 고조될 것이다. 세 가지가 나란히 묘사되는 하나의 사건(봉인 · 나팔 · 대접)은 동일한 시대적 사건을 세 번 설명하면서, 매번 그 사건의 본질적인 특징을 말한다. 이 때문에 세 가지 사건이 '섞여 있는 것'을 '연속적인 것'으로 이해하는 것은 적절하지 않다. 이와 관련된 잘못된 해석이 교회사에서 그리고 오늘날에 이르기까지 계속적으로 대두되어 왔다. 그러나 종말의 '본질적 특징'에 관한 묘사를 역사 시간표와 같이 구체적인 역사적 사건으로 미루어 짐작하는 것은 우리에게 경각심을 불러일으킨다.

예를 들어 중세 시대에 루터는 적그리스도의 출현(계 13장)을 교황직으로 해석했고, '용'(사단)과 함께 '악마의 삼위일체'의 구성원인 '두 마리의 동물'을 교황직과 황제직으로 해석했다. 이에 대하여 가톨릭의 주석가는 루터를 "떨어진 별"(계 8:10-11)로 보았다. 공산주의 역시 이러한 해석의 대상이 되었다. 최근 들어 요한계시록 전체는 핵전쟁을 예언하는 일종의 예언문서로 해석되고 있다('기독교의 오늘과 내일의 ABC'에서). 이 모든 해석은 요한계시록 안으로 집어넣은 해석이지, 결코 요한계시록으로부터 이끌어낸 해석이 아니다.

2. 계시록에 대한 시대사적 해석

신적 숭배를 요구한 도미티안 황제를 요한계시록 13장의 적그리스도로 보는 해석(요한계시록의 '시대사적인 해석') 역시 아주 좁은 관점이다. 도미티안 황제와 그의 통치시기에 시작된 교회의 박해(황제숭배에 대한 거부로 인한 순교)는 요한이 의도한 것에 대한 시청각 자료에 불과하다. 요한은 단지 자신의 시대(도미티안의 통치 시기)를 묘사하고, 동시대의 교회에게 끝까지 인내할 것을 격려하려는 목적만 가지고 있지는 않았다. 매우 분명한 사실은 비록 그가 이러한 의도를 가지고 있었음에도 불구하고, 그 이상의 폭넓은 시야를 가지고 있었다는 점이다.

마지막 실례 하나가 여전히 남는다. 네 명의 '묵시적인 말 타는 자'(계 6:1-8)는 네 가지 교차적 사건을 의미하지 않는다(제국주의, 분쟁과 피 흘림 그리고 기아와 죽음). 네 명의 말 탄 자에 관한 이미지는 다음과 같다. 각각의 현상은 종말의 심판에 대한 전형적인 상징이다.

3. 요한과 유대교 묵시문학의 관계

공통점

요한계시록을 역사적 시간표와 같이 잘못된 의미로 해석하는 것은 요한계시록을 유대교 묵시문학과 구별하는 차이점이 충분히 고려되지 않았기 때문이다.

요한계시록과 유대교의 묵시문학은 공통적으로 포괄적인 상징 언어를 사용하며(참조. 단 7:2-27) 또한 천사, 사탄, 하나님의 적대적 세력이나 위협적인 권력 등과 같이 우주적 차원의 사건을 묘사하고 있다. 요한이 기술하는 모든 것은 그가 직접 경험한 것이라기보다는, 전통적으로 널리 퍼져 있는 묵시문학적 상징을 사용한 것이다.

차이점

일정한 거리를 두고 있다는 일종의 표시와도 같이 요한계시록은 잘 알려진 동시대의 묵시문학적 작품을 인용하지 않는 것이 매우 특이하다. 반면 요한은 ― 그리스어를 사용하고 있음에도 불구하고, 유대인 태생으로서 히브리적인 사고를 가지고서 ― 매우 탁월하게 구약성경을 사용한다. 예를 들어 요한계시록 18:2의 "무너졌도다 무너졌도다 큰 성 바벨론이여"의 구절과 이사야 21:9의 "함락되었도다 함락되었도다 바벨론이여 그들이 조각한 신상들이 다 부서져 땅에 떨어졌도다"의 구절을 비교해 보라. 요한은 자신이 언제 구약성경의 말씀을 받아들였는지에 대해 말하지 않는다. 때때로 구약성경에 기초한 개별적인 말씀과 표현만이 나타난다(특별히, 에스겔, 제2이사야, 스가랴, 다니엘 등). 구약성경에 대한 많은 사용을 통해서 요한이 명백히 제시하려는 것은 다음과 같다. 구약성경에서 약속된 것은 그리스도 안에서 그리고 종말 사건 속에서 성취된다. 창세기 12:1-3부터(계 20-22장에서 묘사되고 있는) 구원의 시대는 하나의 선으로 연결되어 있다. 창세기 12:1-3은 요한계시록 20-22장에서 묘사된 구원을 통해서 완벽하게 성취된다. 요한이 묵시문학적인 사고에서 출발한 것은 사실이지만, 그럼에도 불구하고 그는 구약성경에 뿌리를 두었으며, 구약성경의 약속의 성취를 묵시문학적인 문체로 기록한 것이다.

유대교의 묵시문학의 저자와는 달리 요한은 위명(僞名)으로 기록하지 않고('모세, 엘리야 또는 에녹'으로) 자신의 이름을 '요한'으로 제시한다(계 1:1, 4, 22:8). 그는 자신을 한 인간으로 그리고 독자의 형제로 묘사한다. 분명한 사실은 그가 기독교인이라는 이유로 말미암아 밧모 섬으로 유배당했다는 점이다. "나 요한은 너희 형제요 예수의 환난과 나라와 참음에 동참하는 자라 하나님 말씀과 예수를 증언하였음으로 말미암아 밧모라 하는 섬에 있었더니"(계 1:9).

"주의 날에 내가 성령에 감동되어 내 뒤에서 나는 나팔 소리 같은 큰 음성을 들으니 이르되 네가 보는 것을 두루마리에 써서…일곱 교회에 보내라 하시기로"(계 1:10-11). 요한은 — 유대교 묵시문학가와는 달리 — 보다 자세한 정보가 제공된 무리 즉 소아시아 지방에 있는 일곱 교회(계 1:4)를 위해서 그의 계시록을 기록했다. 그는 교회의 주목을 집중시

킴에서 자신의 이름만으로도 충분했다. 그는 분명히 그들의 높은 평가에 대하여 기뻐했다. 그는 자신이 주님의 제자이자 세배대의 아들 요한임을 밝히지는 않는다. 요한은 그리스도의 계시를 받아서 자신의 공동체에게 전해준 초대 기독교의 예언자였다. 편지를 수신하는 공동체가 일곱이라는 것은 이 계시가 전체 교회를 향한 것임을 의미한다. 요한의 메시지는 구체적인 상황과 현재를 넘어선다.

그가 황홀경에 빠졌다는 사실은 이 예언자가 이성적으로 통제되지 않는 상태에서 그 책이 기록되었음을 의미하지는 않는다. 신약성경의 어떤 작품도 요한계시록보다 더 세밀하게 구성된 것은 없다. 요한은 많은 구약성경의 자료를 수용했고, 일련의 상징적인 숫자에 따라 전적으로 자신의 작품을 아주 자세하게 구성했다. 4, 7, 12는 주의를 끄는 숫자이다. 그의 문서는—유대교의 묵시문학 작품처럼—먼 미래까지 보존할 목적으로 봉인된 것이 아니다(계 22:10). 오히려 그의 문서는 그 시대의 교회에게 도움을 주기 위한 것이었다.

의심할 여지없이 이 책은 도미티안의 통치 시기 말엽에 기록된 것이다. 이 시기에 도미티안은 황제제의를 강화했고, 그에 따라 기독교인에게 박해를 가했다(기원후 81-96년). 요한은 밧모 섬에 유배되어 그곳에서 글로 기록하여 자신의 공동체에게 보냈다. 그러나 유대교의 묵시문학에서는 이러한 구체적인 특징은 기피된다.

위에서 언급된 요한계시록과 유대교 묵시문학의 차이점은 요한계시록을 성급하게 유대교 묵시문학과 똑같이 취급할 수 없음과 그것을 일종의 역사적 시간표로 취급해서도 안 됨을 분명하게 보여준다.

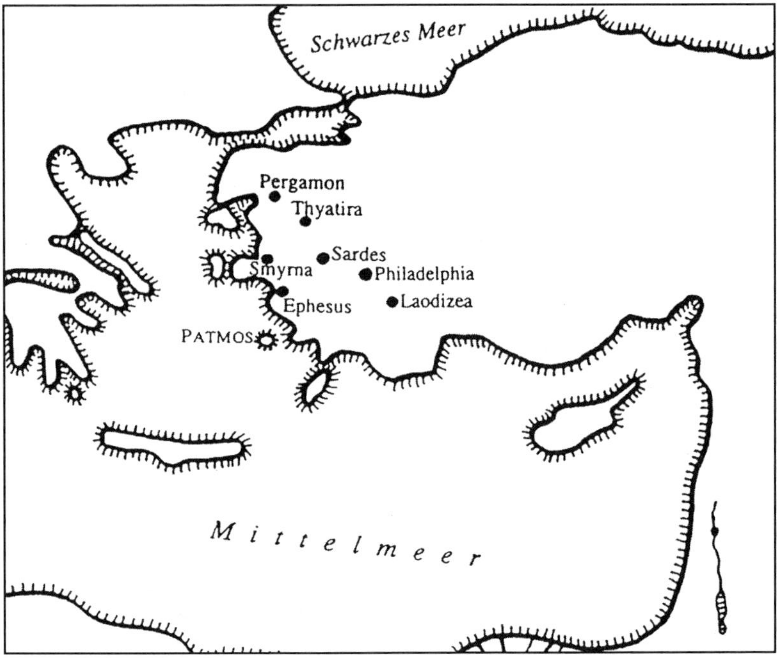

요한계시록의 일곱 교회

요한: 묵시문학적 특징을 가진 초대 기독교의 예언자

구약성경의 예언자처럼 요한도 소명을 받았다(계 1장과 사 6장, 렘 1장, 겔 1-3장을 비교). 그는 구약성경의 예언자처럼 그 당시의 사건을 해석하고(예를 들어 황제제의와 기독교인의 박해를 종말에 대한 본질적 특징이 나타나는 상징을 통해서), 그 시대의 사람들에게 하나님의 명령에 따라 자신의 말을 전한다. 그러나 그는 요한계시록 2-3장에 있는 일곱 개의 공개장에서는 직접적인 방식으로, 반면 종말 시대의 본질적인 특징을 서술하는 5-19장에서는 간접적인 방식으로 말을 전달한다. 구약성경의 예언자와는 달리, 초대 기독교의 예언자는 "야웨께서 이같이 말씀하시느니라"는 표현 대신에, 예수 그리스도의 명령으로 글을 쓴다. "에베소 교회의 사자에게 편지하라 오른손에 있는 일곱 별을 붙잡고 일곱 금 촛대 사이를 거니시는 이가 이르시되"(계 2:1).

구약성경의 예언자처럼 요한도 미래를 향한 말씀을 가지고 있다. 간접적으로는 요한계시록 5-19장, 직접적으로는 구원의 시대를 묘사하는 20-22장. 그러나 그것을 그 어떠한 역사적 시간표로 기대해서는 안 된다. 그는 오히려 예수의 높여지심 이후로 예수의 재림에 이르기까지 시대를 특징화하고, 예언적으로 해석하려고 한다. 요한에 따르면 그리스도의 높여지심 이후의 모든 시대는 '종말 시대'에 해당된다.

II. 요한의 메시지

4. 요한은 박해받는 교회에게 신앙을 굳게 지키게 한다

우리는 요한계시록 1:19에 나오는 표제를 통해서 요한이 쓰려고 계획한 것을 명백하게 알 수 있다. "그러므로 네가 본 것과 지금 있는 일과 장차 될 일을 기록하라." 요한은 이 책 전체에 서신 형식의 옷을 입힌다(계 1:4, 22:21). 이 책은 전체 교회를 향해 보낸 말씀으로, 요한은 모든 교회에게 그리스도이신 예수에 대한 신앙고백을 굳건히 지키고, 그를 통해 위로를 받으면서, 끝까지 인내하라고 격려한다.

5. '본질적인 것'이 비유적 · 상징적 · 전형적으로 묘사된다

요한계시록을 이해하기 위해서는, 개별적인 진술을 문자적으로 이해하는 것에 주의해야 한다. 숫자에 관한 보고는 결코 숫자적 가치가 아닌 상징적인 가치를 지니고 있다. 일곱은 완전수이다(일곱 교회에 보낸 일곱 개의 공개서한=전체 교회에 보낸 기록, 일곱 개의 진노의 대접=심판의 총체성). 예수와 그의 신앙인의 통치가 천년 동안이라는 것은 신앙인과 그들의 주님과 직접적인 교제의 시간이 장구하고, 누구의 방해도 받지 않고, 충만하다는 것을 의미한다. 발람(계 2:14)과 이세벨(계 2:20)과 같은 인물은 우상숭배의 전형이며, 바벨론(계 17-18장)과 같은 도시는 하나님과 소원한, 하나님을 모독하는 도시를 의미하고, 새 예루살렘은 하나님의 도시를 의미한다(계 21-22장). 그러나 여기에서 새 예루살렘은 본질적인 도시가 아니라 '어린 양의 신부' 즉 도시로 묘사되는 그리스도 공동체를 가리키는 상징이다(계 21:9-22). 따라서 그 도시는 어떠한 성전도 가지고 있지 않으며, 오히려 하나님이 그 도시의 성전이시다(계 21:22-23). 우리는 여기에서 그 어떤 것도 문자 그대로 이해해서는 안 된다! 요한계시록 12장에 나오는 '여자'는 하나님의 백성이고, 그녀의 '아들'은 그 백성으로부터 나올 메시아를 의미한다. '용'과 두 마리의 '짐승'은 하나님의 백성을 치명적으로 위협하는 사탄 또는 세계 통치자나 시대정신(계 12-13장)을 의미한다. 요한은 많은 표상과 그와 대조되는 표상을 가지고 이 작품을 기록한다. 어린 양과 맹수, 인침(계 7:3)과 동물의 표(계 13:16), 죽임당한 어린 양과 동물의 치료받은 상처, '창기'인 바벨론과 '신부'인 새 예루살렘.

6. 하나님: 숨어 계시는 역사의 주

믿음을 신실하게 지키도록 공동체를 격려하고(계 2:10, 3:4, 8-11), 권면하고(계 2:14, 24-25, 3:3, 17-19) 또한 경고하려는(계 2:5, 16, 21 이하, 3:15-16) 목적을 지닌 일곱 개의 공개서한 다음으로, 요한계시록 4장에서는 커다란 하나님의 보좌 환상이 나온다(계 4:1-11, 사 6장과 겔 1장에서 강한 영향을 받은 것 같다). 그 환상의 의미는 하나님을 찬양하는 두 개의 진술('송영')을 통해서 표현된다.

요한계시록 4:8: "거룩하다 거룩하다 거룩하다 주 하나님 곧 전능하신 이여 전에도 계셨고 이제도 계시고 장차 오실 이시라." 이것은 인간을 지배하는 것이 운명이 아니라, "보좌에 앉으신 이", 창조자("전에도 계셨고"), 현재의 은밀한 통치자("이제도 계시고") 그리고 언젠가 계시될 하나님("장치 오실 이시라")이심을 의미한다. 이 모든 것은 그의 통치자에게 예속되고, 요한계시록에서 매우 자주 보도하는 하나님을 적으로 대하는 악조차도 그분께 예속된다. 하나님이 사탄과 '짐승'에게 활동영역을 주시고, 그분의 진노가 그들의 행동에 영향을 미친다(계 13:5, 7).

요한계시록 4:11: "우리 주 하나님이여 영광과 존귀와 권능을 받으시는 것이 합당하오니 주께서 만물을 지으신지라 만물이 주의 뜻대로 있었고 또 지으심을 받았나이다." 이 두 번째 찬송을 통해서 역사의 의미가 계시된다. 피조물 즉 우리 인간은 우리 생애 동안 하나님 안에서 주님을 알고, 그분에 대하여 신앙을 고백하며, 그분을 섬겨야만 한다. "하나님을 두려워하며 그에게 영광을 돌리라 이는 그의 심판의 시간이 이르렀음이니 하늘과 땅과 바다와 물들의 근원을 만드신 이를 경배하라"(계 14:7). 이 세상의 삶은 큰 목적을 가지고 있다. 인간이 하나님과 교제하게 되고 그분과 더불어 사는 것. 창조 보도처럼 하나님께 대한 인간의 책임('형상'=하나님께 책임을 지는 상대자)이 강조된다. 하나님에 대한 찬양은 하늘에 있는 하나님의 보좌 앞에서 울려 퍼진다(계 4:1 이하). 그동안 가난과 질병은 하나님께 이르는 길로 사람들을 인도하려고 하지만, 사람들은 예나 지금이나 하나님에 대하여 아무 것도 알려고 하지 않는다.

이 재앙에 죽지 않고 남은 사람들은 손으로 행한 일을 회개하지 아니하고 오히려 여러 귀신과…우상에게 절하고 또 그 살인과 복술과 음행과 도둑질을 회개하지 아니하더라(계 9:20-21, 제1계명, 제2계명, 제3계명, 제4계명, 제6계명, 제7계명, 제8계명에 대한 무시).

사람들이 크게 태움에 태워진지라 이 재앙들을 행하는 권세를 가지신 하나님의 이름을 비방하며 또 회개하지 아니하고 주께 영광을 돌리지 아니하더라(계 16:9 또한 16:11, 21도 참조하라).

7. 그는 거기로부터 살아 있는 자와 죽은 자를 심판하러 오실 것이다

하나님은 일곱 인으로 봉인된 책을 손에 들고 계시며(계 5:1), 그 누구도 그 책을 열 수 있는 자격을 가지고 있지 않다. 역사의 의미는 이 책이 닫혀 있는 것처럼 우리에게 숨겨 있다. 그 가운데에서 선견자(Seher) 요한 역시 고난을 당함으로써 울게 된다(계 5:4).

그러나 그때 요한은 다음과 같은 것을 본다. "한 어린 양이 서 있는데 일찍이 죽임을 당한 것 같더라…그 어린 양이 나아와서 보좌에 앉으신 이의 오른손에서 두루마리를 취하시니라 그 두루마리를 취하시매 네 생물과 이십사 장로가 그 어린 양 앞에 엎드려 각각 거문고와 향이 가득한 금 대접을 가졌으니 이 향은 성도의 기도들이라 그들이 새 노래를 불러 이르되 두루마리를 가지시고 그 인봉을 떼기에 합당하시도다 일찍이 죽임을 당하사 각 족속과 방언과 백성과 나라 가운데에서 사람들을 피로 사서 하나님께 드리시고 그들로 우리 하나님 앞에서 나라와 제사장들을 삼으셨으니 그들이 땅에서 왕 노릇 하리로다 하더라"(계 5:6-10)

이것이 요한계시록의 중심 진술이며, 이것 없이 그 다음의 내용을 이해하기는 어렵다. 그리스도는 하나님 앞에서 우리를 위해 "죽임을 당한 어린 양"(높여지신 분은 '어린 양'이라는 명칭으로 28번 불린다)으로 나타난다. 그는 속죄하는 분이시고, 화해시키는 분으로서 우리를 하나님과 다시 결합시키셨다. 온 세상의 사람들은 그분에 대한 믿음을 통해 다시 하나님께로 되돌아온다. 따라서 창조주 하나님은 다시 영광을 받으신다(참조. 계 4장). "너희가 내게 대하여 제사장 나라가 되며 거룩한 백성이 되리라." 출애굽기 19:6에서 선포된 것이 그 목표에 도달한다. 왕 같은 제사장의 무리가 더 이상 이스라엘에서만 나오는 것이 아니며, "모든 족속"(계 5:9)으로부터 출현하게 됨으로써, 아브라함의 약속(창 12:1-3)은 그 목적을 달성한다. 그리스도는 '하나님의 어린 양'으로서 시작 부분에 위치한다. 그는 하나님의 어린 양으로서 일곱 인으로 봉인된 책을 열 수 있는(=종말 시대의 사건을 실행할 수 있는) 전권(全權)을 가지고 계신다. 따라서 요한계시록은 어린 양의 높여지심으로부터 어린 양의 재림과 역사의 완성이 이루어지기까지의 시대를 다룬다.

만약 우리가 요한계시록을 피상적으로 읽는다면, 우리는 오직 그리스도가 보복자요 심판자라는 인상을 받게 될 것이다. 실제로 일곱

인, 나팔, 진노의 대접을 보면 심판이 끊이지 않고 연속적으로 묘사된다. 그럼에도 불구하고 우리는 요한계시록 6-19장 바로 앞에 5장이 그에 대한 전제로서 위치한다는 사실에 주목할 필요가 있다. 어린 양에 관한 메시지 그리고 그의 속죄의 죽음에 대한 메시지. 이는 어린 양의 구속행위와 높여지신 분의 권세를 거부하는 자가 심판을 받게 된다는 사실을 의미한다(참조. 롬 1:18과 1:17). 높여지신 그리스도는 역사의 모든 반역('사단-짐승-바벨론')에도 불구하고 목적을 향해 역사를 이끌어 가실 것이다. 요한계시록은 그리스도가 승리자라는 사실을 말하려고 한다. 그분의 승리는 승리가 실현되기 전에 이미 경축을 받게 될 것이다. 여전히 심판이 실현되는 과정 중에 하나님의 통치는 이미 임박한 것으로 전해질 수 있다.

> 일곱째 천사가 나팔을 불매 하늘에 큰 음성들이 나서 이르되 세상 나라가 우리 주와 그의 그리스도의 나라가 되어 그가 세세토록 왕 노릇 하시리로다 하니 하나님 앞에서 자기 보좌에 앉아 있던 이십사 장로가 엎드려 얼굴을 땅에 대고 하나님께 경배하여 이르되 감사하옵나니 옛적에도 계셨고 지금도 계신 주 하나님 곧 전능하신 이여 친히 큰 권능을 잡으시고 왕 노릇 하시도다(계 11:15-17, 또한 계 12:10 이하와 5:9-10도 참조하라)

8. 첫 번째 짐승: 정치적인 세계 통치자

요한계시록 13:1-10은 한 짐승에 대해 묘사하는데, 이 짐승은 개별적인 특성에서 신적인 숭배를 요구하는 로마 황제의 모습을 기초로 하지만 전반적으로 일반적인 세계의 통치자를 의미한다. 따라서 이 표상은 세계사의 많은 시대와 많은 장소에서 경험되고 경험하는 것처럼 인간적인, 하나님이 없는 그리고 하나님과 교회를 대적하는 통치 권력을 특징적으로 표현하는 것이다. 여기에서 그리스도인에게 도움이 되는 것은 오직 한 가지뿐이다. '인내'와 '믿음'=끝까지 인내하며 견디는 것(계 13:10).

9. 두 번째 짐승: 거짓 예언자(시대정신)

요한계시록 13:11-18에서는 두 번째 짐승이 묘사되는데, 이것은 거짓 예언자이다. 그는 "땅과 땅에 사는 자들을 처음 짐승에게 경배하게"(계 13:12) 한다. 이 짐승은 본래 하나님에게 합당한 영광을 하나님이 아니라 인간들과 권세들에게 돌리려는 목적을 가지고 있는 이데올로기나 시대정신을 묘사한다.

역사의 종말은 상징적으로 표현된다. 그리스도의 높여지심 이후에 역사는 그리스도의 통치를 거역하고, 반역을 행하며, 교회를 핍박하다가 결국 마지막 시대는 패배에 이르는 것이 특징이다. 가령 큰 창기 바벨론에 대한 비유와 같이 이 모든 비유는 이러한 사실을 명확하게 진술한다.

10. 교회에 대한 요한의 비유

요한은 박해당하는 교회의 비유를 전개한다. "다섯째 인을 떼실 때에 내가 보니 하나님의 말씀과 그들이 가진 증거로 말미암아 죽임을 당한 영혼들이 제단 아래에 있어 큰 소리로 불러 이르되 거룩하고 참되신 대주재여 땅에 거하는 자들을 심판하여 우리 피를 갚아 주지 아니하시기를 어느 때까지 하시려 하나이까 하니 각각 그들에게 흰 두루마기를 주시며 이르시되 아직 잠시 동안 쉬되 그들의 동무 종들과 형제들도 자기처럼 죽임을 당하여 그 수가 차기까지 하라 하시더라"(계 6:9-11).

요한에 따르면 이 세상의 교회는 그리스도의 높여지심 이후 단지 순교자 교회가 될 것이다.

공동체는 박해당하는 자로서 그들의 믿음을 지키고 굳건히 서라는 촉구를 받는다(계 1:9, 2:3, 3:10, 13:10, 14:12). 이렇게 행하고 적그리스도에게 예배하지 않는 자(=하나님으로부터 떨어지지 않은 자)는 그의 이름이 "어린 양의 생명책"(계 21:27)에 기록된다. 그리스도의 공동체는 종말이 가까이 다가오면 다가올수록 순교의 상황에 내몰리게 된다. 예수의 증인은 오직 '피 흘린 순교자'일 뿐이다. 다른 신약성경의 문헌은 이러한 관점을 가지고 있지 않다.

11. 하나님의 창조의 완성

세계 심판

요한계시록 20:12: "또 내가 보니 죽은 자들이 큰 자나 작은 자나 그 보좌 앞에 서 있는데 책들이 펴 있고 또 다른 책이 펴졌으니 곧 생명책이라 죽은 자들이 자기 행위를 따라 책들에 기록된 대로 심판을 받으니." 기독교인은 그들의 행위가 더 나았기 때문이 아니라 그들이 "어린 양의 생명책"(계 13:8, 21:27)에 기록되어 있기 때문에, 죽은 자들에 대한 일반적인 심판에서 인정받을 수 있다. 다른 말로 표현하자면, 원칙적으로 유사한 것이 로마서 5:9이나 마태복음 10:32-33에서도 발견된다. 세계의 심판자이신 그리스도께서는 동시에 우리를 구원하기 위해서 우리를 위하여 죽은 분이시다(또한 롬 8:31-35도 참조하라).

새로운 창조가 시작되다(계 21:1-8)

"또 내가 새 하늘과 새 땅을 보니 처음 하늘과 처음 땅이 없어졌고 바다도 다시 있지 않더라"(계 21:1). 예수의 부활을 통해 새로운 창조가 시작되었는데, 새 창조는 이제 완성을 마주하고 있다. 새 창조는 하나님을 대적하는 헛된 모든 존재가 새로운 창조에서 배제된다는 특징을 보여준다. 사단, 정치적 인 세계 지배자(첫 번째 짐승)와 적그리스도적인 이데올로기(두 번째 짐승) 악마의 삼위일체는 불 못에 던져진다(계 20:10). "맨 나중 원수"(고전 15:26)인 사망과 음부가 그들을 뒤따른다(계 20:14). 생명책에 기록되어 있지 않은 하나님을 부인하는 모든 자들과 모욕하던 자들(계 20:15)은 "두 번째 사망"을 당하게 되는데, 이것은 불 못(계 20:14) 즉 영원한 죽음이다. 긍정적으로 표현하면, 죄와 그 결과가 극복되고 "잃어버렸던 낙원"(=에덴동산, 『한 권으로 마스터하는 구약성경』 제5장을 참조하라) 즉 하나님과 인간 사이의 조화(『한 권으로 마스터하는 구약성경』 제4장을 참조하라)가 회복된다. "그의 얼굴을 볼 터이요 그의 이름도 그들의 이마에 있으리라"(계 22:4).

생명의 강 좌우편에—마치 매우 많은—생명나무가 서 있는데, 이제 모든 사람들이 그것에 접근할 수 있게 된다(참조. 창 3:22: 인간은 에덴동산을 떠나야만 했고, 이와 더불어 인간은 생명나무의 열매도 취할 수 없게 되며, 죄인으로서 영원히 살 수 없게 되었다). 하나님의 창조사역에 대해 "보시기에 심히 좋았더라"는 진술이 나타났다(창 1:31). 그리스도를 통해 새롭게 이루어진 창조에 대해서 "보라 내가 만물을 새롭게 하노라"는 진술이 나타난다(계 21:5).

요한계시록 19:7: "우리가 즐거워하고 크게 기뻐하며 그에게 영광을 돌리세 어린 양의 혼인 기약이 이르렀고 그의 아내가 자신을 준비하였으므로." 요한계시록 21:2: "또 내가 보매 거룩한 성 새 예루살렘이 하나님께로부터 하늘에서 내려오니 그 준비한 것이 신부(=교회)가 남편(=그리스도)을 위하여 단장한 것 같더라." 그러므로 여기에서 예루살렘은 결코 거주지를 의미하는 도시가 아니라 영적인 실체 즉 하나님께 신실한 사람들을 위한 상징이며 동시에 "어린 양의 생명책"(계 21:27)에 이름이 기록된 증인의 공동체에 대한 표상이다.

하나님의 새로운 세계 속에서 창조는 그 목적을 달성하고, 동시에 구약성경의 약속이 성취된다.

> 내가 들으니 보좌에서 큰 음성이 나서 이르되 보라 하나님의 장막이 사람들과 함께 있으매 하나님이 그들과 함께 계시리니 그들은 하나님의 백성이 되고 하나님은 친히 그들과 함께 계셔서 모든 눈물을 그 눈에서 닦아 주시니 다시는 사망이 없고 애통하는 것이나 곡하는 것이나 아픈 것이 다시 있지 아니하리니 처음 것들이 다 지나갔음이러라 (계 21:3-4, 3절에 대해서는 슥 2:10, 출 29:45, 레 26:11-12, 겔 37:27, 대하 6:18, 슥 8:8, 참조. 4절에 대해서는 사 25:8, 35:10, 65:17 이하를 참조하라)

하나님은 새로운 창조의 중심이시다. 요한계시록 21:22: "성 안에서 내가 성전을 보지 못하였으니 이는 주 하나님 곧 전능하신 이와 및 어린 양이 그 성전이심이라."

12. 전체 성경 속에서 요한계시록의 위치

전체 성경은 창조, 타락, 화해, 완성이라는 거대한 줄거리로 둘러싸여 있다. 완성은 요한계시록 21-22장에 기록되어 있다. 세계와 인류는 하나의 목적 즉 하나님의 새 창조를 향해 나아간다. 새 창조 안에서 하나님과 인류는 더 이상 분리되지 않으며, 더 이상 '믿을' 필요도 없이 '눈으로 보게 된다'(계 22:4).

요한계시록은 (역사 속에서 그리고 세계 심판 속에서 수행되는) 그리스도의 심판 사상에 굉장히 많은 분량을 할애한다. 요한계시록은 하나님과 그리스도를 대적하는 자들에게 임할 '영원한 심판'에 대하여 말할 때, 신약성경의 다른 문서에서도 나타나는 사상을 명백하게 묘사한다.

> "그들은 영벌에, 의인들은 영생에 들어가리라"(마 25:46). "믿고 세례를 받는 사람은 구원을 얻을 것이요 믿지 않는 사람은 정죄를 받으리라"(막 16:16). "내가 여러 번 너희에게 말하였거니와 이제도 눈물을 흘리며 말하노니 (내가 생각하기를) 여러 사람들이 그리스도의 십자가의 원수로 행하느니라 그들의 마침은 멸망이요 그들의 신은 배요 그 영광은 그들의 부끄러움에 있고 땅의 일을 생각하는 자라"(빌 3:18-19). "우리는 뒤로 물러가 멸망할 자가 아니요 (이처럼) 오직 (영원히) 영혼을 구원함에 이르는 믿음을 가진 자니라"(히 10:39). 이 모든 것은 철저하게 배타적 사고를 가지고 있는가? 로마서 11:11-16은 그리스도를 거부하는 이스

라엘 백성을 위한 희망의 빛이 어렴풋이 엿보인다. 이와 동일한 내용이 요한계시록에는 나타나지 않는다.

그곳에서 하나님의 대적들에 대한 심판(이 세상의 사건을 통해 긍정적으로 이해될 수 있다)이 언급되는데, 그 심판은 멸망의 심판으로 끝이 난다('둘째 사망'). 소위 '모든 사람의 회복'(Apokatastasis Panton)에 대한 가르침=그들이 어떠한 태도를 취했든지 간에, 결국에는 모든 사람들이 구원을 받는다는 가르침은 물론 요한계시록이나 신약성경의 다른 문서에서는 나타나지 않는다. 이 가르침은 인간적인 (이성적) 희망적 관점의 차원에서 생겨난 것이다.

그러나 동시에 이러한 가르침은 하나님의 심판의 공의에 대한 무의식적인 불신에 근거하고 있다. 우리가 하나님을 심판자로 인정하는 것은 그의 심판이 의롭기 때문이다(참조. 계 15:3-4, 롬 9:14 이하). '어린 양'(계 5장)이 판결을 내리신다. 요한계시록에서 우리는 진지한 권고를 깨달아야 한다. 즉 우리는 지금 그리고 오늘, 하나님과 그리스도에 대한 우리 신앙고백을 좋을 때든지 어려울 때든지 항상 보존하고 고수해야 한다.

공개서한(계 2-3장)과 또한 요한계시록 5-19장에 나오는 종말의 장면에 대한 묘사도 이것을 분명하게 제시한다. 하나님을 거절함으로써 한 인간에게 발생되는 결과는 결코 가볍게 여길 수 없으며, 오늘날과 같이 하나님, 그리스도, 교회에 대하여 만성적으로 냉담함을 보이는 시대 에 다시 한 번 강력하게 증언해야만 한다! 우리는 스스로 요한계시록을 통해서 우리에게 권고해야 한다. 하나님을 대적하는 세상에 대하여 이미 승리는 성취되었다. 골고다의 십자가에서, '어린 양'에 의해, 우리를 위해서(계 5:9-10).

| 지은이 |

헤르만 만케(Hermann Mahnke, 1944-)

헤르만 만케는 1976년에 독일 킬(Kiel) 대학교 성서학 신학박사(Dr. theol.) 학위를 취득하고, 1977-97년에 독일 하노버 국가교회의 목사를 지냈다. 1997년 이후 하노버 국가교회의 "성경으로 교회 세우기"(Gemeindeaufbau mit der Bibel)의 프로젝트 책임자를 맡았다.

지은 책

Lesen und Verstehen I: Die biblische Botschaft im Überblick Altes Testament (Göttingen: Vandenhoeck & Ruprecht, 1992)

Lesen und Verstehen II: Die biblische Botschaft im Überblick Neues Testament (Göttingen: Vandenhoeck & Ruprecht, 1992)

Konfirmandenkurs: Komm und sieh! (Stuttgart: Calwer Verlag, 1997)

Glaube im Gespräch: Eine Einführung in die Grundaussagen der Bibel (Stuttgart: Calwer Verlag, 1999-2000)

Gottes Spruren entdecken! (Breklum: Breklumer Verlag, 2005)

Mit den Augen eines Fischers: Petrus erlebt Jesus (Breklum: Breclumer Verlag, 2005)

Christus für uns: Die Bilder im Evangeliar Heinrichs des Löwen-ausgelegt für Menschen unserer Zeit (Berlin: Wessensee Verlag, 2006)

| 옮긴이 |

차준희(車俊熙)

서울신학대학(B. A.)
연세대학교 대학원(Th. M.)
독일 본(Bonn) 대학교(Dr. theol.)
남현교회 담임목사 역임
한국구약학회 총무 역임
현재 한세대학교 구약학 교수
현재 한국구약학연구소 소장
현재 한국구약학회 수석 부회장 및 구약논단 편집위원
현재 두란노바이블칼리지 강사
현재 한국기독실업인회(CBMC) 지도목사(반포지회)

학위논문

"예레미야의 선포에 나타난 미가 전승의 영향"
(Nachwirkungen der Michaüberliferung in der Verkündigung Jeremias, 1993)

저서와 역서

1) *Micha und Jeremia*. Bonner Biblische Beiträge 107, Weinheim: Beltz Athenäum, 1996
2) 『구약 예언서 이해』(편저)(한국신학연구소, 1996)
3) 『구약성서의 신앙』(한국신학연구소, 1997)
4) 『창세기 다시 보기』(대한기독교서회, 1998)
5) 『예언과의 만남』(역서)(대한기독교서회, 1999)
6) 『구약성서 입문(1)』(공역)(대한기독교서회, 2000)
7) 『구약성서 입문(2)』(공역)(대한기독교서회, 2001)
8) 『구약성서 입문(3)』(공역)(대한기독교서회, 2001)

9) 『구약신앙과의 만남』(대한기독교서회, 2002)
10) 『녹색의 눈으로 읽는 성서』(공저)(대한기독교서회, 2002)
11) 『시편신앙과의 만남』(대한기독교서회, 2004)
12) 『출애굽기 다시 보기』(프리칭아카데미, 2004)
13) 『구약성서개론: 한국인을 위한 최신 연구』(공저)(대한기독교서회, 2004)
14) 『구약예언서신학』(역서)(대한기독교서회, 2004)
15) 『오경입문』(역서)(대한기독교서회, 2005)
16) 『학개/스가랴/말라기』 대한기독교서회 창립 100주년 기념 성서주석(공저)(대한기독교서회, 2006)
17) 『구약신학과의 만남: 신학으로 본 구약입문』(역서)(프리칭아카데미, 2007)
18) 『구약성서 입문』(공역, 수정합본)(대한기독교서회, 2007)
19) 『예레미야서 다시 보기』(프리칭아카데미, 2007)
20) 『구약신앙: 역사로 본 구약신학』(역서)(대한기독교서회, 2007)
21) 『창세기 어떻게 설교할 것인가?』 두란노 HOW 주석(공저)(두란노아카데미, 2008)
22) 『시편(1) 어떻게 설교할 것인가?』 두란노 HOW 주석(공저)(두란노아카데미, 2008)
23) 『학개/스가랴/말라기 어떻게 설교할 것인가?』 두란노 HOW 주석(공저)(두란노아카데미, 2008)
24) 『최근 구약예언서 이해』(프리칭아카데미, 2008)
25) 『성서와의 만남: 문학 장르로 본 구약신약』(역서)(프리칭아카데미, 2008)
26) 『신명기 어떻게 설교할 것인가?』 두란노 HOW 주석(공저)(두란노아카데미, 2008)
27) 『아모스 어떻게 설교할 것인가?』 두란노 HOW 주석(공저)(두란노아카데미, 2009)
28) 『사무엘상 어떻게 설교할 것인가?』 두란노 HOW 주석(공저)(두란노아카데미, 2009)
29) 『아가 어떻게 설교할 것인가?』 두란노 HOW 주석(공저)(두란노아카데미, 2009)
30) 『예레미야 2, 예레미야애가 어떻게 설교할 것인가?』 두란노 HOW 주석(공저)

(두란노아카데미, 2009)

31) 『구약신학과의 만남: 신학으로 본 구약입문』(역서, 개정증보판)(프리칭아카데미, 2010)

32) 『최근 구약성서의 신앙』(프리칭아카데미, 2010)

33) 『하나님의 마음을 움직이는 기도법칙』(교회성장연구소, 2010)

34) 『한 권으로 마스터하는 구약성경』(역서)(대한기독교서회, 2010)

35) 『구약사상 이해』 한국구약학연구소 편, 구약학문고 1(대한기독교서회, 2011)

36) 『교회 다니면서 십계명도 몰라?』(국제제자훈련원, 2012)

37) 『창세기에 길을 묻다』(공저)(물가에심은나무, 2012)

38) 『모세오경 바로 읽기: 차준희 교수의 평신도를 위한 구약특강』(성서유니온, 2013)

39) 『역사서 바로 읽기: 차준희 교수의 평신도를 위한 구약특강』(성서유니온, 2013)

40) 『시가서 바로 읽기: 차준희 교수의 평신도를 위한 구약특강』(성서유니온, 2013)

41) 『예언서 바로 읽기: 차준희 교수의 평신도를 위한 구약특강』(성서유니온, 2013)

42) 『최근 한국교회의 예언서 설교: 역사와 양식에 기초하라!』 한국구약학연구소 편, 구약학문고 7(대한기독교서회, 2013)